禅の歴史

伊吹 敦

法藏館

装幀　前川秀一

はしがき

　「禅」という言葉は、もともとサンスクリット語の「ドゥヤーナ」(dhyāna、中国語では「禅那」と音写する)を語源とする。この言葉は、瞑想を意味し、仏教においては、古くより、「ヨーガ」(yoga、「瑜伽」と音写する。元来、バラモン教などにおける精神統一を指したが、後に仏教にも取り入れられた)や「サマーディ」(samādhi、「三昧」と音写。心に動揺のないこと)などと区別することなく、ほとんど同じように用いられてきた。そして、その意訳である「定」と併せて「禅定」などとも呼ばれている。

　このように、「禅」あるいは「定」という言葉は、インドにその起源を有し、それが指し示す瞑想体験は、仏教が成立した当初から極めて重要な意義が与えられていた。例えば、ゴータマ・ブッダも禅定によって悟りを開いたとされているし、部派仏教にあっては「三学」(戒 śīla・定 samādhi・慧 prajñā)の一つとして、また、大乗仏教では「六波羅蜜」(布施 dāna・持戒 śīla・忍辱 kṣānti・精進 vīrya・禅定 dhyāna・智慧 prajñā)の一つとして、修行に不可欠のものと考えられていたのである。

　しかし、ここで私が問題にしようとする「禅」は、そのようなインド以来のそれでは決してない。もちろん、それと無関係ではないが、そこに源を発しつつも、中国において民族性に由来する独自な発想を大胆に取り入れることによって全く新たに組織し直され、やがて東アジア全域に多大な影響を及ぼすことになった、一つの思想運動であるところの「禅」を意味するのである。

　この意味での「禅」は、具体的には「禅宗」と呼ばれる人々 ── 即ち、南北朝時代に中国に来た菩提達摩の児孫をもって自ら任ずる人々 ── の活動一切を指すものとして捉えることができる。これは「ドゥヤーナ」という言葉の原意からすれば、極めて不適切な用法と言わなくてはならないであろうが、実際のところ、彼ら自身が極めて早い時期から「禅」という言葉を仏教

の伝統に反して、「悟り」そのものや生活規範をも含む、自らの修道体系全体を表現するために用いているのである。

「禅」という言葉の意味が、このような変化を来たしたことの背景に、大いなる思想的な展開が存在したことは想像に難くない。実際のところ「禅」には、独自な修行法や禅問答、頓悟思想などといった、インドの仏教には全く見られなかった様々な要素が含まれており、それらこそが「禅」の持つ、今日も尽きせぬ魅力の源泉となっているのである。

「禅」は中国の唐代において一つの完成した姿を現出せしめた。それは、よく言われるように、「最も中国的な仏教」の誕生を意味するものであった。そしてまた同時に、仏教の類まれな適応性を示すものでもあった。しかし、「禅」の歴史はそこで終ってしまったわけではなく、その後も社会の変化に順応しつつ、様々な思想的変遷を経るとともに、社会に影響を与え続け、さらには、チベットやヴェトナム、朝鮮、日本などの周辺諸国にも伝播して、それぞれに独自の「禅」を形成していったのである。

しかも「禅」は、単に「禅僧」のみのものでもなかった。「禅」は、それが持つ能動的な性格によって社会と積極的に交渉を持とうとしたから、教団の枠を超えて、朱子学や陽明学などの哲学、漢詩や連歌・誹諧などの文学、水墨画や庭園などの美術、能楽や茶道・武道などの芸道といった種々の文化的事象に広く影響を及ぼしたのである。さらに近代においても、鈴木大拙らの活動によって惹起された、世界的な禅への関心の高まりは、哲学や神学、宗教学、心理学、精神医学、生理学など様々な分野との交流を促し、程度の差こそあれ、それらの各分野に少なからぬ影響を及ぼし続けているのである。

私が、当初、本書において企図したのは、こうした独特で豊饒な内容を持つ「禅」を出来うる限り客観的に、また、総体として叙述することであった。これは、無論、容易なことではない。そのためには、「禅」に対する深い理解のみでなく、東アジアの思想・歴史・文化の全般に亙る幅広い知識、さらには、現代の社会状況を認識し、その問題点を剔出しうる哲学的視座もが必要となるからである。

そうしたことは、もちろん、私のごとき若輩には到底不可能なことではあ

る。それに、そうしたものを書くのであれば、私よりふさわしいであろうと思われる人を、私自身、幾人も知っている。しかし、それにも拘わらず、私は敢えて本書を書こうと決意した。それは一般の知識人が禅を理解するうえで参考となる適当な書籍がない、という現実があるからである。

　確かに書店の書棚に並んでいる「禅」関係の本は少なくない。しかし、その多くは興味本位なものか、ほんの入門的なものに止まるかのいずれかであり、その内容も禅に対する通念をそのまま追認したようなものばかりが目立つ。これでは、現代の知識人たちの「禅」への関心を拓くことは難しいであろうと思われる。

　こうした現実がある一方で、学界における研究は、次第に微に入り、細に入ったものとなりつつあり、一般向けの本と研究書とのギャップは極めて大きなものとなっている。そのため、「禅」に関心を持った人が、より深い理解に至ろうとする場合、大きな困難に直面せざるをえないのが現実である。従って、今、「禅」に関して何よりも必要なのは、専門的な研究を踏まえたうえで、一般の人々に分かりやすく解説した本なのである。

　当初は、禅の歴史、思想、文化を三本の柱として、禅を包括的に扱った本にしようと考えたのであるが、実際に着手してみると、作業が遅々として進まないにも拘わらず、草稿はどんどん増えて行き、当初の計画に沿ったものにしようとすると、七百ページを超す大冊になることが次第に明らかになった。そこで、計画を変更し、とりあえず「禅の歴史」のみを別行させることとし、本書が刊行されることとなったのである。

　本書は「禅の歴史」と題してあるが、その内容は思想史である。執筆の間、私の関心は常に、個々の禅僧や禅宗教団が、社会との交渉の中でいかに思想を形成し、また、いかに社会に働きかけていったかという点にあった。本書の叙述が、「禅」に言及する前に、必ず社会状況の説明をするといった形式を採っているのも、そのためである。その点で、禅僧や宗学者が自己の信念の確認を求めて禅の歴史を扱うのとは全く異なるし、歴史学者の書く「禅宗史」が教団史を中心とするものであるのとも性格を異にしている。日本では禅を完全に思想史的に扱った本自体、極めて少ないのであるが、中国と日本の歴史を現代

をも含めて包括的に叙述しようとしたのは、恐らく本書が最初であろう。

このように本書は極めて独自の内容を持つものであるが、叙述の点でも読者の理解を助けるために様々な工夫を凝らした。本文で触れた重要な点についてトピックスを設けて詳しく解説したり、登場した人物を系統づけ、地名を確認するために、各章ごとに「禅の系譜」や「禅関係地図」を設けた。また、できるだけ多くの参考文献を掲げるようにも努めた。こうした工夫によって、禅宗史に関する基礎的な知識を、ほぼ網羅するとともに、より深い理解を求める読者にも充分に役立つものとなったと信じている。

最後に、本書の構成について少し触れておこう。本書は、一見して明らかなように、

　　第Ⅰ篇　禅のあゆみ［中国］
　　第Ⅱ篇　禅のあゆみ［日本］
　　第Ⅲ篇　禅の現在

という三つの篇から成っている。この構成は他にあまり例を見ないものではあるが、私の考えでは、禅宗史は、本来、本書に示されたような枠組みで捉えられるべきものなのである。

日本の禅は、その当初から中国の禅の絶大な影響下に置かれていた。鎌倉や室町の禅僧たちは、渡来僧や留学僧たちによって伝えられた中国の叢林生活の模倣に努め、その後にあっても、しばしば中国からの刺激を受け続けた。第一、禅僧たちが常々学んでいたのは、主として中国で撰述された種々の禅籍であったし、自らの思想の表明も多くの場合、漢文で行なわれたのである。

「禅」という思想運動自体が、中国において仏教に中国独自の要素を加えることで成立したということからすれば、これは当然のことと言えなくもないが、このことは同時に、日本の禅がそれだけでは完結しないことを示すものでもある。つまり、日本の禅宗史を理解するためには、中国のそれの理解が前提となるのである。

一方、中国の禅宗史は、日本とは異なり、それのみで完結しうる。従って、それのみに絞って論述することは可能である。私自身、これまで主として中国

の禅宗史を研究してきたのであるから、そうしたことも、当然、選択肢の一つであった。しかし、私はそうはしなかった。何故か。

　いったい、人が歴史を問題にするのは、常に、過去を踏まえることによって現在を理解し、それをよりよいものに改めてゆくためである。「禅」について言えば、過去の「禅」を理解しようとする行為には、常にその前提として、現に生きている「禅」を理解し、その現代的な意義を問うという問題意識が存在せねばならない。そして、われわれが日本人であれば──日本の'ＺＥＮ'を受け入れた欧米の人々にとっても──当然、日本の「禅」を種々の問題を考えるうえでの出発点とすべきなのである。本書が日本の禅宗史を含み、さらにその帰結としての現在の禅宗教団にまで叙述が及んでいるのは、そのためにほかならない。我々は今日の「禅」がどのようにして形成されたかをよく理解した上で、今後、いかなる展開が可能であるかを考えねばならないのである。

　なお、本書が成るに当たっては、瀧川紀・中嶋廣の両氏にご尽力頂いた。ここに特に記して感謝の意を表したい。また、本書を執筆するにあたっては、「参考文献」として掲げたものを初めとして、数多くの著書や論文を参照させて頂いた。しかし、先にいうように、本書の扱う対象は筆者の能力を遥かに超えるものである。そのため、理解が十分でなく、大きな誤りを犯している点が多いのではないかと危惧している。識者の御叱正を請う次第である。

　　平成十三年九月一日

伊吹　敦

　再版に当たって、気付いた範囲で誤りを訂正し、不可欠と思われる事項の補足を行なった。初版の不備を御教示下さった諸賢に対して、心から感謝の意を表する。

　　平成十六年七月三十一日

著者　誌す

目　次

はしがき　i

第Ⅰ篇　禅のあゆみ［中国］

第一章　禅の形成－東山法門への道－

1　達摩以前　5

仏教の渡来と習禅の定着 5　禅宗成立の史的意義 6

2　達摩と慧可　8

達摩・慧可と後代の禅宗の関係 8　達摩・慧可像の問題 10　達摩や慧可の時代 11　達摩や慧可に関する史実 13　達摩＝慧可系統の人々とその多様性 15　慧可の存在意義と禅の起源 18

3　東山法門の形成　19

東山法門の出現 19　東山法門出現の意義 21　東山法門への反響 23　東山法門の思想 24

第二章　禅の拡大と分派－北宗・南宗・牛頭宗－

1　東山法門の展開　30

中原への進出 30　北宗禅に対する反響 31　神秀＝普寂系の北宗禅の思想 34　北宗禅の多様性 36

2　荷沢神会の登場　40
　　　荷沢神会 40　神会の思想 42　神会以降の荷沢宗 45
 3　荷沢神会の影響　47
　　　牛頭宗の形成 47　保唐宗の形成と浄衆宗の荷沢化 49　神会以後の北宗禅の動向 51　北宗・南宗・牛頭宗の鼎立 52

第三章　禅思想の完成と百家争鳴―馬祖禅の隆盛―

 1　馬祖道一の登場と禅宗各派の淘汰　58
　　　北宗と荷沢宗の状況 58　馬祖と石頭 59　牛頭宗の動向と圭峯宗密 62
 2　禅の発展と社会への浸透　65
　　　禅匠の輩出 65　語録の完成 67　文人への影響力の拡大 69　五代十国における禅の展開 72　五代十国から宋へ 76

第四章　禅の普及と変質―北宋時代の禅―

 1　宋の成立と禅　83
　　　宋王朝の性格 83　禅宗各派の動向 85　士大夫への浸透と他宗との関係 87　国家への依存と三教一致思想 89　権威の確立と灯史 91　「五家」観念の確立 92
 2　北宋後半における禅の展開　95
　　　政治の混乱と北宋の滅亡 95　禅宗各派の動向 97　叢林生活の確立 100　公案批評の流行 103　禅の世俗化と諸宗の融合 105

第五章　禅の継承と維持―南宋・金・元時代の禅―

1　南宋における禅の展開　112

　　南宋の社会情勢 112　禅宗各派の動向 113　禅籍の入蔵と出版 116　公案禅の形成 119　公案禅の影響—無門関と十牛図— 122　三教一致論の盛行と朱子学の成立 124　官寺の制度と禅文化 126　禅寺の経済と規律の弛緩 128

2　金・元における禅の展開　130

　　金から元へ 130　禅宗各派の動向 132　金・元時代の著作 135　禅文化の展開 136　新道教の成立と仏道論争 139

第六章　禅の終焉—明・清時代の禅—

1　明代における禅の展開　147

　　明の成立と禅 147　陽明学の形成と万暦の三高僧 149　禅僧の輩出と諍論の惹起 153　明末の禅思想の特徴 156

2　清代以降の禅　159

　　清の仏教政策と禅 159　禅の終焉 162　戦後の動向 165

第II篇　禅のあゆみ［日本］

第一章　禅の流入と受容

1　奈良時代以前の状況　173

　　飛鳥・白鳳時代と禅 173　奈良時代における禅の流入 174

2　平安時代における禅の受容　178

平安遷都と国風文化の形成 178　最澄による禅の受法 180　入唐八家による禅文献の将来 182　義空と能光 183　宋の建国と交流の活発化 184

3　平安以前の禅受容の問題　185

第二章　宋朝禅の定着

1　宋朝禅の移入―鎌倉前期―　187

武士の世の到来と新仏教の誕生 187　栄西と能忍 188　兼修禅の展開 190　道元による日本曹洞宗の樹立 193　蘭渓道隆・兀庵普寧の来朝と建長寺の建立 194

2　宋朝禅の定着―鎌倉後期―　196

元寇と幕府の衰退 196　禅僧の往来 196　禅の定着 198　円覚寺・南禅寺・大徳寺の創建 200　曹洞宗の展開 203

3　禅が定着した理由と問題点　205

禅が定着した理由 205　禅の定着に伴う問題点 207

第三章　禅の拡大と浸透

1　五山と林下―室町前期―　216

室町幕府の成立と安定 216　足利尊氏・直義と夢窓疎石 217　相国寺の建立と五山十刹制度の確立 218　幕府と五山派の関係 221　五山叢林の変質 222　林下教団とその展開 225　妙心寺の創建と地方の林下教団 228

2　禅文化の形成と展開　229

五山文学と五山版 229　禅宗絵画 232　墨蹟 233　作庭 234　文化への禅の影響 235

3　林下の地方発展と密参禅化―室町後期―　237

　　　　幕府の弱体化と文化の地方伝播 237　大徳寺教団・妙心寺教団の展開 238　曹洞宗の地方発展 240　戦国大名と禅宗 242　参禅の衰退と密参禅の流行 243

第四章　近世における禅の展開

　　1　天下統一と禅―桃山時代から江戸幕府の確立まで―　253

　　　　統一から安定へ 253　徳川幕府の仏教政策 254　紫衣事件と雑学事件 257　仏教復興運動の興起 259

　　2　隠元の渡来と仏教復興運動の展開―江戸中期―　261

　　　　幕政の安定と元禄文化 261　隠元の来朝と黄檗宗の形成 262　黄檗宗の与えた影響と黄檗文化 264　仏教復興運動の展開 266

　　3　宗学の発達と白隠禅の形成―江戸後期―　269

　　　　幕府の行き詰まりと化政文化 269　宗学の発達 271　五山における参禅の復活と古月禅材 274　白隠禅の形成と展開 275

第五章　近現代における禅

　　1　明治維新と禅　284

　　　　開国と近代化 284　廃仏毀釈と禅 286　教導職の設置と禅宗教団の確立 286　教団の近代化 290　出家の消滅 291　禅僧と居士の活躍 291　世界への開眼 293　政府の政策と禅宗教団 294

　　2　軍国主義化と禅　295

第一次世界大戦と世界恐慌 295　大正デモクラシーと禅 297　戦時下の禅 300
　3　戦後の動向　304
             新たなる出発 304　敗戦と禅 305　学問の発達 306　新たに直面する課題 308

第Ⅲ篇　禅の現在

第一章　禅宗教団の現状
　1　禅宗教団とその教勢　315
             禅宗教団の三派 315　各派の教勢 317
　2　禅宗教団の組織　319

第二章　禅宗寺院の運営
　1　寺院の構成と役職　323
             寺院の構成 323　寺院の役職 331
　2　寺院の行事　333
             日課 333　年中行事 334

第三章　禅修行
　1　禅宗僧侶の一生　336
             修行過程 336　位階の獲得 337

2　僧堂生活　338
　　　僧堂への旅（行脚）338　僧堂入門（入衆）339　僧堂における生活 340　参禅弁道 343　僧堂の辞去 345

3　坐禅の具体的方法　346
　　　坐禅儀 346　現在行なわれている方法 349　坐禅に対する科学的所見 351

4　禅宗寺院で読誦される偈文　351

参考文献一覧　361

掲載写真一覧　364

索　引　367

事項解説索引　394

禅の歴史

伊吹 敦

第Ⅰ篇　禅のあゆみ［中国］

第一章　禅の形成 ― 東山法門への道 ―

1　達摩以前

仏教の渡来と習禅の定着

　中国への仏教の渡来の時期は、明確ではないものの紀元前後頃とされている。仏教が中国の伝統思想とは全く異質なものであったにも拘わらず、広く受け入れられたのは、中国的な文脈のもとで理解されたためであったと見られている。即ち、当時、上層階級を中心に老子を神格化して祭る「黄老思想」と呼ばれる神秘主義的な思想が流布していたが、仏が老子と同様、一種の神のごときものと見做されたため、中国社会に定着する足がかりが得られたというのである。そのため最初期に仏教を受け入れた中国人は、帝室や王族、貴族たちであったようであり、中国の仏教は、当初から為政者との関わりの中で成長することになったのである。

　しかし、やがて、後漢（25-220）の安世高（2世紀中葉）や支婁迦讖（2世紀中葉）らによって経典の翻訳が始められると、仏教に固有の教義に対する関心も徐々に高まっていったようであるが、特に人々の注目を集めたのは、インド仏教において修行の基盤とされていた禅定であった。小乗仏教を伝えた安世高は、阿含経典やアビダルマ文献などを訳しており、一方、大乗仏教を伝承した支婁迦讖は『道行般若経』などの般若経典を訳しているのであるが、それらとともに、二人とも禅定に関する経典を訳しており、それらが後代に大きな影響を残しているということから、そのように推測されるのである。即ち、安世高訳の『安般守意経』と支婁迦讖訳の『般舟三昧経』がそれであるが、前者は、呉（229-280）の時代に陳慧（生没年未詳）や康僧会（?-280）といった研究者を生み、さらに五胡十六国時代（316-439）にも前秦（351-394）の道安（312-385）などによって注が著わされた（『安般守意経』に説かれている「数息

観」や「随息観」は、後世、天台智顗(538-597)によっても修行法として採りあげられ、禅宗でも今日に至るまで実践され続けている）。また、道安の弟子で東晋(317-419)の廬山で活躍した慧遠(334-416)は、廬山で『般舟三昧経』に基づいて宗教結社を結んだことで有名である（これによって慧遠は「蓮宗の祖」とされる）。

このように禅定が注目された背景として、伝統思想の影響があったことは忘れてはならない。『抱朴子』(317年)に見るように、中国には古来より調気法の伝統があったことは間違いないし、『荘子』に「坐忘」が説かれているのも、既に先秦時代より、神秘体験を得るための何らかの精神修養法が存在したことを示すものかも知れないのである。

その後も禅定への関心は高く、後秦(384-417)の鳩摩羅什(344-413)による『禅秘要法経』や『坐禅三昧経』の翻訳、東晋の仏陀跋陀羅（覚賢、350-429）による『達摩多羅禅経』の翻訳（慧遠の懇願による）などがあり、さらに南北朝時代(420-589)の初期には、宋(420-479)において『観仏三昧海経』『観普賢菩薩行法経』『観虚空蔵菩薩経』『観弥勒菩薩上生兜率天経』『観無量寿経』などの翻訳があいついだ。これらの観仏経典は梵本の存在が確認されておらず、その多くは中国で作られた偽経ではないかと考えられているが、こうしたものが必要とされた背景に、禅定への強い関心があったことは間違いない。

このような形で、禅定というインドに特有の修行形態は、仏教の流入後、程なく中国人たちの注目するところとなり、時とともに中国社会に定着していったのである。そして、こうした伝統の中から、後に「禅宗」と呼ばれることになる人々が登場することになるのである。

禅宗成立の史的意義

「仏教思想」と呼ばれるものは実に様々であるが、その中でも禅思想がとりわけ独創的なものであることは、例えば、難解この上ない禅問答ひとつを取ってみても明らかであろう。もちろん、それは禅宗が確立された後のものであって、古くは遥かに平易なものであったのであるが、そうしたものの萌芽は極めて早い時期にも認め得るのである。このような独自の思想が成立しえたこ

とについては、中国的な思考が大いに与っていたであろうことは想像に難くない。

中国人の出家が公認されたのは、4世紀前半のことであったらしく、特に仏図澄（232-348）が、335年に後趙（319-352）の王、石虎（334-349）にこれを認めさせたことは有名である。これによって中国人を主体とする仏教教団が成立すると、翻訳経典を指導原理とする教団内に伝統思想の影響が徐々に入り込んでいったのは当然である。

恐らく、それ以降、中国の仏教者においては、北方騎馬民族の盛衰や西域経営の消長など、その時々の社会状況に左右されつつも、インド伝来の仏教思想と中国古来の伝統思想がある一定のバランスのもとに併存していたはずであり、それこそが中国人にとっての仏教思想であったのである。禅思想についても同様であって、南北朝時代に西域から来た菩提達摩（6世紀前半）の活動が刺激となって、その啓発を受けた人々が自らの仏教思想を独自の形に組織し直したものが、禅思想の濫觴であったと考えることができるのである。

しかし、そうした事情は何も禅宗に限られるわけではない。北朝における当時の支配的な教学であった地論宗にあってもしかりである。地論宗の思想は、インドから新たに伝わった世親系の唯識思想と従来の涅槃学や成実学とを結び付けるところに成立したものであって、当時の仏教界の中でのみ生まれ得たものだったのである。

地論宗では、その独自の唯識教学を実証するために禅定の実践が尊ばれ、また、実際に広く行なわれていたのである。初期の禅宗は彼らを中心とする北朝の仏教界の中で成長したのであって、その意味では、その思想は当時の禅観思想の特殊な一形態とも見做すことができる。この点で地論宗南道派によって制作されたと推測される『大乗起信論』が、初期の禅宗において極めて重視されていたという事実は注目すべきである。

それとともに忘れてはならないのは、南北朝の末期から隋、初唐の時代にかけて出現したと考えられる『心王経』『法王経』『法句経』『楞厳経』『円覚経』などの偽経の存在である。これらの内容が禅定体験に基づくことは明白であって、禅経の一種とも見做すことができるのである

が、以前の観仏経典などと較べると、より自由な発想のもとで全体が構成されており、また、如来蔵思想など思想的にも高度なものを盛り込んでいるところに違いがある。これらは必ずしも禅宗内で作られたものではなかったが、それにも拘わらず、初期の禅宗の人々によって頻りに拠り所とされるに至ったのである（これについては、本章第3節を参照）。

また、後に触れるように、初期禅宗の人々と三論系、天台系の人々との間には、様々な人的交流が認められるのであるが、このことも、ほぼ同時期に成立を見た、これらの新仏教が、いずれも当時の仏教界の課題を担う形で現われたことを示すものであると言えるであろう。

つまり、禅宗が成立するに至った根本原因は、──従来、ややもすれば、そのように考えられがちであったのであるが──菩提達摩という一個人が中国にやってきたという偶発的な事実に求めるべきではなく、社会がそうしたものを必要としていたという点にこそ求めるべきなのである。

2　達摩と慧可

達摩・慧可と後代の禅宗の関係

一般には、南北朝時代にインドから菩提達摩がやって来たことで、中国の「禅」は始まったとされている。しかし、それは、後に確立された禅宗の中で、そのように位置づけられたというに過ぎず、禅宗において主張される、

初祖達摩 ─ 二祖慧可 ─ 三祖僧璨 ─ 四祖道信 ─ 五祖弘忍

といった祖師の系譜は、今日、史実としては完全には確認することはできない。ただし、それは資料の制約によるものかも知れず、それが事実であったという可能性を排除するものでは決してない。

この系譜で問題なのは、慧可（6世紀中葉）の弟子とされる僧璨の実在性である。『続高僧伝』（7世紀中葉）の「法冲伝」には、慧可の弟子に「粲禅師」というものがあったと記されており（『続高僧伝』には、もう一箇所、辯義〈541-606〉の伝記にも「僧粲禅師」への言及があり、同一人物ではないかと疑われている）、後代の

禅宗史書（一般に「灯史」と呼ばれる）である『楞伽師資記』(715年頃)や『伝法宝紀』(720年頃)などでは、道信はこの「粲禅師」(『伝法宝紀』では僧璨とする)の後継者であるとされているが、『続高僧伝』の編者の道宣（596-667）は、道信（580-651）の修学について、

少林寺

　　二人の僧が、どこからともなく現われて皖公山で禅業を修行していた。
　　道信はそのことを聞きつけて赴き、そのもとで十年間学んだ。

としか記していないからである。
　後には、その二人の僧の一人が僧璨であったと理解されるに至るのであるが、それが系譜を断絶させないための要請として唱えられたものである可能性は、非常に高いと言わねばならない。初期の「灯史」に見られる道信や弘忍の伝記は、ほとんど『続高僧伝』の内容を出ないが、このことも禅宗の人々が独自の伝記資料を持ち合わせていなかったことを暗示し、系譜の連続性を疑わせるものといえる（なお、今日、三祖僧璨の著作として『信心銘』が伝わっているが、これを僧璨の著作とする伝承は、唐の百丈懐海〈749-814〉以前には辿れないようであり、その信憑性は極めて低い）。
　しかしながら、少なくとも弘忍の弟子たちの時代には、自らを達摩の児孫とする考え方が定着していたのであるから、それは当然、弘忍までは遡るはずであり、弘忍が道信から直接、自身の師匠のことを聞いていたということは十分にありうることであるから、道信が師事したという二人の僧が、達摩―慧可の流れを承ける人物であった可能性は否定できないと思われる。ただ、それが本当に、言われるごとく「粲禅師」＝「僧璨」であったかどうかについ

ては、はなはだ疑わしいと言わねばならないであろう。

　確かに達摩や慧可が系譜的に後代の禅宗に繋がるかどうかは大きな問題である。しかし、それよりも遥かに重要なことは、後代の禅宗の人々が彼らを自らの先達と認識したという事実である。従って、その系譜の信憑性いかんに拘わらず、禅の歴史について考える場合、彼らの生涯や思想は避けて通れない重要な問題を提起するのである。

　しかし、ここには大きな困難が横たわっている。即ち、達摩や慧可に関する伝承には、後代の要素が大量に混入しているために、その実像がほとんど見えなくなってしまっているのである。そういう事態が生じたのは、禅宗に特有の事情があったためと考えねばならない。

　達摩・慧可像の問題

　今のところ達摩や慧可が系譜的に後代の禅宗と繋がるかどうかは明確ではない。仮りにそれが事実であったとしても、それは、今日「禅思想」と考えられているようなものが、すでに達摩にあったということを意味するものではもちろんない。実際、「達摩の著作」とされるものは数多く伝えられているが(「達摩論」と総称されている)、最も成立が古く、真撰である可能性が残る唯一のものと言われる『二入四行論』の思想は、後の禅宗のそれと大いに懸隔があり、後世、それを達摩のものと認めることを拒否せんとする傾向を生じたほどのものなのである。

　つまり、仮りに菩提達摩によって禅宗が始まったとする従来の説をそのまま承認するとしても、長い間に禅思想は著しい飛躍を遂げたのであって、それを無視して菩提達摩を超越的に扱い、その思想を後代の思想と同じものと理解することは絶対に許されないのである。

　しかし、これは決して思想に限った問題ではない。というのは、禅宗では古くより、思想はそのまま人格に表わされなければならないという考え方が非常に強いため、思想の問題がそのまま歴史的な事象(祖師の事跡・伝記)に変換される傾向が強く見られるからである。しかも、禅宗は伝法の系譜(「祖統」と呼ばれる)を非常に重んじ、「悟り」の体験が「以心伝心」によって、そのま

ま伝承されてきていると主張したために、祖師の間で思想的な相違を認めることを強く拒む傾向があった。そのため、古い時代の祖師については、伝記などについても、その時代時代の禅思想に合わせるために、古い伝承を否定して新たな説を加えるといったことがしばしば行なわれたのである。

ここにおいて、思想的要請による創作から史実を分離することが必要となるわけであるが、特に達摩や慧可について言えば、後世、定説とされるものは、そのほとんど全てが創作なのであって、この事実は、その間に生じた禅思想の変化の激しさをよく反映するものと言える。しかし、わずかではあるが、禅宗が確立される以前の伝承も伝えられているのであるから、それらによって彼らの活動の実態に迫っておくことは、禅思想の展開を辿るうえで、どうしても必要なこととなろう。しかし、それに先立って、彼らが活躍した時代について一瞥しておくことにしたい。

　　二入四行論　達摩の教説を弟子の曇琳（生没年未詳）が書き留めたものとされる。道宣の『続高僧伝』に引用されるほか、敦煌本、朝鮮本などが知られる。その内容は、悟りへの道を、理論たる「理入」と実践たる「行入」の二つによって総括し、後者を四種類に分けて説明したもので、「理入」とは「人間に備わる真性を覆い隠す塵を観法（壁観）によって取り除けば、それを顕現させうるはずだ」との信念であり、一方、「行入」の四種とは、現世の苦を過去の業の結果として忍受する「報怨行」、楽も過去の因縁によるとして問題にしない「随縁行」、すべてに執着を絶つ「無所求行」、清浄なる理法のままに六波羅蜜を行ずる「称法行」である。確かに、ここに見られる思想は後代の禅とは似ても似つかぬものであるが、如来蔵思想や実践を極端に重んじる態度など、そこにはすでに通底するものを認めることができる。後に達摩を師と仰ぐ人々の言葉が附加されて「長巻子」が作られるとともに、その思想を盛り込んだ偽経、『金剛三昧経』（7世紀中葉）を生み出すなど、その反響は大きく、禅宗が確立された後も、『景徳伝灯録』に取り込まれるなど多大の影響を残した。

達摩や慧可の時代

菩提達摩の渡来から中国禅が始まったとする従来の伝承が、後代のドグマであることはすでに述べた通りである。確かに、達摩が慧可や道育（6世紀

中葉）といった真摯な弟子を得ることができたのは、その教えに他には見られない独自の魅力があったからであろうが、それは一部の人々の間の認識に過ぎず、仏教界全体から見た場合には、必ずしもその活動が重要な意義を有するものと見られていたわけではなかった。つまり、達摩や慧可の時代には、彼らは決して仏教の主潮流の一つとは認められていなかったのである。では、当時の仏教界の状況はどのようなものであったのであろうか。

達摩が活動したのは南北朝時代の北魏(386-534)においてである。北魏では先に太武帝(423-452在位)によって仏教弾圧（破仏）が行なわれたが、その没後に即位した文成帝(452-465在位)のもとで仏教の復興が図られた。孝文帝(471-499在位)の時代に都が大同から洛陽に移された後も、宣武帝(499-515在位)や孝明帝(515-528在位)といった崇仏皇帝が輩出したこともあって仏教は隆盛を極め、首都の洛陽には永寧寺を初めとする多くの寺院が林立し、郊外の龍門には国家事業として石窟寺院の開削が続けられていたのである。

教学的には、以前から重視されていた『涅槃経』や『維摩経』『華厳経』『智度論』『成実論』『阿毘曇心論』などが引き続き盛んに研究されていたが、宣武帝の時代に菩提流支(?-527)や勒那摩提(生没年未詳)によって『十地経論』が翻訳されると、菩提流支・勒那摩提の両者に学んだ慧光(光統律師、468-537)の活躍などもあって、その研究が一挙に盛んとなった（一般に「地論宗」と呼ばれている）。

その後、北魏は東魏(534-550)と西魏(535-557)に分裂し、それぞれ鄴、長安に拠った。やがて、東魏は北斉(550-577)に、西魏は北周(557-581)に取って代わられたが、特に北斉は仏教を篤く保護したため、その都、鄴は、洛陽に代わって北朝における仏教の中心地となった。

北斉においても多くの僧侶が活躍したが、その中心を成したのは、慧光の門下から輩出した、道憑(488-559)、曇遵(480-564?)、安廩(507-583)、法上(495-580)らであり、そのため地論宗は北朝における支配的な教学としての地位を不動のものとするに至った。しかし、北周の英主、武帝(560-578在位)は、実力者であった宇文泰(505-556)を殺して実権を掌握すると、富国強兵に努め、国論を統一するために破仏を行なった。やがて北斉を亡ぼした武帝は、そ

の故地にも破仏を断行して、華北の仏教は壊滅状態に陥った。

　一方、南朝では、貴族階級を中心に仏教が広く受け入れられ、また、宋の文帝(424-453在位)や梁の武帝(502-549在位)などの崇仏皇帝も出たため、仏教は表面的には隆盛を極めた。「梁の三大法師」と呼ばれる光宅寺法雲(467-529)、荘厳寺僧旻(467-527)、開善寺智蔵(458-522)を中心として、『涅槃経』や『成実論』の研究が盛んに行なわれ、教理的には見るべきものは多かったが、講壇仏教的な性格が強く、実践性は乏しかったと言われている。

　陳の時代には、真諦三蔵(499-569)が海路を経て渡来し、『摂大乗論』(摂論)などの唯識系の著作を多数翻訳したが、そうした仏教界の風潮や戦乱などもあって、必ずしも十分には注目されるところとはならなかった。しかし、北周の破仏を避けて多くの地論系の学者が南遷してくるようになると、真諦の訳書は彼らによって取り上げられ、やがて、その思想も採用されるようになって、地論宗の摂論化を招くに至った。

　以上が、達摩や慧可が活動した6世紀の前半から中葉にかけての北朝における仏教界の概要であるが、慧可が北周の破仏に遭遇するなど、こうした状況は彼らの活動にも大きな影を落としている。

達摩や慧可に関する史実

　歴史上の達摩の姿を伝える最も信頼できる資料は、楊衒之(6世紀中葉)の『洛陽伽藍記』(547年)であるが、そこで述べられているのは、波斯国の生まれであること、永寧寺の塔(516年建立、534年焼失)を称讃したこと、自ら百五十歳であると自称していたことなどに過ぎない。

　これに次いで現われたのが曇琳撰という「二入四行論序」であり、そこでは南インドの出身であること、道育・慧可という弟子があったこと、その教義が誹謗されたこと、その教義を記したものが『二入四行論』であることなどが述べられている。

　『続高僧伝』の「菩提達摩伝」の多くは、『洛陽伽藍記』や「二入四行論序」に基づくもので、新たな記述は必ずしも多くないが、慧可の伝記に関しては、「僧可伝」が多くの事実を伝えてくれる。それによれば、慧可(僧可)は姫氏

で虎牢の人。四十歳で出家し、中原地方を遊行していた菩提達摩に出会って弟子となり、そのもとで六年間（「菩提達摩伝」では、四、五年間とする）、一乗を学んだ。その間、達摩から「真法」として『二入四行論』を授けられ、また、「これによって人々を導け」と四巻本の『楞伽経』（求那跋陀羅訳）を与えられたという。達摩の滅後、一時、姿をくらましたが、天平年間（534-537）の初め、北斉の都、鄴に出て布教に努め、那禅師（生没年未詳）や向居士（生没年未詳）などの弟子を得た。しかし、妬みに遇い身の危険を感じたため、鄴を離れ、佯狂を装いつつ布教を行なったという。後に破仏に遇い、『勝鬘経』の学者として名高かった林法師（『二入四行論』を筆録したとされる曇琳と同一人物と見られる）とともに仏法の維持に努めたが、その際、二人とも賊に片腕を斬られたという。しかし、その後の事跡は知られず、生没年も明らかではない。

　以上の伝記は、禅宗以前の資料に基づくものであるが、しかし、次に述べるように、その時点においても既に彼らを先達と仰ぐ人々のグループが複数存在したのであるから、彼らによって後代よりする理想化が行なわれているという可能性も否定できない。しかし、ここで重要なことは、達摩や慧可の実像がいかなるものであったかよりも、むしろ、彼らを先達と仰ぐ人々が多数存在したということそれ自体である。こうした事実は彼らの影響力がいかに大きかったかを証するものだからである。

　　達摩伝・慧可伝の成長　上に見たように、比較的成立の古い文献に伝えられている菩提達摩について記述は極めて少ないのであるが、禅思想の展開に伴い、その時々の祖師の理想像が投影され、加上された結果、インドや中国における様々な事跡が禅宗内で伝承されることになった。したがって、それらの伝記は史実としては全く価値を持たないが、その時々の禅思想を伝えるものとして、非常に重要な意味を持っている。ここで達摩伝の成長過程の概要を述べれば、まず北宗系の灯史である『楞伽師資記』や『伝法宝紀』において嵩山少林寺（河南省）との関係が強調されるなどした後、荷沢神会（684-758）やその門下によって西天八祖説や西天二十九祖説、西天二十八祖説が唱えられてインドにおける系譜（祖統）が出現するとともに、達摩が袈裟を伝承させたとする伝衣説や、梁の武帝との問答などが創作され、さらに洪州宗系の『宝林伝』（801年）では、西天二十八祖説の内容が大幅に改められて祖統説が完成するとともに、達摩のインドにおけ

る事跡や、魏や梁の帝室との多くの因縁が加上され、渡来や遷化などの重要な日時が決められた。その説の多くは禅宗を権威づけるための創作で、全く根拠のないものであったが、洪州宗の勢力の伸長とともに公認され、『景徳伝灯録』(1004年)や『伝法正宗記』(1061年)に受け継がれて定着を見た。このような伝記の変化と並行する形で、達摩の名を冠する著作(達摩論)も続々と現われた。北宗系の『悟性論』や南宗系の『血脈論』が代表的なもので、それぞれ各派の思想を反映した内容となっているが、こうした達摩仮託書の多くは、思想の進展とともに捨て去られる運命にあり、また、語録の成立によって、表現手段としても歴史的使命を終えたため、次第にその製作も行なわれなくなった。一方、慧

雪舟筆：慧可断臂図（斉年寺蔵）

可についても後に様々な伝記が加上されたが、達摩への弟子入りの際に決意を示すために自らの腕を斬ったとする「慧可断臂」の説話や、僧璨に付法して後継者としたという説のように、その多くは付法上の問題と関連して創作されたものであって、慧可自身が有する独自の歴史的な意義は、それによってむしろ弱められた感がある。

達摩=慧可系統の人々とその多様性

達摩や慧可の影響力が非常に大きく、その弟子たちがやがて一派を成したことは事実としても、それが後に言う「禅宗」の人々と同一の人々であったかどうかは、実は明確でない。しかも注目すべきことに、そうしたグループは一つだけではなかったようなのである。というのは、達摩=慧可系の人々の活動を伝える『続高僧伝』の記述が、

1．達摩や慧可を『二入四行論』と結びつけようとする箇所(「菩提達摩伝」

や「僧可伝」の古層部分）
2．四巻本『楞伽経』の伝持者として扱おうとする箇所（「菩提達摩伝」や「僧可伝」の新層部分と「法沖伝」）

という、明らかに傾向を異にする二つの部分から成っており、両者の間には必ずしも緊密な関係が認められないからである。そして、実際、この二つの部分に登場する人物は、必ずしも重ならないのである。

　まず、前者について関係者の系譜を見てみると、達摩が『二入四行論』を説いたとされる人物は慧可と道育の二人であるが、ほかにそれを筆記したとされる曇琳も弟子に加えることができよう。そして、そのほかには、文通によって慧可に指導を仰いだ向居士の存在が知られるのみである。一方、後者については「僧可伝」に、破仏の際に慧可が行動を共にした林法師（曇琳）や、慧可の弟子の那禅師、またその弟子に当たる慧満への言及が見えるほか、「法沖伝」にも『楞伽経』の伝持者の系譜を説いて、次のように述べている。

　　ダルマ禅師の後継者には、慧可、慧育の二人があった。慧育禅師は教えを受け、心に行ずるのみで、それを言葉で表現したりはしなかった。慧可禅師の後継者には、粲禅師、慧禅師、盛禅師、那老師、端禅師、長蔵師、真法師、玉法師等があった。以上の諸師は口に玄理を説くのみで、それを文章に記録したりはしなかった。

　　慧可禅師の後継者には、ほかに善老師〈『抄』四巻を書いた〉豊禅師〈『疏』五巻を書いた〉明禅師〈『疏』五巻を書いた〉胡明師〈『疏』五巻を書いた〉があった。

　　間接的に慧可の影響を受けたものに、大聡師〈『疏』五巻を書いた〉道蔭師〈『抄』四巻がある〉沖法師〈『疏』五巻がある〉岸法師〈『疏』五巻がある〉寵法師〈『疏』八巻がある〉大明師〈『疏』十巻がある〉があった。

　　那老師の後継者には、実禅師、慧禅師、曠法師、弘智師があった。京師の西明寺に住していたというが、法は絶えてしまった。また、明禅師の後継者に伽法師、宝瑜師、宝迎師、道瑩師があり、この系統では順次法灯を伝え、いまも布教を続けている。

これによれば、達摩や慧可を『楞伽経』との関係で捉えようとする人々にも様々な系統があり、それぞれ傾向を異にしていたことを知ることができるが、『二入四行論』系で重んじられた向居士への言及は見られず、道育（慧育）や曇琳に対する扱いも非常に軽いものとなっている。

このように、達摩や慧可が複数のグループの人々から「先達」として仰がれていたのは、当時、その名声が極めて高く、崇高なるイメージと結びついていたためであろう。仏教史家として名高い道宣は、『続高僧伝』の習禅篇の「論」において、達摩の思想の前衛性をことさら強調しており、当時においては、その思想は大変なインパクトを持つものと見做されていたようである。その点からいえば、後代、禅宗を形成することになる人々が、それを利用して自らを権威づけようとしたとしても不思議ではないと言わねばならない。

楞伽宗　『続高僧伝』の「僧可伝」には、達摩が慧可に『楞伽経』（四巻本）を授けたという記述があり、また、慧可の弟子の那禅師、その弟子の慧満らの『楞伽経』の伝持者の伝記が附載されている。また、「法沖伝」には、達摩と慧可に発する『楞伽経』の伝持者・研究者の系譜が掲げられている。これら『楞伽経』を奉ずる人々を、一般に「楞伽宗」と呼ぶ。「楞伽宗」の系譜には禅宗系の人々は含まれていないが、北宗禅などの初期禅宗文献にも『楞伽経』に関する記述がしばしば認められるため、「楞伽宗」を初期の禅宗と同一視する見方もある。しかし、初期の禅宗文献における『楞伽経』の扱いは必ずしも絶対的なものとは言えず、また、禅宗の人々が自らを正統づけるために、権威ある『続高僧伝』の記述を利用したとも考えられるから、両者は一応、区別して考えるべきであろう。なお、後世、荷沢神会の系統では、「知」（般若の智の働き）を強調したため、『金剛般若経』（金剛経）を重視するようになり、達摩が慧可に授けたのは『楞伽経』ではなく、『金剛経』であったとする説も出現するに至った。

慧可と涅槃論　達摩や慧可を奉ずる人々には、上に述べたように、『二入四行論』系の人々や楞伽宗と呼ばれる人々、後に禅宗を形成することになる東山法門の人々といった、様々な系統が存在したのであるが、そのほかに『涅槃論』を伝承した人々も、それに加えることができるかも知れない。『続高僧伝』「法泰伝」の附伝、「智敫伝」によれば、真諦三蔵（499-569）の弟子であった智敫（?-601）は、破仏を避けて北地から陳に移った慧峲（?-582?）から『涅槃論』の講義を聞

き、慧訶の没後、自らもそれの広宣に努めたという。この慧訶については、その活動時期が重なること、伝記に共通点が認められること、彼が講説した『涅槃論』の訳者が北魏の「達摩菩提」とされていることなど、慧可と共通する、あるいは類似する点が非常に多く、同一人物であった可能性も否定しきれない。もし、仮にそうであったとすれば、達摩 ─ 慧可という師弟の影響は、従来、考えられていた以上に広汎なものであったということになろう。また、『涅槃論』は『涅槃経』に基づくものであるが、『涅槃経』が地論宗南道派において極めて重んじられた著作であることも注目されるところである。

慧可の存在意義と禅の起源

しかし、それにしても、いずれのグループにおいても、達摩の教説が慧可を通じて伝えられたとされていることは注目すべきであり、慧可が果たした役割の決定的な重要性を示すものと言える。従って、慧可が達摩からある種のインスピレーションを得たことは否定できないものの、達摩や慧可を奉ずる人々の思想の起源は、恐らくは、達摩よりもむしろ慧可にこそ求めるべきであろう。

だとすれば、インド伝来という点に重点を置いて禅宗を理解しようとすることには、大変な危険が伴うことになろう。実際、初期の禅宗で重んじられた『楞伽経』は、慧可が活躍した北朝における支配的な教学であった地論宗で最も重視された経典であったし、『二入四行論』や後の禅宗の思想的基盤となっている如来蔵思想も、地論宗南道派の核心を成す教説でもあった。さらに、奈良時代に日本に伝わった文献の中に、「菩提達摩撰」と称する『楞伽経疏』があることは従来から知られていたが、近年、その内容が地論宗南道派の思想と密接な関係にあることが明らかにされてもいるのである。

地論宗を初めとする南北朝期の教学は、長期にわたる受容の結果、インドから流入した仏教思想が、中国人によって初めて主体的に組織化されたものであったということができる。それは、天台宗、三論宗、華厳宗、浄土教などの後の中国仏教の母胎でもあったのであるが、恐らくは、達摩や慧可を自らの先達として仰いだ人々の思想の源流も、そこにこそ求めるべきなのである。

「禅宗」の直接の源流となったのは、次節で述べる東山法門と呼ばれる人々であるが、彼らと、達摩や慧可を奉ずる他の人々との関係は必ずしも明確ではない。しかし、『二入四行論』の発展と考えられる「長巻子」の中に、後の禅宗の思想に通ずるものが多く認められるということは注意すべきであろう。

3 東山法門の形成

東山法門の出現

581年、北周の静帝(579-581在位)から帝位を譲られた隋(581-618)の文帝(581-604在位)は、やがて南朝の陳(557-589)をも征服して、遂に中国の統一を成し遂げた。文帝は統一国家の指導原理として仏教を採用し、その興隆に努めた。北朝では教学とともに禅定の実践が非常に重んじられていたが、それを継承した隋は、首都の大興城(長安)に大禅定寺を建立して、各地から高名な習禅者を招いた。また、文帝に続いて帝位に即いた煬帝(604-617在位)も、天台宗の智顗(538-597)や三論宗の嘉祥吉蔵(549-623)を重んじるなどしたため、仏教は一気に隆盛に向かった。

隋の仏教界では、三階教の信行(540-594)や智顗、吉蔵らの新仏教の人々の擡頭も著しかったが、その中枢を占めたのは、やはり、浄影寺慧遠(523-592)や志念(535-608)、曇遷(542-607)といった南北朝時代以来の地論・摂論系の人々であった。『続高僧伝』の「法沖伝」の記載を信ずれば、この時代にも「楞伽宗」と言われる達摩＝慧可系の人々の活動は盛んであったはずであるが、その実態は明らかではない。達摩系の習禅者が大禅定寺に招かれたという記録はないようであるから、達摩や慧可などと同様、遊行生活を送り、人知れず山林などで禅の修行に励んでいた人々が多かったのではないかと推測される。

ところが、隋が滅んで唐(618-907)が興るころから事態は一変する。道信(580-651)、弘忍(601-674)の師弟が現われ、湖北省の蘄州を中心に布教に努め、一躍、仏教界の注目するところとなったからである。これを一般に「東

山法門」と呼ぶが、師承や思想の連続性という点から見て、彼らこそ後の禅宗の直接の母胎なのである。

道信と弘忍　『続高僧伝』の「道信伝」によれば、道信の姓は司馬で、出身地は不明であるという(後には河内の人とされる)。七歳で一人の師匠について五年間を過ごし、その後、どこからともなく皖公山(安徽省)に現われた二人の僧について十年間、禅を学んだ。この二人は羅浮山(広東省)に去ったが、伴うことを許されなかったという。後、出家を遂げて吉州の寺に籍をおいた。賊が吉州の町を囲んだとき、道信が皆に般若を念じさせたため、事なきを得たという。その後、南嶽に行こうとしたが、途中、道俗に止められて、まず廬山の大林寺に入って十年を過ごし、次いで蘄州(湖北省)黄梅県の双峰山に入り(後には624年のこととされる)、三十年間、学徒を指導し、651年に七十二歳で没したという。『楞伽師資記』には、道信に『入道安心要方便法門』という著作があったとして、その一部を引くが、他にそれに言及するものがなく、その信憑性は低い。一方、弘忍の伝は、『続高僧伝』の「道信伝」に道信の墓塔を作った弟子として、ただ一人、名前が挙げられているのが初出であり、その後、『楞伽師資記』や『伝法宝紀』に立伝されて、やや詳しい伝記が知られるようになった。『伝法宝紀』によれば、弘忍は黄梅の人で、姓は周。若くして出家し、十二歳(『楞伽師資記』では七歳とする)で道信の弟子となり、後に師の付嘱を得て黄梅県の憑茂山(東山)に化を振い、法如、神秀、慧能ら多くの弟子を得て、675年に七十四歳で没したという(『楞伽師資記』などでは、弘忍の没年を前年の674年としており、多くの場合、こちらの説が採用されている)。その著作として『修心要論』が伝わるが、後に述べるように、事実とは認め難い。

東山法門　「東山」とは、弘忍が住した蘄州(湖北省)黄梅県の憑茂山(五祖山)のことで、同じ地域にあり、道信が住した「西山」、即ち双峰山(四祖山)に対して、このように呼ばれる。従って「東山法門」とは、もともと、弟子たちの活動によって広く天下に知られるようになった弘忍の教えとその一派を指す言葉であった。『楞伽師資記』によれば、則天武后は「もし修行を問題にするなら、東山法門に勝るものはない」と語ったというが、これはまさしくその意味である。しかし、今日では一般に、師弟関係が確実なこと、活動した地域が非常に近いことなどを考慮に入れて、道信も含めて「東山法門」と呼んでいる。

東山法門出現の意義

　彼らが活躍した初唐の時代(618-713)は、まさしく仏教の変革期であった。玄奘(600-664)訳『成唯識論』などに基づいて基(632-682)が組織化した法相宗の成立と、それに伴う地論宗・摂論宗の衰亡、地論・摂論系の人々による法相宗への反動と見るべき智儼(602-668)や法蔵(643-712)による華厳宗の成立、道綽(562-645)や善導(613-681)による浄土教の隆盛、道宣(596-667)による南山律宗の大成など、仏教界には様々な動きが見られ、こうして、一足早く出現した天台宗などとともに、中国的な仏教が一通り出揃うこととなったのである。

双峰山・毘盧塔

　こうした現象が生じたのは、この時期に至って仏教が完全に中国人の血肉となり、その感性に沿う形で全く新たに組織化し直されたことを示すものであろう。そのことを暗示するのが、初期の禅宗文献でしばしば依用されている『仏説法句経』『仏説禅門経』『仏説法王経』『仏為心王菩薩説頭陀経』『大方広円覚修多羅了義経』『大仏頂如来密因修証了義諸菩薩万行首楞厳経』などの中国撰述経典、すなわち「偽経」である。これらは、最後の二つを除いて、いずれも敦煌文書によって初めてその全貌が知られたものであるが、同時期の天台宗や三論宗、華厳宗の文献などにも、その引用を認めることができる。従って、恐らくは、匿名の禅観修行者らによって制作されたものであったが、それが当時の仏教界の課題を背景に出現したたために、学派を超えて広く受け入れられるに至ったのであろう。つまり「禅」は、そうした課題に対する一つの解答として出現したものだったのである。

　なお、隋代に注目を集めた三論宗は、この時代以降、振わなくなるが、それは新興の禅宗の中に解消されてしまったためであると言われている。

初期の禅宗で用いられた偽経　『仏説法句経』は、6世紀中葉以前の成立と見られる偽経で、阿含経に含まれる『法句経』（ダンマパダ）とは全く別の経典である。全体は十四の品（章）から成り、第十一品に「法句」として五言四句から成る偈文が二十四掲げられているのが、名称の由来となっている。特に「森羅及万象。一法之所印」という一節は名高く、しばしば引用された。『仏説禅門経』は、7世紀末から8世紀初めの成立と見られ、冒頭に慧光の序文が附されている。「頓悟」を強調する内容で、保唐宗の『歴代法宝記』（8世紀後半）や大珠慧海（生没年未詳）の『頓悟入道要門論』（8-9世紀）などに引用されている。『仏説法王経』は、「仏性」を中心テーマとするもので、成立時期は不明であるが、百丈懐海（749-814）の『百丈広録』に引用されているので、8世紀には既に成立していたことが知られ、チベット語訳も存在する。『仏為心王菩薩説頭陀経』は、「心王経」、あるいは「頭陀経」ともよばれる偽経で、7世紀初頭以前の以前の成立と見られている。『修心要論』や『導凡趣聖心決』（いずれも敦煌本、7世紀末）、『曹渓大師伝』（781年）、圭峰宗密（780-841）の『華厳経行願品疏鈔』などに引用、または言及されており、また、敦煌写本には「五陰山室寺恵弁禅師」による註釈が附されているものもある（『心王経註』）。「頭陀」を重視しつつも、その内容等について、後の北宗文献に見られる「観心釈」に類する特異な解釈を行なっている点に特徴が見られ、ソグド語訳が存在する点でも注目されている。「円覚経」と略称される『大方広円覚修多羅了義経』は、7世紀末から8世紀初頭の成立と見られ、「大円覚心」の獲得のための方途を説いており、最初期の灯史の一つである『伝法宝紀』で早くも言及され、後に圭峰宗密によって大々的に採り上げられるに至ったものである。『大仏頂如来密因修証了義諸菩薩万行首楞厳経』は、「楞厳経」「仏頂経」などとも呼ばれ、8世紀に成立した十巻から成る偽経である（鳩摩羅什訳の真経、『首楞厳三昧経』とは全くの別物である）。「円通無礙の理」を明らかにするとともに、禅病を列挙して、それからの脱出法を説いている。これらの偽経の中には、禅宗の初期にだけ重んじられたものも少なくないが、『楞厳経』と『円覚経』は、後世、教禅一致を説くものと見做され、宋、元、明と時代が降るにつれて重んじられるようになっていった。教禅一致説に批判的な日本の道元（1200-1253）が、この両経の価値を否定したことは有名である。なお、今日、禅院でしばしば読まれている「楞厳呪」も、『楞厳経』巻七を出拠とするものである。

三論宗と禅宗　三論宗が注目されるに至ったのは、多数の著作を著わして、その思想的立場を確立した吉蔵が煬帝に尊ばれたことによるが、もともと三論宗は実践

中心の一派であって、教学を主とした吉蔵の方が実は例外的な存在であった。その実践的性格は達摩=慧可系の人々との人的交流によっても裏づけることができる。例えば、南嶽慧思にも師事した三論宗の慧布(?-587)は、慧可のもとにも参じたし、弘忍の弟子の法如(638-689)も初めは三論宗の恵明(青布明、生没年未詳)に師事している。また、吉蔵とともに三論宗の法朗(507-581)に学んだ大明法師(生没年未詳)は、『続高僧伝』の「法沖伝」では楞伽宗の系譜に位置づけられている(大明法師は、後に禅宗内に取り込まれることになった牛頭法融〈594-657〉の師でもある)。しかし、三論宗の教学は吉蔵で極まったから、その後は従来からの実践中心の路線に復帰するほかはなかった。ところが、その際、独自の修行法を確立して教線を伸ばしつつあった東山法門の人々に対して自らのアイデンティティーを主張しうるだけのものを持っていなかったため、やがて、それに合流せざるをえなかったようである。

東山法門への反響

彼らの同時代人である道宣は、『続高僧伝』において早くも道信の伝記を立伝し、弘忍を初めとして五百人を超えるほど多くの弟子があったといい、また、それとは別に、法顕(577-653)や善伏(?-660)、玄爽(?-652)などの伝記で彼らが道信に師事したことを記しているから、道信の段階において、その活動が既に仏教界の注目を集めていたことは間違いない。

その道信の後を承け、さらに発展させたのが弘忍である。初期の禅宗文献によれば、弘忍に多数の弟子がある中、付嘱を受けた主要な弟子が十人あり、それぞれが中国各地で布教に努めたとする説が行われていたようである。「弘忍の十大弟子」と呼ばれるものがこれであるが、こうした説が行われていたということ自体、弘忍の名声が極めて高く、その影響が全国に及んだことを示すものといえる。

弘忍や道宣の同世代人に華厳宗の基礎を築いた智儼がある。彼は仏教全てを、(1)小乗(阿含・アビダルマ)、(2)大乗初教(唯識思想)、(3)大乗終教(如来蔵思想)、(4)頓教、(5)一乗(華厳思想)の五つに分ける、いわゆる「五教教判」を立てたが、その中の「頓教」という概念が、当時、隆盛しつつあった東山法門を念頭に置いたものであったのではないかとも言われて

いる。智儼は新興の三階教にも好意的な評価を示すなど、進取の気性に富んだ人であったし、道宣と同じ終南山に住んだことからしても、東山法門の人々の活動が長安南郊のこの地にも伝わっており、それが智儼の思想形成に影響を及ぼしたということは十分に考えられることである。

> **弘忍の十大弟子** 後に言及する『楞伽師資記』によれば、弘忍は入滅に際して、自分の教えを後世に伝えるものは十人のみであるとして、神秀（?-706）を初めとする十人の名前を挙げ、特に神秀と玄賾（7-8世紀）の二人に将来を託したという。弘忍に「十大弟子」があったという伝承は、保唐宗の灯史である『歴代法宝記』や「荷沢宗」を標榜する圭峰宗密の『円覚経大疏鈔』（822年頃）にも見えるが、誰を十人に数えるかについて相違がある。これは恐らく、先に「弘忍に十大弟子あり」とする伝承が成立し、後にそれに人物を当てはめた結果であろう。しかし、法如（638-689）・神秀・慧安（老安、582-709）・慧能（638-713）・智詵（539-618）などは、いずれにも掲げられており、彼らが最も代表的な弟子であるという認識は各派に共通していたことが窺える。特に『楞伽師資記』が慧能の名を掲げているのは、いわゆる「北宗禅」においても、嶺南という辺境で活動した慧能の存在が早くから認識されていたことを示す貴重な記録である。慧能の存在は、四川で教義を広めた智詵や宣什（生没年未詳）らとともに、東山法門の全国的な広がりを示すものとしても注目される。

東山法門の思想

東山法門の人々には、その生活において達摩や慧可とは全く異なる点があった。それは達摩や慧可が遊行生活を送ったのに対して、彼らは一箇所に定住したということである。このため、東山法門では、一度に非常に多くの弟子を養成することが可能になった。彼らが広く注目されるに至った理由の多くは、ここに存したというべきであろう。

しかし、この定住化に関してさらに重要なことは、これが禅思想そのものに大きな変化をもたらしたということである。後代の文献であるが、『六祖壇経』には、慧能が弘忍に入門した後、脱穀作業に携わる場面がある（8世紀後半の増広と考えられる部分に存在する）。彼らは人里離れた山間に修行の場を求めたにも拘わらず、あまりに多くの人々が集まったから、従来のように托鉢に

よってその生活を支えることは不可能となり、自ら農作業などの仕事(作務)に従事して自給自足の生活を送らざるをえなくなったのである。こうして、禅修行は生業と平行して、あるいは同時に行われることとなり、中国禅の特徴とされる「禅体験と日常との合一」という思想の形成を促したものと考えられるのである。

東山法門の思想を窺いうる資料としては、やや時代は降るが、『修心要論』などの綱要書や、『楞伽師資記』『伝法宝紀』などの初期の灯史がある。それらによれば、東山法門には独特の組織的、集団的な修行方法が存在しており、それとそれによって得られる「悟り」の境地を総称して「守心」と呼び(「守心」は、同時期の道教でも用いられているが、両者の関係は必ずしも明確ではない)、それを基礎づけるものとして、『文殊説般若経』の「一行三昧」などの教説を用いていたようである。その修行法で興味深いのは、それがしばしば「念仏」と結びついていたということであって、それが呼吸法や精神集中の役割も果たしたようである(ただし、少なくとも資料から見る限り、西方往生という思想はなかったようである)。

また、後の禅宗との関連で注目されるのは、当時、すでに「入室」や「付法」「印可」という思想が存在したということであり、集団的修行によってある境地に達したものは、個人的に師匠のもとを訪れて呈示し、それが認められると印可を受けたのである。

修心要論　詳しくは「導凡趣聖悟解脱宗修心要論」といい、敦煌本と朝鮮本の存在が知られるが、いずれも弘忍の著作とされている(ただし、朝鮮本は「最上乗論」の名で伝えられている)。しかし、実際には類似した名称を持つ『導凡趣聖心決』とともに法如の系統で伝持された綱要書であり、弘忍に著作は無かったと主張する『楞伽師資記』が、それと明示せずに引用しているのは、法如(638-689)に対する対抗意識に基づくものであろうと考えられている。法如は最も早く中原に東山法門を伝えた人物であり、本書も神秀門下の「北宗禅」が権威を確立する以前に成立した文献と見られるから、その思想は東山法門のそれを最も忠実に伝えるものといえる。その内容は、「自心」を本来清浄で不生不滅のもの、即ち、「真心」「浄心」と位置づけ、それを「守る」べきことを主張する。そして、この「守心」が全ての修行の中で最も肝要なものであるとして、「涅槃の根本」「入道の

要門」「十二部経の宗」「三世諸仏の祖」などと呼んで賞揚している。

楞伽師資記と伝法宝紀　いずれも敦煌文書によって初めてその存在が知られた北宗系の灯史で、『楞伽師資記』(715年頃)は浄覚(683-750?)、『伝法宝紀』(720年頃)は杜胐(生没年未詳)の撰になり、前者は求那跋陀羅(394-468)・達摩から神秀の弟子までの八代を、後者は達摩から法如・神秀に至る七代を扱っている。これらは神秀が「帝師」として重んじられたという現実を踏まえて、「禅宗」の一派としての確立を内外に示さんとしたものであり、後に次々に登場することになる『師資血脈伝』や『宝林伝』『景徳伝灯録』などの先駆としての意義も重要である。両者は、ほぼ同時期に現われた北宗系の灯史であるにも拘わらず、求那跋陀羅や法如、『二入四行論』などの扱い方や、言葉に対する考え方に基本的な立場の相違を認めることができ、荷沢神会以降、「北宗禅」として一括りにされる人々の思想が実際には非常に多様なものであったことを示す点で、甚だ興味深い。特に『楞伽師資記』は、師の玄賾の『楞伽人法志』を初めとする様々な関係資料の集成という側面も持ち、初期の禅宗やそれを取り巻く人々の思想や修行法を窺ううえで極めて高い資料価値を有している。

参考文献

石井公成　「新羅の華厳思想」(『華厳思想の研究』春秋社、1996年)

伊吹　敦　「『心王経』について ― ソグド語訳された禅宗系偽経」(「駒沢大学禅研究所年報」4、1993年)

伊吹　敦　「再び『心王経』の成立を論ず」(「東洋学論叢」22、1997年)

伊吹　敦　「菩提達摩の『楞伽経疏』について」(「東洋学論叢」23-24、1998-1999年)

伊吹　敦　「地論宗北道派の心識説について」(「仏教学」40、1999年)

伊吹　敦　「慧可と『涅槃論』」(「東洋学研究」37-38号、2000-2001年)

印順／伊吹敦訳　『中国禅宗史 ― 禅思想の誕生』(山喜房仏書林、1997年)

宇井伯寿　『禅宗史研究』(印度哲学研究9、岩波書店、1935年)

横超慧日　「初期中国仏教者の禅観の実態」(宮本正尊編『仏教の根本真理 ― 仏教における根本真理の歴史的諸形態』三省堂、1956年)

沖本克己　「禅宗史に於ける偽経 ― 『法王経』について」(「禅文化研究所紀要」10、1987年)

篠原寿雄・田中良昭編　『敦煌仏典と禅』(講座敦煌8、大東出版社、1980年)

鈴木大拙　『禅思想史研究　第二 ― 達摩から慧能に至る』（鈴木大拙全集2、岩波書店、1968年）
鈴木哲雄　「初期禅宗と三論」（平井俊栄監修『三論教学の研究』春秋社、1990年）
関口真大　『達摩大師の研究』（彰国社、1957年）
関口真大　『禅宗思想史』（山喜房仏書林、1964年）
関口真大　『達磨の研究』（岩波書店、1967年）
田中良昭　『敦煌禅宗文献の研究』（大東出版社、1983年）
田中良昭・沖本克己他訳　『敦煌Ⅱ』（大乗仏典　中国日本篇11、中央公論社、1989年）
平井俊栄　『中国般若思想史研究 ― 吉蔵と三論学派』（春秋社、1976年）
水野弘元　「菩提達摩の二入四行説と金剛三昧経」（「駒沢大学仏教学部研究紀要」13、1955年）
水野弘元　「禅宗成立以前のシナの禅定思想史序説」（「駒沢大学仏教学部研究紀要」15、1957年）
水野弘元　「偽作の法句経について」（「駒沢大学仏教学部研究紀要」19、1961年）
望月信亨　「如来蔵并に密教関係の疑偽経」（『仏教経典成立史論』、法藏館、1946年）
柳田聖山　『初期禅宗史書の研究』（柳田聖山集6、法藏館、2000年、1967年初版）
柳田聖山　『達摩の語録 ― 二入四行論』（禅の語録1、筑摩書房、1969年）

柳田聖山　『初期の禅史Ⅰ ― 楞伽師資記・伝法宝記』（禅の語録2、筑摩書房、1971年）
柳田聖山　「語録の歴史 ― 禅文献の成立史的研究」（「東方学報」57、1985年）
柳田聖山　『禅仏教の研究』（柳田聖山集1、法藏館、1999年）

［禅の系譜１］

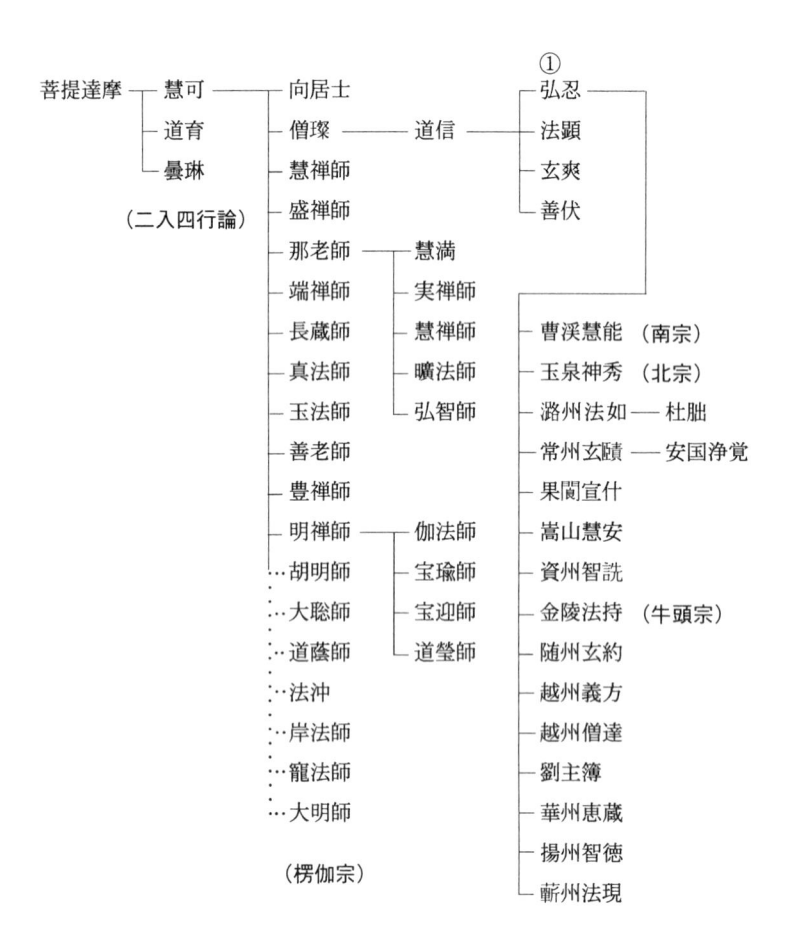

```
菩提達摩 ─┬─ 慧可 ──── 向居士           ①
          ├─ 道育      ─ 僧璨 ──── 道信 ─┬─ 弘忍
          └─ 曇琳      ─ 慧禅師              ├─ 法顕
                       ─ 盛禅師              ├─ 玄爽
         （二入四行論） ─ 那老師 ─┬─ 慧満    └─ 善伏
                       ─ 端禅師   ├─ 実禅師
                       ─ 長蔵師   ├─ 慧禅師   ─ 曹渓慧能 （南宗）
                       ─ 真法師   ├─ 曠法師   ─ 玉泉神秀 （北宗）
                       ─ 玉法師   └─ 弘智師   ─ 潞州法如 ── 杜朏
                       ─ 善老師               ─ 常州玄賾 ── 安国浄覚
                       ─ 豊禅師               ─ 果閬宣什
                       ─ 明禅師 ─┬─ 伽法師   ─ 嵩山慧安
                       ⋯ 胡明師  ├─ 宝瑜師   ─ 資州智詵
                       ⋯ 大聡師  ├─ 宝迎師   ─ 金陵法持 （牛頭宗）
                       ⋯ 道蔭師  └─ 道瑩師   ─ 随州玄約
                       ⋯ 法沖                ─ 越州義方
                       ⋯ 岸法師              ─ 越州僧達
                       ⋯ 籠法師              ─ 劉主簿
                       ⋯ 大明師              ─ 華州恵蔵
                                              ─ 揚州智徳
                        （楞伽宗）           ─ 蘄州法現
```

第一章　禅の形成　29

［禅関係地図１］

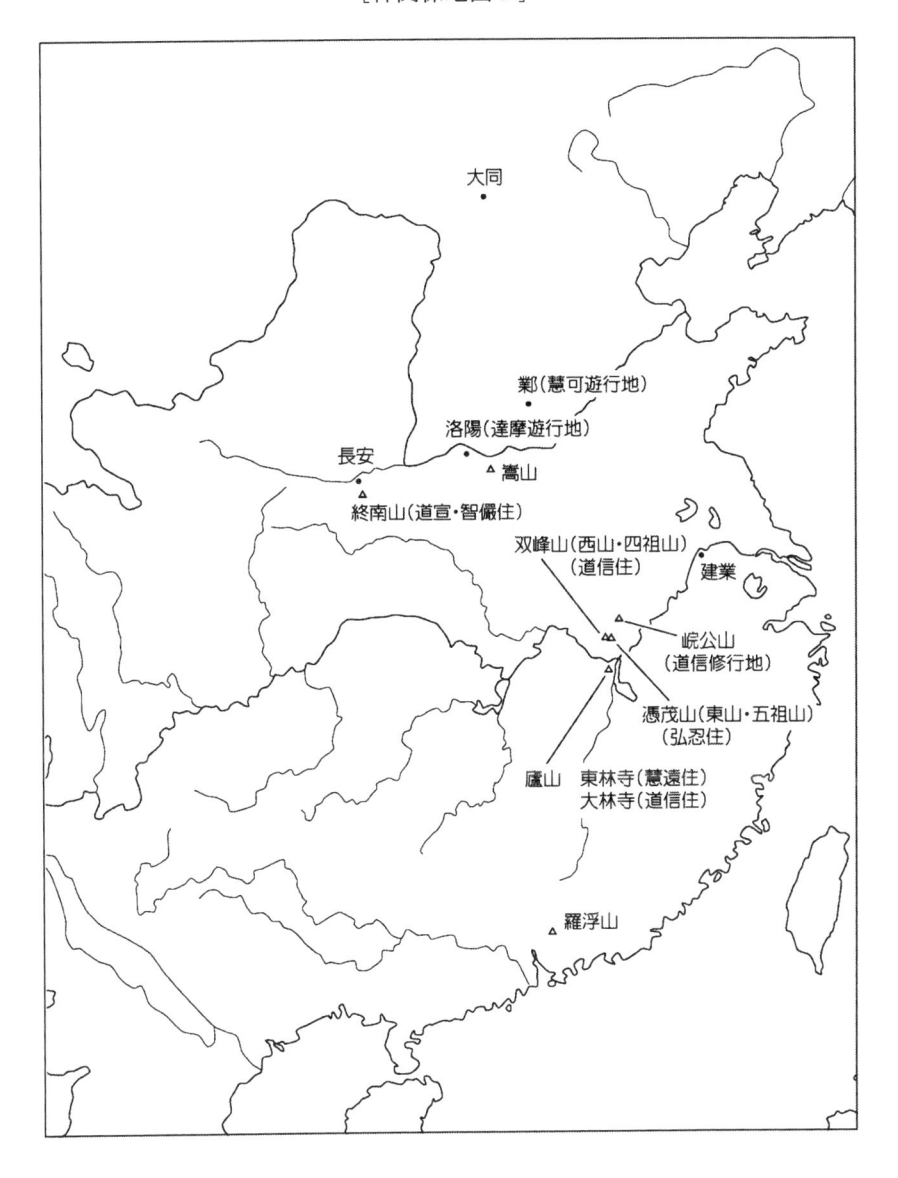

- 大同
- 鄴（慧可遊行地）
- 洛陽（達摩遊行地）
- 長安
- 嵩山
- 終南山（道宣・智儼住）
- 双峰山（西山・四祖山）（道信住）
- 建業
- 岷公山（道信修行地）
- 憑茂山（東山・五祖山）（弘忍住）
- 廬山　東林寺（慧遠住）　大林寺（道信住）
- 羅浮山

第二章　禅の拡大と分派 ― 北宗・南宗・牛頭宗 ―

1　東山法門の展開

中原への進出

　道信や弘忍の活動によって脚光を浴びた東山法門は、その後、法如(638-689)らの活動によって中原にも流入した。折しも仏教を利用して帝位に即いた則天武后(624-705、684-705在位)の時代であったから、東山法門は帝室や貴族ら上層階級の人々の注目を集めるようになり、遂に神秀(?-706)や慧安(老安、582-709)の入内供養が実現した。これを契機として普寂(大照禅師、651-739)や義福(大智禅師、658-736)といった神秀門下(一般に、慧能門下の「南宗」に対して「北宗」と呼ばれる)は隆盛を迎えるのである。
　則天武后以降も中宗(684-710在位)、睿宗(710-712在位)、玄宗(712-756在位)と続く盛唐(713-770)の時代は北宗禅の全盛期であり、特に「両京の法主・三帝の国師」(『菩提達摩南宗定是非論』の言葉、「両京」は長安と洛陽、「三帝」は中宗、睿宗、玄宗を指す)と称された普寂は、神秀没後の中原の禅を代表する存在であった。

玉泉神秀　陳留尉氏(河南省)の人で、姓は李氏。若くして諸学に通じていたが、625年に出家し、後に東山の五祖弘忍の弟子となる。師の没後、荊州(湖北省)の玉泉寺に住し、大いに化を広めた。その名声は中原にも及び、701年、則天武后は洛陽に招いて供養を行なった。その後、武后、中宗、睿宗の「三帝の国師」として両京で布教を行ない、706年、洛陽の天宝寺で没す。百歳を超える高齢であったという。中宗は「大通禅師」と諡し、その徳を顕彰するために荊州に度門寺を建立した。張説が撰した碑文「唐玉泉大通禅師碑銘并序」がある。東山法門の中原への流入としては、法如、慧安に続くものであったが、神秀が帝師となった影響は大きく、その後、神秀の門下が中原で大いに活躍するに及んで、「弘忍の十大

弟子」と呼ばれた人々も、その権威を認めざるをえなくなった。

南宗と北宗 「南宗」という言葉は、達摩＝慧可の思想を承け継ぐ人々の間で古くから自称として使われていたらしく、その元来の意味は、『続高僧伝』の「法沖伝」に「南天竺一乗宗」と記されていることからすれば、「南インドの一乗の教え」ということであったらしい。従って、『菩提達摩南宗定是非論』に見るように、神秀門下のいわゆる「北宗」の人々が、自ら「南宗」を名乗っていたとしても少しも不可解ではない。ところが、やがて荷沢神会（684-758）が現われると、「南宗」の意味は大きな変化を被ることになった。即ち、普寂などの神秀門下を批判する過程で、神会は「南宗」という言葉を「中国南部の禅の教え」の意味に置換し、南方の嶺南に教線を張った師の慧能（638-713）の教えのみが、真に「南宗」と呼び得るのであって、北方の両京に展開した神秀の一派に、それを名乗る資格はないと主張したのである。この説は、慧能系統の隆盛とともに広く受け入れられ、遂に慧能の系統を「南宗」、神秀の系統を「北宗」と呼ぶことが一般化した。従って、「北宗」という言葉は、他派からの貶称に過ぎないが、神秀系の人々を指すために、今日も便宜上しばしば用いられている。なお、神秀の系統のみでなく、慧能と、後にその系統が「牛頭宗」と呼ばれることになる法持（635-702）以外の弘忍の弟子の系譜に連なる人々すべてを、この言葉で表現する場合も多い。本書では、この用法に従い、狭義の「北宗」を特に「神秀＝普寂系の北宗」と呼ぶことにする。

北宗禅に対する反響

　北宗禅が中原の貴族社会に広く受け入れられていった理由の一つは、彼らの思想がそれまで主流であった教学仏教に通ずる側面を多分に持っていたためであろう。しかし、それは必ずしも東山法門に固有のものであったわけではなく、むしろ、神秀門下における変質であったようである。というのは、彼らの領袖であった神秀が住していた荊州の玉泉寺は、当時、弘景（634-712）や慧真（673-751）の活躍によって天台宗の一大根拠地となっていた（「玉泉天台」と呼ばれる。弘景の弟子の鑑真（688-763）が律師として日本に招かれたことからも知られるように、玉泉天台では戒律の研究も非常に盛んであった）。そのため、普寂が弘景に学んだり、密教や天台の学者であった一行（683-727）や守真（700-770）が普寂に師事するといったように、神秀門下と弘景門下には盛ん

な交流が見られ、思想にもその影響が及んだものと考えられるのである。

　　北宗と他宗の人的交流　一行や守真は普寂の弟子であるとともに、天台と律を慧真に、密教を善無畏（637-737）に学んでいる。その慧真には、慈愍三蔵慧日の弟子であるとともに処寂（665-732）に禅を学んだ承遠も師事している。善無畏の禅法を記したものとされる『善無畏三蔵禅要』（8世紀前半）には、神秀の弟子の敬賢（660-723）が登場するし、鑑真と同様、戒律を伝えるために日本に招かれた道璿（701-760）が、普寂の弟子であったことも注目される。このように北宗禅と、密教、天台宗、律宗の間の緊密な関係は人的交流の面からいって否定することはできない。敦煌文書のなかには、『南天竺国菩提達摩禅師観門』のように禅と密教の思想を混じた文献が存在するが、これらはこうした交流の中から生まれたものと考えることができる。なお、日本天台宗の祖として有名な伝教大師最澄（767-822）は円・密・禅・戒の四種、即ち、天台・密教・禅宗（北宗・牛頭宗）・円頓戒の四つを伝承したと称したが、この思想は、まさしく、中国におけるこうした諸宗融合の思想傾向と一致するものであり、最澄のこの「四種相承」という思想が、当時の中国の最新動向を継承し発展させたものであったことを示している。なお、北宗禅ではないが、後に六祖慧能の法を嗣ぐことになる南嶽懐譲（677-744）が、慧真の師である弘景（634-713）のもとで出家、修学していることも注目される。

　また、北宗禅が受け入れられた背景として、北宗禅の人々の積極的な布教活動があったことも忘れてはならない。その際、当時、盛んに行なわれていた菩薩戒を授ける儀式を取り入れたことが大いに力となったようである。神秀=普寂系の北宗禅の思想を伝える『大乗無生方便門』の序章の部分が「授菩薩戒儀」に類する形で書かれていることは、それを証するものであるが、南宗系の『六祖壇経』（8世紀）や『南陽和上頓教解脱禅門直了性壇語』（8世紀前半）の内容、荷沢神会や浄衆寺無相（684-762）、保唐寺無住（714-774）などの活動を見ても、こうした布教方法が初期の禅宗にあっては、ごく一般的なものであったことを窺わせる。しかし、菩薩戒の授与は、何も禅宗に限ったことではなかったのであるから、禅宗が受容されたのは、それ自体に他には見られない魅力があったためと考えねばならないであろう。

　そこで注目されるのが、以下に見るような、神秀=普寂系の北宗禅の特異な思想や修行法、思想の表詮法の存在である。こうした一切が中原の王公貴族に

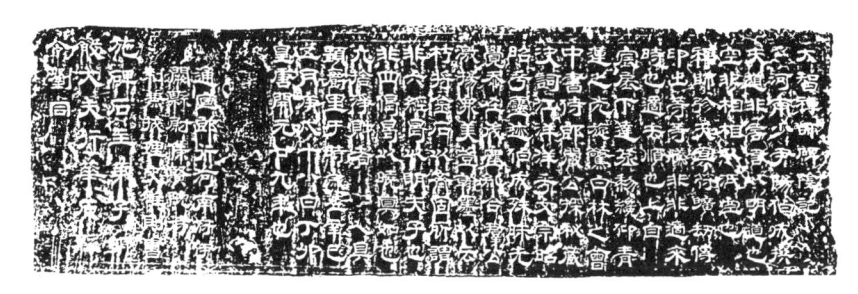

「大智禅師(義福)碑陰記」(741年,陽伯成撰・史惟則隷書)拓本(北京図書館蔵)

は非常に目新しいものに映ったようであって、東山法門が両京で熱狂的に受け入れられた背景には、そのような好奇心の存在があったと考えられるのである。当時、北宗の人々と交渉をもった著名な人物としては、神秀の碑文を書いた張説(667-730)や、普寂に師事した王縉(699-781)、その碑文を書いた李邕(678-747)、義福に帰依して、その碑文も書いた厳挺之(673-742)などを挙げることができる。

　このような状勢は、当時、善導(613-681)の活動によって隆盛しつつあった浄土教家たちを大いに刺激した。何故なら、禅宗の人々は東山法門以来、「浄心」を得るための方便として「念仏」を実践しはしたものの、極楽往生という教説に対しては、愚者のための方便に過ぎないとして、その価値を真向から否定したからである。禅宗の勢力が拡大することは、善導系の浄土教家にとって、決して好ましいものではなかったのである。こうして浄土教家の側から禅宗への抗弁が行なわれるようになった。とりわけ注目すべきは、慈愍三蔵慧日(680-748)の『浄土慈悲集』である。もちろん浄土教側の反論の内容も興味深いものであるが、この書には禅宗の活動について他にない記述が見られ、初期の禅宗の実態を解明する上で非常に有益な情報を与えてくれるのである。同様のことは、8世紀中葉に山東を中心に活躍した浄土教家、大行(生没年未詳)の思想を伝える『念仏鏡』(道鏡・善道編、8-9世紀)についても言いうるが、『念仏鏡』では、逆に批判対象である禅宗の影響を蒙ったと見られる部分もあり、8世紀後半における禅宗の発展を窺わせて興味深い。

　慈愍三蔵慧日と浄土慈悲集　680年に山東省の萊州に生まれる。俗姓は辛氏。

702年、インドから帰朝した義浄三蔵(635-713)の先蹤を慕って、海路、インドに留学し、各地の仏跡を尋ねる。陸路を経て帰国する途中、健駄羅国の王城の東北の一大山で観音の姿を見る。719年、ようやくにして長安に帰着し、将来品を玄宗（712-756在位）に献上し、慈愍三蔵の号を賜る。その後、長安・洛陽を中心に浄土教の布教に従事したが、承遠(712-802)が慧日に師事したのは広州（広東省）であったというから、広東にも足を伸ばしたようである。748年に六十九歳で没す。著作には『略諸経論念仏法門往生浄土集』（浄土慈悲集）のほか、『般舟三昧讃』『般舟讃』『厭此娑婆願生浄土讃』『西方讃』などがある。『浄土慈悲集』のテキストとしては、1925年に小野玄妙が朝鮮の桐華寺で発見した残欠本のみが伝わっている。その祖本は宋の元照(1048-1116)が開板したものであるが、中国では開版されるや否や、その内容から大梅山法英禅師(?-1131)らの抗議に遇い、官命によって廃版となり、伝承されなかった。ただ、その直前に一本が高麗の義天(1055-1101)に送られていたため、朝鮮で開版され後代に伝わったのである。冒頭の序文によると、全体は三巻から成り、上巻では、当時の誤った考え方を取り上げて、その問題点を質し、中巻では、浄土念仏の正統性を諸経論によって証明し、下巻では、浄土教に対する様々な疑問に応え、浄土念仏の優越性を明示するという構成だったようである。今日、伝わっているのは上巻のみで、しかも、かなりの欠丁があるが、それでも禅宗に関する、他にはない貴重な記述を見ることができる。

神秀＝普寂系の北宗禅の思想

　北宗禅の主流をなす、神秀＝普寂系の思想を窺う資料としては、『観心論』や『大乗無生方便門』『大乗五方便北宗』などの綱要書（いずれも8世紀前半）や、すでに掲げた『楞伽師資記』(715年頃)、『伝法宝紀』(720年頃)などの灯史、北宗に属する人々の碑銘などがある。
　これらによれば、北宗禅では「観心」という修行法の絶対的価値が強調され、他のあらゆる修行法は全てこれに解消しうるとされていた。そして、それに基づく「悟り」の体験の獲得が修行者に対して強く求められており、それを「頓超菩提」などと称していたことが知られるのである。従って、後代の通念とは異なり、北宗禅の段階で「頓悟」の思想が存在したことは明らかであり、疑う余地がない。この「観心」が東山法門における「守心」を継承し

たものであることは明白であるが、「念仏」がその重要な構成要素となっていたという点でも両者に連続性を認めることができる(ここでも西方往生の思想は見られない)。

　北宗禅で非常に重視されたものとして、経典の特異な註釈法(「観心釈」、あるいは「心観釈」などと呼ばれる)の存在を挙げることができる。これは、経典の字句を全て自らの心内の事象に当てはめて理解しようとするもので、例えば、『大乗無生方便門』に、

　　『妙法蓮華経』という経典があるが、いったい何が「妙法」かと言えば、「心」こそが「妙法」なのであり、「蓮華」とは「色」のことなのである。「心」が「如」であれば「智」であるし、「色」が「如」であれば「慧」であるから、要するに、「智慧経」の意味なのである。

などと見えるのがその典型である。こうしたものが重視されたのは、北宗禅では「観心」による「悟り」の体験を絶対視したが、一方で経典の権威は否定できなかったため、経典を「悟り」という視点に立って全く独自に解釈することで、両者の調停を図ったものと見做すことができる。

　こうした解釈は北宗禅では時とともに盛んになり、しかも、内面化・神秘化の度合いを加えていったようであるが、実はこれらは、それ以前にも天台宗などにおいて行なわれていたものなのである。従って、これらは直接には人的交流などを通じて天台の影響を蒙ったものであろうが、より根本的には、同じ時代的課題を背負って生まれたものとして、禅と天台に共通する基盤が存在したことを示すものと言えるだろう。

　なお、このほかにも、北宗禅の思想で注目すべきものとして、『楞伽師資記』に掲げられる「指事問義」を挙げることができる。これは、具体的な事物についての質問の形式を採りつつ、弟子を常識的な理解を超越した悟りの境地に導こうとするものである。神秀章の例でいえば、鳥が飛んで行くのを見て、弟子に「これは何であるか?」と尋ねたり、弟子らに対して「おまえは、しなって不安定な梢で坐禅することができるか?」、「おまえは、壁を通り抜けることができるか?」などと質したりするのがこれであり、内容的に後の「公

案」と非常によく似たものとなっている。ただし、当時、これがどのように用いられていたかは、今のところ不明である。

　以上、北宗禅のうち、主流を形成したと考えられる神秀＝普寂系の思想を概観した。しかし、この派を代表する「大乗五方便」と呼ばれる一群の文献にも、系統によって様々な傾向を認めることができ、彼らの思想には、かなりのバリエーションがあったようである。しかも、弘忍にはほかにも多数の弟子がいたのであるから、一言で「北宗禅」といっても、その思想は甚だしく多様であったと考えねばならないであろう。

> **神秀＝普寂系の北宗文献**　『観心論』には敦煌本と朝鮮本、日本伝本があり（日本の伝本では「観心破相論」、あるいは「破相論」と呼ばれている）、「達摩撰」、あるいは「神秀撰」として伝承されたが、実際には派祖の名を冠して神秀門下で作られた綱要書であったと考えられる。達摩に帰されたのは、かなり後のことであろう。その内容は、北宗禅で重んじられた「観心」という修行法の意義を、問答の形式によって種々に説いたものである。一方、『大乗無生方便門』や『大乗五方便北宗』は、いずれも「大乗五方便」と総称される一群の文献（いずれも敦煌本）に属し、基本的には類似した内容を持つが、前者が古い形を留めているのに対して、後者にはかなりの発展を見ることができる。これら一群の文献は、いずれも序章と「総彰仏体」「開智慧門」「顕不思議門」「明諸法正性」「自然無礙解脱道」の五章から成り、『大乗起信論』『維摩経』『思益経』などの経典を引きつつも、「観心釈」の手法によって、その原意とは隔絶した独自な思想が展開されている。「大乗五方便」に見られるような思想の大綱はすでに神秀にあったようであるが、それを整理して、このような形に纏めたのは普寂系の人々であったと考えられる。そのほか、『楞伽師資記』の著者、浄覚は『注般若波羅蜜多心経』という註釈書も著わしており、また、観心釈によって一つの経典全てを注釈した、「金剛蔵菩薩註」とされる『金剛般若経註』や『観世音経讃』、慧弁撰の『心王経註』、撰者未詳の『法句経疏』など（いずれも敦煌文書）も北宗禅の主流と密接な関係にある文献と見られている。

北宗禅の多様性

　弘忍の弟子のうち、恐らく最も革新的な教説を説いたのは、後に「六祖」と呼ばれることになる曹渓慧能であろうが（ただし、慧能自身の教説は、ほとんど

不明である)、神秀とともに則天武后に重んじられた慧安にしても、神秀とはかなり思想傾向を異にしていたらしく、むしろ慧能に通ずる面が多かったようである。

後に禅宗史において重要な役割を担うことになる南嶽懐譲(なんがくえじょう)が慧能に入門するきっかけを提供したのが慧安であるとされており、慧安は自分が没するにあたって、弟子の浄蔵に慧能のもとで修行するよう指示したともいう。また、慧安門下の居士、陳楚章(ちんそしょう)(生没年未詳)に学んだ保唐寺無住(ほとうじむじゅう)は、その後、慧能の弟子の太原自在(たいげんじざい)(生没年未詳)のもとで修行し、遂に出家を遂げたとされているが、こうした種々の事実は、慧安と慧能の禅法に共通する点があり、両者が信頼関係で結ばれていたことを示すもののようである。

さらに、近年、系譜的には北宗禅に属しつつも、その思想が荷沢神会と著しい類似性を持っていることで注目されている侯莫陳琰(こうばくちんえん)(660-714)についても、神秀とともに慧安にも学んでおり、その先進的な思想にはその影響が大きかったのではないかと推測される。

侯莫陳琰や陳楚章のように、この時点において既に出家に対しても禅の指導ができるような高い境地に至った居士が出現したということは注目すべきであり、禅がその登場の当初から一般の人々の強い関心を惹起していたことを示すものとして興味深い。

侯莫陳琰 従来、全く注意されていなかった人であるが、その著作である『頓悟真宗金剛般若修行達彼岸法門要決』(とんごしんしゅうこんごうはんにゃしゅぎょうたつひがんほうもんようけつ)(712年、敦煌本、チベット訳の断片も存在する)と『侯莫陳大師寿塔銘』(こうばくちんだいしじゅとうめい)(金石文)の出現によって、その思想と伝記の概要が明らかになった。それによれば、長安の人で、嵩山で二十余年間、修行を積んだ。慧安と神秀に学び、遂に神秀に嗣法して「智達」という法名を授けられ、その後、長安、洛陽、山西、河北などを中心に居士や尼僧に布教を行なった。神会より一世代前の人でありながら、「頓悟」を強調し、『金剛経』を重んじ、問答形式で著作を残すなど、思想的に神会と共通する点が多く見られ、近年、その存在意義が再確認されつつある。

弘忍門下の中で慧能や慧安と並んで注目すべきは、四川に展開した智詵(ちせん)(609-702)や宣什(せんじゅう)(生没年未詳)らの一派であり、殊に智詵の系統からは処寂(しょじゃく)

(665-732)や無相(684-762)が出て、この地方に大いに教線を張った。無相は新羅の王族の出身で姓が金であったため、「金和尚」と呼ばれてチベットにもその名を知られた人である。成都の浄衆寺に住したため、その一派は「浄衆宗」と呼ばれている。無相の弟子としては浄衆寺神会（720-794）や『北山録』(806年) を著わした慧義寺神清（生没年未詳）らが知られるが、浄衆寺神会の系統は、その後も、

浄衆寺神会 ─ 益州南印（唯忠, ?-821?）┬─ 遂州道円（?-807-822-?）
　　　　　　　　　　　　　　　　　　 └─ 東京神照（776-838）

と承け継がれていった。

　浄衆宗の著作としては、智詵に仮托されている『般若心経疏』(敦煌本、8世紀中葉) などがあり、圭峰宗密 (780-841) の『円覚経大疏鈔』(822年頃)、保唐宗の灯史である『歴代法宝記』(8世紀後半) などにも、その思想に言及するところがある。それらによれば、毎年、日時を定めて道場を設け、出家・在家の人々を多数集めて、念仏と坐禅をともなう授法の儀礼を行ない、それによって「無憶・無念・莫妄」に導くよう指導し、これを「三句語」と呼び、そのそれぞれを戒・定・慧の三学になぞらえていたという (ただ、その思想の中心はあくまでも「無念」にあったようである)。この三句は無相の独創であったらしく、この派を特徴づけるものと見做されていたようである。宗密によれば、宣什の一派もほぼ同様の儀礼を行なっていたらしいが、宣什の系統では、その際に香を用いた点に特徴があったようである。

　なお、これら四川に展開した人々にあっては、特に初期において念仏に非常に重要な位置づけが与えられていたらしく、慈愍三蔵慧日の弟子の南嶽承遠 (712-802) も、若い頃、処寂に参じており、その門下から出た法照（生没年未詳）が五会念仏を大成したことは有名である。また、宣什の一派についても、よく分からないものの、宗密が彼らを「南山念仏禅宗」と呼び、念仏を用いた伝法の儀礼に言及していることから見ても、念仏が非常に重視されていたことは間違いない。ただ、念仏そのものは、もともと東山法門の主要な修行法の一つであったのであるから、彼らは、それをそのまま踏襲したものと見

做すべきであろう。

　浄土教との関係も注目すべきであるが、それ以外でも、これら四川に展開した人々は様々な点で仏教各派と密接な関連をもった。後に述べるように、華厳と禅を綜合しようとした圭峰宗密が、南印以下の人々と密接な関係を持ちつつ、自身の思想を形成したことは極めて重要である。また、若き日の馬祖道一(709-788)が処寂に師事したことも忘れてはならない。

　なお、弘忍の門下としては、上に掲げた以外にも、江蘇の牛頭山に拠った法持の一派(牛頭宗)は極めて重要な意義を持つものであるが、これについては後に述べることにしたい。

　　般若心経疏　敦煌本で伝わり、「智詵撰」とされているが、内容的に紀国寺慧浄(578-?)のものと非常に近く、それを改編して、智詵に仮託されたものと見られる。最終的に今日の形にしたのは、智詵を祖と仰ぐ人々、即ち浄衆宗の人々であったと考えられるが、この文献の成立は極めて複雑であり、すでにそれ以前に長い形成史を持っていたようである。まず、今日、日本に伝わっている慧浄疏（続蔵本）自体、末尾に『修心要論』の一部を連続して書写しており、初期の禅宗の人々によって伝持されていたものであるらしい。しかも、これらと密接な関係を有しつつ、やや内容を異にするものとして、敦煌本に「敦煌本慧浄疏」「龍谷大学本般若心経疏」と呼ばれるものが存在するのである。このような事実は、慧浄疏が広く受け入れられていたことを証するものであるが、著者の慧浄が文学でも知られていたことから見ても、その文体や内容に一般受けするものがあったためと考えられる。このような種々の異本が存在すること自体、興味深いが、この場合、特に注目すべきは、続蔵本慧浄疏、龍谷大学本、智詵疏の間に、思想的な発展が認められ、しかもそれらに神秀＝普寂系の人々や浄衆宗の人々の思想の影響を認めることができるということである。つまり、慧浄疏から智詵疏への展開は、元来、禅宗とは関係のないところで成立した一つの文献が、禅宗の人々によって伝持される間に成長を遂げた実例を示すものと言えるのである。

2　荷沢神会の登場

荷沢神会

　北宗禅は普寂の時代に極盛期を迎えることになったが、ちょうどその時、禅の歴史を大きく変える人物が突如出現する。荷沢神会(684-758)である。
　彼は神秀の門下から曹渓(広東省)の慧能の門下に転じた人物であるが、師の没後、南陽(河南省)の龍興寺に住して、中原への最初の足がかりをつかむと、積極的な布教活動を展開して、神秀は傍系に過ぎず、自らの師である慧能こそが弘忍の真の後継者であると主張して、大変な反響を捲き起こしたのである。
　その方法は、慧能を正統化するために、「西天(インド)の系譜」や「伝衣説」などの新説を考案するとともに、それを滑台(河南省)などの各地で開催した宗教討論会(宗論)や『菩提達摩南宗定是非論』(8世紀中葉)などの著作を通して鼓吹するという強引なものであった。しかし、人間的な魅力もあってか、かなりの信奉者を集めたらしく、兵部侍郎の宋鼎(生没年未詳)の尽力もあって洛陽に進出して荷沢寺に住することとなった。
　こうした神会の活動は、中原に権威を確立していた神秀=普寂系の人々を刺激し、やがて、貶逐という形で自身に降りかかり、その命運も尽きたかと思われたが、折しも勃発した安史の乱(755-763)に乗じて政治的手腕を発揮して中央に復帰し、遂には慧能を正統の「六祖」として認知させたばかりか、自らも「七祖」と公認されるに至ったのである。

　　荷沢神会の伝記　襄陽の人で、姓は高氏。初め荊州玉泉寺の神秀に師事したが、その入内に際して嶺南の曹渓慧能のもとに移った。その後、一時、北方に遊んで受戒したりした後、曹渓に戻り、再び慧能に師事した。師が没した後の720年に南陽の龍興寺に住し、732年滑台の大雲寺の無遮大会に際して公開討論会を開いて神秀らを批判するなど、自らの主張の流布に努め、宋鼎らの支持者を得て、745年洛陽の荷沢寺に入った。その後も、滑台の宗論を素材として著わした『菩提達摩南宗定是非論』を公にするなど激しい北宗批判を繰り広げたため、753年盧奕の讒

言に遭い、弋陽（江西省）や武当（湖北省）に貶逐された。しかし、755年に起った安史の乱に際して、授戒によって多額の金銭（「香水銭」と呼ばれる）を集めて軍費を調達した功が認められ、粛宗（756-762在位）によって入内供養されるとともに、荷沢寺に禅宇が建てられ、そこに住せしめられた。758年に七十五歳で没し、後に「真宗大師」の諡号を賜り、「七祖」と公認されたという。その児孫は、後世、神会の住した寺の名によって「荷沢宗」と呼ばれた。多くの支持者を得たが、詩人、画家として名高い王維（701?-761）も、その一人である。上記のほか、『南陽和上頓教解脱禅門直了性壇語』『南陽和尚問答雑徴義』『頓悟無生般若頌』『師資血脈伝』などの著作があり、また、敦煌文書の中には「南宗五更転」などの

『南陽和上頓教解脱禅門直了性壇語』
（フランス国立図書館所蔵敦煌本）

「南宗」に関する俗文学作品がいくつか伝わっているが、これらも神会と関係があるのではないかと考えられている。伝記から知られるように、神会は極めて自己宣伝がうまかったようであり、布教にこのような俗文学を利用したのではないかと推測されるからである。

神会の新説　荷沢宗の人々が唱え出した新説には実に様々なものがあり、中には神会によるものか、弟子によるものか明確でないものも多いが、「西天八祖説」や「伝衣説」、「南頓北漸説」などは神会自身の創唱と見做すことができる。「南頓北漸説」については、「頓悟」とは何かという立場の問題が絡むので一概には言えないが、他は全くの捏造であって、神会の特異な性格をよく示している。特に「伝衣説」は、菩提達摩の袈裟が歴代の祖師に代々伝えられて、現在は曹渓の慧能のもとにあるとするもので、現に両京で禅宗の主導権を握っている北宗禅に対して、自身の正統性を主張するための作為であることは明らかである。また、「西天八祖

説」は、従来、全く考慮のほかに置かれていた菩提達摩のインドにおける師承の問題を初めて提起したものであるが、この説自体は、『達摩多羅禅経』の序に書かれている達摩多羅（大乗の修禅者であったが、菩提達摩とは別人）の系譜を菩提達摩の系譜に転用するといった極めて粗雑なものであった。しかし、ここにも自身の正統性を確立しようとする神会の強い意志を窺うことができる（これを『付法蔵因縁伝』に説く系譜と結び付けたのが「西天二十九祖説」であるが、これも神会の最晩年に成立していたかも知れない）。これらの説は、北宗を標的としてでっち上げられた全く根拠のないものであったが、神会と荷沢宗の人々の活動によって次第に受け入れられ、同じく慧能を承けると称する洪州宗や石頭宗によって承け継がれ、改良が加えられて「定説」となり、「史実」として承認されるに至った。こうした点でも神会が禅宗史に占める意義は極めて重要である。

神会の思想

荷沢神会の「北宗禅」批判に、名誉欲に基づくスタンド・プレーといった要素がなかったとは言い切れないであろうが、その根柢に神秀＝普寂系の人々との思想的立場の相違があったことは否定できないであろう。神会は『菩提達摩南宗定是非論』において次のように述べている。

> 今、私が「違う」と言ったのは、神秀禅師が「心を凝らして定に入り、心の働きを止めて清らかな世界を見よ。心を働かせて外界を認識し、心を収めて内に悟れ」と教えているからにほかならない。……このような教えは、愚者のために説かれたものである。……だから、経典に「心が内にも、外にもないのが、宴坐である」と言うのだ。このように坐禅するなら、仏はお認めになるであろう。今まで、六代の祖師で、「心を凝らして定に入り、心の働きを止めて清らかな世界を見よ。心を働かせて外界を認識し、心を収めて内に悟れ」などと説いた人は一人もいない。

また、『南陽和上頓教解脱禅門直了性壇語』には、次のような主張も見られる（これは明らかに、『大乗無生方便門』に対する批判である）。

> 諸君！　どんな善悪も全て考えてはいけない。心を凝らしたり、心を止めたりしてはいけない。心によって心を見ようなどとしてはいけない。見

ることに囚(と)われたらだめだし、視線を落としてうつむくなら、視線に囚われるから、やはりだめである。心を収めようとしてはいけないし、遠くや近くを見たりしてもいけない。それではだめなのだ。経典に言うではないか、「見ないということが菩提である。憶念がないがゆえに」と。これこそが、静寂なる自性心なのである。

　恐らく、彼には、種々の工夫に基づく北宗禅の修行が回りくどいものに見え、それがもどかしくて仕方なかったに違いない。そこから『菩提達摩南宗定是非論』に見られる、次のような独自な「坐禅」の理解も生まれてきたのであろう。

　　遠法師が問う、「嵩嶽(すうがく)の普寂禅師、東嶽(とうがく)の降魔蔵(ごうまぞう)禅師という、二人の大先生は、いずれも坐禅を人々に勧められます。そして、《心を凝らして定に入り、心の働きを止めて清らかな世界を見よ。心を働かせて外界を認識し、心を収めて内に悟れ》と言い、これを教義とされています。あなたは、どうして、《禅》を口にしながら、《坐禅しろ》と言われないのですか？　先に申しましたような教義を説かれないで、いったい何を《坐禅》と言われるのですか？」
　　和尚が答えられた、「もし坐禅の仕方を教え、《心を凝らして定に入り、心を止めて清らかな世界を見よ。心を働かせて外界を認識し、心を収めて内に悟れ》などと言うのであれば、菩提を得る妨げになるだけである。私の言う《坐禅》とは、思念を起こさないこと、それが《坐》なのであって、本性を見ること、それが《禅》なのである。だから、私は、坐禅の方法を説明したり、《心の働きを止めて禅定に入れ》などと言ったりしないのである。もし、彼等の言うことが正しいのであれば、サーリプッタ(舎利弗)が坐禅していたのをヴィマラキールティ(維摩詰)が叱ったりするはずがないではないか！」

　これは実質的に坐禅修行の意義を否定したものというべきであり、神会の思想の特色を最も鮮明に示すものといえる。

それ以前の禅においては、いかに「頓悟」を説こうと、そこには常に坐禅という修行が裏付けとして要求されていた。東山法門の思想をかなり忠実に伝えている『修心要論』にしても、「頓悟」を標榜する『頓悟真宗金剛般若修行達彼岸法門要決』にしても、坐禅中の心の描写や修行のための工夫をしばしば説明しているのである。このことは、東山法門や北宗禅にすでに「頓悟」という思想があったにしても、それが長期間にわたる観法の実修の結果として至りうる究極の境地の表現であったことを示すものである。ところが神会は、坐禅という修行法の意義を、少なくとも思想の上では完全に否定してしまったので、彼の著作には、このような心理的描写は全く見られず、また、修行上の工夫も否定するに至ったのである。

　これは、禅定体験に没入して種々の経文解釈を行なうなどしていた神秀＝普寂の人々に対する、一種のアンチテーゼとも見做すことができるだろう。つまり、神会は、普寂の一派に見られた極度に内面的な性格を批判する過程で、「頓悟」をことさら強調し、遂には修行の持つ実質的な意義そのものを否定してしまったのである。これは、それ以前の「頓悟」説が、心理上の事実に基づく主張であったのに対して、それから、そのような基盤を投げ捨ててしまい、それを一気に「煩悩即菩提」という認識の問題へと転換したものといえよう。

　そこから必然的に求められたのが、『南陽和上頓教解脱禅門直了性壇語』の次の文章に見るような「知」の思想である。

　　いま思うに、こだわりのないところに「知」があるのではないだろうか。どうだろう。……こだわりがない心は「知」と別物ではないし、「知」もこだわりがないことと別物ではない。心にこだわりがないと知るだけで、ほかの認識は生じない。……いま思うに、こだわりがないところに「知」があるのであって、心が空寂であるのを認識することこそが、その作用なのである。『法華経』にいう、「如来の知見と同じで、広く、かつ深い」と。心には涯てがなく、仏と同じように広大、かつ深遠なのであって、両者にはいかなる点でも相違はないのである。

　「知」とは、通常の認識活動である「識」や、「悟り」における認識であるが

静的な「智」と区別され、現実生活の中で働く「悟り」の認識活動をいうが、この思想は、彼の一派（荷沢宗）において非常に強調されたため、後には荷沢宗を特徴づけるものと見做されるようにもなった。こうしたものが強調されたのは、坐禅という修行法やそれによって得られる禅体験の意義を認めない以上、「迷い」から「悟り」を区別するためには、このようなものの存在を措定しなければならないと考えられたためであろう。

　つまり、神会は、神秀＝普寂系の人々に見られたような内面化の傾向を否定することで、外界へと向かい、社会生活の直中へとみずからを投げ入れたのであり、ここにこそ、全く新たな禅思想の表現形態としての「語録」が、彼において初めて一応の完成を見ることになった理由を求めるべきであろう。実に「神会語録」と呼ばれることもある『南陽和尚問答雑徴義』こそは、後代の「語録」の直接の原型なのである。

神会以降の荷沢宗

　神会の活動は、その後も弟子らによって引き継がれ、慧能の出家説話に因んで「瘞髪塔記」が偽撰され、『六祖壇経』や慧能の伝記の改編が行なわれるなどして、今日考えられているような六祖慧能像の原型ができあがるとともに、南方の曹渓で頓悟を説いた慧能こそが禅思想の核心を伝えた正統派であり、北方の両京で活動した神秀は漸悟にとどまったから、弘忍の真の継承者とは言えないとする「南頓北漸」という後代の定説が形成されたのである（なお、菩提達摩の系譜に関して、「西天二十九祖説」を改良して「西天二十八祖説」を唱えたのも、彼らであったようである。今日まで定説とされてきた「西天二十八祖説」の初出は『宝林伝』〈801年〉であって、洪州宗の人々が、さらにこれに手を加えたものである）。

　彼らによって慧能の伝記の原型が作られたという事実は、後代に少なからぬ影響を残した。というのは、彼らには『金剛経』の絶対視という特徴的な説があり（恐らくこれは、神会の「知」の思想の変形であろう）、それが慧能伝の要素として取り込まれ、後々まで継承されることになったからである。即ち、達摩から慧能に至るまで、代々の祖師が『金剛経』を伝授してきたという説

や、『金剛経』を読誦するのを聞いたことが契機となって慧能が弘忍に入門するに至ったという説などがそれである。また、今日、慧能の著作として伝わっている『金剛経解義』も、そのような教説の延長線上において、荷沢宗の人々によって作られたものであろうとされている。

この『金剛経』の伝授という説と類似したものに、慧能が弟子たちに『六祖壇経』を相伝せしめたとする説がある。これは『六祖壇経』みずからが説くものであるが、実際、敦煌本などには、末尾にその本の伝持者の系譜が書かれているため、これを根拠に、『六祖壇経』が伝授本となったとする見方も広く行なわれている。しかし、これは恐らく仮託であって、『六祖壇経』を大幅に改編して自らの思想を盛り込んだ荷沢宗の人々が、こうした説を吹聴することで、その価値を高めることを狙ったものであろう。

これらの説は、達摩が慧可に『楞伽経』を授けたとする『続高僧伝』の説を承けたものであろうが、こうしたものが出現せざるをえなかったのは、神会以降の荷沢宗の命運が関わっていたのではないかと考えられる。即ち、神会の弟子としては浄住晋平(699-779)や荊州恵覚(708-799)、太原光瑤(716-807)、洛陽無名(722-793)、磁州智如(法如、723-811)などの名前が知られるが、神会の後継者と言えるほどの人物は遂に出なかった。

上に述べたような荷沢宗の活動が、神会の弟子のうち、どの系統においてなされたものであるかは不明である。しかし、いずれにせよ、神会亡き後、一派の屋台骨を支えるような人物がいなかったために、荷沢宗の人々は『金剛経』や『六祖壇経』の伝授説を創作しなければ、自らの存在価値を維持できないような状況に追い込まれていったのではないかと推測されるのである。

　　六祖壇経　古来、「南宗禅」の祖、六祖慧能の言行録として経典に準ずる扱いを受け、中国・朝鮮・日本にわたって、しばしば刊行されたが、近代の敦煌本をはじめとする諸本の発見によって、その成立に関して重大な疑義が生じ、いまだに決着を見ていない問題の書である。『壇経』の原形についてはさまざまな見方がなされているが、それ自身の語るように、刺史の韋璩の求めに応じて慧能が韶州(広東省)の大梵寺で菩薩戒を授けた際の説法の記録であったと見做してよい。そして、それを基礎として、慧能の顕彰に努めた荷沢神会の教説が弟子らによって書

き加えられて敦煌本が成立し、その後、禅の主流を占めることになった洪州宗の人々の説が加上されて、今日伝わる『六祖壇経』が成立したと考えられる。このように禅宗の展開を反映しつつ成長を遂げた本書は、成立を異にするいくつもの層が重なり合い、その内容や構成の面で多くの問題を抱えている。しかし、その形成過程自体が禅宗の展開そのものを代弁しているという点で、史料価値は高く、また、本書によって慧能の正統性と伝統的慧能像が確立されたという歴史的意義は極めて大きい。

3 荷沢神会の影響

牛頭宗の形成

　荷沢神会の成功は禅宗各派に大きな影響を与えた。まず挙げるべきは牛頭宗の形成である。牛頭宗は弘忍門下の法持(635-702)を祖として、中原を遥かに離れた江寧(金陵)の牛頭山(江蘇省)を中心に、

法持 ─ 牛頭智威(646-722) ─┬─ 牛頭慧忠(683-769) ─ 仏窟惟則(751-830)
　　　　　　　　　　　　　　└─ 鶴林玄素(668-752) ─ 径山法欽(714-792)

という系譜で、その法を伝えていった。特に荷沢神会と同時代の牛頭慧忠、鶴林玄素の時代に隆盛を迎え、北宗や南宗(荷沢宗)に拮抗する勢力となったようである。そのため、自らを権威づけるために、

四祖道信 ─ 法融(594-657) ─ 智巌(577-654) ─ 慧方(629-695)

という系譜を新たに虚構して法持の前に加上し、法融を「牛頭宗初祖」として、以下、智巌を「第二祖」、慧方を「第三祖」、法持を「第四祖」、智威を「第五祖」、慧忠を「第六祖」と呼んだ。

　彼らがこうした系譜を必要としたのは、北宗と南宗が五祖弘忍門下の対立であるのに対して、自らの起源をそれ以前の四祖道信に求めることで、南北両宗に対してその優越性を主張せんとしたものと考えられている。しかも、この系譜において牛頭慧忠が「第六祖」とされるのも、中原において南北両宗が「六祖」が誰かを巡って争っていたのを念頭に置いたものであるらしく、

この系譜が作られた時期を暗示している。こうしたことから見て、荷沢神会の刺激を受けることによって牛頭宗は、北宗とも南宗とも異なる自身のアイデンティティーを確立するに至ったと考えられるのである。

> **牛頭宗の系譜の虚構性**　弘忍－法持の関係は史実と認められるが、法融から法持に至る系譜は全て後代の虚構である。まず、道信と法融とが関係をもったとすること自体、両人の最も古い伝記である『続高僧伝』（7 世紀中葉）に記載がなく、事実とは考えられない。法融と慧方は実際に牛頭山に住したようであるが、智巌については、その伝記を載せる『続高僧伝』に記載がなく、事実とは認めがたい。しかも、智巌の没年（654 年）は法融のそれ（657 年）より早いから（『続高僧伝』の記載による。これは不合理であるから、『景徳伝灯録』などでは、智巌の没年が、677年に改められている）、智巌を系譜に加えることは非常に問題が多い。にも拘わらずそうしたのは、北宗の灯史である『伝法宝紀』（720年頃）に、僧璨と宝月（生没年未詳）の交流に触れ、しかも、宝月が智巌の師に当たると述べていることから、智巌を加えることが権威づけにつながると考えたためであろう。それゆえ、智巌から慧方への伝法も信じ難いが、『宋高僧伝』（988 年）によると、法持は弘忍に師事した後に重ねて慧方に師事したというから、慧方と法持の師弟関係は事実であったかも知れない。しかし、これですら牛頭宗の説を取り入れた可能性も否定できず、その信憑性は明確ではない。

彼らの思想については必ずしもよく分かっているわけではないが、牛頭宗の綱要書とされる『絶観論』（8 世紀後半）や、圭峰宗密の『円覚経大疏鈔』（822年頃）、『禅源諸詮集都序』（9 世紀前半）などの記述に依れば、同じ地域に栄えた三論宗の影響もあって、空観の立場に立ちつつも如来蔵思想をその根幹に据えていた模様である。

如来蔵思想は禅においてもその核心を成すものであるが、少なくとも東山法門の系統では、有情（動物）以外には「仏性」を認めないインド以来の立場を保持していた。ところが、この一派では無情（山川草木など）にもこれを認め、「無情有仏性」を主張したのである。そのため、この問題を巡って荷沢宗と牛頭宗の間で激しい論難が行なわれたらしく、『絶観論』や『南陽和尚問答雑徴義』などにその痕跡を留めている。無情有仏性説は、これ以前に三論宗などにおいても唱えられていたから、この点でも牛頭宗の立場は三論宗を

承けるものであると言えるが、これは明らかに仏教の伝統からの逸脱であって、むしろ、老荘思想の「万物斉同」説の系譜に連なるものであると言うべきであろう。

　絶観論　将来目録によって、古く、最澄（767-822）が日本にもたらしたことが知られていたが、敦煌本によって、その内容が初めて明らかとなった。敦煌本には数種の写本が知られているが、写本によって分量に相違があり、その発展の跡を辿ることができる。その内容は、「入理先生」と「弟子縁門」という二人の架空の人物を立て、その問答によって読者を「絶観」の境地へと導くという特異な構成を採っており、彼らに特徴的な思想で、荷沢宗との対立点となった無情有仏性説を窺うことができる点でも貴重である。古く「牛頭法融撰」として伝えられていたが、法融自身の著作ではなく、法融が牛頭宗の祖に祭り上げられた後に、その名を冠して出現した牛頭宗の綱要書と見るべきである。ただし、牛頭宗が衰退した後には達摩に仮託されたらしく、今日伝わる写本の中にも「達摩撰」とするものが複数存在している。なお、同じく敦煌本で伝わる『無心論』も、内容的に共通する点が多いため、牛頭宗の著作と見られている。

保唐宗の形成と浄衆宗の荷沢化

　牛頭宗と並んで神会の影響として注目すべきものに、保唐寺無住（714-774）を中心とする、保唐宗の活動がある。彼らの著作としては、敦煌本『歴代法宝記』（8世紀後半）を伝えるのみであるが、その思想や活動は宗密の『円覚経大疏鈔』などにも言及されており、また、神清の『北山録』において、しばしば「異説」として批判されているのも保唐宗の説であると見られている。従って、無住やその弟子の時代には、かなりの注目を集めていたことが窺える。

　『歴代法宝記』などによれば、無住は鳳翔の人で俗姓は李。初め慧安の弟子の陳楚章に頓教を学び、次いで、慧能の弟子の太原自在に師事して、そのもとで出家した。五台山や長安などにも住したが、後、無相の行状を聞いて鑽仰するようになり、遂に浄衆寺に行って相見を遂げ、その後継者になったという。しかし、その『歴代法宝記』の記述からしても、無相と無住の相見はただ一度きりであり、それも無相が道俗を集めて大々的に行なっていた

伝法の儀式に、参加者の一人として無住も加わったというに過ぎないようである。四川に入った無住にしてみれば、そこで達摩系の習禅者として成功するためには、どうしても浄衆宗の権威を借りざるを得なかったのである。無住は無相の「三句語」をそのまま継承していたようであるが、これも自ら身をもって体験した浄衆宗の布教方法を教勢の拡大のために取り入れたものであろう。

　しかし、神清が激しく批判していることから知られるように、無住の思想は浄衆宗系のものではない。彼の修学過程が暗示するように、それはむしろ慧能系のものである。『歴代法宝記』には、滑台の宗論を初めとして荷沢神会に触れるところが多く、また、荷沢神会によって創造された伝衣説を無住を正統化するために利用するなど、明らかに荷沢神会の影響を強く被っている。「無念」を重要視するその思想にも荷沢宗との共通点が認められるが、特に注目されるのは、（宗密の伝えるところによると）彼らがほとんど一切の仏事や修行を行なわなかったということである。これは、荷沢宗において「頓悟」を「煩悩即菩提」という認識の問題に還元し、坐禅などの実践の占める位置を思想的に無化してしまった流れを承け継ぎ、それを徹底させるとともに、それをそのまま実践に移行させたものと言うことができるであろう。

　つまり、保唐宗は、四川において名望を得ていた浄衆宗と中原において新たに主流の地位を得つつあった荷沢宗の両者の影響のもとで、無住という強烈な個性が作り上げたものであったのである。しかし、無住以降の保唐宗の動向については明らかではない。『歴代法宝記』には幾人かの弟子の名を伝えるが、彼らの活動については全く知られるところがない。

　荷沢神会の影響は、同じく四川に展開した浄衆宗にも及んだ。即ち、浄衆宗の中でも最も遅くまで活動が知られる益州南印の系統では、

荷沢神会 ― 磁州智如 ― 益州南印（?-821?）┬ 遂州道円（9世紀前半）
　　　　　　　　　　　　　　　　　　　　　└ 東京神照（776-838）

という系譜を新たに主張し、自らの系統を浄衆宗から荷沢宗へとすり替えてしまったのであって、神照の墓塔はこうした虚構の系譜に基づいて、洛陽の

龍門寺の荷沢神会の旧塔の隣に建立されたのである。彼らがこうした行為を行なったのは、荷沢宗とそれに続く洪州宗（馬祖道一の一派）の隆盛に呼応して、それに依附する形で自らの権威を確立しようとしたためと見られている。なお、後に、この系統から圭峰宗密が現われ、独自の教禅一致思想を鼓吹して、牛頭宗や洪州宗を批判したことは極めて注目される。

神会以後の北宗禅の動向

神会の起こした波瀾は、後代にまで大きな影響を残した。しかし、それによって北宗禅が一気に亡びてしまったわけではない。独孤及（?-777）の手になる僧璨の碑文、『隋故鏡智禅師碑銘并序』などによれば、普寂の後継者となった宏正（弘正。生没年未詳）には非常に多くの弟子がいたようであるし、普寂の弟子には、ほかにも同光（700-770）、法玩（715-790）、道璿（生没年未詳）、志空（生没年未詳）ら多くの弟子がいたことが知られているからである。

なかんずく、道璿が日本に、志空の弟子の神行（704-779）が朝鮮に北宗禅を伝えたことは注目すべきである。また、神秀の弟子の降魔蔵（生没年未詳）や大福（655-743）に師事した摩訶衍禅師（大乗和尚、8世紀後半）が、八世紀の末に敦煌からチベットに入って北宗禅を大いに広め、これに反撥するインドの学僧らと「チベットの宗論」（サムイェーの宗論）と呼ばれる宗教論争を行なったことは特筆すべきである。

神会以後は、北宗禅の側でもそれに対して何らかの対応を迫られたと思われるが、今日、敦煌本で伝わる『大乗開心見性頓悟真宗論』の存在は、あるいはそれを示すのかも知れない。この文献は、慧安と荷沢神会に学び、「大照」という法名を得た居士の慧光が撰述したものとされているが、その内容は侯莫陳琰の『頓悟真宗金剛般若修行達彼岸法門要決』の焼き直しに過ぎず、著者に関する記述は全て仮托である。しかし、わざわざ慧安と神会を結び付けているところに、南北両宗の調停を必要とした時代の空気を伝えているのであろう。

チベットの宗論　中国とインドという二つの文化圏の中間に位置するチベット

は、古くから双方の文化を取り入れてきたが、仏教に関しても事情は同様であった。こうした状況を背景として、ティソンデツェン王（754-796在位）の時、中国系仏教とインド系仏教の間で行なわれた対話が「チベットの宗論」であって、その経緯はおよそ以下の通りである。787年に敦煌を攻略したチベットに連行された摩訶衍禅師は、792年にチベットにおける布教を勅命で認められた。摩訶衍の主張は広く受け入れられ、僧統のケク＝リンポチュ（宝真）らの弟子を得、また、皇后や大臣の夫人なども信奉者となって出家するほどであった。以前から布教を行なっていたインド僧らはこれに反撥したので、摩訶衍は自ら討論会を催すことを皇帝に願い出た。幾度にも及んだ論争は、摩訶衍の勝利に帰したが、インド僧らは納得せず、大臣と結託して禁圧を画策し、讒言を行なうなどした。それに対して摩訶衍の弟子たちの抗議行動が繰り広げられたりしたため、794年になって摩訶衍の布教を認めることが勅命で確認された。その後、劣勢に立ったインド僧らはインドからカマラシーラ（8世紀後半）を招き、カマラシーラと摩訶衍の間で再び論争が繰り返されて、政治的要因などもあってカマラシーラ側の勝利に帰し、摩訶衍は、797年までに敦煌に戻されたようである（ただし、カマラシーラと摩訶衍の対論については、今日、その事実を疑う説も非常に有力である。その場合は、摩訶衍が退けられて後に、チベット仏教の礎をインド仏教によって築くためにカマラシーラが招かれたのを、後代の史書がカマラシーラと摩訶衍の間で対論が行なわれ、摩訶衍が破れたという形に潤色したということになる）。この宗論への言及は、『プトン仏教史』（1322年）などのチベットの史書にも見ることができるが、根本資料となるのは漢文資料である『頓悟大乗正理決』（794年、敦煌文書）である。これは王錫という人物が摩訶衍の命により、論争の際の一次資料（漢文）を編集したもので、この一連の論争の前半、いったん摩訶衍の側の勝利に帰した794年の時点で成立したものである。この文献は、チベットの宗論の実際を知るためばかりでなく、八世紀後半の北宗禅の思想を窺う上でも極めて貴重なものとなっている。

北宗・南宗・牛頭宗の鼎立

上に見たように、8世紀の半ばから9世紀の初めにかけては、北宗、南宗（荷沢宗）、牛頭宗、浄衆宗、保唐宗など、様々な主張を持つ初期禅宗の各派が各地に並立した時期であり、禅に対する一般の認知を高めるうえで、非常に重要な時期であったといえる。こうした禅の拡大の影響は、当然、他の宗派に

も及ぶことになった。

　例えば、この時期における最も代表的な仏教者として荊渓湛然（天台宗第六祖、711-782）と清涼澄観（華厳宗第四祖、738-839）とを挙げることができる。両者の交流は中国仏教の一つのエピソードとして名高いが、文豪として名高かった李華（?-766?）の手になる、湛然の師の左渓玄朗（天台宗第五祖、673-754）の碑文「左渓大師碑」は、当時行なわれていた禅の系譜に触れ、北宗の宏正、南宗の慧能、牛頭宗の法欽らに言及している（李華は、湛然のみならず法欽にも師事し、その碑文を書いている）。また、澄観にしても、自身、慧雲（生没年未詳）に北宗禅を、洛陽無名に荷沢禅を、牛頭慧忠や径山法欽に牛頭禅を学んでおり、当時、禅宗各派がいかに注目を集めていたかを窺うことができる。

　これらの事実から知られることは、この時代に「禅宗」を代表していたのは、北宗、南宗（荷沢宗）、牛頭宗の三派であったということである。しかし、こうした形勢は、8世紀の中葉に馬祖道一（709-788）と石頭希遷（700-790）が現われると、一気に大転換を遂げることになる。

> **清涼澄観とその禅宗観**　澄観は越州山陰（浙江省）の人で、俗姓は夏侯氏。十一歳の時、出家し、律、三論、起信、涅槃、華厳、天台、禅の各派など、当時のあらゆる仏教思想を学んだ。特に華厳は慧苑（生没年未詳）の弟子の法詵（生没年未詳）より受けたが、澄観は慧苑に対して法蔵（643-712）の意を継承していないと厳しい批判を加えた。『華厳経疏』（787年）と、その復注である『随疏演義鈔』をはじめとして、『三聖円融観』『法界観玄鏡』など多数の著作がある。禅と華厳の統合を企てた圭峰宗密は、その弟子である。澄観は『随疏演義鈔』において、禅宗の人々が教学を捨てて観法ばかりを行なうと批判して、両者の必要性を強調し、南北両宗の禅や天台教学をも自らの教学の中に包摂すると説く。そしてさらに「止観」の「止」を北宗禅に、「観」を南宗禅に擬え、「止」と「観」を同時に働かせるところに南北両宗の綜合を企てている。教学の放棄が禅宗の特徴であることは間違いないが、「定慧等」は荷沢宗などでも強調されるところであって、「止観」に関する澄観の議論は我田引水の感は否めない。ただ、禅宗の思想を教学に統合せんとする意図そのものは極めて新しいものであり、宗密への影響は無視できない。

参考文献

石井修道　「真福寺文庫所蔵『六祖壇経』の紹介 ― 恵昕本『六祖壇経』の祖本との関連」(「駒沢大学仏教学部論集」10、1979年)

伊吹　敦　「「大乗五方便」の諸本について ― 文献の変遷に見る北宗思想の展開」(「南都仏教」65、1991年)

伊吹　敦　「北宗禅の新資料 ― 金剛蔵菩薩註について」(「禅文化研究所紀要」17、1991年)

伊吹　敦　「『頓悟真宗金剛般若修行達彼岸法門要決』と荷沢神会」(三崎良周編『日本・中国　仏教思想とその展開』山喜房仏書林、1992年)

伊吹　敦　「般若心経慧浄疏の改変にみる北宗思想の展開」(「仏教学」32、1992年)

伊吹　敦　「「南宗禅」の誕生」(シリーズ東アジア仏教 3、『新仏教の興隆 ― 東アジアの仏教思想Ⅱ』春秋社、1997年)

伊吹　敦　「『金剛経解義』の成立をめぐって」(「印度学仏教学研究」45-1、1997年)

伊吹　敦　「初期禅宗文献に見る禅観の実践」(「禅文化研究所紀要」24、1998年)

伊吹　敦　「初期禅宗における『金剛経』」(阿部慈園編『金剛般若経の思想的研究』春秋社、1999年)

伊吹　敦　「慧能に帰される数種の『金剛経』の注釈書について」(阿部慈園編『金剛般若経の思想的研究』春秋社、1999年)

伊吹　敦　「禅宗の登場と社会的反響 ― 浄土慈悲集に見る北宗禅の活動とその反響」(「東洋学論叢」25、2000年)

伊吹　敦　「北宗禅系の『法句経疏』について」(「東洋学研究」39、2002年)

伊吹　敦　「『念仏鏡』に見る禅の影響」(「印度学仏教学研究」51-1、2002年)

伊吹　敦　「『念仏鏡』に見る八世紀後半の禅の動向」(「東洋学論叢」28、2003年)

印順／伊吹敦訳　『中国禅宗史 ― 禅思想の誕生』(山喜房仏書林、1997年)

宇井伯寿　『禅宗史研究』(印度哲学研究 9、岩波書店、1935年)

宇井伯寿　『第二　禅宗史研究』(印度哲学研究 10、岩波書店、1935年)

上山大峻　「チベット訳『頓悟真宗要決』の研究」(「禅文化研究所紀要」8、1976年)

上山大峻　『敦煌仏教の研究』(法蔵館、1990年)

鎌田茂雄　「中国思想にあらわれた無情仏性思想」(「宗学研究」4、1962年)

鎌田茂雄　「澄観における禅思想の形成」(『中国華厳思想史の研究』東京大学出版会、1965年)

鎌田茂雄　「三論宗・牛頭宗・道教を結ぶ思想的系譜 ― 草木成仏を手がかりと

して」(「駒沢大学仏教学部研究紀要」26、1968年)
木村隆徳　「敦煌チベット語禅文献目録初稿」(「東京大学文学部文化交流研究施設紀要」4、1980年)
木村隆徳　「サムイェーの宗論 ― 中国禅とインド仏教の対決」(シリーズ東アジア仏教 5『東アジア社会と仏教文化』春秋社、1996年)
駒沢大学禅宗史研究会　『慧能研究』(大修館書店、1978年)
篠原寿雄・田中良昭　『敦煌仏典と禅』(講座敦煌 8、大東出版社、1980年)
鈴木大拙　『禅思想史研究　第二 ― 達摩から慧能に至る』(鈴木大拙全集2、岩波書店、1968年)
鈴木大拙　『禅思想史研究　第三』(鈴木大拙全集3、岩波書店、1968年)
関口真大　「玉泉天台について」(「天台学報」創刊号、1960年)
関口真大　「禅宗と天台宗との交渉」(「大正大学研究紀要」44、1959年)
関口真大　『禅宗思想史』(山喜房仏書林、1964年)
竹内弘道　「新出の荷沢神会塔銘について」(「宗学研究」27、1985年)
田中良昭　『敦煌禅宗文献の研究』(大東出版社、1983年)
田中良昭・沖本克己　『敦煌Ⅱ』(大乗仏典　中国・日本篇11、中央公論社、1989年)
常盤義伸・柳田聖山　『絶観論』(禅文化研究所、1973年)
中川　孝　『六祖壇経』(禅の語録 4、筑摩書房、1976年)
柳田聖山　『初期禅宗史書の研究』(柳田聖山集6、法藏館、2000年、1967年初版)
柳田聖山　『初期の禅史Ⅰ― 楞伽師資記・伝法宝記』(禅の語録 2、筑摩書房、1971年)
柳田聖山　『初期の禅史Ⅱ― 歴代法宝記』(禅の語録 3、筑摩書房、1976年)
柳田聖山　「語録の歴史 ― 禅文献の成立史的研究」(「東方学報」57、1985年)
柳田聖山　「神会の肖像」(「禅文化研究所紀要」15、1988年)
柳田聖山　『禅仏教の研究』(柳田聖山集1、法藏館、1999年)
山口瑞鳳　「チベット仏教と新羅の金和尚」(『新羅仏教研究』山喜房仏書林、1973年)
山口瑞鳳　『チベット(上・下)』(東京大学出版会、1988年)
山崎　宏　「荊州玉泉寺神秀禅師」(『隋唐仏教史の研究』法藏館、1967年)
山崎　宏　「荷沢神会禅師」(『隋唐仏教史の研究』法藏館、1967年)
吉津宜英　『華厳禅の思想史的研究』(大東出版社、1985年)

[禅の系譜２]

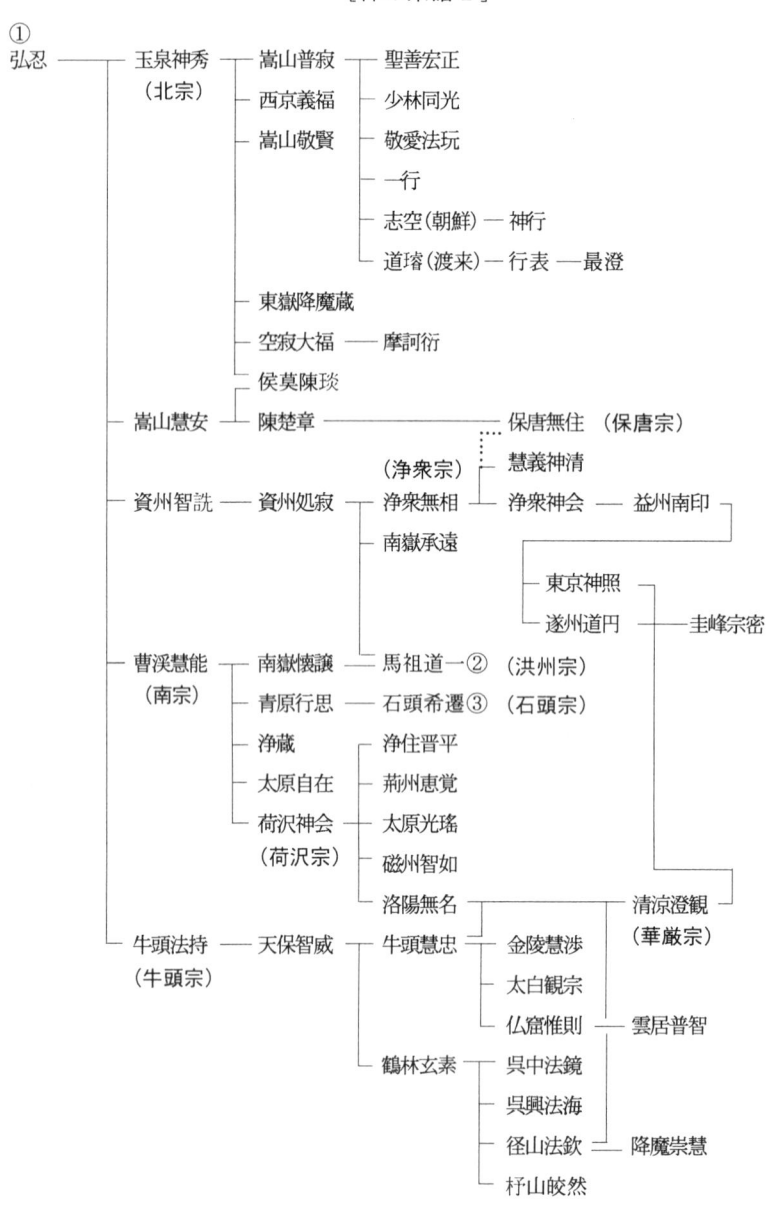

```
①
弘忍 ── 玉泉神秀 ── 嵩山普寂 ── 聖善宏正
        （北宗）  ── 西京義福 ── 少林同光
                  ── 嵩山敬賢 ── 敬愛法玩
                              ── 一行
                              ── 志空(朝鮮) ── 神行
                              ── 道璿(渡来) ── 行表 ── 最澄
                  ── 東嶽降魔蔵
                  ── 空寂大福 ── 摩訶衍
                  ── 侯莫陳琰
     ── 嵩山慧安 ── 陳楚章 ────────── 保唐無住（保唐宗）
                              （浄衆宗） ┈ 慧義神清
     ── 資州智詵 ── 資州処寂 ── 浄衆無相 ── 浄衆神会 ── 益州南印
                              ── 南嶽承遠
                                          ── 東京神照
                                          ── 遂州道円 ── 圭峰宗密
     ── 曹渓慧能 ── 南嶽懷讓 ── 馬祖道一② （洪州宗）
        （南宗）  ── 青原行思 ── 石頭希遷③ （石頭宗）
                  ── 浄蔵    ── 浄住晋平
                  ── 太原自在 ── 荊州惠覚
                  ── 荷沢神会 ── 太原光瑤
                    （荷沢宗） ── 磁州智如
                              ── 洛陽無名 ── 清涼澄観
                                            （華厳宗）
     ── 牛頭法持 ── 天保智威 ── 牛頭慧忠 ── 金陵慧渉
        （牛頭宗）                       ── 太白観宗
                                        ── 仏窟惟則 ── 雲居普智
                              ── 鶴林玄素 ── 呉中法鏡
                                          ── 呉興法海
                                          ── 径山法欽 ── 降魔崇慧
                                          ── 杼山皎然
```

[禅関係地図2]

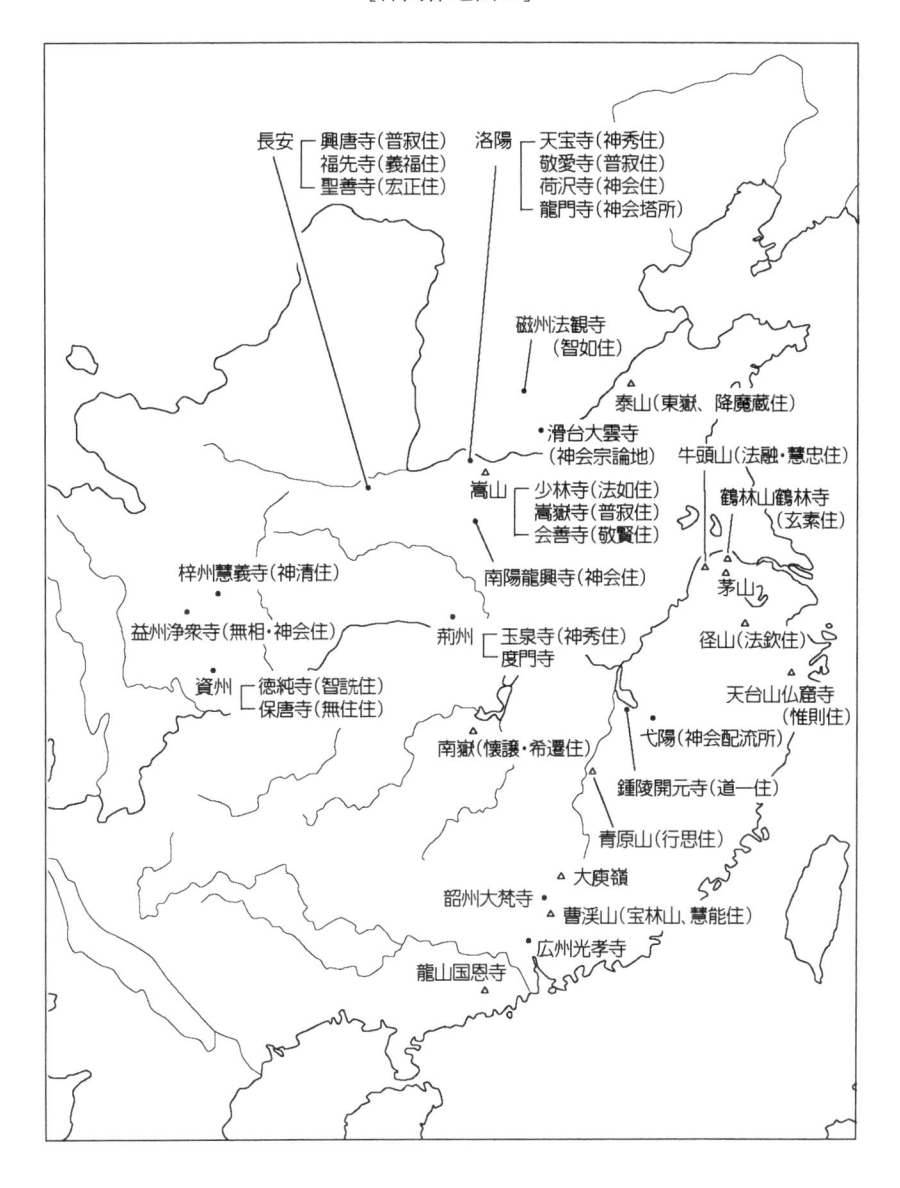

- 長安
  - 興唐寺（普寂住）
  - 福先寺（義福住）
  - 聖善寺（宏正住）
- 洛陽
  - 天宝寺（神秀住）
  - 敬愛寺（普寂住）
  - 荷沢寺（神会住）
  - 龍門寺（神会塔所）
- 磁州法観寺（智如住）
- 泰山（東嶽、降魔蔵住）
- 滑台大雲寺（神会宗論地）
- 牛頭山（法融・慧忠住）
- 嵩山
  - 少林寺（法如住）
  - 嵩嶽寺（普寂住）
  - 会善寺（敬賢住）
- 鶴林山鶴林寺（玄素住）
- 南陽龍興寺（神会住）
- 茅山
- 梓州慧義寺（神清住）
- 荊州
  - 玉泉寺（神秀住）
  - 度門寺
- 径山（法欽住）
- 益州浄衆寺（無相・神会住）
- 資州
  - 徳純寺（智詵住）
  - 保唐寺（無住住）
- 天台山仏窟寺（惟則住）
- 南嶽（懐譲・希遷住）
- 弋陽（神会配流所）
- 鍾陵開元寺（道一住）
- 青原山（行思住）
- 大庾嶺
- 韶州大梵寺
- 曹渓山（宝林山、慧能住）
- 広州光孝寺
- 龍山国恩寺

第三章　禅思想の完成と百家争鳴—馬祖禅の隆盛—

1　馬祖道一の登場と禅宗各派の淘汰

北宗と荷沢宗の状況

　8世紀後半の禅宗は、神会の活動を契機として、北宗、南宗（荷沢宗）、牛頭宗の三宗鼎立の様相を呈していたのであるが、北宗と荷沢宗の二つは、その後、次第に衰えていった。
　北宗禅にとって、神会の批判が自らの権威を失わせたということは非常に大きな打撃であったが、それに加えて社会の変動が追い打ちをかけた。彼らの思想は、「頓悟」を主張しつつも、静的、神秘主義的傾向が強かったから、当初は上層階級に普及したものの、安史の乱後の混乱の中で支持層が没落し、次第に勢力を失っていった。
　その北宗に取って代わったのが荷沢宗であった。荷沢宗の活動は、牛頭宗や保唐宗、浄衆宗にも刺激を与えたのであったが、神会以降は次第に勢力を失っていった。荷沢宗に人材が集まらず、次第に衰亡へと向かったのは、神会の個性があまりに強烈でありすぎたのも一因であろうが、根本的な原因は、その思想そのものにあったというべきであろう。神会の思想は、結局のところ、「北宗禅」への批判に、その存立意義の多くを負うものであった。それは「北宗禅」が存在するが故に、それへの反論という形で自らを主張できたのである。しかし、「北宗禅」そのものが次第に陳腐となり、その勢力を失うにつれて、神会の思想の意義や魅力も、次第に逓減せざるをえなかったであろう。
　そのように荷沢宗の人々が常に北宗を意識し続けたのは、北宗にそのまま取って代わる、つまり、北宗の支持層をそのまま承け継ぐことを目指したためである。従って、上層階級の没落は、そのまま荷沢宗の没落をも意味したの

である。

　荷沢宗の衰退にともなって神会の権威も次第に揺らいでいったようである。最澄 (767-822) が日本へ将来した『曹渓大師伝』(781年) は、この時代に成立した慧能の伝記であるが、ここには神会の活動を承けつつも、その影響からの離脱を目指そうとする姿勢をはっきりと認めることができ、当時の禅宗界の空気をよく伝えている。しかし、その『曹渓大師伝』にしても、「六祖」としての慧能の権威はそのまま承認しており（これは、恐らく、この著作が曹渓の宝林寺と密接な関係をもっていたことによるのであろう）、慧能が神会から分離されて超越的な権威を付与される傾向が強くなってきたことが窺える。

馬祖と石頭

　こうした中で頭角を現わし、次第に影響力を増して遂に他派を圧倒するようになったのが、

```
曹渓慧能(638-713) ┬ 南嶽懐譲(677-744) ─ 馬祖道一
                  └ 青原行思( ? -740) ─ 石頭希遷
```

という系譜を主張する、馬祖道一 (709-788) と石頭希遷 (700-790) の一派である（それぞれ、「洪州宗」「石頭宗」と呼ばれる）。南嶽懐譲や青原行思は、当初は、ほとんど注目されていなかった人物であるから、彼らが本当に慧能の系統を受けるものであったかどうかは疑問の余地があるが、『曹渓大師伝』に見るように、当時、慧能に結び付けなければ正統としての地位が確保できないような状況があったことは確かであろう。粛宗(756-762在位)に尊ばれた南陽慧忠(慧忠国師、?-775)や、左渓玄朗(673-754)などとも交流をもった永嘉玄覚(675-713)が、後に彼らと同様、六祖慧能の弟子とされたことにも、そうした事情が絡んでいたものと思われる（玄覚には、著作として『証道歌』が伝わり、今日も広く行なわれているが、その信憑性は乏しい）。

　特に馬祖道一は、西堂智蔵 (735-814)、伏牛自在 (741-821)、東寺如会 (744-823)、五洩霊黙 (747-818)、芙蓉太毓 (747-826)、南泉普願 (748-834)、百丈懐海 (749-814)、大梅法常 (752-839)、章敬懐暉 (754-815)、興善惟寛

(755-817)、塩官斉安(?-842)、大珠慧海(生没年未詳)、麻谷宝徹(生没年未詳)、帰宗智常(生没年未詳)、龐蘊居士(?-808)など、多くの有力な弟子を育てることで禅宗史の流れを一気に自らに引き寄せ、遂には正統の座を荷沢宗から奪ってしまったのであるが、それは彼自身の思想そのものによるものであった(馬祖道一に始まる禅思想は、しばしば「馬祖禅」と呼ばれている)。

> **馬祖道一** 馬祖道一は四川省漢州の人で、姓が馬であるため、「馬祖」「馬大師」などと尊称される。資州(四川省)の処寂(648-734)の下で出家し、益州(四川省)の長松山などで修行した後、南嶽(湖南省)で懐譲に参じ、その法を嗣いだ。諸処に住した後、769年鍾陵(江西省)の開元寺に住して宗風を挙揚。多くの弟子を育て(潙山霊祐によれば、門下から八十四人の善知識を打ち出したといい、『景徳伝灯録』〈1004年〉は、百三十八人もの弟子の名を掲げている)、その門流が禅の主流を形成した。その一派は馬祖の住地に因んで「洪州宗」と呼ばれる。788年、漉潭(江西省)の石門山宝峰寺で八十歳で入寂、「大寂禅師」と諡される。その言葉を纏めたものに『江西馬祖道一禅師語録』があるが、特に「平常心是道」「即心即仏」などの説は、その主張を端的に示すものとして有名である。

荷沢神会の登場は、確かに禅宗史において画期的な意味を持つものであった。「頓悟」や「定慧等」を強調して時間系列としての修行の意味を無化し、日常への迴帰を唱え、「語録」という、それにふさわしい新たな表現方法を創始した。それは、北宗禅に見られたインド的禅観の残滓を一掃するものであったといってよい。しかし、神会の場合、それを行なうには「知」(般若の智の働き)という代償が必要であった。それ故、荷沢宗では、日常の中で「知」がつねに働かなければならないと強調されたのである。それは迷悟を分かつ唯一の原理であり、「彼岸」を維持するための最後の砦であったともいえよう。

ところが馬祖は、「平常心是道」(普段の心こそが悟りである)、「即心即仏」(普段の心のほかに仏など無い)などの説を唱え、そうした超越的・理念的なものの全てを、いとも簡単に無価値なものとして退けてしまい、真に日常に徹することのみを要求したのである。これが、いわゆる「大機大用禅」であるが、このような単純明解で活動的な主張が、現実に即して考えることを好む中国人の前に大変な魅力として立ち現われたであろうことは想像に難くない。

実際、馬祖の門下(洪州宗)の発展は目覚ましく、全国各地に散らばって、それぞれが多くの弟子を養成した。宋代に編集された『景徳伝灯録』(1004年)にその名を伝えるものだけでも、百丈懐海(江西省南昌)の弟子は三十人、南泉普願(安徽省池州)の弟子は十七人、章敬懐暉(陝西省西安)の弟子は十六人、塩官斉安(浙江省杭州)の弟子は八人、興善惟寛(陝西省西安)や帰宗智常(江西省南康廬山)の弟子は六人と、総計百十七人にも達しており、また、その弟子らが各地で布教に当たったため、洪州宗の勢力はネズミ算式に増えていった。

南嶽懐譲塔

　一方、石頭の門下(石頭宗)にも薬山惟儼(751-834)、天皇道悟(748-807)、丹霞天然(738-824)などの有力な禅匠が現われ、馬祖の系統を追うかのように勢力を拡大していったが、それが可能であったのは、現実のただ中に悟りを求めようとする彼らの思想が、安史の乱の後に各地で勢力を伸張させつつあった節度使や観察使といった新興の実力者たちの支持を集めたからに他ならない。

　こうした情勢の中、馬祖や石頭の系統を正統化するための灯史として出現したのが、智炬(生没年未詳)の編集になる『宝林伝』(801年)である。

石頭希遷と石頭宗　石頭希遷は広東省端州の人で、姓は陳、初め慧能に師事したが、その入滅によって、吉州(江西省)の青原行思のもとに移り、その法を嗣ぐ。その後、南嶽(湖南省)の石上に庵を結んだため、「石頭」と呼ばれるようになったという。多くの弟子を集めたが、当初は、それほど注目されていなかったらしく、圭峰宗密(780-841)などは「泯絶無寄宗」として牛頭宗と一つに扱っているほどである。しかし、天皇道悟や丹霞天然は馬祖の会下でも修行しており、後に馬祖の弟子とされる五洩霊黙も石頭にも参じていたように、馬祖と石頭の門下の往来は頻繁であって、同様の思想を説くものと見做されていたようである。

宝林伝　詳しくは「大唐韶州双峰山曹侯渓宝林伝」といい、全十巻であるが、

現行本は巻七、九、十の三巻を欠き、また、巻二は『聖冑集』で補ったものである（すでに金刻大蔵経において巻二と巻十を欠いており、巻二は『聖冑集』〈899年〉で補われていた）。本書は古く円仁（天台宗、794-864、838-847入唐）によって日本にもたらされたという記録があり、唐代に広く流布したと考えられるが、『景徳伝灯録』や『伝法正宗記』（1061年）の成立と入蔵によって歴史的意義を失い、その後、散逸した。今日伝わるものは、近代になって発見された金刻大蔵経所収本（巻一〜巻五、巻八）と青蓮院蔵本（巻六）を合したものである（そのほかにも、他書の引用によって多少の逸文は知られている）。西天二十八祖から東土六祖を経て、馬祖道一、石頭希遷に至る伝法の系譜を説き、各祖師の詳細な言行を載せている。もちろん、その記述の多くは荒唐無稽なもので、ほとんど完全な創作であるが、『聖冑集』や『祖堂集』（952年）、『景徳伝灯録』、『伝法正宗記』などの後代の灯史が叙述の基礎としたため、それらの中には、そのまま禅宗史の「定説」となったものも多い。特に付法の証としての「伝法偈」は『六祖壇経』に始まるものであるが、本書がそれを全ての祖師に拡大している点は注目される。本書に対する反響が大きかったことは、現存しないものの、唐の末期に南嶽惟勁（生没年未詳、雪峰義存の弟子）によって、その続編、『続宝林伝』（10世紀初）が編まれたことからも窺うことができる。

牛頭宗の動向と圭峰宗密

北宗や荷沢宗が衰えてゆく中で、牛頭宗のみはむしろ隆盛に向かっていた。「牛頭宗第六祖」とされる牛頭慧忠の門下には、太白観宗（731-809）や金陵慧渉（741-822）など俊英が多かったが、中でも仏窟惟則（751-830）の存在は注目される。惟則は自ら多くの著作を著わす傍ら、宗祖、牛頭法融の文集を編纂するなどの活動も行なった。牛頭慧忠にも『見性序』や『行路難』などの詩があり、広く流布していたというが、とりわけ仏窟惟則は文学に優れていたらしく、その門流の人々は自ら誇って「仏窟学」と称したという。日本天台宗の祖で入唐中に翛然（生没年未詳）に牛頭禅を学んだ最澄（天台宗、767-822、804-805入唐）や、その門下の円珍（814-891、853-858入唐）らによって、『無生義』や『還源集』といった惟則の著作が日本にもたらされたことが知られるから、その作品は9世紀の前半頃までは中国において広く流布していたようである。惟則の弟子の雲居普智（9世紀中葉）も文学で知られたらしく、

真言宗の恵運(798-869、842-847入唐)はその文集を将来している。
　また、鶴林玄素(668-752)の弟子にも径山法欽(道欽、714-792)、呉中法鏡(法鑑、8世紀後半)、呉興法海(8世紀後半)などの弟子があったが、特に径山法欽の名声は高く、768年には入内して説法を行ない、代宗(762-779在位)から「国一大師」の号、ならびに「径山寺」という寺号を賜った(没後にも徳宗〈779-805在位〉から「大覚禅師」と諡されている)。李吉甫(760-814)など貴顕の信奉者も多く、道教徒と道力を争ったことで知られる降魔崇慧(8世紀後半)をはじめとして多数の弟子があり、その感化は洪州宗や石頭宗の人々、さらには華厳宗の清涼澄観(738-839)にも及んだ。
　このような牛頭宗の隆盛は、江南の経済的発展を背景とするものであったが、やがて、斬新な思想を武器に登場した新興の洪州宗や石頭宗の前に次第に劣勢に立たされ、活発な人的交流のなかで後継者を失ってゆき、9世紀半ばには、その伝承を断ったようである。しかし、そうした交流によって逆に牛頭宗の老荘的性格が洪州宗や石頭宗に流れ込み、禅の重要な部分を占めるようになったのではないかとも言われている。

> 牛頭宗と洪州宗・石頭宗の人的交流　牛頭宗の人々と洪州宗、石頭宗の人々の間には活発な交流があった。例えば、馬祖の弟子、西堂智蔵は径山法欽にも参じているし、石頭と馬祖に学んだ丹霞天然も後に径山の会下でも学んでいる。一方、初め径山に学んだ伏牛自在や東寺如会は後に馬祖の門下へ移ったし、天皇道悟も径山に法を授けられた後、さらに馬祖道一、石頭希遷に師事して、悟りを証明されている。また、若くして牛頭慧忠に師事した芙蓉太毓も、遊行の末、馬祖の印可を得た。このように、修行者の往来は非常に盛んであったが、時代の趨勢が牛頭宗から洪州宗・石頭宗に傾いてゆく中で、彼らにおいても次第に牛頭宗との関係よりも馬祖や石頭との関係が強調されるようになり、結果として、牛頭宗の系譜は断たれることとなった。

　8世紀末から9世紀の初めにかけて、牛頭宗とともに最後の光芒を放った初期禅宗の一派が、

益州南印(?-821?) ── 遂州道円(9世紀前半) ── 東京神照(776-838)

と承け継がれた浄衆宗である。先に言うように、彼らはこの時期には「荷沢宗」を称するようになっていたのであるが、この系統から圭峰宗密(780-841)が現われ、清涼澄観にも学んで、『禅源諸詮集都序』などに見るような、華厳宗と荷沢宗を中核として様々な仏教思想と実践とを統合する「教禅一致」という極めて特徴的な教説を説いた。こうした諸宗融合的発想は仏教以外の思想にも及び、『原人論』では儒教や道教を仏教に統合せんとする試みも行なっている。

　宗密の思想には、仏教界を席捲しつつあった洪州宗への対抗意識が多分に窺われるが、馬祖禅の圧倒的な魅力の前には大きな勢力とはなり得ず、禅宗史の流れを変えることはできなかった。しかし、五代の永明延寿(904-975)の教禅一致思想や、後に中国仏教の主流となる三教一致思想に多大な影響を与えており、禅宗史上に占める位置は極めて大きい。

　9世紀半ばを境に初期禅宗の諸派は、その活動の跡を辿れなくなり、洪州宗と石頭宗のみが世に行なわれるようになった。こうして、この両派が禅の主流(正系)の地位を確実なものにすると、他派は全て「傍系」と位置づけられるようになったが、そのいずれもが禅思想が形成される過程において極めて重要な役割を果したことは忘れてはならない。

　圭峰宗密　四川省の果州の人。初め儒教を学んだが、後に仏教に転じ、二十五歳で出家して道円に師事し、やがて『円覚経』と杜順の『法界観門』に出逢い、自己の立場を確立した。二十九歳で具足戒を受け、その後、808年に道円の指示で、その師である荊南張(南印)に師事し、次いで洛陽で、その弟子の洛陽報国寺神照に禅を学んだ。また、811年には清涼澄観に師事して華厳を極め(「華厳宗第五祖」とされる)、著作や講義を通じて名声を不動のものとし、821年以降は終南山の草堂寺に住し、『円覚経大疏鈔』などの著述に専念した。828年には文宗(826-840在位)に召されて入内し、紫衣を賜ったが、これ以降、裴休(791-864)と相い知るようになり、その質問に答える形で『裴休拾遺問』を著わした。そのほかの著作に、『起信論註疏』『盂蘭盆経疏』『華厳経行願品疏鈔』『注華厳法界観門』『禅源諸詮集都序』『原人論』などがある。841年、草堂寺で没す。裴休は「圭峰禅師碑銘 并 序」を撰した。

2　禅の発展と社会への浸透

禅匠の輩出

　9世紀の半ばに武宗(840-846在位)によって引き起こされた会昌の破仏(845-847)は、仏教界に多大な影響を及ぼした。中国史上、破仏はしばしば繰り返されたが、この破仏は中国全土に及ぶ徹底的なものであったという点で空前絶後であった。僧侶は還俗させられ、寺院は破壊され、典籍(経・論・疏)は散逸したため、多くの宗派が衰退していったが、その中で禅宗のみが、唯一、着実に地歩を築き、大いに発展することになった。

　その理由は様々であったと考えられるが、思想的な面では、禅が典籍などを原則的に必要としなかったため、その散逸の影響をほとんど受けなかったことや、臨済義玄(?-867)に帰依した成徳府節度使の王常侍や、洞山良价(807-869)の教団を保護した南平王の鍾伝などに見るように、馬祖禅の能動性が科挙官僚や地方に割拠する節度使(藩鎮)などの新興階級に受け入れられやすかったことなどが指摘されている。

　経済的な面では、動乱の中でも比較的安定を保っていた江南地方に禅が早くから進出していたことや、禅寺においては古くから役割分担による自給自足的な生活を営む伝統が存在したことなどが重要であろう。こうした禅寺特有の生活様式は、百丈懐海によって「清規」として明確に規定され、普及したとされている。

　馬祖以降の大機大用禅では、禅と生活との合一を目指したため、個々の禅僧の個性や生きざまがそのまま禅に反映される道を開いた。そのため禅は量的に拡大したばかりでなく、多くの人材が集まり、その個性が反映されることで、それが持つ可能性のほとんど全てが短期間に発揮された。唐の末期には、黄檗希運(9世紀前半)、潙山霊祐(771-853)、趙州従諗(778-897)、徳山宣鑑(780-865)、臨済義玄、洞山良价、石霜慶諸(807-888)、睦州道蹤(9世紀中葉)、仰山慧寂(814-890)、香厳智閑(?-898)、投子大同(819-914)、雪峰義存(822-908)、玄沙師備(835-908)、雲居道膺(835?-902)、青林師虔(?-

904)、疎山匡仁(837-909)、曹山本寂(840-901)など、多くの系統で個性的な禅匠が輩出し、全国各地で百花繚乱の趣を呈することとなった。

中国仏教界におけるこうした状況は、直ちに周辺諸国にも影響を及ぼした。特に朝鮮半島には、新羅(統一新羅、676-935)の末から高麗(918-1392)の初めにかけて、馬祖以降の新たな禅思想が次々に伝えられていった。まず、道義(西堂智蔵の弟子、生没年未詳、784-821入唐)や慧徹(同、785-861、814-839入唐)、玄昱(章敬懷暉の弟子、787-868、824-837入唐)、道允(南泉普願の弟子、798-868、825-847入唐)、無染(麻谷宝徹の弟子、800-888、821頃-845入唐)らが、あいついで馬祖の弟子たちの法を伝え、その後も仰山慧寂の弟子の順之(生没年未詳、858年入唐)や雲居道膺の弟子の利厳(870-936、896-911入唐)、疎山匡仁の弟子の慶甫(868-946)らが続いた。こうして「迦智山門」(道義派)や「桐裏山門」(慧徹派)など、後に「九山門」(九山派)と呼ばれることになる、九つの禅宗の門派が形成されたのである。

馬祖禅の影響は、さらに海を隔てた日本にも及び、塩官斉安の弟子の義空(9世紀中葉)の渡来が実現し、また、日本人でありながら入唐して洞山良价に嗣法した、瓦屋能光(?-933)のような人物も出現した。

黄檗希運　福建省の閩の人。若くして出家し、後、百丈懷海(749-814)の弟子となって法を嗣ぐ。江西省の鍾陵の黄檗山などに住して化を揚げ、「断際禅師」と諡された。圭峰宗密とともに宰相の裴休(797-870)に尊ばれ、裴休がその法語を纏めたものに『黄檗山断際禅師伝心法要』(857年)がある。臨済宗の祖、臨済義玄はその弟子である。

潙山霊祐　福建省長渓の人で、姓は趙氏。十五歳で出家し、経律を学んだ後、百丈懷海に嗣法。湖南省の潙山に住して多くの弟子を集めた。仰山慧寂はその弟子であり、その門流は、後世、「潙仰宗」と呼ばれた。「大円禅師」と諡され、その法語として『潙山警策』が伝わる。

徳山宣鑑　四川省剣南の人で、姓は周氏。若くして出家し、律蔵や『金剛経』を初めとする諸経論を学んだが、後に龍潭崇信(9世紀前半)に師事して、その法を嗣ぐ。潙山霊祐などに歴参した後、湖南省武陵の徳山に住す。その門下からは雪峰義存や巌頭全豁(828-887)らが出た。「見性大師」と諡される。

第三章　禅思想の完成と百家争鳴　67

洞山良价　浙江省会稽の人、俗姓は兪氏。若くして五洩霊黙に従って出家し、南泉普願や潙山霊祐などに歴参の後、雲巌曇晟（薬山惟儼の弟子、782-841）に嗣法。後、江西省豫章の洞山に住して禅風を挙揚した。弟子に曹山本寂や雲居道膺、疎山匡仁など多数があり、その門派は、後に「曹洞宗」と呼ばれた。『宝鏡三昧』の著がある。「悟本大師」と諡される。

趙州従諗　山東省の曹州郝郷の人。姓は郝。若くして出家し、後に南泉普願の法を嗣ぐ。六十歳で行脚に出て、黄檗希運、塩官斉安らに歴参の後、八十歳で趙州の観音院に住し、以後、四十年にわたって「口唇皮禅」と呼ばれる独自の宗風を挙揚し、百二十歳で没した。その語録として『趙州真際禅師語録』があり、その多くの問答が、後世、「公案」としてしばしば拈弄の対象となった。「真際大師」と諡される。

雪峰義存　福建省の泉州南安の人。姓は曾氏。十二歳で出家し、芙蓉霊訓（帰宗智常の弟子、9世紀前半）、洞山良价らの下で修行を積み、良价の指示で徳山宣鑑に参じ、法兄の巌頭全豁の助けで大悟、宣鑑の法を嗣ぐ。後、福建省の雪峰山に住して、玄沙師備、長慶慧稜（854-932）、鼓山神晏（862-938）、雲門文偃（864-949）、保福従展（?-928）などの多くの弟子を養成した。その語録に『雪峰真覚禅師語録』があり、「真覚禅師」と諡された。

語録の完成

　この時期の著作としては、比較的秩序立てて禅思想を述べたものに、大珠慧海の『頓悟入道要門論』や黄檗希運の『黄檗山断際禅師伝心法要』(857年)などがあるが（ただし、『頓悟入道要門論』については、荷沢神会の『南陽和尚問答雑徴義』とパラレルな記述が多く、その成立に問題が残されている）、やはり、彼らの思想の本領は、この時期に次々に出現した「語録」に示されていると見なくてはならない。

　「語録」は禅僧の言行録であって、そこには伝記などの要素も含まれているが、その中心は他の禅匠との商量や弟子との問答の記録にある。つまり、それは具体的な場面や人格を通して禅の思想を理解させることを目指したものなのである。そのため、当時の俗語がそのまま用いられ、個性溢れる禅僧の姿を生き生きと伝える独特の作品となっている。馬祖禅では、日常と悟りの合一

を目指したから、このような思想の表現手段がどうしても必要であったのである。それゆえ、禅語録の先駆は侯莫陳琰(660-714)の『頓悟真宗金剛般若修行達彼岸法門要決』や荷沢神会(684-758)の『南陽和尚問答雑徴義』に求めることができるが、馬祖禅において十全な形で完成されたと言えるであろう。

「語録」が盛行した背景として、禅僧が互いに自由に交流を行ない、問答商量が極めて盛んであったという状況があったことは忘れてはならない。当時は、修行者が「悟り」を目指して各地の禅匠の間を渡り歩いて修行を積むという修行形態が確立されていたのである。

こうした状況下では、禅匠の実力がそのまま名声に直結した。優れた禅僧の下には弟子が集まり、名声が揚がる。そして、その名声を慕ってまた弟子が集まるのである。弟子は弟子で師に印可されると、外護者を得て各地に独立し、評判を高めて一派を成す。この時期には、こうしたことが繰り返されたのであって、それはまさに実力主義による自由競争そのものであった。様々な個性を持った禅匠がこの時期のみに輩出しえた理由の一つは、こうしたオープンな環境に求めることができるであろう。そしてそれは、中央集権が緩み、貴族の権威が失われつつあった晩唐期における時代の空気の反映でもあった。

唐代の語録で今日まで伝わるものは必ずしも多くはないし、現存するものも、その来歴については不明な点が多いが、代表的なものとしては、大梅法常の『明州大梅山常禅師語録』、龐蘊の『龐居士語録』、睦州道蹤の『睦州和尚語録』、臨済義玄の『鎮州臨済慧照禅師語録』、趙州従諗の『趙州真際禅師語録』、投子大同の『投子和尚語録』、雪峰義存の『雪峰真覚禅師語録』、玄沙師備の『玄沙広録』などを挙げることができる。なお、「語録」そのものではないが、宋代に編集された『景徳伝灯録』などにも、唐代の禅匠たちの言葉が多く伝えられており、これらによって後に語録が新たに再編集された例もある。

臨済録　唐の臨済義玄の語録で、弟子の三聖慧然の編集とされるが、現行のものは、1120年に宋の円覚宗演が再編したものである。義玄は山東省の出身で、出家して経論を学んだが満足できず、禅に転じて黄檗希運（生没年未詳）のもとで大

悟し、その法を嗣いだ。その後、河北で威を振った藩鎮の王氏の帰依を受け、臨済院に住して多くの弟子を育て、魏府で没した。「慧照禅師」と諡される。馬祖の「大機大用禅」を極限にまで推し進め、喝や棒を多用するその行動的禅風は「将軍」に譬えられたほどである。彼の法統は栄え、いわゆる「臨済宗」を形成し、遂には禅の大半を覆うに至ったため、本書も中国、日本を通じてしばしば開版され、「語録の王」と呼ばれて尊ばれた。全体は大きく「上堂語」「示衆」「勘弁」「行録」の四つの部分から成り、「上堂語」では弟子たちへの教戒とそれを契機としての問答が集められ、「示衆」は講義の記録で、懇切を極めた言葉で切々と弟子に訴えかけている。続く「勘弁」は、趙州や麻谷などの名だたる禅僧との問答応酬の記録であり、「行録」は、黄檗の下で悟った因縁から、その会下での修行、諸方行脚、そして遷化にいたる一代記である。唐代には多くの語録が現われ、それぞれに禅者の個性を反映して百花繚乱の趣を呈したが、「一無位の真人」「無依の道人」「無事是れ貴人」「随処に主と作れば立処皆な真なり」「仏に逢うては仏を殺し、祖に逢うては祖を殺す」「三乗十二分教は皆な是れ不浄を拭う故紙」などの名句が散りばめられ、削ぎ落とされた簡潔な表現の中に臨済の直截的で確信に満ちた姿が驚くべき臨場感をもって活写される本書は、語録中の白眉であり、禅思想の頂点を示すモニュメントと言える。

文人への影響力の拡大

馬祖禅の成立によって禅の社会的影響力はますます強まり、禅僧と文人や政治家との交流はいっそう盛んになった。この時期の有名な居士としては、馬祖道一に帰依し、その碑文を書いた詩人の権徳輿 (759-818)、南泉普願に師事した陸亘 (生没年未詳)、政治上の盟友で共に曹渓慧能の碑文を書いた名文家の柳宗元 (773-819) と詩人の劉禹錫 (772-842)、中唐を代表する詩人で、興善惟寛などに師事した白居易 (楽天、772-846)、白居易の友人で薬山惟儼や芙蓉太毓らに帰依した崔群 (772-846)、圭峰宗密や黄檗希運に帰依した宰相の裴休 (797-870)、貫休 (禅月大師、832-912) や石霜慶諸 (807-888) に師事した張拙 (9世紀後半) などがある。そのほかにも李華 (?-766?) や独孤及 (?-777) など、禅僧の碑文を書いた文人や政治家は多く、杜甫 (712-770) などの詩に禅の用語が見えることなども、その影響の拡大を示すものとして注目される。また、美術の分野でも、懐素 (725-?) の草書や王墨や張志和 (いずれ

も8世紀中葉)などの「逸品画家」の作法に見られるような即興的な要素には、禅思想の投影を認めることができる。

　白居易などは非常に熱心な信者で、自ら坐禅を実践し、朝廷での政務の間にも友人と禅について論じたりしていたようである。しかし、彼らの思想は必ずしも禅で占められていたわけではなく、多くの場合、同時に浄土教も信仰しており、三教一致思想を有するものも多かった。

　　杜甫の詩に見る禅　杜甫は、言うまでもなく、李白(701-762)とともに中国を代表する詩人であり、李白を「詩仙」と称するのに対して「詩聖」とも呼ばれるが、彼の詩にも禅宗に特有の用語を認めることができる。例えば、禅宗の第七祖に言及した「身許双峰寺　門求七祖禅　落帆追宿昔　衣褐向真詮」(「終日夔府詠懐。奉寄鄭監李賓客之芳一百韻」)という詩などは、その中でも最も有名なものの一つである(ここでいう「七祖」が誰を指すかについては、古来、様々な説が提出されているが、いまだに定説を見ない)。杜甫の場合、王維(701?-761)や白居易とは異なり、直接、禅僧に師事したという記録は残されていないようであるが、それにもかかわらず、禅宗に関する基本的な知識は持ち合わせていたのであり、この時代にいかに禅思想が知識人たちの関心を引いていたかを窺わしめる。

　　白居易と禅僧との交流　白居易は、「長恨歌」「琵琶行」などの作品で知られる中唐を代表する詩人であるが、仏教の信者としても有名で、晩年には龍門の香山寺に入り、「香山居士」と号した。禅宗関係では馬祖の弟子の仏光如満(8-9世紀)や興善惟寛らと交わりを結び、惟寛の碑文である「西京興善寺伝法堂碑銘并序」や神照(浄衆宗、776-838)の碑文「唐東都奉国寺禅徳大師照公塔銘并序」などを撰述したことでも知られる。『景徳伝灯録』巻十に如満の法嗣としてその名を掲げ、さらに巻七の興善惟寛章に惟寛との問答を、巻四の鳥窠道林章には道林(牛頭宗、741-824)との問答を載せている。ただ、道林との問答などは明らかに後代の偽作であり、彼の禅宗理解がどの程度のものであったかは明確ではない。

　こうした状況が生じたのは、韋応物(725?-800?)や柳宗元、白居易などに見るように、社会の混乱の中で流浪を余儀なくされた文人たちが寺院に身を寄せることが少なくなかったこと、禅僧の側にも皎然(730-799)やその弟子の霊徹(746-816)、貫休、斉己(861?-938?)などといった詩僧が出現し、

禅と彼らとの仲介の役割を担ったことなども関係したようである（霊澈は柳宗元や劉禹錫といった、「永貞革新」の盟友と親交をもち、皎然とともに権徳輿とも交わった。『宝林伝』の序者、「霊徹」と同一人物ではないかとも言われる。なお、貫休は「禅月様」と呼ばれる羅漢画のスタイルを確立させた画僧としても名高い）。しかし、最も重要な理由は、その思想自体に求められるべきであろう。馬祖禅の成立によって、「悟り」は日常のほかに存在するものではなくなった。こうした思想は、官吏として政務の執行を何よりも求められた新興の士大夫層にとって、大きな心の支えを提供するものだったと考えられるからである。

このように禅宗の影響が拡大してゆく中、一方で、それに対して批判的な立場を採る人々も、もちろん存在した。しかし、そうした人々の思想にも禅は影響を与えずにはおかなかった。例えば、名文家の韓愈(768-824)の仏教嫌いは有名であるが、その韓愈ですら、一時期、大顛禅師（宝

薬山李翺問答図（南禅寺蔵）

通、732-824）と親交を持ったようである。さらに、その弟子に当たる李翺(774-836)の『復性書』(812年)は、「宋学の先駆」ともいわれる、この時期の重要な著作であるが、そこにも禅の影響は顕著に窺うことができるのである。

李翱と復性書 李翱は汴州(河南省)の人で、字は習之、「文公」と諡される。官吏としては、中央と地方を行き来する生活を送り、最後は襄州刺史として任地で没した。著書に『李文公集』十八巻があり、また、ほかに韓愈との共著、『論語筆解』二巻がある。韓愈の従兄の娘を娶り、その弟子でもあったが、若年の頃より仏教としばしば関係を持ったことが知られている。即ち、793年に科挙のために上京した折り、天台教学に造詣が深く、『天台止観統例』(786年)を著わした梁粛(751-793)の教えを受けたし、798年に科挙に及第した後も、華厳宗第四祖の清涼澄観に面会している(799年)。さらに、国子博士、史館修撰、考功員外郎などとなった後、朗州刺史に左遷されたが、その際にも薬山惟儼の教えを受けている。こうした仏教への関心が、彼の思想形成に大きな影響を与えたと考えられている。その思想を伝える最も代表的な著作が『復性書』であって、『易』や『中庸』を根拠としつつ、その名の通り「復性」、即ち、「性への復帰」を説くものであるが、その説明は禅家の「見性」説に極めてよく似ており、その影響は否定できないとされる(実際、韓愈からは「仏老を雑えて言う」ものとして批判された)。にも拘わらず、李翱自身は儒家をもって任じ、仏教に対して批判的な立場を取り続けた。この点でも後代の宋儒の先駆と言えないこともない。なお、『景徳伝灯録』巻十四には、李翱と惟儼との問答とされるものを伝えているが、その情景を画いた「薬山李翱問答図」は、後世、しばしば画題とされた。特に南禅寺所蔵の馬公顕(12世紀)作とされるものは有名である。

五代十国における禅の展開

安史の乱以降も何とか命脈を維持していた唐王朝であったが、黄巣の乱(875-884)によって決定的な打撃を受け、907年、遂に節度使の朱全忠(852-912、後梁の太祖、907-912在位)によって亡ぼされた。こうして黄河流域に後梁(907-923)・後唐(923-936)・後晋(936-946)・後漢(947-951)・後周(951-960)の五ヶ国が目まぐるしく興亡を繰り返し、その周辺に十国(呉・呉越・閩・楚・南漢・前蜀・荊南・後蜀・南唐・北漢)が分立して抗争を繰り返す、「五代十国」の時代が到来した。これらの多くは実力本位の武人政権で貴族の権威を認めなかったため、貴族階級は完全に没落し、それに替わって新興地主階級が擡頭した。

五代の各王朝は財政上の理由などから、概して仏教に対しては抑制的な政

[後晋時代の中国]

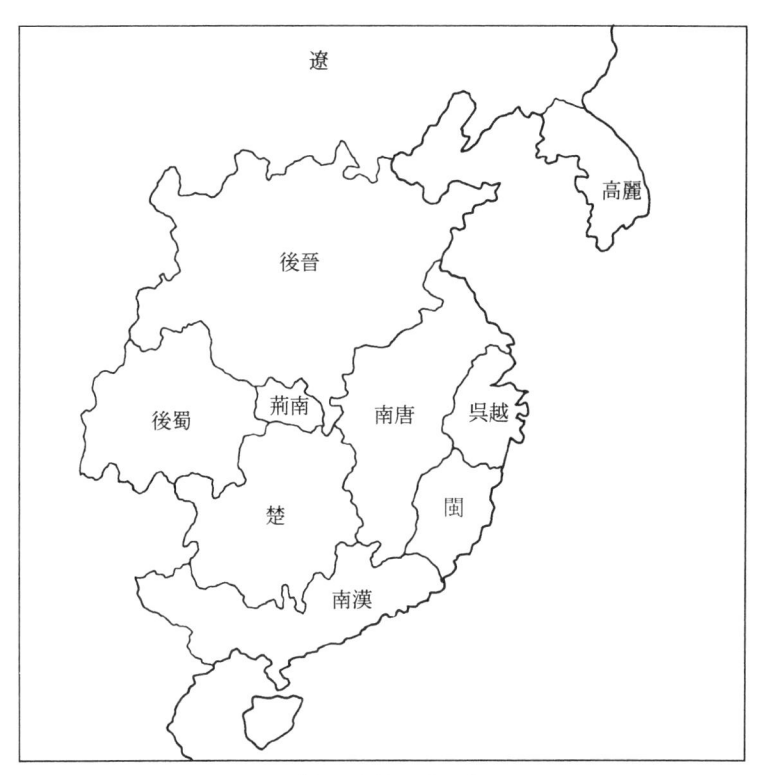

策を採った。そのため、禅宗でも華北に展開した一派は大きく発展することはなかった。晩唐期にこの地域に拠った禅僧としては、河北の臨済義玄や趙州従諗、河南の香厳智閑(きょうげんちかん)らがあったが、臨済義玄の系統(臨済宗)を除いて、この時期にその伝承を断った。その臨済宗にあっても、義玄の弟子の三聖慧然(9世紀後半)、興化存奨(こうけぞんしょう)(830-888)以降は振わず、後者の系統を承け継ぐ、南院慧顒(なんいんえぎょう)(860-930頃)と風穴延沼(ふけつえんしょう)(896-973)の師弟などが細々と法統を伝えているに過ぎなかった。

一方、政治的・経済的に比較的安定していた十国では、閩の王審知(おうしんち)(忠懿王(ちゅういおう)、897-925在位)や南漢の劉龑(りゅうえん)(911-942在位)、南唐の李昪(りべん)(937-943在位)・李璟(りけい)(943-961在位)、呉越の銭弘俶(せんこうしゅく)(忠懿王、948-978在位)など、仏教を篤く

保護する国王も多かったが、彼らの主な崇敬の対象となったのが、当時、隆盛を極めていた禅宗だったのである（なお、詩僧・画僧として名高い貫休が身を寄せたのも呉越国である）。

この時期に活躍した禅匠としては、雪峰義存門下の閩の保福従展(?-928)、長慶慧稜(854-932)、鼓山神晏(862-938)、南漢の雲門文偃(864-949)らの人々と、雪峰門下の玄沙師備の系統から出た南唐の法眼文益（清涼文益、885-958）、法眼の弟子で呉越で活躍した天台徳韶(891-972)、その弟子の永明延寿(904-975)などがある。特に天台徳韶が国王の銭弘俶に勧めて、散逸した仏典を朝鮮や日本に求めたことは特筆すべきであり、これによって天台宗は復興を遂げ、宋代に再び活動を活発化させることになるのである。

　雲門文偃　浙江省嘉興の人、姓は張氏。幼くして出家して律を学んだが、後、睦州道蹤や雪峰義存に参じて、遂に義存の法を嗣ぐ。曹山本寂、越州乾峰（洞山良价の弟子、9世紀後半）など諸方を遊歴した後、広東に拠った南漢(917-971)の劉䶮に請われて韶州の霊樹禅院に住し、次いで雲門山に移った。千人の修行僧が集まったというが、特に香林澄遠(908-987)、洞山守初(910-990)、徳山縁密(10世紀中葉)、双泉仁郁(10世紀中葉)、双泉師寛(10世紀中葉)などは著名で、後世、「雲門宗」と呼ばれる一派を形成し、五代末から北宋にかけて大きな勢力を持った。賜号は「匡真大師」で、語録に『雲門匡真禅師広録』がある。

　法眼文益　浙江省余杭の人で、姓は魯氏。七歳で出家し、具戒の後、長慶慧稜や羅漢桂琛（玄沙師備の弟子、867-928）に師事し、桂琛の法を嗣ぐ。江南の主要部を占めた南唐(937-975)の皇帝、李氏に招かれ、江蘇省金陵の報恩禅院、清涼院に住して布教を行ない、「大法眼禅師」と諡された。天台徳韶、永明道潜ら多数の弟子があり、その児孫は、後世、「法眼宗」と呼ばれた。その著作に、「五家」概念の起原となったことでも知られる『宗門十規論』がある。

なお、後世、曹洞宗を形成することになる洞山良价の門流は、荊南や南唐に展開したが、曹山本寂の弟子の曹山慧霞(10世紀前半)、雲居道膺の弟子の同安道丕(10世紀前半)、疎山匡仁の弟子の護国守澄(10世紀前半)、青林師虔の弟子で楚王に重んじられた石門献蘊(10世紀前半)などがあったものの、全体としてはあまり振わなかった。また、「潙仰宗」と呼ばれることになる

潙山霊祐－仰山慧寂の系統も荊南や南唐を中心に展開したが、慧寂の弟子に南塔光涌(850-938)や西塔光穆（9-10世紀）、光涌の弟子の芭蕉慧清（10世紀前半）、光穆の弟子の資福如宝(10世紀前半)などが出たものの、その後は次第に衰退していった。

　これらとは別に、後世に大きな影響を残した人物として忘れてならないのが「布袋」である。布袋(?-916)は、明州（浙江省）の人で姓は不詳、「契此」と自称した。常に寧波（呉越国）の街に出没し、予言などを通じて教化を行っていたが、携えるものは、一本の杖、布の袋、蓆のみであったため、「布袋和尚」と呼ばれた。後に弥勒菩薩の化身とされ、広く信仰されるようになった。

　この時期にも神晏の『鼓山先興聖国師和尚法堂玄要広集』(965年)、文偃の『雲門匡真禅師広録』など、語録が引き続き編集されたが、最も注目すべきは、『宗鏡録』(961年)や『万善同帰集』などの延寿の一連の著作である。これらにおいて鼓吹されている教禅一致思想や禅浄双修思想は、後代に多大の影響を与えたからである。その他、この時期の著作で特筆すべきものに、『宝林伝』の後を受けて南唐で編集された灯史、『祖堂集』(952年)があるが、南嶽懐譲の門下より青原行思の門下を先に掲げているところに、雪峰義存の系統に属する編者の立場が示されている。

　　永明延寿とその著作　永明延寿は浙江省余杭の人、姓は王氏。初め呉越国の役人となったが、二十八歳で翠巖令参（雪峰の弟子、9-10世紀）に随って出家し、後に天台徳韶に師事して、その法を嗣ぐ。雪竇山資聖寺、霊隠寺に歴住した後、永明寺に住すること十五年、度した弟子は千七百人にも達した。その名声は高く、高麗の光宗（950-975在位）は、その徳を慕って三十六人の僧侶を派遣して、教えを学ばせたほどであった。宋初に天台山で度僧・授戒・放生を行なった後、七十二歳で入寂。「智覚禅師」と諡される。『万善同帰集』『慧日永明寺智覚禅師自行録』『唯心訣』など多くの著作があるが、主著は何といっても『宗鏡録』(961年)である。これは、唯識・華厳・天台の学者を集めて相互に質疑を行なわせ、最後に「心宗」によって統一したと言われるように、禅宗を初めとする仏教各派の主要な著作から要文を引用しつつ自らの思想を説いたもので、全百巻という大部なものである。このような「綜合仏教」を目指そうとする姿勢は『万善同帰集』などにも顕著であり、延寿の基本的な立場と認められる。後世、禅浄双修、教禅

一致といった思想が脚光を浴びるようになると、次第に延寿が尊重されるようになっていった理由はここにある。そして、このような思想を持つ延寿は、当然のことながら浄土教も排除しなかったため（延寿には『神栖安養賦(しんせいあんようふ)』という著作もある）、後世、「蓮宗(れんしゅう)第六祖」とすら呼ばれるようになった。

五代十国から宋へ

　五代十国の諸国は、唐代の禅を宋代に受け渡す上で非常に重要な役割を果たしたが、その過程で禅思想が様々な変質を被ったということも忘れてはならない。それは一言で言えば、禅思想の卑小化であった。

　唐代においては禅僧の往来は比較的容易であり、外護者との関係も自由に取り結ぶことができたが、五代十国の分立によって、そうしたことは次第に難しくなっていった。そのため個性を異にする有力な禅匠同士が直接に問答を交えるような機会が減り、また、あらゆる問答が試みられてしまったこともあって、独創的で魅力的な問答は次第に少なくなっていった。こうした中で、相手に代って自らが答える「代語」が占める位置が重要なものとなり、古人の問答に対しても行なわれるようになって、懐古的傾向を強めていった。

　小国の分立は、そのほかの点でも禅に様々な影響を与えた。まず、各禅僧にとって住地を支配する国王との関係が非常に重要なものとなったから、権力者への依存の度合いを強めざるをえなかった。９世紀以降、禅が社会に浸透してゆく中で、禅僧は次第に檀越への依存的性格を強めていたが、五代の時期に、それは決定的なものとなったのである。しかも、各国は中国全体から見れば非常に狭い版図を占めるに過ぎなかったから、ある系統の禅僧が特定の地域に偏在する傾向を助長させることになり、ある一派が国王に丸抱えされるようにもなった。呉越の銭氏が永明道潜(ようめいどうせん)(?-961)や天台徳韶、永明延寿らの法眼宗の人々を保護したのは、その代表的な例である。

　古く禅宗寺院では、住持が説法を行なう法堂(はっとう)が最も主要な施設と考えられており、これが禅宗の特色をなしていたが、唐の末から五代頃になると、仏殿(ぶつでん)が再び重要性を増すようになった。これは叢林において儀式の占める比重が高まったことを示すものであり、檀越のための祈祷などが頻繁に行なわ

れるようになったことを推察せしめる。宋代以降、一般化する「祝聖(しゅくしん)」の起原はここに求めるべきであろう。

こうした中で、ある寺院が特定の一派によって継承されるというような事態も起った。例えば、良价が開山となった洞山(とうざん)は、その後、第二世道全(中洞山、?-894)、第三世師虔(しけん)(?-904)、第四世道延(どうえん)(?-922)、第五世慧敏(えびん)(?-948)と承け継がれたが、道全と師虔は良价の弟子、道延は曹山本寂の弟子、慧敏は道延の弟子であって、代々、一門で宗祖の故地である洞山を守り抜いていたのである(ただし、宋代になると隆盛を迎えた雲門宗の人々が住するようになった)。

このような傾向は、それまではあまり意識されていなかった禅宗内における系統(法系)の違いに注目させる結果となった。この時期に問答の素材として用いられるようになったものに、「家曲(かきょく)」や「宗風(しゅうふう)」といったものがあるが(開堂などに際して、僧が「師は誰(た)が家の曲を唱え、宗風は阿誰(あたれ)にか嗣(つ)ぐ」と問うことがしばしば行なわれた)、これも法系意識の高まりを示すものといえる。しかし、それを最も鮮明に示すものは、付法を証明するために師匠によって書き与えられる「嗣書(ししょ)」(印可状(いんかじょう))の出現であろう。少なくとも雲門の門下では、嗣書の伝授が確実に行なわれていたと言われる。

唐代には師資の関係は必ずしも固定的ではなかった。修行者は各地を遍参し、幾人もの禅匠に学んで啓発を受けたのであるが、印可を受けた後も遍参を続ける場合は多く、師と弟子の間で師弟関係の認識を異にする場合も存在した。しかし、『祖堂集(そどうしゅう)』のような灯史を編纂するには、各禅僧を排他的に一人の師匠に繋ぐ必要があり、こうした認識のずれは大きな問題であった。恐らく、こうしたことを防ぐためにも、嗣書の存在は極めて有効であったと考えられる。ただ、雲門の弟子でも巴陵顕鑑(はりょうけいかん)(10世紀中葉)は嗣書を作らなかったというから、当時は、まだ宋代のようには一般化していなかったようである。

嗣書や灯史によって師弟関係が明確になると、禅僧たちはいよいよ自身の法系を意識せずにはいられなかったと思われるが、こうした法系意識の高まりの中で、禅宗全体をいくつかの有力な法系によって代表させようとする試みも行われるようになった。法眼文益の『宗門十規論(しゅうもんじゅっきろん)』に始まる「五家(ごけ)」は

その代表である。「五家」とは、潙仰宗、臨済宗、曹洞宗、雲門宗、法眼宗の五つを指すが（ただし、『宗門十規論』は、これらに並べて徳山や雪峰も掲げており、また、当然のことながら、法眼自身を挙げてはいない）、法眼がこの五つを挙げたのは、地理的な事情による単なる偶然であったとも言われている。しかし、そこには前提として宗風の相違が意識されていたことは否定しがたい。

参考文献

秋月龍珉 『臨済録』（禅の語録11、筑摩書房、1972年）

秋月龍珉 『趙州録』（禅の語録12、筑摩書房、1972年）

石井修道 「洞山と洞山良价」（「駒沢大学仏教学部論集」7、1976年）

石井修道 「潙仰宗の盛衰（一）〜（四）」（「駒沢大学仏教学部論集」18-21、1987-1990年）

石井修道 「雲居山と雲居道膺 ― 中国初期曹洞宗の集団の動向を考慮して」（「駒沢大学仏教学部論集」10、1980年）

石井修道 『禅語録』（大乗仏典　中国・日本篇12、中央公論社、1992年）

石川力山 「馬祖教団の展開とその支持者達」（「駒沢大学仏教学論集」2、1971年）

伊吹　敦 「『曹溪大師伝』の成立をめぐって」（「東洋の思想と宗教」15、1998年）

入矢義高 『馬祖の語録』（禅文化研究所、1984年）

入矢義高 『龐居士語録』（禅の語録7、筑摩書房、1973年）

入矢義高 『伝心法要・宛陵録』（禅の語録8、筑摩書房、1969年）

入矢義高訳注 『臨済録』（岩波文庫、岩波書店、1989年）

印順／伊吹敦訳 『中国禅宗史 ― 禅思想の誕生』（山喜房仏書林、1997年）

宇井伯寿 『禅宗史研究』（印度哲学研究9、岩波書店、1935年）

宇井伯寿 『第二　禅宗史研究』（印度哲学研究10、岩波書店、1935年）

宇井伯寿 『第三　禅宗史研究』（印度哲学研究12、岩波書店、1943年）

鏡島元隆 「『永平清規』の背景としての『百丈清規』」（『道元禅師とその周辺』大東出版社、1985年）

鎌田茂雄 『中国華厳思想史の研究』（東京大学出版会、1965年）

鎌田茂雄 『禅源諸詮集都序』（禅の語録9、筑摩書房、1971年）

鎌田茂雄 『宗密教学の思想史的研究』（東京大学東洋文化研究所、1975年）

近藤良一　「唐代禅宗の経済基盤」(「日本仏教学会年報」37、1972年)
椎名宏雄　「『宝林伝』巻九巻十の逸文」(「宗学研究」22、1980年)
椎名宏雄　「『宝林伝』逸文の研究」(「駒沢大学仏教学部論集」11、1980年)
鈴木哲雄　『唐五代の禅宗 ― 湖南江西篇』(大東出版社、1984年)
鈴木哲雄　『唐五代禅宗史』(山喜房仏書林、1985年)
鈴木哲雄　「西堂智蔵塔の塔側の刻文について」(「禅研究所紀要」21、1992年)
関口真大　『禅宗思想史』(山喜房仏書林、1964年)
常盤大定　『宝林伝の研究』(東方文化学院東京研究所、1934年)
戸崎哲彦　「『宝林伝』序者霊徹と詩僧律師霊澈」(「仏教史学」30-2、1987年)
西口芳男　「馬祖の伝記」(「禅学研究」63、1985年)
西谷啓治・柳田聖山　『禅家語録Ⅰ』(世界古典文学全集36Ａ、筑摩書房、1972年)
西谷啓治・柳田聖山　『禅家語録Ⅱ』(世界古典文学全集36Ｂ、筑摩書房、1974年)
平野宗浄　『頓悟要門』(禅の語録6、筑摩書房、1970年)
牧田諦亮　「五代王朝の宗教政策」(『五代宗教史研究』平楽寺書店、1971年)
森江俊孝　「永明延寿の教学と実践」(「日本仏教学会年報」45、1980年)
柳田聖山　「興化存奨の史伝とその語録」(「禅学研究」48、1958年)
柳田聖山　「唐末五代の河北地方に於ける禅宗興起の歴史的社会的事情について」(「日本仏教学会年報」25、1959年)
柳田聖山　「南院慧顒」(「禅学研究」50、1960年)
柳田聖山　「臨済栽松の話と風穴延沼の出生」(「禅学研究」51、1961年)
柳田聖山　「臨済録ノート」(「禅学研究」52、1962年)
柳田聖山　『初期禅宗史書の研究』(柳田聖山集6、法藏館、2000年、1967年初版)
柳田聖山　「臨済義玄の人間観」(「禅文化研究所紀要」創刊号、1969年)
柳田聖山　『禅語録』(中公バックス、世界の名著18、中央公論社、1978年)
柳田聖山　「語録の歴史 ― 禅文献の成立史的研究」(「東方学報」57、1985年)
柳田聖山　『祖堂集』(大乗仏典　中国・日本篇13、中央公論社、1990年)
柳田聖山　『禅仏教の研究』(柳田聖山集1、法藏館、1999年)
山崎　宏　「圭峰宗密禅師」(『隋唐仏教史の研究』法藏館、1967年)
吉津宜英　『華厳禅の思想史的研究』(大東出版社、1985年)

［禅の系譜３］

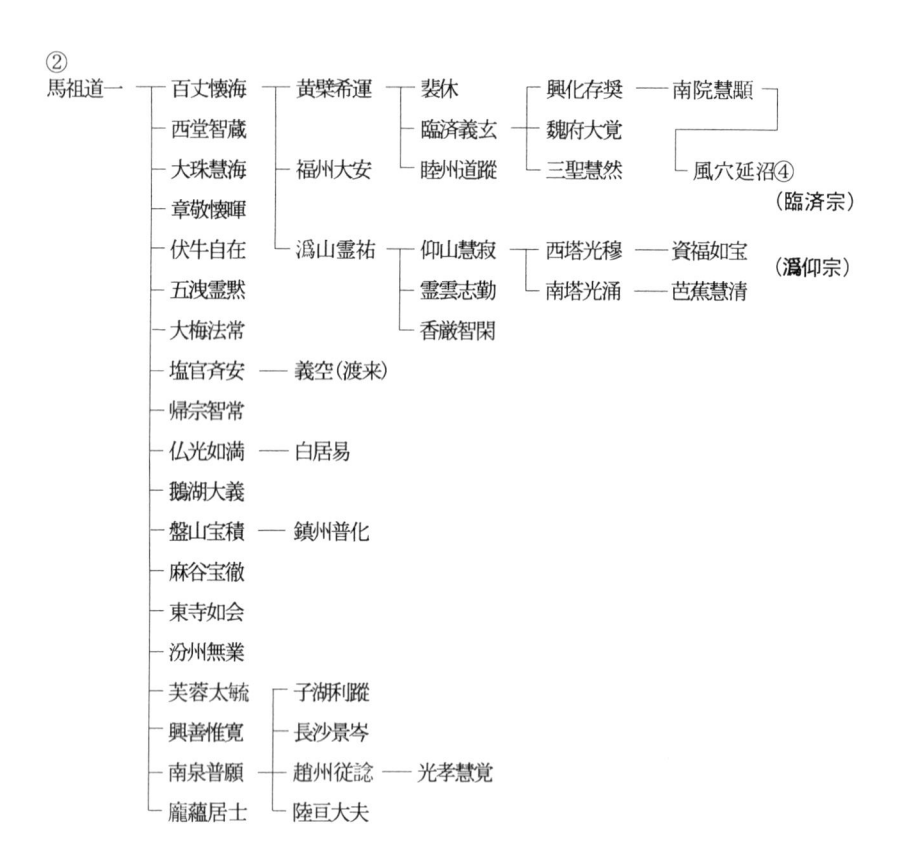

②
馬祖道一
├─ 百丈懐海 ┬─ 黄檗希運 ┬─ 裴休
│   │   ├─ 臨済義玄 ┬─ 興化存奨 ─ 南院慧顒 ┐
│   │   ├─ 睦州道蹤 ├─ 魏府大覚   │
│   ├─ 福州大安 │   └─ 三聖慧然   ├─ 風穴延沼④
│   │   │   │   （臨済宗）
│   └─ 潙山霊祐 ┬─ 仰山慧寂 ┬─ 西塔光穆 ─ 資福如宝
│   ├─ 霊雲志勤 └─ 南塔光涌 ─ 芭蕉慧清   （潙仰宗）
│   └─ 香厳智閑
├─ 西堂智蔵
├─ 大珠慧海
├─ 章敬懐暉
├─ 伏牛自在
├─ 五洩霊黙
├─ 大梅法常
├─ 塩官斉安 ─── 義空（渡来）
├─ 帰宗智常
├─ 仏光如満 ─── 白居易
├─ 鵝湖大義
├─ 盤山宝積 ─── 鎮州普化
├─ 麻谷宝徹
├─ 東寺如会
├─ 汾州無業
├─ 芙蓉太毓 ┬─ 子湖利蹤
├─ 興善惟寛 ├─ 長沙景岑
├─ 南泉普願 ├─ 趙州従諗 ─── 光孝慧覚
└─ 龐蘊居士 └─ 陸亘大夫

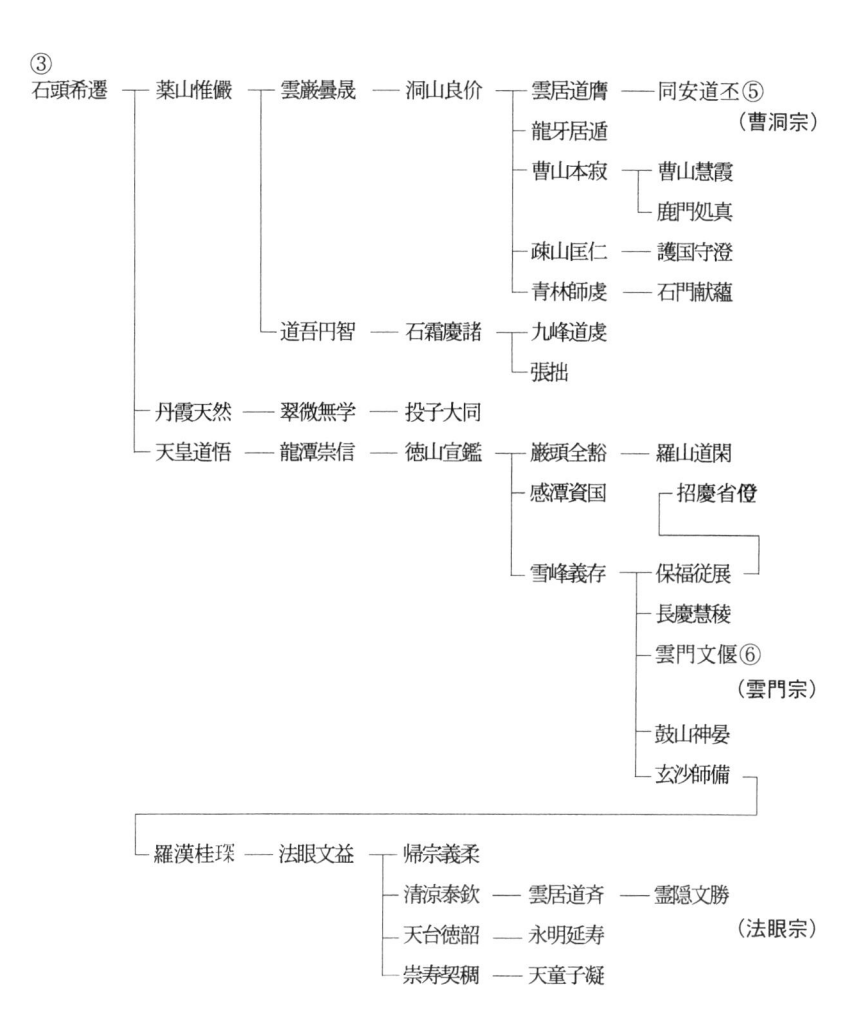

第三章　禅思想の完成と百家争鳴　81

③
石頭希遷　─┬─ 薬山惟儼 ─┬─ 雲巌曇晟 ── 洞山良价 ─┬─ 雲居道膺 ── 同安道丕⑤
　　　　　　│　　　　　　│　　　　　　　　　　　　│　　　　　　　（曹洞宗）
　　　　　　│　　　　　　│　　　　　　　　　　　　├─ 龍牙居遁
　　　　　　│　　　　　　│　　　　　　　　　　　　├─ 曹山本寂 ─┬─ 曹山慧霞
　　　　　　│　　　　　　│　　　　　　　　　　　　│　　　　　　└─ 鹿門処真
　　　　　　│　　　　　　│　　　　　　　　　　　　├─ 疎山匡仁 ── 護国守澄
　　　　　　│　　　　　　│　　　　　　　　　　　　└─ 青林師虔 ── 石門献蘊
　　　　　　│　　　　　　└─ 道吾円智 ── 石霜慶諸 ─┬─ 九峰道虔
　　　　　　│　　　　　　　　　　　　　　　　　　　└─ 張拙
　　　　　　├─ 丹霞天然 ── 翠微無学 ── 投子大同
　　　　　　└─ 天皇道悟 ── 龍潭崇信 ── 徳山宣鑑 ─┬─ 巌頭全豁 ── 羅山道閑
　　　　　　　　　　　　　　　　　　　　　　　　　├─ 感潭資国　　┌─ 招慶省僜
　　　　　　　　　　　　　　　　　　　　　　　　　└─ 雪峰義存 ─┼─ 保福従展
　　　　　　　　　　　　　　　　　　　　　　　　　　　　　　　　├─ 長慶慧稜
　　　　　　　　　　　　　　　　　　　　　　　　　　　　　　　　├─ 雲門文偃⑥
　　　　　　　　　　　　　　　　　　　　　　　　　　　　　　　　│　（雲門宗）
　　　　　　　　　　　　　　　　　　　　　　　　　　　　　　　　├─ 鼓山神晏
　　　　　　　　　　　　　　　　　　　　　　　　　　　　　　　　└─ 玄沙師備 ─┐
　　　　　　　　　　　　　　　　　　　　　　　　　　　　　　　　　　　　　　　│
└─ 羅漢桂琛 ── 法眼文益 ─┬─ 帰宗義柔
　　　　　　　　　　　　　├─ 清涼泰欽 ── 雲居道斉 ── 霊隠文勝
　　　　　　　　　　　　　├─ 天台徳韶 ── 永明延寿　　（法眼宗）
　　　　　　　　　　　　　└─ 崇寿契稠 ── 天童子凝

82　第Ⅰ篇　禅のあゆみ［中国］

［禅関係地図３］

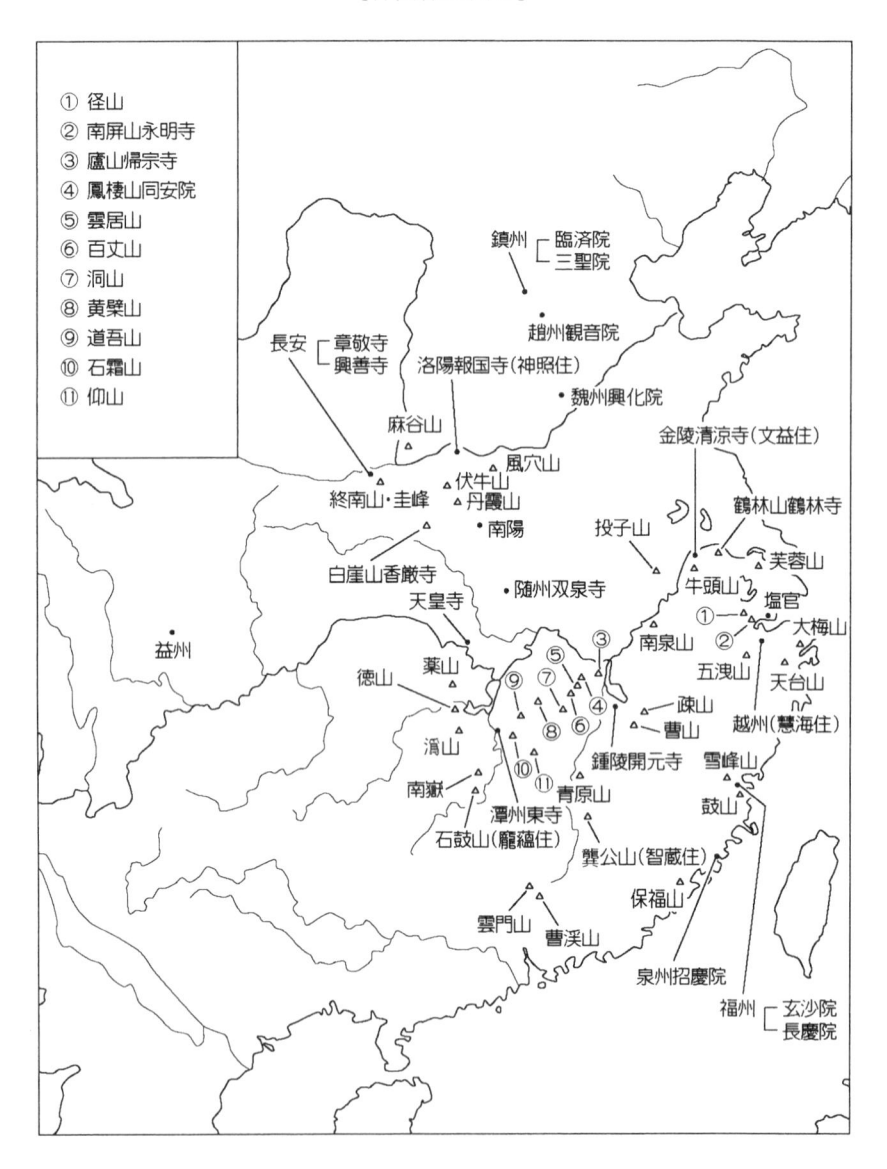

① 径山
② 南屏山永明寺
③ 廬山帰宗寺
④ 鳳棲山同安院
⑤ 雲居山
⑥ 百丈山
⑦ 洞山
⑧ 黄檗山
⑨ 道吾山
⑩ 石霜山
⑪ 仰山

鎮州 ─ 臨済院
　　　　三聖院
趙州観音院
長安 ─ 章敬寺
　　　　興善寺
洛陽報国寺（神照住）
魏州興化院
金陵清涼寺（文益住）
麻谷山
風穴山
伏牛山
丹霞山
南陽
鶴林山鶴林寺
芙蓉山
終南山・圭峰
白崖山香厳寺
天皇寺
随州双泉寺
投子山
牛頭山
塩官
益州
徳山
薬山
南泉山
五洩山
大梅山
天台山
越州（慧海住）
疎山
曹山
雪峰山
潙山
南嶽
鍾陵開元寺
鼓山
潭州東寺
石鼓山（龐蘊住）
青原山
龔公山（智蔵住）
保福山
雲門山
曹渓山
泉州招慶院
福州 ─ 玄沙院
　　　　長慶院

第四章　禅の普及と変質 ― 北宋時代の禅 ―

1　宋の成立と禅

宋王朝の性格

　後周の世宗(954-959在位)は、仏教史のうえでは「破仏」で悪名高いものの、実際には中国統一の実現を目指した五代随一の英主であった。禁軍を強化し、955年以降、後蜀、南唐、遼の諸国を討って領土を拡大した。そして、さらに遼に侵攻せんとした矢先、世宗は病気のため志なかばにして崩じてしまった。その後を継いだのは、幼い恭帝(959在位)であったが、禁軍の将軍たちは、960年、自らの総司令官であった趙匡胤(927-976)を擁立して即位させた。宋の太祖である(960-976在位)。

　太祖は、後周を襲って開封に都を定めると、まず南方の諸国の攻略から着手し、963年には荊南を、965年には後蜀を、971年には南漢を、そして、975年には南唐を滅ぼした。残る諸国も、978年には呉越が、979年には北漢が降って、次の太宗(976-997在位)の時代には中国の主要部の統一がほぼ達成された。

　当時、北方では耶律阿保機(太祖、916-926在位)によって契丹族の遼が勃興し、耶律徳光(太宗、926-947在位)の時代には、後晋の建国に介入して長城以南の燕雲十六州を獲得し(936年)、さらに後晋を滅ぼして、一時、華北全域を領有するなど(946年)、強大な勢力を築いていた。

　一方、宋の北西には、唐の節度使の系統を引くタングート族の李継遷(太祖、982-1004在位)が独立し、李元昊(景宗、1038-1048在位)の時、皇帝を称して、国号を大夏とした。いわゆる西夏である。こうして、遼・西夏・宋の三国が鼎立する形勢となった。

　宋の太宗は、979年、中国統一の余勢をかって遼に対しても侵攻に出たが、度重なる攻撃も結局は敗北に帰し、燕雲十六州の奪回はならなかった。その

宋の太祖

後も国境での紛争が続いたので、1004年、遼の聖宗(せいそう)(982-1031在位)は、決着を付けるべく侵略を開始し、遼軍が黄河の北岸に迫ったところで、遼に有利な条件で講和が成立した。「澶淵(せんえん)の盟約」である。この後、宋と遼との間では、おおむね平和的な関係が維持されることとなった。一方、1038年に宋に侵攻した李元昊とも、1044年になって講和が結ばれたが、長続きせず、宋と西夏の間では断続的に戦闘が繰り返された。

宋の対外戦略は必ずしも成功とは言えなかったが、国内の整備は太祖と太宗によって着々と推し進められた。まず、禁軍の有力な将軍を節度使に任用した上で、節度使の権力を徐々に奪い、中央の禁軍を強化するとともに、それまで地方に委ねられていた財政権を中央政府の監督下に置いた。さらに科挙制度を拡充して、新たに整備した行政機構の担い手となる文臣官僚を登用した。こうして君主権力の安定強化が図られ、安史の乱以降の武断的節度使体制の克服が果されたのである。

文治主義を取った宋では、科挙官僚が政治の中枢を握ることになった。もちろん国政に対する最終的な意思の決定は皇帝によってなされたが、その決定に当たって、官僚たちはかなり自由に自分の意見を述べることが許されていた。場合によっては個人の実力や見識をおおいに発揮することも可能だったのである。そのため、科挙官僚の担い手となった士大夫(したいふ)階級(知識人)が社会の支配層を構成することとなった。彼らは中国の古典に通暁し、詩文や書画に闌けた知識人・人格者たらんとし、人民の模範として中国を治めることを目指した。そのため、官僚となることが彼らの重大な関心事となったわけであるが、科挙に及第するとしないとにかかわらず、士大夫たちは同じ価値

観を共有していたのである。四代皇帝仁宗(1022-1063在位)の治世は四十年に及んだが、その半ば、西夏との和約が成立した後の安定した一時期は、そうした士大夫階級にとって理想的な時代であるとして、後世、「慶暦の治」と呼ばれた。

　しかし、この官僚制にも問題があった。膨大な数の上表文を皇帝一人で処理することは不可能であったから、皇帝の政務を補佐する宰相の占める地位が必然的に極めて重要なものとなった。そのため、皇帝の信任の厚い宰相がいると、皇帝の権威を背景に専権を振うことができたのである。それが自由討論の風とあいまって、党派争いを激化させることともなった。一方の党派に属するものが政権を取ると、他派を弾圧するようになったのである。そのほかにも、官僚制の弊害として、軍隊が極めて弱く、対外的には常に守勢に回らざるを得なかったということも挙げねばならない。

　しかし、様々な問題があったにせよ、宋によって確立された官僚制による君主独裁体制は、そのまま、その後の中華帝国に受け継がれていった。宋が中国の国家体制の転換点だといわれるゆえんである。

禅宗各派の動向

　科挙によって官僚を登用する必要もあって、宋王朝は儒教を重んじたが、同時に仏教や道教も保護した。太祖が勅版大蔵経の雕造を命じたこと(971年)、太宗が訳経院を設けて新たにもたらされた梵本を翻訳させたこと(982年)、印経院を設けて大蔵経を印行させたことなどは特に有名である。このような国家による仏教保護政策によって仏教は隆盛に向かい、天台宗なども復興を遂げたが、仏教の中心を占めたのは、何と言っても禅宗であった。

　禅宗には引き続き多くの名僧が輩出した。ただ、潙仰宗は五代十国の末には既に衰えていたため、いわゆる「五家」のうち、宋以降も活動を繰り広げたのは他の四宗に限られたが、宋の初期において、とりわけ繁栄を誇ったのは臨済宗と雲門宗、法眼宗の三つであった。

　臨済宗は五代の時期には振わなかったが、風穴延沼(896-973)の頃から宗勢が上向き、その弟子で宋初に活躍した首山省念(926-993)の門下から汾陽

善昭(947-1024)や広慧元漣(951-1036)、石門蘊聡(谷隠蘊聡、965-1032)らが出て一気に隆盛に向かった。
　その後も善昭の門下からは石霜楚円(986-1039)や瑯琊慧覚(生没年未詳)らが、石門蘊聡の門下からは達観曇頴(985-1060)らが輩出し、やがて、石霜楚円の門下から楊岐方会(992-1049)、黄龍慧南(1002-1069)の二人が現われて、その門下は天下を覆うことになる。

　　楊岐方会と黄龍慧南　楊岐方会は、袁州(江西省)の宜春の人で姓は冷氏。若くして出家し、遊方の後、石霜楚円に師事して、その法を嗣ぐ。後、故郷の楊岐山に住して化を振る。門下から保寧仁勇(11世紀中葉)、白雲守端(1025-1072)らを出し、その門流は、後世、楊岐派と呼ばれるに至った。弟子の仁勇と守端が編した『袁州楊岐会和尚語録』(『古尊宿語要』所収)がある。一方、黄龍慧南は信州(江西省)の玉山の人で姓は章氏。十一歳で出家し、受具の後、諸方に歴参。雲峰文悦(998-1062)の指示で石霜楚円に参じて、その法を嗣ぐ。諸所に住した後、黄龍山(江西省隆興府)に住して化を揚げる。弟子に東林常聡(1025-1091)、真浄克文(1025-1102)、晦堂祖心(1025-1100)らがあり、その門流は、後世、黄龍派と呼ばれた。語録に『黄龍南禅師語録』(『黄龍四家録』所収)がある。自身、「趙州勘婆」の公案で悟り、学人の指導にも盛んに公案を用いたという。

　一方、雲門宗では、雲門の弟子の徳山縁密(10世紀後半)、香林澄遠(908-987)、双泉師寛(10世紀後半)、洞山守初(910-990)らが宋初に活躍し、徳山縁密の弟子の文殊応真(10-11世紀)、双泉師寛の弟子の五祖師戒(生没年未詳)などに引き継がれた。しかし、この時期の雲門宗で注目すべき人と言えば、やはり、香林澄遠の系統から出た雪竇重顕(980-1053)と、文殊応真の系統から出た仏日契嵩(1007-1072)の二人であろう。文学にも優れた雪竇重顕は、その門下に天衣義懐(993-1064)を出すことによって雲門宗の隆盛の基礎を築き、「雲門宗の中興」と呼ばれ、一方、仏日契嵩は多くの著作を通して、後代にも多大な影響を残した。なお、そのほかにも、洞山守初の系統から出た薦福承古(?-1045)は、雲門の言葉によって悟ったとして、雲門の法嗣を名乗り、後世に大きな波瀾を起こすこととなった。
　法眼宗では、永明延寿(904-975)の後は天台徳韶(891-972)の系統は衰え、

清涼泰欽(?-974)と帰宗義柔(10世紀中葉)の系統が主流となり、泰欽の弟子の雲居道斉(929-997)、道斉の弟子の霊隠文勝(?-1026?)などがあったが、その後は急速に衰え、北宋の末にはその伝承を断った。なお、法眼宗で注目すべき人に天台宗の四明知礼(960-1028)との論争を行なった天童子凝(10-11世紀)がある。子凝は法眼文益に嗣いだ崇寿契稠(?-992)の弟子である。

雪竇重顕と仏日契嵩 雪竇重顕は遂州（四川省）の人で姓は李氏。幼くして出家し、石門蘊聡らに参じた後、香林澄遠の弟子の智門光祚（10-11世紀）の法を嗣ぐ。明州（浙江省寧波）の雪竇山に住して宗風を挙揚し、「雲門宗の中興」と呼ばれた。また、瑯琊慧覚（11世紀前半）と同時期に活躍したため、両人は「二甘露門」と呼ばれたという。1020年、真宗皇帝より「明覚大師」の号を賜る。語録に『雪竇明覚禅師語録』があるが、その中の「頌古百則」は特に有名であり、後に圜悟克勤(1063-1135)によって提唱され、『碧巌録』(1125年)となったことでも知られる。一方、仏日契嵩は藤州（江西省）鐔津県の人で姓は李氏。七歳で出家し、十三歳で得度、その翌年に受具し、十九歳で遍参に出る。神鼎洪諲（?-901）や洞山暁聡（?-1030）に参じ、暁聡の法を嗣ぐ。その後、銭塘（浙江省）に至り、武林山（霊隠山）下の永安精舎や仏日山、龍山などに住し、著述に専念する。『伝法正宗記』や『伝法正宗論』を著わして(1064年)、従来の灯史の記述を整理し、また、『輔教編』(1061年)などによって儒仏道の三教一致を主張し、欧陽脩(1007-1072)や李覯(1009-1059)らの排仏論に対して反論を加えた。仁宗より「明教大師」の号を賜り、『伝法正宗記』『輔教編』は入蔵を認められた。永安精舎で没す。著作としては、以上のほか、遺文集の『鐔津文集』(1134年)などがあり、『六祖壇経』の刊行（1056年）に携わったことでも知られている。

士大夫への浸透と他宗との関係

禅宗において居士が重要な役割を果たしたことについては、既に唐代に先例があった。しかし、宋代以降、その比重は徐々に増していった。宋初の居士としては、首山省念門下で汾陽善昭や広慧元漣と同学であった王随（?-1035?、『伝灯玉英集』を編集）、汾陽善昭や広慧元漣に参じた楊億(973-1020、『景徳伝灯録』を裁定して序す)、石門蘊聡に師事した李遵勗（?-1038、『天聖広灯録』を編集）などがある（いずれも灯史に列伝されている）。彼らは政府の高官で

あったし、灯史の編集や入蔵に積極的に関わるなど、禅宗の社会的地位を高めるために大いに努力したから、禅宗は唐代にも増して広く社会に受け入れられるようになっていった。

　先に述べたように、唐末五代の戦乱によって貴族は消滅し、宋代には新たな支配層として士大夫階級が登場した。彼らに共通の教養は、当然のことながら儒教であったが、当時の儒教は科挙のための道具に過ぎず、哲学的志向を持つ人々には必ずしも魅力的なものではなかった。そして、そのような欲求をうまく取り込んだのが禅宗であった。こうして禅宗は新たな支持層の獲得に成功し、他宗を圧倒するほどの勢いを見せたのである。

　こうしたなか、禅の修行方法は儒者たちの注目するところともなった。この時代になると各地に講学を行なう書院が出現し、中でも白鹿洞（江西省）、嵩陽（河南省）、応天府（河南省）、嶽麓（湖南省）の各書院は「四大書院」と呼ばれたが、これらの書院では禅宗の清規をまねた規律（学規）が定められ、寄宿生活のもと、人格の陶冶に重点をおいた叢林さながらの教育がおこなわれた。

　ところで、天台宗や華厳宗は、武宗の破仏と唐末の戦乱によって久しく沈滞期が続いていたが、五代十国の時代に中国で散逸していた経疏が新たに朝鮮（高麗）などから流入したことなどが契機となって、天台宗に四明知礼、孤山智円（976-1022）らが、また、華厳宗に長水子璿（?-1038）らが現われ、あたかも復興期を迎えていた。禅の隆盛は、当然、これら諸宗に対しても大きな刺激を与えずにはおかなかった。しかしながら、禅宗に対する態度は全く正反対で、華厳宗の長水子璿が瑯琊慧覚に参禅したのに対して、天台宗と禅宗との間では、四明知礼と天童子凝、子昉（11世紀中葉）と仏日契嵩とに見るように、しばしば激しい論難が繰り返されたのである。

　禅と天台の論争　当時、天台宗は奉先源清（?-997）や孤山智円、梵天慶昭（963-1017）らの山外派と四明知礼、慈雲遵式（960-1032）らの山家派とに分裂して論争を繰り返していた。その原因は山外派が華厳思想の導入を容認したのに対して、山家派は天台本来の立場への復帰を目指した点にあったとされている。源清がしばしば荷沢神会（684-758）や圭峰宗密（780-841）に言及しているように、山家

派は華厳と密接な関係にある禅に対しても融和的な態度を採ったため、知礼は山外派を批判する過程で禅にも批判の矛先を向けたのである。知礼と子凝の争いは、まず、知礼が『十不二門指要鈔』(1004年)を著わして、圭峰宗密の著作(『裴休拾遺問』か)の記述に基づいて、天台宗の禅宗に対する優越を主張したところ、1023年、子凝が書状を送って難詰したため、書状の往復が始まり、禅宗と天台宗の間の対抗意識も手伝って論難が繰り返されて、二十回にも及んだという。これを見かねた四明太守直閣林公が調停の労を取り、『十不二門指要鈔』の一部を改作することで決着がはかられた。その後、契嵩の『伝法正宗記』(1061年)が世に出ると、その西天二十八祖説に対して呉興(浙江省)の天台学者、子昉が批判を加えた。即ち、契嵩が天台宗が依拠する『付法蔵因縁伝』(西天二十三祖説を説く)を「天下を熒惑するもの」として、その焼却を主張したのに対して、『祖説』『止訛』などを著わして反撃を加えた。このような天台宗による西天二十八祖説批判は、子昉以外にも、神智従義(?-1091)などに見ることができる。

国家への依存と三教一致思想

　上に見たように、宋代に入っても多くの優れた禅匠が現われたし、彼らの活動によって、禅はこれまで以上に市民権を得たのであったが、従来とは全く性格を異にする、官僚制による君主独裁体制の確立は、禅宗の性格にも様々な変化を与えずにはおかなかった。禅宗は唐末という動乱の中で大いに教線を伸ばしたが、それは禅の持つ独立自尊の能動的な性格を社会が求めたからであった。ところが、宋の建国によって状況は一変した。出家は得度、受戒、行遊、亡没等、全てにわたって強く統制されるようになったため、禅は社会の安定と中央集権化の中で、新たな存在理由を模索しなくてはならなくなったのである。

　まず注目すべきは、国家仏教的性格の強化である。禅宗は士大夫階級の人々に広く受け入れられたのであったが、その地位は、かつての仏教の担い手であった貴族ほどには高いものでも、安定したものでもなかった。そのため、社会における仏教の地位そのものが相対的に低下せざるをえなかった。仏教は以前とは異なって、もはや皇帝や国王、貴族たちが帰依する対象ではなく、その圧倒的な権力によって存在を認められるかわりに、新興の士大夫

階級と同じく、国家や皇帝に奉仕すべきものとなったのである。
　例えば、国都開封の相国寺は慧林宗本(1020-1099)らが勅命で住した大寺院であったが、ここは臣下たちが皇帝の誕生日を祝い、皇帝の病気の回復や戦勝を祈願する場であったし、皇帝自身もしばしば祈雨や祖先への報恩仏事を行なわせるなどしたのである。しかし、それを最もよく示すのは、禅寺における「祝聖上堂」(単に「祝聖」とも言う)の儀式の一般化であろう。皇帝の長命や国家の安泰を祈る「祝聖上堂」は、真宗(997-1022在位)の時代には既に行なわれていたことが知られるから、宋王朝の基礎が固まると同時に行なわれるようになったのであろうと言われる(これに伴って、仏殿の本尊前には「今上皇帝聖寿無疆」などの三牌が置かれるようになった)。こうした国家への迎合的態度は、新たな時代の中にあって、禅が自らの価値を維持するために取らざるを得なかった苦肉の策であったといえるかも知れない。
　こうした叢林の姿勢と密接に関わると考えられるのが、このころから禅僧によって盛んに唱えられるようになった「儒禅一致」「三教一致」といった主張である。科挙官僚たちの中には、欧陽脩(1007-1072)や李覯(1009-1059)のように、儒教を奉じて仏教に批判的な立場を取るものも多かったが、この時代に仏教を代表する存在となった禅宗は、それらの批判に答えなくてはならなかったのである。こうした状勢の中で、禅僧たちも仏教が国家に対して有意義なものであることを示す必要に迫られていったが、その際に理論的根拠として用いられたのが、「儒禅一致」「三教一致」という思想であった。
　これらの思想は、仏日契嵩が欧陽脩らの批判に応えるために書いた『輔教編』(1061年)にも、はっきりと看て取ることができるが(天台宗の孤山智円の『閑居編』〈1016年〉にも同様の主張が見える)、実際、これらは士大夫階級の信奉者を獲得するうえで、大きな武器となったようであり、欧陽脩や李覯は『輔教編』を読んで自身の考えを改めたとも伝えられている。
　国家への依存的体質は、既に五代十国の時代に呉越などで醸成されていたものであり、それが宋の統一によって普遍化したとも見做しうるが、独立自尊の精神を本懐とする禅にとっては、それは思想的な自殺にも等しい行為であった。しかし、問題はそれにとどまらなかった。王権の優位が通念となる

と、優秀な人材が次第に官僚に流れるようになり、科挙に及第できなかったものがやむを得ず禅僧になるという風潮を生んだのである。しかも、神宗(1067-1085在位)の時代に財政難から空名度牒が販売されるようになり(1068年頃)、さらには紫衣や師号さえもが売りに出されるようになると(1071年)、僧侶に対する社会の評価は、いよいよ低下せざるを得なかった。

輔教編 仏日契嵩の著作で、遺文集の『鐔津文集』にも収められている。上巻に「原教」「勧書」、中巻に「広原教」、下巻に「孝論」「壇経賛」「真諦無聖論」を収める。仏教の五戒十善と儒教の五常とは本来一致すると言い、儒が世を治めるのに対して、仏は心を治めるものであり、治心によってこそ治世は完成されると説く。さらに、仏教は過去・現在・未来の三世を問題にする点で儒教に勝るなどとも主張するが、一方で、仏法は王臣によってこそ存在するとして、国家権力に対する全面肯定的な姿勢をも示している。1061年、仁宗に上進されて欧陽脩らの称讃を得、翌年、『伝法正宗記』とともに入蔵を認められるとともに、契嵩は「明教大師」の号を賜った。中国・日本を通して広く読まれ、しばしば開板を見た。特に「原教」や「孝論」の影響は大きく、明の沈士栄の『続原教論』(1385年)は、その名の通り、「原教」の思想を継承したものであるし、「孝論」の影響は元の中峰明本(1263-1323)や憨山徳清(1546-1623)にも窺えると言い、日本でも「孝論」は別行本が出るほど広く流布した。

権威の確立と灯史

宋初における禅の隆盛は、禅僧たちに自信を与え、自らを権威づける言説を生み出させることとなった。ある集団が社会的に認められてゆくと、それに伴って自らを正当化する言説が生み出されるようになるのは当然であるが、禅において特徴的なのは、それが常に「伝法の系譜」(祖統)という形で表現されてきたということである。それを纏めたものが「灯史」であり、その編集は、神秀の入内を契機として出現した北宗の『楞伽師資記』や『伝法宝紀』以来、しばしば繰り返されてきたが、この時代には、その伝統の中から『景徳伝灯録』(永安道原編、1004年)と『伝法正宗記』(仏日契嵩編、1061年)とが生まれた。

しかし、これら二書には、従来の灯史とは決定的に異なる点があった。それ

は皇帝に上呈され、入蔵を勅許されたということである。これは宋初における禅の権威の確立を物語るものであるが、その基礎づけを国家に求めた点でも、宋代の禅宗の方向性を象徴するものであったと言えよう。

とりわけ『景徳伝灯録』の影響は大きく、以後、『天聖広灯録』(李遵勗編、1036年)、『建中靖国続灯録』(仏国惟白編、1101年)、『宗門聯灯会要』(晦翁悟明編、1183年)、『嘉泰普灯録』(雷庵正受編、1204年)などの灯史が続々と生み出されることとなった。これらは、いずれも『景徳伝灯録』と同様、成立した時の年号を冠し、入蔵を認められたたため、一括して「五灯録」と総称されており、南宋の末にはこれらを綜合する形で『五灯会元』(大川普済、1252年)が編集された。その後も灯史編纂事業は続けられ、清代にまで及んでいる。

> 景徳伝灯録　法眼下三世に当たる永安道原(生没年未詳)が、『宝林伝』などを承けて編集した最も代表的な灯史で、全体は三十巻より成る。景徳元年(1004年)に完成し、楊億らの校訂の後、入蔵を許され、1080年には刊行もされた。冒頭に楊億の序や「西来年表」を置き、巻一から巻二十九までの二十九巻が過去七仏から西天二十八祖、東土六祖を経て、法眼文益の弟子に至る五十二代、1701人の伝記と機縁の集成で(俗に「千七百則の公案」と言われるのは、これに拠るが、名前だけで伝記や機縁を留めない人も多い)、巻三十には禅宗関係の偈頌が収められ、末尾に跋文などを付している。その影響は大きく、仏日契嵩の『伝法正宗記』とともに、インドにおける系譜や、達摩や慧能の伝記といった、禅宗独特のドグマが確立される上で非常に重要な役割を果たした。日本でも禅宗の立場を示す最も基本的な文献として、室町時代以降、しばしば開版を見、江戸時代には、その形態を襲った卍元師蠻(1626-1710)の『延宝伝灯録』(1678年)も現われた。なお本書には別に、王随がこれを刪定した『伝灯玉英集』(1034年)があって、やはり入蔵を認められた。

「五家」観念の確立

禅宗の権威の確立は、達観曇頴の『五家宗派』に見るように、法眼文益(885-958)によって創唱された「五家」という概念の一般化を促した。「五家」はそれによって禅宗全体を総括するとともに、その内容がいかに多様で豊饒なものであるかを示すものとなったのである。そのため家風の相違は、それ

第四章　禅の普及と変質　　93

に内実を与えるものとして、いっそう重要なものと見做されていった。

　それにともなって重視されるようになったのが、「臨済四料揀」「臨済三句」「雲門三句」「雲門三病」「法眼四機」「洞山五位」など、宗祖に由来するとされる様々な言説である（これを「機関」と呼ぶこともある）。これらは禅思想を各法系において独特な範疇に沿って表現しようとしたもので、禅宗特有の教理学とも言えるが、そこに自らの宗風の独自性を明確化せんとする意志が強く働いていることは疑えない。なお、これらには、禅体験への導入やその境地の確認といった、修行者に対する教育的な配慮が強く存在するため、後代の「公案」の源流の一つともなった。

　達観曇頴の『五家宗派』は、「五家」という観念が注目されるきっかけとなったものであるが、この著作は、もう一つ極めて重要な問題を提起した。即ち、五家の内、曹洞宗を除く四家が全て馬祖道一の系統に属すると主張したのである。これは事実に反するが、曇頴は偽碑をでっち上げてまでして、この主張を認めさせようとした。その意図は明らかではないが、当時の禅宗の二大勢力であった臨済宗と雲門宗を同源とすることで、その融和を図ったものではないかとも言われている。しかし、後に曹洞宗が勢力を盛り返し、雲門宗に取って代わるようになると、臨済宗と曹洞宗の間で大きな論争点となってしまった。

　五家と家風　法眼文益の『宗門十規論』によって提起された「五家」という概念は、その後も達観曇頴の『五家宗派』（佚、覚範慧洪の『林間録』に引用される）、晦巌智昭（12世紀後半）の『人天眼目』（1188年）、希叟紹曇の『五家正宗賛』（1254年）などによって継承されたため、宋代には固定を見た。明代に語風円信（1571-1647）と郭凝之（生没年未詳）とによって編纂された『五家語録』（1630年）の存在は、その帰結と言える。「五家」の固定は、それぞれの家風の固定化を促した。『人天眼目』などには詳細な家風の規定が見られるが、最も簡潔であり、かつ人々の「五家」に対する通念をよく表現したものは、元の高峰原妙（1238-1295）に始まるとされる、

　　臨済宗＝痛快　　潙仰宗＝謹厳　　雲門宗＝高古
　　曹洞宗＝細密　　法眼宗＝詳明

という説明であろう。なお、五家の性格づけについては、我が国でも東嶺円慈

(1721-1791)の『五家参詳要路門』(1788年)などで試みられており、それとは別に、宗風の相違を比喩を用いて、「臨済将軍、潙仰公卿、雲門天子、曹洞土民、法眼商人」と表わすことも、しばしば行われている(ただし、その起原は比較的新しく、江戸時代以降のようである)。なお、日本の道元(1200-1253)が、全一の仏道を絶対視する立場から、五家の別を説く『人天眼目』を激しく批判したことは有名である。

臨済四料揀と洞山五位　「四料揀」は臨済義玄(?-867)の『臨済録』の「示衆」に見えるもので、弟子の南院慧顒(860-?)が、これを採り上げて「四料揀」と呼ぶようになったとされる。師が弟子を指導する際の接し方を、弟子の主観(人)と客観(境)を否定するか(奪)、肯定するか(不奪)という視点に立って四種類に分類したもの。具体的には、(1)奪人不奪境、(2)奪境不奪人、(3)人境倶奪、(4)人境倶不奪の四つからなり、『臨済録』では、そのそれぞれが詩句によって表現されている。宗祖の臨済義玄の説であるということで臨済宗で非常に重んじられた。これに対して曹洞宗でしばしば採り上げられたのが「五位」説である。まず、洞山良价(807-869)が「五位顕訣」において、平等＝無差別(正)と差別(偏)、両者の相即(兼)によって悟りの世界を説明しようとした。これに対して弟子の曹山本寂(840-901)が改良と説明を加えたのが「正偏五位頌」である。その内容は、(1)正中偏、(2)偏中正、(3)正中来、(4)偏中至、(5)兼中到の五つから構成され、そのそれぞれが詩句によって説明されており、本寂の弟子の曹山慧霞(生没年未詳)らの努力によって流布するようになったようである。その影響は大きく、「偏中至」が「兼中至」に改められるなどの改変が加えられて臨済宗の汾陽善昭や石霜楚円、大慧宗杲(1089-1163)などにも用いられ、それが後に曹洞宗にも逆流して混乱が生じるなど、複雑な経緯を辿った。なお、ここに掲げたのは、「五位」説のうち、最も代表的な「偏正五位」であるが、ほかにも「功勲五位」「君臣五位」「王子五位」の三種がある。

達観曇穎と天王道悟　達観曇穎は、杭州(浙江省)の人。姓は丘氏。十三歳で出家し、後、上京して欧陽脩らと交わった。大陽警玄(943-1027)や石門蘊聡らに参じ、蘊聡の法を嗣いで、雪竇山(浙江省明州)や金山(江蘇省鎮江)などに住して布教に努めた。その著作の『五家宗派』は、丘玄素撰という「天王道悟禅師碑」(偽撰と見られる)を引いて、石頭希遷(700-790)の弟子の天皇道悟(748-807)とは別に、馬祖道一(709-788)の弟子に天王道悟があったとし、後世、その系統から雲門宗や法眼宗を生むことになる龍潭崇信(9-10世紀)は、天皇道悟

ではなく、天王道悟の弟子であったと主張している。荒唐無稽な説であったが、その影響は大きく、宋の覚範慧洪（1071-1128）、元の業海子清（14世紀前半）、明の費隠通容（1593-1661）らに承け継がれて広く流布し、その影響のもと、荊州には実際に天王寺が建立され、「天王碑」が建てられなどした。雲門宗の雪竇重顕（980-1052）の碑文に重顕が馬祖の児孫とされるのも、その影響と見られるし、虎関師錬（1278-1346）の『五家弁』に見るように、その説は日本でも行われた（『五家弁』では、さらに進んで薬山惟儼も馬祖の弟子とし、曹洞宗を含む五家の全てが馬祖系とされるに至っている）。

2　北宋後半における禅の展開

政治の混乱と北宋の滅亡

仁宗の治世も後半に入ると、打ち続く西夏との戦闘などによって国家財政は切迫した。第六代皇帝神宗は、この難局を乗り切るべく、王安石（1021-1086）を抜擢して国政の大改革を行なった。王安石は神宗のバックアップのもと、農村の疲弊対策としての青苗法や募役法、商業統制を目指した市役法、軍隊の改革を企図した保甲法などの新法を次々に実施に移した。これによって、当面の課題であった財政再建は、かなりの成果を収めることができた。ただ、これらの多くは官僚地主や大商人などの権益に制限を加えるものであったため、当初より根強い反対論があり、神宗の崩御とともに反対派が政権を握り、その多くが廃止されてしまった。その後は、新法党と旧法党の争いが続き、地方行政は混乱し、官僚社会の綱紀は乱れた。

そうした中、帝位についた徽宗（1100-1125在位）は、極端な芸術愛好家で政務を全く顧みなかった。その徽宗の性癖をうまく利用して宰相となった蔡京（1047-1126）は、徽宗の信任を背景に反対派を公職から追放して専権を振い（反対派には蘇軾や蘇轍、黄庭堅らも含まれていた）、徽宗は徽宗で蔡京や林霊素（?-1119）らの道士にそそのかされて膨大な国費を浪費した。そのため、北宋の末期には、江南の方臘の乱（1120-1121年）をはじめとして各地で多くの反乱が起こった。

そのころ北方では女真民族が勃興し、完顔阿骨打（1068-1123）のもとで遼

に反旗をひるがえし、1115年には皇帝を称して(太祖、1115-1123在位)、国号を大金とした。そして、その没後に帝位に即いた弟の完顔呉乞買(太宗、1123-1135在位)は、宋と結んで遼を挟撃して遂にこれを滅ぼした(1125年)。

宋は金と盟約を結んだが、その後、しばしば背信行為を繰り返したため、完顔呉乞買は、黄河以北を差し出すよう宋を恫喝した。金の侵攻を畏れた徽宗は帝位を欽宗(1125-1127在位)に譲って開封を逃げ出し、蔡京もそれを追った。呉乞買は大軍を南下させ開封を包囲したが、ここで和議が成立したため金軍は引き帰し、徽宗も開封に戻った。ところが、その後も宋が違約を重ねたため、1127年、金軍は遂に開封を陥れ、徽宗・欽宗ほか皇族・官僚ら数千人を北方に連れ去り、ここに宋王朝はいったん滅んだ(靖康の変)。

北宋後半期は政治的には混乱が続いたが、経済的には飛躍の時期でもあった。農業技術が進歩して農産物に余剰が生まれたため、人口が増加し、十二世紀には一億人を突破した。強盛を誇った漢や唐の人口が六千万人程度と見られているから、これは大変な数字である。首都の開封の人口は百万人を超えたと推測されており、周辺地域だけではその需要を賄うことはできず、各地から農産物を初めとする各種の産品がもたらされた。そのため交易が盛んとなり、交通網の整備と商業の発展が見られた。各地に商業集落が生まれ、貨幣経済が浸透するとともに約束手形が流通するようになり、世界で始めての紙幣も登場した。そして、都市に集積した商人や手工業者らは、「行」と呼ばれる組織に編成され、国家はそれを通して統制を行なうようになった。

こうして都市に基盤をもつ庶民層が勃興し、演劇や講談などの大衆芸能や工芸品を生み出したが、やはり、宋代における文化の主要な担い手は、士大夫階級であった。士大夫たちは自ら積極的に政治に参与できるという社会状況を背景に、儒教の典籍に対しても、新たな視点からその価値を見直そうとする傾向を次第に強くしていった。こうして現われたのが、周敦頤(濂溪、1017-1073)、張載(横渠、1020-1077)、程顥(明道、1032-1085)、程頤(伊川、1033-1107)ら、南宋の朱熹(朱子、1130-1200)によって自らの先駆者とされた人々である。

禅宗各派の動向

　宋の中期以降は、臨済宗の黄龍慧南の系統（黄龍派）と楊岐方会の系統（楊岐派）が次第に勢力を伸ばしていった。「五家七宗」という言葉は、両派が「五家」と対等に見られるまでに成長したことを示すものである。ただ、両派にも消長があり、慧南の弟子に晦堂祖心(1025-1100)や東林常聡(1025-1091)、真浄克文(1025-1102)が出、晦堂祖心の弟子の死心悟新(1043-1114)や霊源惟清(?-1117)、真浄克文の弟子の兜卒従悦(1044-1091)や覚範慧洪(徳洪、1071-1128)らも活躍したため、初めは黄龍派が盛んであったが、後には次第に楊岐派が優勢となっていった。

　楊岐派では、白雲守端(1025-1072)の弟子に五祖法演(?-1104)が現われ、その門下から「三仏」と呼ばれた、圜悟克勤（仏果禅師、1063-1135）、仏鑑慧懃(1059-1117)、仏眼清遠(1067-1120)の三人を出して楊岐派の隆盛を招来した。

　雲門宗では、天衣義懐の系統に多くの優れた禅匠が出た。義懐の弟子には、慧林宗本(1020-1099)、文慧重元(?-1063)、円通法秀(1027-1090)、鉄脚応夫（生没年未詳）などがあり、それぞれの系統から、慈受懐深(?-1131)、円覚宗演（生没年未詳）、仏国惟白（生没年未詳）と慧厳宗永（生没年未詳）、長蘆宗賾（生没年未詳）らが出た。慈受懐深は『心経注』の著者として、また、仏国惟白、慧厳宗永、長蘆宗賾は、それぞれ『建中靖国続灯録』(1101年)、『宗門統要』（宗門統要集、1135年）、『禅苑清規』(1103年)の編者として名高い。

　その他、雲門宗で注目すべき人としては、士大夫との交流で知られる仏印了元(1033-1098)や、律宗の霊芝元照(1048-1116)が慈恩三蔵慧日の『浄土慈悲集』を刊行した際に反対運動を繰り広げた大梅法英(?-1131)らがある。また、『祖庭事苑』(1108年)を著わした睦庵善卿（11-12世紀）も、恐らくは雲門宗の人であろう。『建中靖国続灯録』に附された徽宗の御製序に「雲門・臨済の二宗のみ遂に独り天下に盛んなり」と言うように、北宋時代には臨済宗と並んで隆盛を究めた雲門宗であったが、北宋の末には次第に衰えていった。

　それと交替するように隆盛に向かったのが曹洞宗である。曹洞宗は宋初はあ

まり振わなかったが、宋の中期に投子義青(1032-1083)が現われて復興し、芙蓉道楷(1043-1118)、丹霞子淳(1064-1117)へと承け継がれていった。

　芙蓉道楷は徽宗からの紫衣徽号の勅を断って逆鱗に触れ、山東省の淄州に流罪となったが、それが契機となって河北に曹洞宗が広まることとなった。即ち、弟子のうち、鹿門自覚(?-1117)の系統は河北に教線を張り、やがて金代に万松行秀(1166-1246)が現われて大いに化を振うことになるのである。

　　投子義青　青州(山東省)の人で姓は李氏。七歳で出家し、受具の後、遊方。浮山法遠(991-1067)に師事。法遠は臨済宗の葉県帰省(10-11世紀)の法嗣であったが、嗣法の後、曹洞宗の大陽警玄(943-1027)から曹洞宗の法系をも付嘱された。法遠は義青の性格を看取して、委ねられていた警玄の頂相などを授け、曹洞宗の系譜を嗣がせることにした。こうして「代付」によって警玄の法嗣となった義青は、投子山(安徽省舒州)などに住して化を振い、芙蓉道楷や大洪報恩(1058-1111)などの弟子を養成した。殊に道楷は嗣法出世したものだけでも二十九人に及んだといい、曹洞宗の法系が後代まで伝承されるうえで非常に重要な役割を果した。なお、義青が「代付」によって法を嗣いだということは、面山瑞方(1683-1769)ら、江戸時代の曹洞宗の宗統復古論者にとって大きな問題となった。彼らは法系の混乱を正す必要から、「面授」による「一師印証」を重んじたからである。

　このように名僧が輩出した背景には、士大夫の参禅の流行という社会現象が存在した。この時期の居士で著名な人物としては、東林常聡や仏印了元に師事した蘇軾(1036-1101)、東林常聡に師事した楊亀山(1053-1135)、蘇軾の弟で仏印了元らに師事した蘇轍(1039-1112)、蘇軾の文学における弟子で、晦堂祖心らに師事した黄庭堅(山谷、1045-1105)、東林常聡や兜卒従悦に学び、圜悟克勤などとも交流を持った張商英(無尽居士、1043-1121)などがあり、そのほかにも慧林宗本らに師事した富弼(1004-1083)、広慧元漣(951-1036)や洞山暁聡(?-1030)に学んだ許式(11世紀前半)、白雲守端や天衣義懐に参じた楊傑(11世紀後半)、文慧重元(?-1063)や蒋山法泉(11世紀中葉)に学んだ趙抃(11世紀中葉)、白雲守端門下の郭祥正(11世紀後半)、圜悟克勤門下の趙令衿(12世紀前半)らの存在も知られている。

彼らは政務のあいまに参禅を重ねたわけであるが、その結果、居士でありながら禅僧に劣らない証悟を得たものも珍らしくはなかった。蘇軾や黄庭堅、楊傑、許式、趙令衿などは灯史に立伝されているほどである。

蘇軾や黄庭堅は当代を代表する文学者であるが、蘇軾の作品には禅の影響が窺

蘇軾の像（四川省・三蘇祠）

えるものが多く、それらを集めた『東坡禅喜集（とうばぜんきしゅう）』なるものが明代に編集されたほどである。また、黄庭堅の文学論には禅の影響が強いと言われており、その理論は江西詩派を通じて後代まで大きな影響を与えた。また、文同（与可（よか）、1018-1079）や蘇軾らの文人画家に見られる、「形似（けいじ）」よりも「写意（しゃい）」を重んじる態度にも禅の強い影響を看て取ることができる。

さらに禅思想の影響は儒学者にも及んだ。周敦頤（濂渓、1017-1073）は黄龍慧南、晦堂祖心、仏印了元、東林常聡などに参じたし、程顥（明道、1032-1085）も「老釈に出入すること幾十年」と述懐している。また、王安石（1021-1086）も仏印了元や真浄克文と交渉を持った。周敦頤や程顥の思想には禅思想の影響が強いと言われるが、それが南宋の朱子学の基礎となったことは極めて重要である。

蘇軾と黄庭堅　蘇軾は眉山（びざん）（四川省）の人で、号は東坡。政治家であるとともに詩人・名文家として名高く、父の蘇洵（そじゅん）（1009-1066）、弟の蘇轍（そてつ）とともに「唐宋八大家（はちだいか）」の一人であり、また、しばしば「墨竹（ぼくちく）」の画を描き、文同とともに文人画家の先駆としても知られる。政治家としては不遇で、政権を握った王安石と意見が合わず左遷された。後、中央に復帰したが、再び左遷され、任地に赴く途上で没した。東林常聡に師事して悟り、その法を嗣ぎ、仏印了元や玉泉承皓（ぎょくせんしょうこう）（?-1091）らとも交わった。そのため、その文学作品や絵画作品には禅の影響が強い

と言われており、後世、五祖師戒（10-11世紀）の生まれ変わりとする伝承さえも生まれた。一方、黄庭堅は洪州（江西省）の人で、山谷と号し、詩人、書家として名高い。蘇軾の文学上の弟子に当たり、政治的にも蘇軾と行動を共にした。師と同じく禅に傾倒し、晦堂祖心に参じて法を嗣いだ。禅思想の影響を受けて独自の詩論を樹立したことで知られ、後世、呂本中(りょほんちゅう)(1084-1145)、韓駒(かんく)(?-1136)といった人々は、彼を師と仰ぐとともに、詩と禅のいっそうの融合を図り、江西詩派を形成し、南宋時代に大きな勢力を持った。南宋期には「詩を論ずるは禅を論ずるが如し」と説く、厳羽(がんう)(1187-?)の『滄浪詩話(そうろうしわ)』も現われ、詩論への禅思想の導入が進んだ。

叢林生活の確立

社会が安定を取り戻す中で『禅苑清規』に見るように叢林の機構や生活規範が次第に整備され、修行生活も均質化していった。即ち、叢林の運営は、住持を中心として、それぞれ分掌を異にする「東班(とうばん)（東序(とうじょ)）」「西班(せいばん)（西序(せいじょ)）」と呼ばれる役職者たちによって営まれるようになったが（両者を合わせて「両班(りょうばん)」と呼ぶ。なお、両班とは別に、住持に直属し、その世話を行なう侍者が所属する「侍者局(じしゃきょく)」が存在した。これらの役職は修行者が一年交代で勤めることになっていたが、元代以降、固定化したようである）、主として寺院の経営面を司るのが東班で、「四知事(しちじ)」と呼ばれる監院(かんいん)（監寺(かんす)とも。東班の統轄）、維那(いのう)（威儀・綱紀の維持や諷経の首唱を担当）、典座(てんぞ)（食事を担当）、直歳(しっすい)（堂舎の修理や什物の整備を担当）によって構成されていた。

一方、西班は主に禅僧の修行や教育を司る役職で、「六頭首(ちょうしゅ)」と呼ばれる、首座(しゅそ)（僧堂における参禅指導を担当）、書記(しょき)（「榜(ぼう)」や「疏(しょ)」などの叢林の公文書作製と墨書を担当）、蔵主(ぞうす)（蔵殿(ぞうでん)に収められる大蔵経の管理を担当）、知客(しか)（接客を担当）、浴主(よくす)（知浴(ちよく)とも。浴室の管理を担当）、庫頭(くじゅう)（収支出納を担当）から構成されていた（南宋時代になると、庫頭は副司(ふうす)と名を改めて東班に移され、それに代わって知殿(ちでん)〈殿主(でんす)〉が加えられた。これは儀礼の重要性が増したため、それを執り行なう場所である仏殿を管理する知殿の役割も重要視されるようになったためである。また、東班では監寺の上位に都寺(つうす)が置かれるようになって、都寺・監寺・副寺・直歳・維那・典座の「六知事」、首座・書記・蔵主・知客・知殿・知浴の「六頭首」という体制が整った）。

これらのほかにも、『禅苑清規』には延寿堂主などの様々な職名が見られるが、とりわけ注目されるのは、荘主や化主(街坊)の存在である。前者は荘園の管理や収税を行なう役職であり(寺田は、唐代より、税制上、なんらの特典も与えられておらず、個人所有の土地と同様に課税対象となっていた。南宋になると、さらに荘主の補佐役として収税を専門とする「監収」が設けられた)、後者は市街に勧化して檀越を獲得する役職であるが、こうした役職が現われたのは、禅宗寺院の経済が自給自足的なものから、荘園経営や檀信徒への依存に基盤を置くものへと大きく転換したためであるとされている。

　こうした役職の固定とともに、五日ごとに上堂が行なわれ(五参上堂)、三と八のつく日に晩参(小参)が行なわれるなど、日々の生活も定型化していった(後世、上堂は一日・十五日の「旦望」と、結夏・解夏・冬至・年朝の「四節」を中心に行なわれるようになった)。祝聖や三仏忌(仏降誕会・仏成道会・仏涅槃会)などの年中行事も次第に固定してゆき、また、住持になるための儀式(入院)や葬送儀礼なども細かく規定されるに至った。

　叢林における形式化の進展は、僧侶の修行にも影響を与えずにはおかなかった。かつて随時に行なわれていた住持との問答も、上堂や小参、普説などの住持が行なう説法に附随する形で行なわれるようになり、後にはこれが儀式化して、あらかじめ問禅の役を差配して質問させるようになってしまった。これに伴って宗教的な重要性を増したのが、弟子が個人的に住持の室を訪れて疑問点を質す「入室請参」である。南宋における公案禅成立の背景には、叢林におけるこうした修道上の変化が存在したのである。

　この時期に禅宗寺院を中心に一般化しつつあったものとして、法系に囚われることなく優れた人物を住持に迎える「十方住持」の制度があった。これが導入されるに伴って各地に「名刹」と呼ばれるような寺院が出現したが、名刹の固定は、寺院経営の確立と相俟って叢林における昇進の道筋の固定化をもたらすことになった。即ち、当時の制度では寺院に身を投じたものは、まず「童行」となって雑務に従いながら基礎知識を学び、時期が来ると得度して「沙弥」となり、さらに受戒によって「僧」となったが、禅僧の場合、受戒の後、雲水となって各地の名刹に禅匠を訪ねて修行を積み、侍者から蔵

主や書記などを経て首座となり、その後に初めて住持に任じられたのである。そしてその住持も比較的小規模な寺院から始まり、次第に有名な寺院に移り、最後は名だたる名刹に住するといった形でキャリアを積んでいった。

　住持経験者（前住）は、「東堂」「西堂」と呼ばれる寮舎に起居したが（その寺の前住のためのものを「東堂」、他の寺の前住のためのものを「西堂」といった）、有力な禅僧は寺のほとりに庵居を営んで、そこに住むようになった（黄龍慧南が黄檗山中に営んだ積翠庵は古い例である）。また、特に高名な禅僧については、その没後に単独に墓塔が建てられ（一般の僧侶の遺骨は「海会塔」と呼ばれる共同の墓塔に収められた）、それを中心に小寺院（塔院）が営まれるようになったから、名刹にはいくつもの小庵や塔院が附属することとなった。

　住持になるに際しては自らの師承を明らかにすることが求められたため、禅僧たちの「嗣法」に対する意識はいよいよ高まった。禅宗の権威の確立と相俟って、この時代には、すでに嗣書（印可状）は一般化し、弟子が師の頂相を戴いて嗣法の証しとするといった風習も広く行なわれるようになっていたのである。臨済宗において『馬祖四家録』（1085年）が、雲門宗において『徳山四家録』（佚）があいついで編纂されたのも法系意識が強くなったことの現われと見ることができる（この傾向は南宋時代にも引き継がれ、禅宗各派で「宗派図」が作られて嗣法の弟子に与えられるようになり、また、黄龍派や楊岐派では『黄龍四家録』〈1141年〉や『慈明四家録』〈1153年〉が編集された）。

　こうした中で惹起されたのが薦福承古（?-1045）の師承問題である。承古は雲居道膺（835?-902）の塔院に住して宗風を挙揚し、「古塔主」とも呼ばれた人であるが、幾人かの禅匠に参じたが功無く、後に雲門文偃（864-949）の語を見て悟ったため、雲門に嗣法すると公言した。こうした承古の態度は、やがて、覚範慧洪の『林間録』（1107年）などで、法系を乱すものとして非難されるようになった（さらに、明末の費隠通容の『五灯厳統』〈1653年〉では、承古は「師承不詳」扱いにされるに至っている）。つまり、ここで重要なのは「悟った」という事実そのものよりも、師匠から直接、即ち「面授」によって印可されたという形式なのである。禅僧の正統性は嗣法によって保証されたから、叢林の権威を守るためには、承古のような存在は認めることはできな

かったのである。

　公案批評の流行

　禅の権威の確立と寺院生活の安定化にともない、禅は様々な面で固定化・形式化の傾向を示すようになってゆき、禅の生命であるはずの叢林における問答商量も没個性化・類型化の道を辿った。こうした中で、次第に盛んになっていったのが公案批評である。

　唐代には修行者の往来が盛んで、禅者の間でお互いを批評することが流行した。当初は同時代人を対象とする世評的なものであったが、五代十国から宋代にかけて叢林が社会体制に組み込まれて行くのに伴って、かつての生気に充ちた禅への憧憬が強まり、次第に古人が中心となり、取り上げられる対象もある程度固定していった。こうして普遍的な評価を獲得した禅問答が、則るべき古人の行履であるとして「古則」と呼ばれるようになり、また、判例になぞらえて「公案」（元来は「政府の調書」「裁判の判例」の意）とも呼ばれるようになったのである。

　そうなると禅僧たちは、自らの禅問答ではなくて、公案の批評の独創性で実力を誇示しようとするようになった。こうして、通常の言葉による批評（拈古）以外にも、頌古（詩による批評）、著語（短評、コメント）、評唱（講評）などのさまざまな批評形式が考案されるとともに、批評が批評を呼ぶといった形で重層的にも展開し、公案批評は語録における重要な構成要素となり、その占める割合も徐々に増加していった。そればかりか、『建中靖国続灯録』（1101年）がその全体を「正宗」「対機」「拈古」「頌古」「偈頌」の五門に分かっているように、「拈古」や「頌古」は灯史においても重要な部門を形成するようになったのである（「拈古」や「頌古」は、南宋の『嘉泰普灯録』〈1204年〉などにも受け継がれている）。

　様々な公案批評がある中、「頌古」は唐末に出現したようであるが、文学的な素養を必要とするという点で時代の風尚にかなうものであったため、盛んに作られるようになり、この時代には「頌古百則」「頌古百十則」のように、頌古を一定の数だけ集めるという形の作品が多く見られるようになった。

その先駆は汾陽善昭が天禧年間(1017-1021)に作った「頌古百則」であるといわれるが、その後も雪竇重顕の「頌古百則」、白雲守端の「頌古百十則」、投子義青や丹霞子淳の「頌古百則」などが次々に現われた。とりわけ、文学的な素養が豊かであった重顕の「頌古百則」は高い評価を得ていたため、圜悟克勤(1063-1135)は、しばしばこれをテキストに用いて講義を行なった。それを弟子たちが編集し一書に纏めたものが有名な『碧巌録』(碧巌集、1125年)である。

五山版『碧巌録』扉(大東急記念文庫蔵)

なお、この時期の拈古集としては慧巌宗永(生没年未詳)の『宗門統要』(1135年)があり、南宋時代の灯史、『宗門聯灯会要』(晦翁悟明編、1189年)がこれに依拠し、元代に続編として『宗門統要続集』(古林清茂編、1320年)が編まれるなど、後世に多大な影響を残した。

碧巌録 宋の圜悟克勤が処々で行なった雪竇重顕の「頌古百則」の講義を1125年に纏めたもの。書名は圜悟が住した夾山霊泉禅院に掲げられていた額に基づく。各則は、垂示(序言)、本則(公案)、本則に対する評唱、頌古、頌古に対する評唱という構成で、本則と頌古が雪竇(980-1052)の手になるが、雲門宗第三世で中興の祖とも呼ばれた彼の頌古は、その伝統である文学性に富み、多くの人々に愛好された。圜悟がこの講義を行なったのも、こうした当時の風尚に沿うものであった。雪竇の「頌古百則」は、アイロニーを含みながらも古の禅者に対する愛情に満ちたものであったが、圜悟はそれに弟子への教誡や修行者が心に留めておくべき禅宗史上の佳話などを垂示や評唱で補うとともに、本則と頌古の双方に対して著語という形で辛辣な批評を加えており、本則に登場する禅者、雪竇、圜

悟という個性を異にする三者が重層的に絡み合い、一種の緊張関係に置かれつつ響きあうという希有の作品となっている。このため本書が現われると、たちまち世に喧伝されたが、圜悟の弟子の大慧宗杲(1089-1163)は、むしろ修行に有害であるとして刊本を集めて焼却したという。しかし、その影響は甚大で、『従容録』(1224年、宏智正覚頌古、万松行秀評唱)、『空谷集』(1285年、投子義青頌古、丹霞子淳著語、林泉従倫評唱)、『虚堂集』(1295年、丹霞子淳頌古、林泉従倫評唱)など類似した形態の公案集を陸続として生み出すことになった。我が国の禅は宋朝禅の移入として出発したため、本書も「宗門第一の書」として盛んに研究・講義され、南北朝以降、しばしば開版を見た。なお、圜悟克勤にはほかに、雪竇重顕の「拈古百則」を講義した『仏果圜悟撃節録』(雪竇重顕拈古、圜悟克勤著語・評唱)があり、これも広く流布した。『請益録』(1230年、宏智正覚拈古、万松行秀著語・評唱)はこれに倣ったものである。

禅の世俗化と諸宗の融合

　この時期の禅に特徴的なこととして、士大夫階級に普及したことが挙げられるが、こうした状況も禅の性格に大きな変化をもたらす原動力となった。それは一言で言えば、叢林の世俗化であり、文学・絵画などの芸術の重視や、本来、立場を異にするはずの浄土教との妥協となって現われた。

　自らの体験の表出や布教上の必要のため、もともと禅には文学的な要素が多く含まれていたが、士大夫との交流の密接化が交際の手段としての詩文等への傾斜を強めたのである。特に覚範慧洪は文才に優れ、多くの著作を残したが、中でも詩文集『石門文字禅』は一般にも広く読まれた。また、『冷斎夜話』などは、ほとんど詩話(詩文批評)で占められているほどである(唐代の僧という寒山や拾得の詩を集めたものとされ、叢林でも広く読まれた『寒山詩集』が現在の形に纏められたのも、この時代のこととされる)。

　また、この時代になると余技として絵画を嗜む禅僧も多かったようである。黄庭堅などとも交わった仲仁(花光、11-12世紀)などは「墨梅」で有名であり、文人画家たちにも大きな影響を与え、覚範慧洪も彼をまねて梅を描いたという。一方で、文人画家の中にも禅の影響を受けるものが出た。蘇軾や黄庭堅とも親しかった李公麟(?-1106)は優れた「禅会図」を多く描き、「道釈人物

画」を士大夫の鑑賞に堪えるものにまで高めたと言われる。

　このような傾向はすでに唐末・五代にも見られたものであるが、僧侶がこうしたことに関わることは、必ずしも常に肯定的に捉えられていたわけではなかった。しかし、宋王朝の基礎が固まって社会が安定を取り戻し、文治主義が徹底するようになると、士大夫階級の教養として、詩・書・画が尊ばれ、それらの才能が僧侶においても尊敬されるべきものと見られるようになっていったのである。

　この時代の禅思想の特徴の一つとして、浄土教との習合がかなり広い範囲で認められるということが挙げられる。禅浄双修思想の先駆は五代から宋初にかけての永明延寿とされるが、この時代になると、天衣義懐、慧林宗本、慈受懐深、長蘆宗賾といった雲門宗の人々を中心に広く浸透してゆき、さらには臨済宗の死心悟新、曹洞宗の真歇清了（南宋時代、1089-1151）などにも及んだ（宗賾などは、廬山蓮社の遺風を慕い、蓮華勝会という結社さえ結んだ。そのため、宗暁(1151-1214)の『楽邦文類』では、巻三にその伝記を収め、「蓮宗六祖」に数えているほどである）。

　初期の禅宗文献が西方往生を厳しく批判しているように、本来、浄土教の他力思想は、禅の根幹を成す「見性成仏」説と両立しがたいものである。ただ、一般に中国の浄土思想は「唯心浄土」的傾向が強く、その意味で「指方立相の浄土」を当然とする日本より遥かに融合しやすい要素を持っていた。しかし、これ以前には、禅は禅で完結していたのであるから、禅僧たちがわざわざこれを取り入れようとしたのには、それなりの理由があったはずである。「悟った」と称する人々の独善的態度に対する批判の念から、禅僧自身が「念仏」という着実な修行に目を向けるようになったことも大きな理由であったと考えられるが、それ以前に、浄土教の社会への浸透という状況があったことは忘れてはならない。この時代には、天台宗の四明知礼、慈雲遵式、宗暁、律宗の霊芝元照などに見るように、浄土教は宗派を超えて広く受容されていたのであり、士大夫階級の支持のもとで仏教の王座を占めるようになった禅宗にとっても、そうした現実は無視できないものとなっていたのである。

覚範慧洪　徳洪とも。筠州新昌県（江西省）の人で姓は彭氏（喩氏とも）。両親の死によって十四歳で出家し、十九歳で得度した。はじめ、『成唯識論』などの教学を学んだが、後に禅に転じ、真浄克文をはじめとする諸老宿に師事し、克文の法を嗣いだ。撫州（江西省）の北の石門景徳寺に住した後、金陵（江蘇省）に遊び、次いで瑞州の清涼寺に住したが（1105年）、住院すること一カ月にして讒訴によって獄中に繋がれた。張商英らの尽力で許されたが、その後も、再三にわたって投獄される（1109年、1114年、1118年）などの苦難を味わい、いよいよ芸術（詩文）への志向を強め、晩年は湘西（湖南省）の南台寺で『禅林僧宝伝』などの著述に専念した。文学に優れ、『林間録』（1107年）、『禅林僧宝伝』（1122年）、『冷斎夜話』、『石門文字禅』など多くの著作を残した。「宝覚円明禅師」の号を賜り、その塔銘は韓駒が撰した。

参考文献

荒木見悟　「宋代思想史の諸相」（『中国思想史の諸相』中国書店、1989年）

安藤俊雄　『天台性具思想論』（法藏館、1953年）

安藤俊雄　『天台学　根本思想とその展開』（平楽寺書店、1968年）

安藤智信　「宋の張商英について — 仏教関係の事蹟を中心として」（「東方学」22、1961年）

石井修道　「曹山本寂の五位説の創唱をめぐって」（「宗学研究」28、1986年）

石井修道　「真浄克文の人と思想」（「駒沢大学仏教学部研究紀要」34、1976年）

石井修道　『宋代禅宗史の研究』（大東出版社、1987年）

石附勝龍　「君臣五位について」（「印度学仏教学研究」16-2、1968年）

入矢仙介・松村昂　『寒山詩』（禅の語録13、筑摩書房、1970年）

入矢義高・梶谷宗忍・柳田聖山　『雪竇頌古』（禅の語録15、筑摩書房、1981年）

入矢義高・溝口雄三・末木文美士・伊藤文生　『碧巌録（上・中・下）』（岩波文庫、岩波書店、1992-1996年）

宇井伯寿　『第三　禅宗史研究』（印度哲学研究12、岩波書店、1943年）

大野修作　「慧洪『石門文字禅』の文字世界」（「禅学研究」67、1989年）

鏡島元隆　「『永平清規』の背景としての『百丈清規』」（『道元禅師とその周辺』大東出版社、1985年）

鏡島元隆・佐藤達玄・小坂機融　『訳註　禅苑清規』（曹洞宗宗務庁、1972年）

久須本文雄　『宋代儒学の禅思想研究』（日進堂、1980年）

小坂機融　「清規変遷の底流（1）」（「宗学研究」5、1963年）
佐藤達玄　「北宋叢林の経済生活」（「駒沢大学仏教学部研究紀要」25、1967年）
佐橋法龍　「正偏五位説の研究」（「宗学研究」創刊号、1956年）
椎名宏雄　『宋元版禅籍の研究』（大東出版社、1993年）
島田虔次　『輔教編』（禅の語録14、筑摩書房、1981年）
高雄義堅　『宋代仏教史の研究』（百華苑、1975年）
永井政之　「中国仏教成立の一側面 ― 三仏忌の成立と展開」（「駒沢大学仏教学部論集」25、1994年）
永井政之　「中国仏教成立の一側面 ― 中国禅宗における葬送儀礼の成立と展開」（「駒沢大学仏教学部論集」26、1995年）
西口芳男　「黄龍慧南の臨済宗転向と泐潭懐澄 ― 附論『宗門撫英集』の位置とその資料的価値」（「禅文化研究所紀要」16、1990年）
忽滑谷快天　『禅学思想史　下巻』（玄黄社、1925年）
牧田諦亮　「趙宋仏教史における契嵩の立場」（『中国近世仏教史研究』平楽寺書店、1957年）
増永霊鳳　「中国禅宗史に於ける五家の地位と性格」（「駒沢大学仏教学部研究紀要」14、1956年）
諸戸立雄　「宋代における僧侶の税役問題 ― とくに免丁銭（清閑銭）を中心として」（『中国仏教制度史の研究』平河出版社、1990年）
柳田聖山　『禅の文化 ― 資料篇』（「禅の文化」研究班研究報告第一冊、禅林僧宝伝訳註（一）、京都大学人文科学研究所、1988年）

第四章　禅の普及と変質　109

［禅の系譜４］

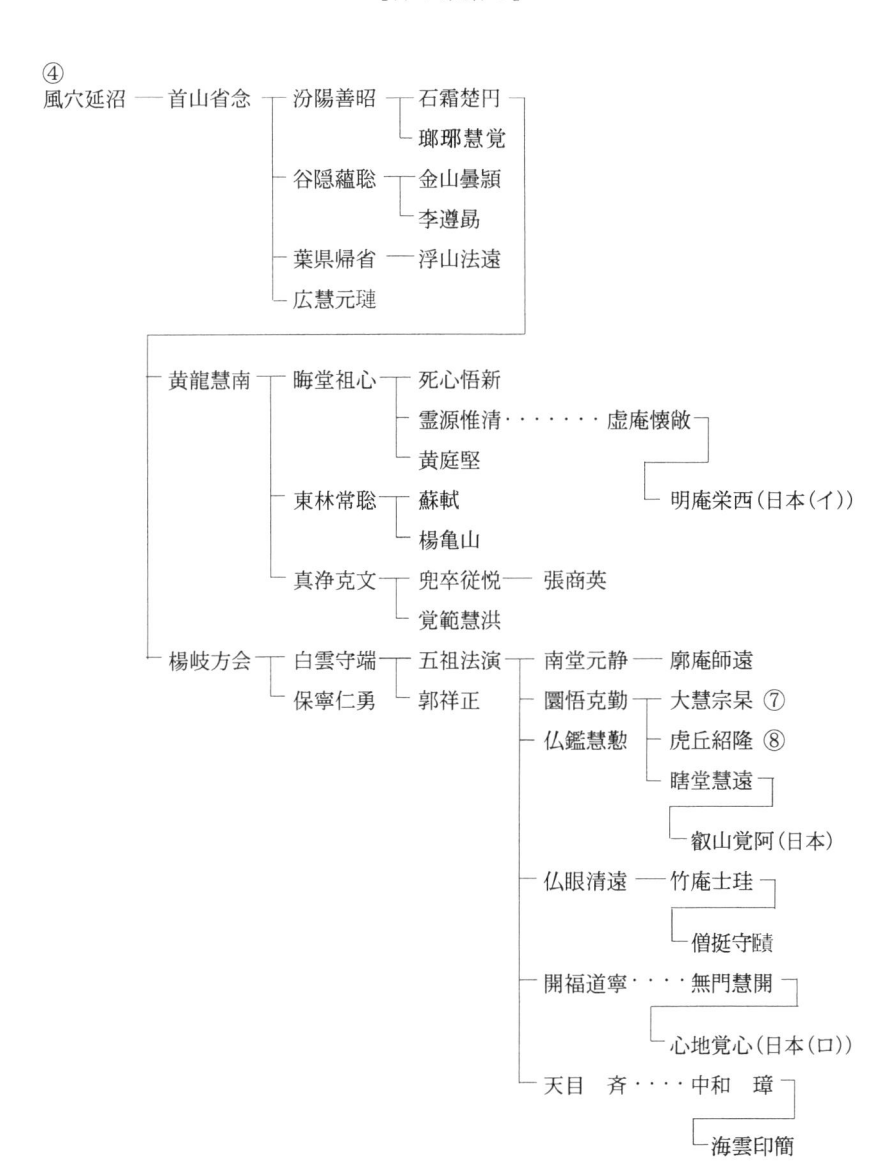

```
④
風穴延沼 ── 首山省念 ┬─ 汾陽善昭 ┬─ 石霜楚円
              │          └─ 瑯琊慧覚
              ├─ 谷隠蘊聡 ┬─ 金山曇頴
              │          └─ 李遵勗
              ├─ 葉県帰省 ── 浮山法遠
              └─ 広慧元璉

          ┌─ 黄龍慧南 ┬─ 晦堂祖心 ┬─ 死心悟新
          │          │          ├─ 霊源惟清‥‥‥虚庵懐敞 ┐
          │          │          └─ 黄庭堅                │
          │          ├─ 東林常聡 ┬─ 蘇軾                  └─ 明庵栄西（日本（イ））
          │          │          └─ 楊亀山
          │          └─ 真浄克文 ┬─ 兜卒従悦 ── 張商英
          │                     └─ 覚範慧洪
          └─ 楊岐方会 ┬─ 白雲守端 ┬─ 五祖法演 ┬─ 南堂元静 ── 廓庵師遠
                     │          └─ 郭祥正    ├─ 圜悟克勤 ┬─ 大慧宗杲 ⑦
                     └─ 保寧仁勇                        ├─ 虎丘紹隆 ⑧
                                             │          └─ 瞎堂慧遠 ┐
                                             │                      └─ 叡山覚阿（日本）
                                             ├─ 仏鑑慧懃
                                             ├─ 仏眼清遠 ┬─ 竹庵士珪
                                             │          └─ 僧挺守賾
                                             ├─ 開福道寧‥‥無門慧開 ┐
                                             │                      └─ 心地覚心（日本（ロ））
                                             └─ 天目 斉‥‥中和 璋 ┐
                                                                    └─ 海雲印簡
```

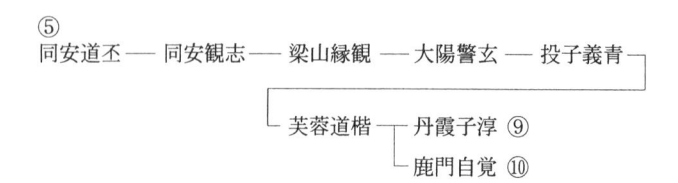

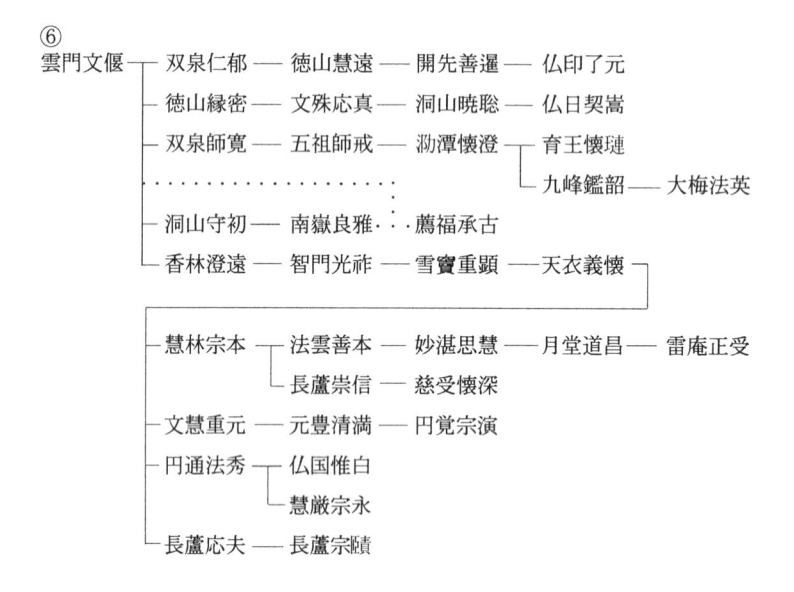

⑤
同安道丕 ── 同安観志 ── 梁山縁観 ── 大陽警玄 ── 投子義青 ┐
                                                          │
          ┌───┘
          └ 芙蓉道楷 ┬ 丹霞子淳 ⑨
                    └ 鹿門自覚 ⑩

⑥
雲門文偃 ┬ 双泉仁郁 ── 徳山慧遠 ── 開先善暹 ── 仏印了元
         ├ 徳山縁密 ── 文殊応真 ── 洞山暁聡 ── 仏日契嵩
         ├ 双泉師寛 ── 五祖師戒 ── 泐潭懐澄 ┬ 育王懐璉
         │   └ 九峰鑑韶 ── 大梅法英
         ├ 洞山守初 ── 南嶽良雅 ⋮ 薦福承古
         └ 香林澄遠 ── 智門光祚 ── 雪竇重顕 ── 天衣義懐 ┐
                                                         │
┌──┘
├ 慧林宗本 ┬ 法雲善本 ── 妙湛思慧 ── 月堂道昌 ── 雷庵正受
│   └ 長蘆崇信 ── 慈受懐深
├ 文慧重元 ── 元豊清満 ── 円覚宗演
├ 円通法秀 ┬ 仏国惟白
│   └ 慧厳宗永
└ 長蘆応夫 ── 長蘆宗賾

第四章　禅の普及と変質

[禅関係地図４]

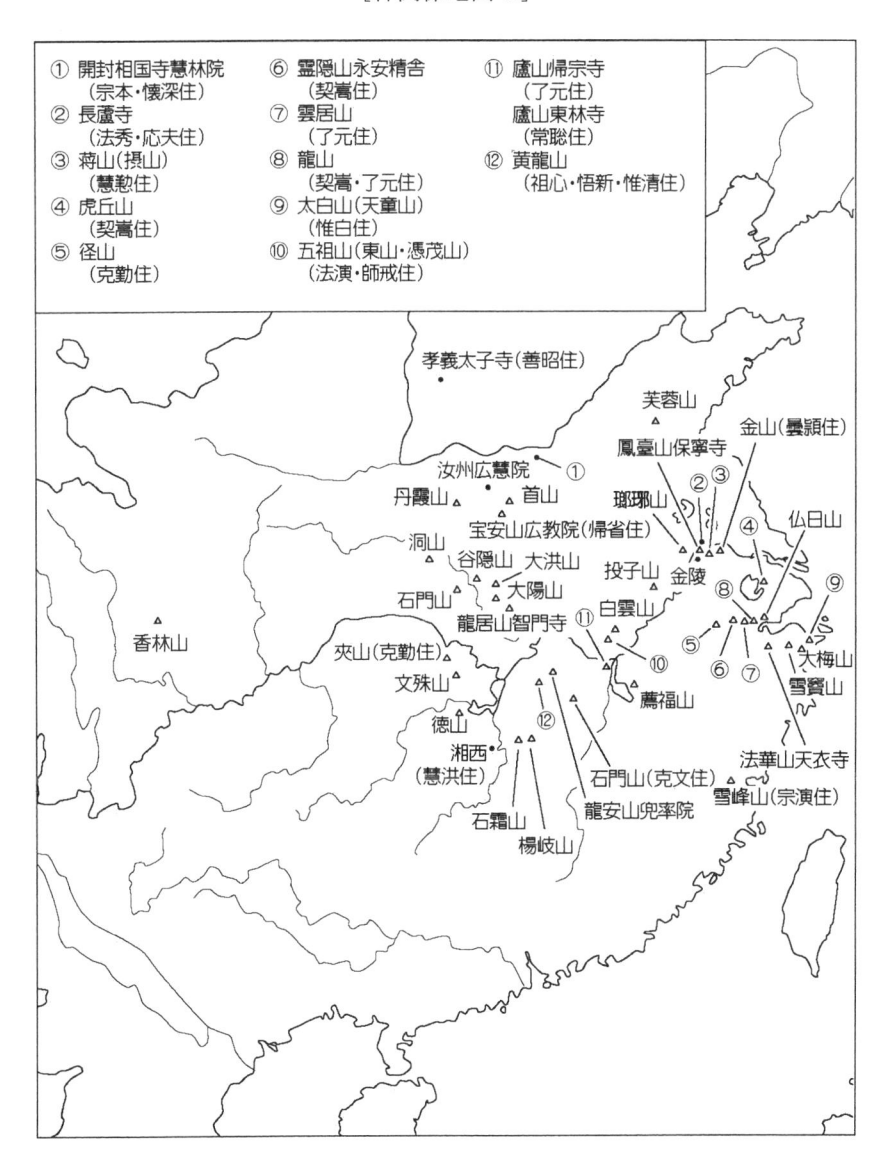

① 開封相国寺慧林院
　（宗本・懐深住）
② 長蘆寺
　（法秀・応夫住）
③ 蒋山（摂山）
　（慧懃住）
④ 虎丘山
　（契嵩住）
⑤ 径山
　（克勤住）
⑥ 霊隠山永安精舎
　（契嵩住）
⑦ 雲居山
　（了元住）
⑧ 龍山
　（契嵩・了元住）
⑨ 太白山（天童山）
　（惟白住）
⑩ 五祖山（東山・憑茂山）
　（法演・師戒住）
⑪ 廬山帰宗寺
　（了元住）
　廬山東林寺
　（常聡住）
⑫ 黄龍山
　（祖心・悟新・惟清住）

孝義太子寺（善昭住）
芙蓉山
鳳臺山保寧寺
金山（曇穎住）
汝州広慧院
丹霞山　首山
琅琊山
仏日山
宝安山広教院（帰省住）
洞山
谷隠山　大洪山
投子山
石門山　大陽山
金陵
香林山
龍居山智門寺
白雲山
夾山（克勤住）
大梅山
文殊山
雪竇山
薦福山
徳山
湘西
　（慧洪住）
法華山天衣寺
石門山（克文住）
雪峰山（宗演住）
龍安山兜率院
石霜山
楊岐山

第五章　禅の継承と維持 ― 南宋・金・元時代の禅 ―

1　南宋における禅の展開

南宋の社会情勢

　靖康の変でいったん宋は滅んだが、1127年、欽宗の弟の趙構(1107-1187)が南京応天府で即位し(高宗、1127-1162在位)、宋を復興して都を臨安(浙江省杭州)に置いた。「南宋」(1127-1279)である。こうして、新たに金、西夏、南宋の三国鼎立時代となった。江南に追いやられた南宋は、初め失地回復を目指したが、金の捕虜となっていた秦檜(1090-1155)が帰国すると講和派が勢力を得、1142年になって和議が成立し、主戦派の頭目であった岳飛(1103-1141)は処刑された。その内容は、宋は金に対して臣下の礼を取り、歳貢を差し出すという屈辱的なものであったが、対外関係が安定したことで、秦檜の主導のもと国家体制の整備が進められた。1145年に僧侶に対する人頭税である免丁銭が徴収されるようになったのは、その一環と見做すことができる。これは事実上、仏教の統制を諦めたことを示すものであって、以後、籍帳によって免丁銭を徴収することが政府の仏教政策の中心となっていった。

　その後、1161年には金の海陵王の侵攻といった不測の事態が起こったが、結果的には南宋に有利な形で講和が成立し、続く孝宗(1163-1189在位)の時代には平和と安定が訪れた。大慧宗杲(1089-1163)の後を受けて密庵咸傑(1118-1186)らの禅僧が活躍し、朱熹(朱子、1130-1200)が宋学を大成したのもこの時期である。がしかし、十二世紀の末になると、外戚の韓侂冑(?-1207)が政権を掌握し、反対派(道学派とも呼ばれ、朱熹なども含まれる)を弾圧し(慶元の党禁)、金に対しても戦争を仕掛けたため社会は動揺した。

　1207年、韓侂冑は暗殺され、金との和議が成立したが、その後も史弥遠(?-1233)や賈似道(1213-1275)といった専権宰相が出現し、また、1217年に

はモンゴルに圧迫されて弱体化した金に対して戦争を再開した。1233年から翌年にかけては金の征服を目指すモンゴルに手を貸し、さらに1235年以降はモンゴル軍の侵攻に対して防衛戦を行なうなど戦争があいつぎ、社会不安は募った。

　1260年にモンゴル第五代の可汗位を継いだクビライ(世祖、1260-1294在位)は、それまでの可汗とは異なり、中国の皇帝たらんとして、1273年に襄陽を攻略すると、翌年、南宋に対して宣戦を布告し、バヤン(伯顔)を総指揮官として総攻撃を開始した。宋軍は各地で敗北を重ね、1275年には賈似道の率いる十三万の大軍も蕪湖(安徽省)で大敗した。賈似道は失脚し、やがて責任追及を求める世論の圧力で殺された。

　1276年、モンゴル軍が臨安に迫ると、恭帝(1274-1276在位)を擁する南宋政府は降伏し、皇族、高官ら数千人が臨安からクビライの待つ上都に連れ去られた。宋の残党は、なおも端宗(1276-1278在位)と衛王(1278-1279在位)を皇帝に戴いて抵抗を続けたが、1279年、遂に広東の厓山で殲滅された。

禅宗各派の動向

　南宋になると雲門宗の活動は次第に衰え、『嘉泰普灯録』(1204年)の編者として雷庵正受(1146-1208)の存在が知られる程度で、南宋末にはその系譜を断つに至った。そのため禅の主流は臨済宗と曹洞宗の二宗で占められたが、なかでも臨済宗楊岐派の発展は目覚ましく、殊に圜悟克勤(1063-1135)の門下から出た大慧宗杲(1089-1163)は多くの弟子を集めて一派を成した(大慧派)。

　この派の人としては、大慧宗杲の弟子に拙庵徳光(仏照禅師、1121-1203)、懶庵鼎需(1092-1153)、開善道謙(密庵、生没年未詳)、暁瑩仲温(1116?-?)らがあり、拙庵徳光の弟子には北磵居簡(1164-1246)や浙翁如琰(1151-1225)らが出た。さらに、北磵居簡の弟子には物初大観(13世紀中葉)らが、浙翁如琰の弟子には大川普済(1179-1253)や偃渓広聞(1189-1263)、五家の特色を明らかにしようとした『人天眼目』(1183年)の編者、晦巌智昭(12-13世紀)らがある。

　大慧宗杲は、一方で士大夫とも積極的に交わったから、その門下には多く

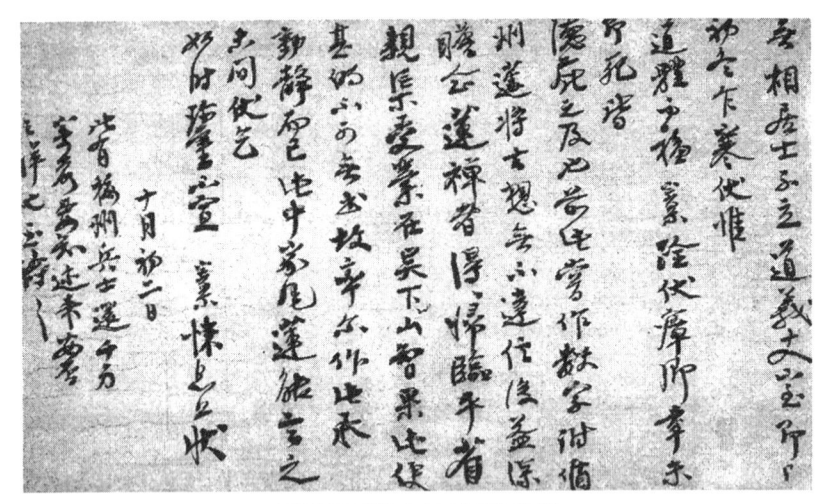

大慧宗杲墨蹟（東京国立博物館蔵）

の居士たちが集まった。主な人として、大慧の信任の最も篤かった張九成(1092-1159)、文学者として有名な呂本中(1084-1145)や韓駒(?-1136)、李郁(1085-1146)などがある。

大慧宗杲　十六歳で得度し、十七歳で具足戒を受ける。初め芙蓉道楷の弟子の洞山道微(生没年未詳)に学び、次いで臨済宗黄龍派の湛堂文準(1061-1115)に師事。その没後、諸方を遍参し、文準の遺命と張商英(1043-1121)の勧めに従って楊岐派の圜悟克勤の弟子となり(1125年)、間もなく法を嗣いだ。1137年、径山(浙江省)に住し、千人の学徒を集めて「臨済の再興」と称されたが、1141年政争に巻き込まれて衡州(湖南省)や梅州(広東省)に配流、後に許されて明州(浙江省)の阿育王山に入る。1158年、再び径山に入り、1163年に七十五歳で入寂。『正法眼蔵』『大慧語録』『大慧法語』『大慧普説』『大慧書』などの著作がある。曹洞宗系の黙照禅を激しく批判するとともに、五祖法演(?-1104)から圜悟克勤へと継承された公案を用いた指導法を発展させ、公案禅を大成した。また、馬祖以来の大機大用禅の伝統を承け継いで、王法と仏法の一致を説き、門下の士大夫を通じて社会と積極的に関わろうと努めた。そうした能動的な姿勢は、その思想とともに朱熹などにも多大の影響を与えた。

しかし、その後、密庵咸傑の活躍により、克勤の弟子でも虎丘紹隆

(1077-1136) の系統（虎丘派）が盛んとなった。密庵咸傑門下でも松源崇岳(1132-1202)、破庵祖先(1136-1211)の二人は特に有名で、それぞれ一派を成した（松源派・破庵派）。松源派では虚堂智愚(1185-1269)、破庵派では無準師範（仏鑑禅師、1177-1249）の活躍が著しく、両人とも理宗皇帝（1224-1264在位）の帰依を受けた。

　虚堂智愚にも霊石如芝(生没年未詳)などの弟子があったが、特に無準師範の門下は多彩で、「四哲」と呼ばれた別山祖智(1200-1260)、断橋妙倫(1201-1261)、西巌了恵(1198-1262)、兀庵普寧(1197-1276)を初めとして、五家の宗風の相違を論じた『五家正宗賛』(1254年)を著わした希叟紹曇(生没年未詳)や、画僧として名高い牧谿(法常、?-1280頃)、環渓惟一(1202-1281)、退耕徳寧(生没年未詳)、雪巌祖欽(?-1287)、無学祖元(1226-1286)などがあった。また、圜悟克勤の系統以外でも、『古尊宿語要』(1138-1144頃)の編者の僧挺守賾（賾蔵主、生没年未詳）や、『無門関』(1229年)の著者、無門慧開(1183-1260)などは注目すべき人である。

　上に掲げたような著名な禅僧のもとには、日本や朝鮮からも多くの参徒が集まり、その数は中国人を凌ぐほどであったという。この時期の主な日本人留学僧には、虚堂智愚に嗣法した南浦紹明(1235-1308)、無準師範に嗣いだ東福円爾(1202-1280)、断橋妙倫に参じた無関普門(1212-1291)、希叟紹曇に参じた白雲慧暁(1228-1297)などがある。

　一方、曹洞宗では、丹霞子淳(1064-1117)の門下に宏智正覚（天童正覚、1091-1157)、真歇清了(1088-1151)という二人が現われ、臨済宗とは一線を画する独自の宗風を振ったが、その勢力は臨済宗には遠く及ばなかった。ただ、真歇清了の系統から出た天童如浄(1163-1228)が、入宋した道元(1200-1253)に禅を伝え、我が国の曹洞宗の源流となったことは特筆すべきである。

　南宋の末期から元の初めにかけては、松源派の蘭渓道隆(1213-1278、1246年渡来)、破庵派の兀庵普寧(1260年渡来、1265年帰国)、無学祖元(1279年渡来)などの優れた禅僧があいついで日本に渡った。中には一山一寧(1247-1317、1299年渡来)のように元の使節として来た人もいるが、これには日本側の懇請とともに、南宋末の政争や異民族の元王朝への屈従に対する不満があったとい

無準師範頂相（東福寺蔵）

われている。

　なお、南宋時代の仏教界の情勢で特筆すべきこととして、禅と天台宗との関係に大きな変化が現われた点を挙げなくてはならない。北宋時代には、四明知礼(960-1028)に見るように、天台宗の人々はしばしば禅宗に批判の矛先を向けたのであったが、南宋になると逆に積極的に接近を図るようになった。天台宗の清修法久(?-1163)や竹庵可観(1092-1182)、北峰宗印(1148-1213)などは大慧宗杲に参じたし、覚運智連(1088-1163)は宏智正覚に師事した。宗印の弟子の晦巌法照(1185-1273)が癡絶道冲(1169-1250)や虚堂智愚に参じたように、彼らの弟子の多くも禅匠に参じた（法照は蘭溪道隆の『大覚禅師語録』の序文を書いた人としても知られる）。彼らが禅に関心をもったのは、参禅によって天台法門の実証を得ようとしたものであったらしく、法久に至っては、天台の寺院にも禅林の清規を採用したという（今日伝わる『教苑清規』は、明初に一庵一如〈生没年未詳〉が日本にもたらしたもので、雲外自慶〈生没年未詳〉が1347年に再編したものであるが、恐らく、その祖本は法久のものであろう）。天台宗の僧の中には、牧庵法忠(1084-1149)や浄慈曇密(1120-1188)のように遂に禅に転ずる人もあった。このように仏教界における禅の影響力は絶対的であって、「両班」による寺院運営や「十方住持」の制度などは、教寺や律寺でも取り入れられ、広く一般化するに至った（省悟編集の『律苑清規』は、1324年に刊行されている）。

禅籍の入蔵と出版

　宋の太祖が大蔵経の雕造を命じ(971年)、印経院で印行されたことは先

第五章　禅の継承と維持　117

に触れたとおりであるが、北宋の末になると経済の発展を背景として民間でも大蔵経の刊行が行なわれるようになり、南宋に引き継がれていった。福州東禅寺版大蔵経（1080-1112年）、福州開元寺版大蔵経（1112-1151年）、湖州思溪版大蔵経（1133年頃）、磧砂版大蔵経（1231-1315年）などがこれである。禅宗の権威の確立とともに、『景徳伝灯録』『伝法正宗記』『伝心法要』『六祖壇経』『大慧禅師語録』などの禅籍がその時々に入蔵を認められたから、これらの典籍は大蔵経とともに流布していった（禅籍の入蔵は、元代には『中峰和尚広録』が、明代には『護法論』や『圜悟仏果禅師語録』が認められるなど、その後も継続された）。

　宋代における大蔵経の雕造は周辺諸国にも大きな影響を与え、遼や金、高麗でも大蔵経が出版されるに至った（契丹版大蔵経〈1031-1064年〉・金刻大蔵経〈1149-？年〉・高麗版大蔵経〈初雕本、1011-？年、再雕本、1236-1251年〉）。これらにあっても宋で入蔵された禅籍の多くはそのまま引き継がれたし、また新たに禅籍が入蔵される場合もあって、禅籍が散佚するのを防ぐうえで重要な役割を果した。失われたと思われていた『宝林伝』や『伝灯玉英集』が近代になって金刻大蔵経の中から発見されたことや、『祖堂集』が高麗版大蔵経の附録の中から見出されたことはよく知られている。

　宋代には出版業が隆盛し、営利目的の出版も行なわれるようになった。そうした環境のなかで、重要な禅籍については大蔵経とは別に個別に出版されるようにもなった。二、三、有名なものを挙げれば、仏日契嵩（1007-1072）が刊行した『六祖壇経』（1056年）、覚範慧洪（1071-1128）が刊行した『伝心法要』（刊年未詳）、円覚宗演（生没年未詳）が刊行した『鎮州臨済慧照禅師語録』（1120年）や『雲門匡真禅師広録』（刊年未詳）などがある。

　南宋に入ると禅籍の刊行はいよいよ盛んとなり、語録をはじめとして多くの禅籍が刊行されたが、特に注目されるのは多くの語録を集めた叢書が多数出版されたということである。その中で最も重要なものは、福州（福建省）の鼓山の賾蔵主が、南泉普願（748-834）や投子大同（819-914）など唐宋の二十人の語録を集めて刊行した『古尊宿語要』（1128-1144年）である。『古尊宿語要』は、その後、二度（1178年、1267年）にわたって増補が繰り返されて、明

代に入蔵された『古尊宿語録』(南蔵、1403年)の基礎となったばかりか、1238年には、その続編として八十人の語を収める『続開古尊宿語要』が刊行されるなど、後世に大きな影響を残した。

古尊宿語要と古尊宿語録 唐から宋にかけて多数出現した禅語録を後世に伝えるうえで非常に重要な役割を果したものに、賾蔵主(僧挺守賾、12世紀中葉)が1140年頃に福州鼓山(福建省)で刊行した『古尊宿語要』がある。その内容は、(1)『池州南泉普願和尚語要』(南泉普願)、(2)『投子和尚語録』(投子大同)、(3)『睦州和尚語録』(睦州道蹤)、(4)『趙州真際禅師語録』(趙州従諗)、(5)『汝州南院顒和尚語要』(南院慧顒)、(6)『汝州首山念和尚語要』(首山省念)、(7)『汝州葉県広教省禅師語録』(葉県帰省)、(8)『潭州神鼎山第一代諲禅師語録』(神鼎洪諲)、(9)『并州承天嵩禅師語』(承天智嵩)、(10)『石門山慈照禅師鳳巌集』(谷隠蘊聡)、(11)『舒州法華山挙和尚語要』(法華全挙)、(12)『筠州大愚芝和尚語録』(大愚守芝)、(13)『雲峰悦禅師語録』(雲峰文悦)、(14)『袁州楊岐会和尚語録』(楊岐方会)、(15)『潭州道吾真禅師語要』(道吾悟真)、(16)『大隋神照禅師語要』(大隋法真)、(17)『子湖山第一代神力禅師語録』(子湖利蹤)、(18)『鼓山先興聖国師和尚法堂玄要広集』(鼓山神晏)、(19)『襄州洞山第二代初禅師語録』(洞山守初)、(20)『智門祚禅師語録』(智門光祚)であった。その後、1178年に重刊されるに当って、(21)『舒州白雲山海会演和尚語録』(五祖法演)、(22)『滁州瑯琊山覚和尚語録』(瑯琊慧覚)の二つが増補され、さらに、1267年の重刊では、(23)『鎮州臨済慧照禅師語録』(臨済義玄)、(24)『雲門匡真禅師広録』(雲門文偃)、(25)『舒州龍門仏眼和尚語録』(仏眼清遠)、(26)『宝峰雲庵真浄禅師語録』(真浄克文)、(27)『東林和尚雲門庵主頌古』(竹庵士珪・大慧宗杲)の五家が加えられて、書名も『古尊宿語録』と改められた。そして、1403年に明の南蔵にこれが収められるに際して、(28)『南嶽大慧禅師語』(南嶽懐譲)、(29)『馬祖大寂禅師語』(馬祖道一)、(30)『百丈懐海禅師語』(百丈懐海)、(31)『筠州黄檗断際禅師語』『宛陵録』(黄檗希運)、(32)『興化禅師語録』(興化存奨)、(33)『風穴禅師語録』(風穴延沼)、(34)『汾陽昭禅師語』(汾陽善昭)、(35)『慈明禅師語録』(石霜楚円)、(36)『白雲端禅師語』(白雲守端)、(37)『仏照禅師径山育王語』(拙庵徳光)、(38)『北磵簡禅師』(北磵居簡)、(39)『物初観禅師』(物初大観)、(40)『晦機禅師語録』(晦機元熙)、(41)『広智全悟禅師』(笑隠大訢)、(42)『仲方和尚語録』(仲方天倫)、(43)『覚原曇禅師』(覚原慧曇)、(44)『仏照禅師奏対録』(拙庵徳

光)の十七家が増加された。その際、編者、定巌浄戒(?-1418)によってかなりの抜粋が行なわれたため、その後に刊行が始まった万暦版大蔵経(嘉興蔵)では、原型への復元が企図されるとともに、(36)から(43)が省かれ、ほぼ今日の形となった。以上が南宋の『古尊宿語要』が現行の『古尊宿語録』へと発展した経緯であるが、これとは別に、1238年に鼓山の晦室師明(13世紀前半)が『古尊宿語要』の続編として、八十家という多数の語録を集めた『続開古尊宿語要』を刊行している。これは正編と合わせて百家とすることを目指したものであったらしいが、冒頭の『臨済録』を除いて全て抜粋にとどまる。

宋代になると汾陽善昭(947-1024)や石霜楚円(986-1039)、雪竇重顕(980-1052)などに見るように、語録の編集は禅匠の生前、その監督のもとに行なわれ、その禅僧が没するとすぐ、あるいは場合によっては生前に刊行されるようになった(生前に刊行された例としては、南宋の虚堂智愚の『虚堂録』〈1269年刊〉などがある)。没後に編集される場合にも、できあがった稿本を他の先輩に提示して添削を請い、その序跋を得て刊行するのが普通であった。宋代には禅宗が広く社会に浸透していったが、出版による禅籍の流布は、その一つの原動力であったといえる。

しかし、宋代の刊本の意義はそれにとどまるものではない。刊行によるテキストの流布は、唐代や宋初の禅僧たちの語録を後世に伝える上で非常に重要な役割を果した。『六祖壇経』に典型的に見られるように、この時代の刊本は、後代に改編される以前の古い形態のテキストを伝えている場合も多く、禅宗の歴史を研究するうえで極めて重要な資料価値を有しているのである。

宋代の刊本は留学僧や商人によって盛んに日本にもたらされた。それらは今日もかなりの数が伝えられており、雕造技術が優れ、工芸的価値が高いこともあいまって、「宋版」として珍重されている。「宋版」は、元代の刊本である「元版」とともに「唐物」として、そのまま流布したが、「五山版」の底本に用いられることで、日本における禅籍の出版にも大きな影響を与えた。

公案禅の形成

南宋に入ると公案批評は、いよいよ盛んとなり、大慧宗杲が種々の公案

に対して行なった著語や評唱を編集した『正法眼蔵』などが現われたが、中でも盛行を見たのは頌古であって、宏智正覚や雪庵従瑾 (1117-1200)、虚堂智愚らによって「頌古百則」が作られるとともに、『四家録』(雪竇重顕、投子義青、天童正覚、丹霞子淳の頌古集を収める) のように、有名な頌古集の集成も出版されるようになった。また、北宋代の『宗門統要』に続く形で、『禅宗頌古聯珠通集』(1175年初編) のような、多くの禅僧の頌古や拈古を集成した書物も編集された。これらの多くは元代以降も増補が行なわれ、成長を続けていった。

公案批評の流行は灯史にも影響を与え、禅僧の伝記よりも公案の提起を主たる目的とするかのごとき『宗門聯灯会要』(1183年) が出現した。これには特に『正法眼蔵』や『宗門統要』の影響が強いとされている。

公案集成 公案と拈古・頌古の集成は、北宋の慧厳宗永 (生没年未詳) 編『宗門統要』(1133年) が先駆で、元代には古林清茂 (1262-1329) によって続編『宗門統要続集』(1320年) が編まれ、清代にはさらにこれを増補した位中浄符編の『宗門拈古彙集』(1664年) が現われた。このように公案集成は、時代とともに増補される場合が多く、宋の法応 (生没年未詳) が編集した『禅宗頌古聯珠通集』も、1317年に元の魯庵普会 (生没年未詳) によって増集されている。また、祖慶 (生没年未詳) 編の『拈八方珠玉集』(1257年) は、1125年に仏鑑慧懃 (1059-1117) と圜悟克勤 (1063-1135) が行なった拈弄を基礎に、1136年になって正覚宗顕 (11-12世紀) がそれに対して増補と拈古を行ない、さらにそれに祖慶の師の石渓心月 (?-1254) の著語を附したものである。そのほかにも、六百六十一則の公案に対する大慧宗杲の著語と評唱を編集した『正法眼蔵』(1147年)、元の善俊、智境、道泰が共編した『禅林類聚』(1307年) などの公案集成がある。

宋代以降、叢林では「開悟の体験」を重視する傾向が強まっていった。北宗禅では「開悟の体験」が大きくクローズアップされていたが、そうした側面は、荷沢神会 (684-758) 以降、蔑視され、馬祖道一 (709-788) 以降は表面的にはほとんど無視されるに至ったものである。「禅体験」の獲得が再び重んじられるようになったのは、禅僧の心理が再び内部に向かったことを示すものと言わなければならない。公案批評の流行は、叢林が社会組織の中に組み

第五章　禅の継承と維持　121

込まれ、かつてのような自由な活動ができなくなったことの反映と見ることができるが、禅僧のこうした内面化の傾向も、同じところに起因していると見做すことができよう。

　公案批評の流行と「開悟の体験」の重視という二つが結びついて南宋の時代に生まれたのが「公案禅」(看話禅)である。これは五祖法演や圜悟克勤に萌し、大慧宗杲に承け継がれて明確に方法論として認識されるに至った修行法で、「公案」を用いて修行者に半ば強制的に「疑団」を起こさせ、「悟り」を開かせるというものである。

　公案は、元来、過去の偉大な禅僧の言動を通じて悟りの境地を表現したものであるから、それによって悟りを開くということは古くからあった。黄龍慧南(1002-1069)などは、石霜楚円のもとで「趙州勘婆」の公案で悟り、弟子の指導にも盛んに公案を使ったと言われる。

　しかし、公案禅においては、公案は単なる道具に過ぎず、その内容をいかに理解するかはほとんど問題にされることがない。ここで重要なことは、いかに効果的に疑団を起こすことができるかだけなのである。そのため用いられる公案は「趙州無字」などの難解なものに集中するようになり、指導者には、個性よりも伎倆の的確さが求められるようになっていった。

　公案禅は開悟という点で顕著な効果を収めたため大いに流行した。殊に大慧宗杲は、この方法を用いて士大夫を含む多くの弟子を養成し、社会全体に大きな影響を及ぼしたため、一般に「公案禅の大成者」と呼ばれている。しかし、公案禅の成立が、結果として禅に平板化をもたらし、その魅力の逓減を来たしたことは否定できないように思われる。

　大慧宗杲やその弟子たちは多くの著作を残したが、それらの中には、叢林の逸話集と呼ぶべきものがある。大慧宗杲の『大慧武庫』(開善道謙編、1186年)、仲温暁瑩(大慧宗杲の弟子、?-1116-?)の『羅湖野録』(1155年)や『感山雲臥紀談』(雲臥紀談、1179年頃)、東呉浄善(生没年未詳)の『禅林宝訓』(1180年頃)、者庵恵彬(生没年未詳)の『叢林公論』(1189年)、古月道融(生没年未詳)の『叢林盛事』(1197年)が主なものであり、やや遅れて、四明曇秀(笑翁妙堪(1177-1248)の弟子)の『人天宝鑑』(1230年)、枯崖円悟(偃渓広聞(1189-

1263）の弟子）の『枯崖和尚漫録』（枯崖漫録、1263年）が出た。これらは開悟を目指す修行者たちを激励することを目的としたものであるが、この時代にこうしたものがあいついで出現したのは、やはり、公案禅の影響と見なくてはならないであろう。そうした性格は、大慧宗杲が官僚たちに与えた書簡を集めた『大慧書』（慧然〈生没年未詳〉編、1166年）にも窺うことができる。

　無論、曹洞宗の真歇清了や宏智正覚に見るように、こうした方法論に与しない人々（「公案禅」に対して「黙照禅」と呼ばれる）も存在したが、大慧禅の魅力の前に大勢とはなりえなかった。宏智の弟子には、『六牛図』を著わした自得慧暉(1097-1183)などがあり、後代の中国の曹洞宗は彼の児孫によって維持された。

　黙照禅　大慧宗杲が当時の禅宗に見られた一傾向を批判して言った「黙照邪師」「黙照邪禅」という言葉による語。悟りを目指そうとせず、ただ黙々と坐禅するだけでよしとする人々を批判したものであるが、宏智正覚の著作に「黙照銘」があることから、大慧の批判の対象は曹洞宗の宏智派の人々と見られている。ただし、大慧と宏智の間には親交があったことなどから、その直接の批判の対象となったのは、宏智よりも、むしろその兄弟弟子であった真歇清了の方であったようである。しかし、いずれにせよ、この批判が臨済宗と曹洞宗の宗風の相違を前提としたものであったことは間違いない。異論もあるが、「只管打坐」を説く日本の道元の禅が、黙照禅の系統を引くものであることは否定し難い。その意味からすれば、道元が大慧を激しく批判したのは当然の帰結であったとも言える。

公案禅の影響——無門関と十牛図——

　公案禅の盛行は、やがて『無門関』に見るように公案集の内容をも変質させるに至った。そこでは、従来、かなりの比重をもっていた文学的趣味的性格が後退し、公案による悟りの獲得に絶対的な価値が置かれ、それを得るための修行の強調や、修行者への教誨、激励がその主要な内容となっているのである。

　これは、いわば、悟りのマニュアル化であるが、こうした傾向は同時期に

次々と現われた「牧牛図」にも窺うことができ、この時代の禅思想を特徴づけるものと言える。「牧牛図」には、四牛図、六牛図、八牛図、十牛図、十二牛図など様々なものがあったが、特に有名なものは廓庵師遠（11-12世紀）の『十牛図』（12世紀初頭）であり、これには公案禅の思想が強く反映されているといわれている。

無門関 宋の無門慧開が、1228年に東嘉（浙江省）の龍翔寺で弟子を指導した際の記録を編集したもので、翌年刊行された。その内容は、古今の重要な公案四十八則に慧開が評唱と頌を付したもので、『碧巌録』とともに最も代表的な公案集とされる。入宋して慧開の法を嗣いだ心地覚心（1207-1298）が、帰朝に際して授けられたのが本邦初伝で、以後、臨済宗で重んじられ、しばしば刊行を見たが、特に注目されるようになったのは近世以降である。それは『碧巌録』に較べて分量も少なく、内容も簡明で、修道への直接的助言に富むためであるが、とりわけ本書を有名にしたのが第一則の「趙州無字」の公案である。これは唐の趙州従諗（778-897）が、犬にも仏性があるかと問われて「無」と答えたというもので、公案禅に一大転機をもたらすものであった。しかし、公案集として見る時、『碧巌録』に見られた文学性や多重性などの豊饒な世界が失われ、実務化した、やせ細ったものになってしまったとの印象は拭えない。

十牛図 廓庵師遠撰。「本来の自己」を牛になぞらえ、禅修行を、逃げ出した牛を連れ戻す過程と見做して、（1）尋牛、（2）見跡、（3）見牛、（4）得牛、（5）

『十牛図』見跡・得牛
（京都大学人文科学研究所蔵）

牧牛、(6)騎牛帰家、(7)忘牛存人、(8)人牛倶忘、(9)返本還源、(10)入鄽垂手、という十の階梯に分け、それぞれを絵と解説、詩によって表現したもの。本書は早くから日本に伝えられ、『四部録』や『五味禅』に収められてしばしば開版を見、広く流布した。それは内容が平易な上に禅修行の全体を俯瞰できるためで、今日の関心の多くもこの点に存するが、それは主に本書に特徴的な人間の心を一元的に捉えようとする傾向に由来している。この傾向は公案禅とも共通し、当時の叢林が置かれた状況を反映するが、分かりやすい反面、観念的で活力に乏しいことは否めず、全体に趣味的性格すら感じられる。また、このような著作が、叢林を覆いつつあった管理体制を心の中にまで導入し、強化したという側面も無視できない。なお、『十牛図』には、ほかに中国で広く流布した普明（雲門宗の円通法秀〈1027-1090〉の弟子、生没年未詳）のものも知られるが、日本に流入したのは近世以降のことであり、江戸時代には、廓庵と普明の双方を綜合する形で月坡道印(1637-1716)の『うしかひぐさ』（和文、1668年）が現われた。

公案禅が成立した意義は非常に重大である。「悟り」を得るための方法論が確立されたことによって、「禅」は文化や素養の相違を超えて、あらゆる人間に受け入れられるものとなったからである。実際、ヴェトナムや朝鮮、日本などには古くに禅が流入していたが、それらの諸国において禅が真の意味で定着しえたのは、これ以後のことであった（朝鮮の曹渓宗の祖、智訥〈1158-1210〉には『看話決疑論』の著があり、ヴェトナム〈陳朝〉の仁宗〈1279-1293在位〉が開いた竹林派では『大慧語録』が重視された）。

三教一致論の盛行と朱子学の成立

宋代になると、叢林の国家主義的傾向が強まり、儒禅一致や三教一致思想が唱えられたことは先に述べた通りであるが、禅が士大夫階級に多くの信奉者を得たことは、これを強化する方向に働いた。彼らは実際に政治に携わる官僚であったから、儒教の価値を無視することはできなかった。そこで自らの信奉する禅と儒教との関係を調整する必要が生じ、張商英の『護法論』や顔丙（如如居士、?-1212）の『如如居士語録』（明代に再編されて『如如居士三教大全録』〈1386年〉となる）、圭堂居士(12-13世紀)の『仏法大明録』(1229年)、劉謐（生没年未詳）の『三教平心論』（元代の著作とも言われる）に見るよう

に、盛んに儒禅一致(じゅぜんいっち)や三教一致(さんぎょういっち)を唱導したのである。

　三教一致ということで注目されるのは、林希逸(廬斎(ろさい)、13世紀中葉)である。密庵咸傑の弟子の隠静致柔(いんじょうちじゅう)(12世紀後半)や永清古源(えいせいこげん)(系統未詳、1215-1291)と親交を持った希逸は、儒教、老荘、禅が一致するという思想に基づいて、道家の典籍に対して注釈を著わしたが(『老子廬斎口義(ろうしけんさいくぎ)』『荘子廬斎口義(そうじ)』『列子廬斎口義(れっし)』)、これらは、しばしば禅の用語で老荘思想を解釈しているため、叢林で広く読まれた(日本の五山でも同様に尊ばれた)。

　禅僧の側でも、士大夫との交流の必要もあって儒教の価値は否定できなかった。また、宋代を通じて北方異民族の外圧が強く、とりわけ南宋期には華夷(か い)思想から大義名分論や攘夷論がしばしば唱えられるようになり、「夷狄(いてき)の教え」たる仏教への風当たりも強まっていったから、それへの対応も必要であった。そのため儒禅一致や三教一致は、大慧宗杲をはじめとする多くの禅僧の採用するところとなったのである。

　こうした状況の中で朱子学が成立したことは、禅にも少なからぬ影響を及ぼした。朱熹(しゅき)は、北宋の周敦頤(しゅうとんい)(濂渓(れんけい)、1017-1073)、張載(ちょうさい)(横渠(おうきょ)、1020-1077)、程顥(ていこう)(明道(みょうどう)、1032-1085)、程頤(ていい)(伊川(いせん)、1033-1107)らによって唱えられた様々な教説を綜合し、一つに纏めあげることに成功した(朱子(しゅし)学(がく))。周敦頤らに禅の影響が強いことは先に述べた通りであるし、朱熹自身、弱年の頃、大慧宗杲の弟子の開善道謙(かいぜんどうけん)(12世紀中葉)に師事し、大慧の語録を愛読していたと言われるように、その思想には禅的な要素が多分に認められるのであるが(『朱子語類』のような語録が儒家でも編纂されるようになったのも、禅の影響である)、朱熹は儒家の伝統に沿って禅を激しく批判したのである。

　朱熹は多くの弟子をもったものの、その学問が政府の公認となったのは、元代に入っていったん廃止されていた科挙(かきょ)が、1315年に再開された時のことである。しかし、朱子学者らの執拗な批判に対して反論する必要もあり、また、思想そのものに相い通ずる点があったために、禅僧たちは積極的にそれを学習するようになっていった。こうして、朱子学の成立は、叢林における儒禅一致思想をいっそう強めるように働いたのである。

　当時の禅僧たちの意識がどうであったかは別にして、現実には、こうした

状況は、禅宗が社会に広まる中で、その限界が露呈した結果、それを乗り超える形で成立した朱子学の後塵を拝さざるをえなくなったことを示すものであった。禅宗がいかに能動的な思想であり、社会の中でそれを生きることを求めるものであったとしても、仏教である限り、「出家」という在り方を否定することはできなかった。ところが朱子学は、禅のもつ優れた点を十分に取り込むとともに、「儒教」であることによって、政治への参加を積極的に自らに課すことができたのである。科挙官僚となることを最高の目的とする士大夫階級の人々にとって、朱子学が魅力的なものに映ったのは当然であろう。

しかも、社会的にも禅宗には逆風が吹き始めた。士大夫階級の中で科挙に及第できなかったものが禅僧になるといった風潮が生まれてくると(晦機元熙〈1238-1319〉はその実例である)、儒者に対して守勢に立たざるを得なくなった。さらに、財政難から政府が度牒や紫衣や師号などを売り出すようになったため、僧侶の資質が次第に低下し、その社会的な地位も低下せざるをえなかった。宋代の禅宗は、表面的には唐代以上の隆盛を見せたが、既に衰退への道を辿りつつあったのである。

官寺の制度と禅文化

宋代以降、禅宗の寺院が国家の体制の一翼を担うものとなっていったことは既に述べた通りであるが、南宋時代になると新たに官寺の制度が導入され、いっそう締めつけが強化された。寧宗(1194-1224在位)の時代に史弥遠(?-1233)の上奏によって定められたという「五山十刹」の制度がそれである。

北宋時代に確立された両班による寺院運営そのものが官制に倣ったものであったが、官寺の制が導入されることによって、「疏」(下位から上位に対して出される表白文のことで、入院を祝賀する「入寺疏」〈立場の相違によって、山門疏、諸山疏、江湖疏などの種類がある〉、風呂を焚く費用を募る「淋汗疏」、種々の勧進のための「幹縁疏」などがある)、「榜」(上位から下位に対して示される掲示文)、「啓箚」(啓札、同等のもの同士が取り交わす儀礼的な書簡)などで、公文書に倣って四六文(四六駢儷文)が用いられるようになるなど(これを起草、墨書するのが書記の仕事であった)、叢林の官僚化がいっそう推し進められた。そして、このように叢

林生活を送る上で四六文が必要となったことは、禅僧らの文学への関心をいよいよ高め、社交のための詩会が盛行し、その記録として詩軸が多く作られた。この時代の詩文集としては、北礀居簡の『北礀文集』『北礀詩集』(1238年頃)、居簡の弟子、物初大観の『物初賸語』(1267年)、無文道燦(？-1271)の『無文印』(1273年)などがある。特に北礀居簡の文集と詩集は日本でも尊ばれ、五山文学にも大きな影響を与えた。

　しかし、この時代の禅文化に最も大きな影響を与えたのは、何といっても無準師範であろう。彼自身、絵画に非常に優れていたらしいが、その弟子の牧谿(法常、？-1280頃)は叢林が生んだ最大の画家であり、その作品は入宋した留学僧らによって、しばしば日本にもたらされ、今日も優品を伝えている。無準師範は当時を代表する書家の張即之(1186-1266)と交渉をもったため、その弟子たちは好んで彼の書を学んだ。無準師範が帰国した東福円爾に送った墨蹟が、張即之のものであるとされている。また、南宋末から元初にかけての禅僧の詩を集めた『江湖風月集』(14世紀初頭)が師範の弟子の松坡宗憩(13世紀後半)の編として伝わっていることも、その影響の大きさを物語るものであろう。

　そのほか、無準師範と同時期の北礀居簡や虚堂智愚についても、画院を代表する画家である梁楷(13世紀前半)との交渉があったとされ、また、画院の画家を輩出したことで知られる馬氏一族の馬公顕(12世紀中葉)や馬遠(12-13世紀)らがしばしば禅機画を描いていることなども注目される。無準や智愚の弟子たちの時代は禅文化の爛熟期で、後世からは「景定咸淳の浮華」と呼ばれて批判されたほどであった。

　南宋時代には官僚の子弟や科挙の落第生が叢林に入って出世を目指すなどといったことも珍しくなかったようであり、叢林は士大夫階級の外にあるのではなく、まさしくその一環を形成するものとなっていた。そのため、士大夫との交流はますます盛んとなり、詩文や書、絵画などの素養は禅僧にとって不可欠のものと見做されるようになっていったのである(この頃には禅僧が在家の葬祭にも関与するようになっていたようであるが、その原因もここに求めることができる)。

五山十刹 代表的な禅寺に対して政府が序列化を行なったもので、住持には全国から高僧が選ばれ、勅任された。これに列せられた寺院は、国家によってその権威を認められた反面、「官寺」として祝聖（祝祷）などを通じて国家に奉仕する義務を負い、時に応じて官憲により日常の修道状況の監察が行なわれた。ただ、国家のための祈祷に携わることで官寺が課税を減免された例があったことなどは知られているものの、国家と官寺との関係の詳細については不明である。五山とは、(1) 径山興聖万寿寺(浙江省、杭州臨安府)、(2) 北山景徳霊隠寺(同上)、(3) 南山浄慈報恩光孝寺(同上)、(4) 太白山天童景徳寺(浙江省、明州慶元府)、(5) 阿育王山鄮峰広利寺(同上)の五箇寺、十刹は、(1) 中天竺山天寧万寿永祚寺(杭州臨安府)、(2) 道場山護聖万寿寺(浙江省、湖州烏程県)、(3) 蒋山太平興国寺(江蘇省、建康上元府)、(4) 万寿山報恩光孝寺(江蘇省、蘇州平江府)、(5) 雪竇山資聖寺(明州慶元府)、(6) 江心山龍翔寺(浙江省、温州永嘉県)、(7) 雪峰山崇聖寺(福建省、福州侯官県)、(8) 雲黄山宝林寺(浙江省、婺州金華県)、(9) 虎丘山雲巌寺(蘇州平江府)、(10) 天台山国清敬忠寺(浙江省、台州天台県)の十箇寺をいう。この制度は元代にも承け継がれたが、1330年、トク・テムル(文宗、1329-1332在位)は金陵(江蘇省、建康)郊外の離宮を捨てて大龍翔集慶寺とし、笑隠大訢を開山に迎え、「五山之上」に位置づけた。明代にも大龍翔集慶寺が天界善世禅寺と改められただけで、この体制は、ほぼそのまま承け継がれた。五山十刹の制度は、その下に置かれた甲刹(日本の諸山に当たる)の制度とともに後に日本でも模倣され、京都や鎌倉の五山などが選定されることになった。南禅寺が「五山之上」に位置づけられたのも、大龍翔集慶寺に倣ったものとされている。官寺の制度の整備に伴って、住持になるための資格試験である「秉払」の儀式が定められ、寺院への晋住も、甲刹→十刹→五山という形で固定した。

禅寺の経済と規律の弛緩

このように南宋の時代には五山をはじめとする禅宗寺院は文化の重要な担い手の一つとなったが、それを側面から支えたのが豊かな寺院経済である。多くの人々が禅宗に帰依した結果、土地の寄進や寺院の建立が流行し、寺院は広大な荘園をもつ大地主となった。僧侶は寺産の貸し付けなどの営利事業さえ行なったので、寺院は経済的には唐代をしのぐほどに豊かだったのである。

北宋末の1125年には寺観に限田法の網がかけられたが、それは都の寺観は五千畝、地方は三千畝を上限とするものであった。1121年に引き締められた限田法では、最高の官品である一品官が一万畝とされているから、この上限値は寺観がいかに大量の田畑を持っていたかを推測させる。実際、南宋の宝慶年間(1225-1227)、阿育王山の寺産は、常住田三千八百九十五畝、山林一万二千五十畝であったといい、天童寺には千人の徒衆が住み、常住田三千二百八十四畝、山林一万八千九百五十畝を所有し、ほかに三十六の荘園、計一万三千畝があり、そこから入る収入は、穀三万五千斗であったという。

　こうした豊かな寺院経済は、禅僧の生活に影響を与えずにはおかなかった。それは具体的には規律の弛緩となって現われた。それまで禁じられていた夕食が「薬石」と称して禅院でも認められるようになったのも、この時代であり、当時は長髪・長爪の禅僧も珍しくなくなっていたようである。『禅苑清規』によれば、北宋では坐禅は各人に任せて随時行なわれていたようであるが、南宋時代には四時（黄昏・後夜・早晨・晡時）の坐禅が明確に規定されるに至った。こうした規定が必要になったのは、禅僧の修行への熱意が低下したためと見られている（なお、インドには規定のない冬安居も、この時代には既に行なわれていたようである）。

　度牒や紫衣、師号が売りに出されたのは、それを買うだけの財力を僧侶たちが持ち合わせていたからであるが、場合によっては、禅寺の住持職が金銭で売買されることもあったようである。南宋の末には禅寺が十方住持制から

太白山天童寺

徒弟院に復帰する傾向が生じたが、その理由は、住持の交代ごとに先住が什器類を搬出して寺を荒廃させるのを防ぐためであったという。当時、寺院の私物化がいかに甚だしいものであったかを窺わせるものと言えよう。

　ただ、他者の横領から寺田や山林など寺産を守り、それを維持することは必ずしも容易なことではなかった。また、寺院の補修や修理にも一定の費用がかかったし、天災や人災などで失われた堂宇を復興するには莫大な資金が必要であった。それゆえ、住持が各界の名士や政界の実力者たちと積極的に交流することは、職務上、どうしても必要なことであった。住持に求められたものは、その境地の高邁さや弟子への指導の適切さだけではなかったのである。そのような柵を避けて、人知れず庵居しようとする禅僧も多かったようであり、後に触れる元の中峰明本などはその典型と言える。

2　金・元における禅の展開

金から元へ

　中国では十二世紀の末まで、金・西夏・南宋という三国の鼎立状態が続いたが、こうした状況はモンゴルの興起によって終止符が打たれることになった。テムジンは、1205年、モンゴル高原の大半を統合すると、翌年に開かれたクリルタイにおいて、チンギス＝ハンの称号を受けた（太祖、1206-1227在位）。チンギス＝ハンは国家の体制を整えると、まず中央アジアの諸国を帰属させ（1209-1211年）、次いで金の討伐戦を行ない、遂に中都を陥落させて開封への南遷を余儀なくさせた（1211-1215年）。その後、西征（1218-1225年）を行ない、イランとアフガニスタンを支配するホラムズ・シャー国を滅ぼした。

　モンゴル高原に帰還したチンギス＝ハンは、再び矛先を東に向け、西夏を滅ぼしたが（1225年）、間もなく病に倒れた。その後を襲って可汗になったオゴデイ＝ハン（太宗、1229-1241在位）は、懸案の金の攻略を再開し、遂にこれを滅ぼした（1234年）。チンギス＝ハンやオゴデイ＝ハンの中国政策において非常に大きな役割を担ったのが、遼の皇族出身の耶律楚材（1190-1244）である。モンゴル人は、その後も能力主義に基づき、異民族を積極的に活用すること

になる。
　オゴデイの後、グユク＝ハン（定宗、1246-1248在位）が後を継いだが、わずか二年で崩じ、続くモンケ＝ハン（憲宗、1251-1259在位）も自ら南宋の征服に乗り出したものの、陣中で病没した。モンケの没後、帝位を巡って内紛が起きたが、結局、クビライ（世祖、1260-1294在位）がこれを制して第五代の可汗となった。
　クビライは南宋の侵略を再開し、1276年には首都の臨安を無血開城させ、さらに、1279年には宋の残党を亡ぼして中国統一を果たした。クビライは自ら中華帝国の皇帝たらんとし、「中統」という年号を用い、国号を『易経』に基づいて「元」と定めるとともに、新たに国都として「大都」（後の北京）を建設した。
　少数のモンゴル人が絶対多数の中国人を支配する元王朝は、強大な軍事力によって支配体制を固めるとともに、流通の要衝を押さえて課税を行ない、それによって国家財政の多くを賄った。税制や法制については、中央政府はほとんど手を着けず、旧政権の方法がそのまま用いられた。そのため、一応、中国風の官僚機構は整備されたものの、その中枢はモンゴル人によって握られ、伝統の側近政治が行なわれた。
　クビライの没後、テムル（成宗、1294-1307在位）が第六代の可汗に即位すると、オゴデイ家のカイドゥとの争いとなり、テムル側が勝利を収めたものの、テムル自身は酒に溺れて四十二歳で生涯を閉じた。その後も短命な皇帝が多く、皇位をめぐる内紛が絶えず、政局は安定しなかった。特に1328年に第十代のイスン・テムル（泰定帝、1323-1328在位）が没した後の混乱を「天暦の内乱」というが、これを収拾した形で即位した第十二代のトク・テムル（文宗、1329-1332在位）は完全な傀儡で、以後、実権は非モンゴル系の近衛軍団の手に握られた。
　七歳で即位した後、わずか四十三日で没したイリンジバル（寧宗、1332年在位）の後、第十四代トゴン・テムル（順帝、1333-1370在位）の治世が四十年近く続いたが、その間、紙幣を乱発して経済の混乱を招き、また異常気象や地震などの天災があいついだため、1350年代には各地で反乱軍が蜂起した。特に

1342年以降、毎年繰り返された黄河の氾濫は、弥勒の下生を称する韓山童(?-1351)・韓林児(?-1366)父子を戴く白蓮教の乱を引き起こし(紅い布を頭につけたため「紅巾軍」と呼ばれた)、いったんは鎮圧されたものの、帝室の内紛もあって再び勢力を盛り返していった。紅巾軍の中で貧農から身を起こし、知識人を登用するなどして次第に勢力を拡大していったのが朱元璋(1328-1398)であり、やがて、陳友諒(1316-1363)や張士誠(1321-1367)といったライバルを蹴落として中国の南半分を押えると、元に対して北伐を開始し、1368年には応天で即位して国号を「明」、年号を洪武と定めた。明の太祖、洪武帝(1368-1398在位)である。洪武帝は同年中に大都を陥落させてモンゴルの勢力を北方に駆逐することに成功した。

禅宗各派の動向

遼代には歴代皇帝が仏教に帰依したが、華厳、法相、密教などの教学仏教が中心で、禅宗は振わなかった。しかし、金が遼に代わると禅宗が勢力を伸ばし、特に金の末に現われた曹洞宗の万松行秀(1167-1246)は、林泉従倫(生没年未詳)、雪庭福裕(1203-1275)、其玉至温(1217-1267)、李屏山(1185-1231)、耶律楚材(湛然居士)らの多くの優れた弟子を育て、章宗(1189-1208在位)にも帰依された。耶律楚材がモンゴルの創業に深く関わったことは先に述べたとおりであるが、福裕はクビライに重んじられて天下の釈教を統べ、カラコルムの宮廷内において道教(全真教)の李志常(1193-1256)と対決して屈伏せしめた(1255年)。福裕は嵩山の少林寺に住したが、これが契機となって少林寺には曹洞宗の人々が住することが多くなり、曹洞宗の北方における根拠地となった(彼らは明の中期以降、「曹洞正宗」を名乗るようになった)。また、李屏山の著作、『鳴道集説』(1235年耶律楚材序)は宋儒の仏教批判に反駁を加えた書として名高い。

元朝の創業期に活躍した禅僧としては、ほかに臨済宗の海雲印簡(1202-1257)があり、オゴデイからクビライに及ぶ四代の可汗に尊ばれ、勅命によって仏教界を統轄した(没後、その地位を嗣いだのが福裕であるが、印簡の児孫は、その後も元朝と密接な関係を保ったため、14世紀の初め頃より「臨済正宗」を名乗る

ようになった)。しかし、1269年、パスパ(1235-1280)がクビライの信任を得て「帝師」となったことを契機に、モンゴル人たちの関心はチベット仏教に向かい、宮廷における盲信と浪費は、元朝が崩壊する一因になったとも言われている。

> 万松行秀　河内県(河南省)の人で姓は蔡氏。幼くして邢州(河北省)の浄土寺で出家し、諸方を遊歴して磁州(河南省)大明寺の雪巌満(?-1206)の法を嗣ぐ。後に浄土寺に帰って万松軒という庵を結んで住す。1193年、二十七歳で金の章宗に召されて説法し、その後、各地の名刹に歴住して多くの弟子を養成した。1223年、燕京の報恩寺内に従容庵を設けて住す。元初に入寂。従容庵において行われた宏智正覚(1091-1157)の「頌古百則」の講義を弟子が纏めたものが『従容録』(1223年)であり、宏智の「拈古九十九則」の講義録である『請益録』(1230年)とともに、この時代の禅宗を代表する著作とされている。

　元王朝はモンゴルの伝統に沿って、支配下の諸民族内部の問題については、それぞれの民族固有の法(本俗法)に基づいて処理し、その内部に立ち入ることをしなかったから、南宋以来の漢民族の生活や文化は、ほぼそのまま維持された。宗教についても同様で、反モンゴル的な活動をしない限りは、そのまま容認された。そのため元代にあっても、中国人にとって「仏教」といえば、ほとんど禅宗にほかならなかったのである。
　この時代に活躍した禅僧の多くは臨済宗の人々で、大慧派では物初大観の弟子に晦機元熈(1238-1319)が、偃渓広聞の弟子に雲峰妙高(1219-1293)が出た。特に元熈の門下は多士済々で、『蒲室集』を著わした笑隠大訢(1284-1344)、『勅修百丈清規』(1336-1343年)を編した東陽徳輝(生没年未詳)、『仏祖歴代通載』(1341年)の編者、梅屋念常(1282-?)、『釈氏稽古略』を編んだ覚岸宝洲(1286-1355?)、画僧として知られる雪窓普明(13-14世紀)らがある。また、仏照徳光の弟子の妙峰之善(1152-1235)の系統からも楚石梵琦(1296-1370)、夢堂曇噩(1285-1373)、愚庵智及(1311-1378)らが出た。
　一方、破庵派では雪巌祖欽の門下の活躍が目覚ましく、その法系は高峰原妙(1238-1295)、中峰明本(1263-1323)を経て、千巌元長(1284-1357)や天如惟則(?-1354)へと承け継がれていった。また、松源派で重要な人として

は、古林清茂（1262-1329）や了庵清欲（1288-1363）、即休契了（1269-1351）、虎巌浄伏（生没年未詳）などを挙げることができる。

曹洞宗では宏智派の直翁徳挙（生没年未詳）や弟子の雲外雲岫（1242-1324）などがあり、日本の入元僧、孤峰覚明（1271-1361）、祇陀大智（1290-1366）、別源円旨（1294-1364）らが参じた。また、徳挙の弟子の東明慧日（1272-1340）や雲岫の弟子、東陵永璵（1285-1365）は日本に渡来して一派を成した。

元代を通じて禅は一定の勢力を維持し、五山も権威を保ったが、元末の戦乱のため、径山や霊隠寺などの名刹も兵火によって堂宇の多くを焼失し（浄慈寺のみは例外的に兵火を逃れたという）、その再興は明代を待たねばならなかった。

中峰明本頂相（選仏寺蔵）

中峰明本 元代の人。臨済宗楊岐派破庵派。幻住道人と号す。杭州（浙江省）銭塘の人。俗姓は孫氏。九歳で母を失い、十五歳で出家を志す。1286年、西天目山獅子巌の高峰原妙に参じ、翌年、原妙について出家。1288年には具足戒を受け、その翌年には原妙の法を嗣いだ。師は遷化に際して大覚寺を譲ったが、第一座を推して、自ら山を下りた（1295年）。その後は定居なく、自ら「幻住庵」と名づけた庵を各地に結んでは庵居し、しばしば天目山に帰院するという生活を送った。その間、霊隠寺や径山に招かれたが応じず、また、趙孟頫らと交流を持った。1318年、アユルバルワダ（仁宗、1311-1320在位）は金襴の袈裟、及び「仏慈円照広慧禅師」の号、「師子正宗寺」の院号を賜った。また、シディバラ（英宗、1320-1323在位）も帰依し、金襴の袈裟と香を賜った。1323年8月14日、六十一歳で没す。1329年、トク・テムル（文宗）は「智覚禅師」と諡し、塔を「法雲」と号した。さらに、1334年、トゴン・テムル（順帝）の時、『中峰和尚広録』三十巻を

第五章　禅の継承と維持　135

入蔵し、「普応国師」と加諡した。教禅一致、特に禅浄双修思想を説いたことで知られ、『幻住庵清規』『一華五葉』『東語西話』『幻住家訓』『懐浄土詩百篇』などの著作があり、その多くは『中峰和尚広録』に収められている。古先印元(1295-1374)、遠渓祖雄(1286-1344)、復庵宗己(1280-1358)、無隠元晦(?-1358)、明叟斉哲(?-1347)など、多くの日本人入元僧が参じたが、彼らは帰国後も明本に倣って隠遁的な生活を好み、全国各地で着実な布教活動を続けた。彼らを一括して「幻住派」と呼んでいるが、その中には明本の禅風を忠実に伝えて、禅浄双修を実践したものもあったことは注目すべきである。

金・元時代の著作

この時代の著作で後代まで読まれたものとしては、語録では高峰原妙の『高峰原妙禅師語録』や中峰明本の『中峰和尚広録』などが代表的なもので、公案集では『碧巌録』に倣って作られた『従容録』(1224年、宏智正覚頌古、万松行秀示衆・著語・評唱)、『虚堂集』(1295年、丹霞子淳頌古、林泉従倫評唱)、『空谷集』(1285年、投子義青頌古、丹霞子淳著語、林泉従倫評唱)、『撃節録』を模した『請益録』(宏智正覚拈古、万松行秀評唱)、『宗門統要』の続編で古林清茂が編した『宗門統要続集』(1320年)、金の錯庵志明(12-13世紀)が初学者のために集めた公案に万松行秀の弟子の雪堂徳諫(13世紀中葉)が注を付した『禅苑蒙求』(1225年、1255年注)などがある。

元代の禅宗の著作で注目すべきは、宋代に欧陽脩(1007-1072)の『新五代史』(五代史記、1053年)や司馬光(1019-1086)の『資治通鑑』(1084年)などによって史学が隆盛したことが刺激となって、梅屋念常の『仏祖歴代通載』や宝洲覚岸の『釈氏稽古略』などといった仏教史書が次々と編纂されたということである。

これらは従来の「灯史」とは異なり、禅宗だけではなく仏教全体の歴史を扱ったものであるが、こうしたものが生み出されるようになった背景には、他宗の衰退によって禅宗が仏教全体を支えなくてはならなくなったという状況があったものと思われる(なお、この時代には、大川普済によって、従来の灯史を綜合する形で『五灯会元』が編まれたことも忘れてはならない)。

その他、この時代の著作で特筆すべきものとしては、東陽徳輝(14世紀前

半)が重修した『勅修百丈清規』があり、宋代の『禅苑清規』以上に国家主義的性格が強化されている。

　　禅苑清規と勅修百丈清規　『禅苑清規』は、1103年に宋の長蘆宗賾（ちょうろそうさく）（11-12世紀）が、唐の百丈懐海（749-814）が定めたという『百丈清規』が伝わらないのを遺憾として、当時の叢林で行なわれていた様々な規式をもとに編集、刊行したものであり、成立した年の年号によって「崇寧清規」（すうねいしんぎ）とも呼ばれる。現存する清規としては最古のもので、後に現われた各種の清規の基礎となった。そのため中国のみでなく朝鮮や日本においても広く流布し、一部に増補も行なわれたが、朝鮮で伝えられた『禅苑清規』が古い形態をよく留めているとされる。一方、『勅修百丈清規』（至元清規（しげんしんぎ）、勅規（ちょくき））は、元のトゴン・テムル（順帝（じゅんてい）、1333-1367在位）の命によって東陽徳輝が編集し、笑隠大訢の校正を経、1336-1343年に成立した。『禅苑清規』を初めとして、惟勉（いべん）（生没年未詳）の『叢林校定清規総要』（そうりんこうていしんぎそうよう）（校定清規（こうていしんぎ）、咸淳清規（かんじゅんしんぎ）、1274年）や沢山弌咸（たくさんいっかん）（生没年未詳）の『禅林備用清規』（ぜんりんびようしんぎ）（至大清規（しだいしんぎ）、1311年）など、それ以前の諸清規を綜合したものである。古来の清規中、最も整備されたものとして、日本でもしばしば刊行された。全体は「祝釐（しゅくり）」「報本（ほうほん）」「報恩（ほうおん）」「尊祖（そんそ）」「住持（じゅうじ）」「両序（りょうじょ）」「大衆（だいしゅ）」「節臘（せつろう）」「法器（ほうき）」の九章から成るが、冒頭に国家の安泰を祈る「祝釐」を置き（「祝釐」＝「祝聖」が清規に初めて現われたのは校定清規においてである）、「報恩」においても「国恩（こくおん）」を強調するなど、国家主義的色彩が顕著であると言われる。また、『禅苑清規』では住持が知事と頭首を任命する場合には大衆の同意が必要とされていた規定が、『勅修百丈清規』では失われており、北宋時代には、なお残されていた叢林の共同体的な性格が、元代になって完全に失われたことを示すものと考えられている。

禅文化の展開

　この時代の禅の思想は、基本的には宋代のものをそのまま継承したものと言える。五代以降、宋代を通して次第に広まっていった禅浄双修・教禅一致・三教一致といった思想は、この時代には中峰明本・天如惟則をはじめとして広く受け入れられ、さらに明・清時代へと継承されていった。しかし、この時代の禅宗で特に注目すべきは、南宋時代にも増して叢林が様々な文化との関わりを強めたということである。

　特に文学への関心は高く、14世紀初頭には松坡宗憩(13世紀後半、無準師範

の弟子)の編とされる『江湖風月集』のような、多くの禅僧の詩偈を集めた著作も現われるようになり、詩偈の内容も次第に世俗化し、一般の詩と異ならなくなっていった。これは明らかに禅僧の本分に悖る行為であったが、彼らは「詩禅一味」などの理念を提出して、自らを正統化したのである。

古林清茂は仏教的内容の「偈頌」を重視して、こうした傾向に歯止めをかけようとしたが、笑隠大訢(1284-1344)が現われると、四六文がいよいよ尊重されるようになり、その著、『蒲室集』は四六文の作法を学ぶための教科書とされ、日本でも広く流布した。

> **古林清茂と笑隠大訢** 古林清茂は温州(浙江省)の人で姓は林氏。「金剛幢」と号す。十三歳で出家し、諸方に歴参の後、横川如珙(1222-1289)の法を嗣ぐ。建康(江蘇)の保寧寺など、各地の名刹に住した後、入寂。弟子に了庵清欲(1288-1363)、竺仙梵僊(1292-1348)らがあり、その語録として、『古林茂禅師語録』がある。『宗門統要続集』の編者としても知られるごとく、文学に対する造詣が深かったため、嗣法した月林道皎(1293-1351)、石室善玖(1293-1389)をはじめ、孤峰覚明(1271-1361)、別源円旨(1294-1364)、可翁宗然(?-1345)、鉄舟徳済(?-1366)、天岸慧広(1273-1335)など、多くの入元僧が士大夫的教養に憧れてその門に学び、帰国後は嗣法の系統を超えて「金剛幢下」としての共同意識を持ち、文学活動などを通じて交流を続けた。なお、文学に接近した点では同じでも、大慧派の人々が完全に世俗化した詩文を書いたのに対して、古林清茂は題材を仏教に限定して、偈頌主義を取ったとされている。一方、笑隠大訢は南昌(江西省)の人で姓は陳氏。晦機元熙の法を嗣いだ後、中峰明本などにも参じた。杭州(浙江省)の大報国寺や中天竺寺、金陵(江蘇省)の大龍翔集慶寺などに歴住した。入内説法も行ない、1336年には「釈教宗主」として五山を統べた。禅林における四六駢儷文の大家で、その出現によって、禅林文学は偈頌から四六文にその中心を移したと言われる。著作に『蒲室集』『笑隠大訢禅師語録』などがあり、特に『蒲室集』は四六文の作法の教科書として日本の五山でも重んじられた。

元代の代表的な文人としては、宋王朝の皇室の血を引く趙孟頫(子昂、1254-1322)があり、詩・書・画のいずれにも優れたが、彼は熱心な仏教信者で中峰明本との間に親密な交流があった。そうしたこともあってか、元代の禅僧たちは、こぞって彼の書法を学ぼうとした。入元僧らによってもたらさ

黙庵筆：布袋図（MOA美術館蔵）

れた彼らの墨蹟には、その影響が極めて強いとされる。

また、禅僧で絵画を嗜むものも引き続き多く、文人画の系譜を引く人としては「葡萄図」で知られる日観子温（?-1293?）や「墨蘭」で有名な雪窓普明、「石菖蒲」の子庭祖柏（13-14世紀）などがある。一方、道釈人物画を描いたものに因陀羅（14世紀中葉）や、入元して牧谿の画風を学び、中国で客死した日本人の黙庵（?-1345）などがある（黙庵の絵画は数多く輸入されたが、多くの場合、中国人と見做されていた）。

なお、趙孟頫の画風を発展させて新たな山水画を打ち立てたとされるのが、黄公望（大癡、1269-1354）、倪瓉（雲林、1301-1374）、呉鎮（梅花道人、1280-1354）、王蒙（香光居士、1308-1385）の、いわゆる「元末四大家」である。彼らはいずれも処士（仕官しない人びと）であったが、禅に心を寄せるものも多く、彼らの山水画に見られる自然との一体感には、禅と繋がるものが多いと考えられている。

元代には日本との間は表向き外交断絶の形が取られたが、私貿易は盛んで、禅僧の往来も頻繁であった。そのため、元の初めに政府の使節として来朝した一山一寧の後も松源派の明極楚俊（1262-1336、1329年渡来）、竺仙梵僊（1292-1348、1329年に明極楚俊に随侍して渡来）、破庵派の清拙正澄（1274-1339、1326年渡来）などの優れた禅僧があいついで日本に来た。彼らは文学をはじめ、当時の様々な文化を伝えたが、彼らを受け入れた上流武士たちの間では、禅そのものよりも文化的な側面の方がむしろが重んじられるような傾向すらあった。一山一寧は朱子学を初めて伝えたといい、詩・書・画に巧みであったし、古林清茂門下の竺仙梵僊は中国においても文学で有名であった。また、日本

に出版の技法や梵唄を伝えたことでもその文化史的意義は大きいと言われている。明極楚俊や清拙正澄も文学に優れたが、偈頌主義という点で古林清茂と轍を同じくしたという。

　黙庵が中国に渡ったのは、ちょうど彼らの渡来と同じ頃であり、その後も多くの入元僧が中国の文学や絵画、墨蹟などを持ち帰った。こうして室町時代には禅文化が五山を中心に定着し、後世の日本文化を構成する重要な要素となったのである。

新道教の成立と仏道論争

　南宋では、禅が社会に普及してゆく過程で儒教に大きな影響を与えたが、金においては道教に多大な影響を及ぼし、その革新を導いた。金の領内であいついで成立した劉徳仁（生没年未詳）の真大道教（1142年成立）や王重陽（1112-1170）の全真教（1163年成立）などの、いわゆる「新道教」がこれである。

　特に全真教は、行脚や坐禅を奨励し、「清規」（全真清規）を設け、「見性」による悟りを追求するなど、ほとんど禅宗と変わらない教義を説いた。全真教は王重陽の没後、「四哲」と呼ばれた馬丹陽（1123-1183）、譚長真（1123-1185）、劉長生（1147-1203）、丘長春（1148-1227）らの努力によって徐々に拡大したが、特に丘長春は、金の世宗やチンギス=ハンの外護を受け、道教関係の一切を一任されるとともに、その教団は唯一、賦税を免除されるに至った。その地位はその後も全真教徒に承け継がれたため、他の道教教団を圧倒するほどの勢力を築いた。

　しかし、李志常（1193-1256）の時代に、『老子化胡経』や『老子八十一化図』の真偽問題がきっかけとなって仏教徒との間で争いが起き、モンケ=ハンの御前における論争（1255-1258年）で敗北を喫して、一時、後退を余儀なくされた（この顛末を書いたものが釈祥邁〈生没年未詳〉の『至元弁偽録』〈1291年〉である）。しかし、全真教は、その後も隠然たる勢力を築き、江南の正一教とともに道教界を二分する勢力として今日に至っている。

　禅思想を大幅に取り入れた全真教の成立と発展は、同時期に同様の性格を持って南宋で成立した朱子学とともに、元代以降において三教一致説が社会

に受け入れられるうえで大きな役割を果した。仏道二教の対立抗争は、この元代におけるそれを最後とするが、このことは両教の融合が進み、固有の教義に対する自覚が完全に失われるに至ったことを象徴するものと言える。

全真教に見る禅思想の影響 全真教は、従来の道教が目標とした「不老長生」を否定し、「得道」を求めるとともに、そこに至るための修行法を提起した。「得道」は「見性」「識心見性」などとも呼ばれており、また、その境地が「無心」や「無念」などといった言葉で表現されているが、これらは全て禅宗の影響に依るものである。一方、修行法についても、出家主義を採用して行脚による遍参と打坐の必要性を説き、生活規範として『全真清規』を定めるなど、禅宗を模倣した点が多い。思想の点でも、「金丹」を「本来の真性」と解釈し直すといったように、初期の禅宗に見られた観心釈に類するものを認めることができる。また、全真教で説く漢の東華帝君から金の王重陽に至る系譜である「五祖」が、同時期に朱子学で唱えられた「道統論」と同じく、禅宗の祖統説を承けたものであることは明らかであるばかりか、それと王重陽の七人の高弟を意味する「七真」とを併挙した「五祖七真」という言い方も、禅宗の「五家七宗」に倣ったものである。さらに、元の初期になって、全真教においても、禅宗のごとく「南宗」と「北宗」の別が立てられるに至ったことも注意される。以上、全真教を構成する諸要素の中から禅の影響と見做せるものをいくつか掲げたが、全真教は上に挙げたもので尽くされるわけでは決してない。全真教には全真教なりの独自の価値観の体系があることは忘れてはならない。

参考文献

荒木見悟　『大慧書』(禅の語録17、筑摩書房、1969年)
飯田利行　『湛然居士文集訳』(国書刊行会、1985年)
石井修道　「中国の五山十刹制度の基礎的研究(一)〜(四)」(「駒沢大学仏教学部論集」13-16、1982-1985年)
石井修道　「大慧禅における禅と念仏の問題」(藤吉慈海篇『禅と念仏 ― その現代的意義』大蔵出版、1983年)
石井修道　『禅語録』(大乗仏典 中国・日本篇12、中央公論社、1992年)
市川白弦　『大慧』(弘文堂書房、1941年)
伊吹　敦　「『金剛経変相』について ― 宋代仏教の一面を伝える特異な文献」(「東

洋学研究」35、1998年）
宇井伯寿　「投子義青とその以後の法系」(印度哲学研究12『第三　禪宗史研究』岩波書店、1943年)
上田閑照・柳田聖山　『十牛図 ― 自己の現象学』（筑摩書房、1982年）
小笠原宣秀　「宋代の居士王日休と浄土教」（『結城教授頌寿記念　仏教思想史論集』大蔵出版、1964年）
梶谷宗忍・柳田聖山・辻村公一　『信心銘・証道歌・十牛図・坐禅儀』（禅の語録16、筑摩書房、1974年）
鏡島元隆　「南宋禅林の一考察」（『道元禅師とその門流』誠信書房、1961年）
鏡島元隆　『天童如浄禅師の研究』（春秋社、1983年）
鏡島元隆　「『永平清規』の背景としての『百丈清規』」（『道元禅師とその周辺』大東出版社、1985年）
久須本文雄　『宋代儒学の禅思想研究』（日進堂、1980年）
窪　徳忠　『中国の宗教改革 ― 全真教の成立』（法藏館、1967年）
窪　徳忠　「元代仏道論争研究序説」（『結城教授頌寿記念　仏教思想史論集』大蔵出版、1964年）
小坂機融　「清規変遷の底流（一）」（「宗学研究」5、1963年）
佐藤秀孝　「如浄禅師再考」（「宗学研究」27、1985年）
佐藤達玄　「元代叢林の経済生活 ― 勅修百丈清規を中心として」（「印度学仏教学研究」16-1、1967年）
佐藤達玄　「勅修百丈清規にみる元代の叢林機構と性格」（「仏教史学」26-1、1983年）
佐藤達玄　「自得慧暉の活動とその禅風（上） ― 曹洞宗宏智派の源流として」（「駒沢大学仏教学部論集」25、1994年）
佐藤達玄　「自得慧暉の活動とその禅風（下） ― 曹洞宗宏智派の源流として」（「駒沢大学仏教学部研究紀要」53、1995年）
椎名宏雄　『宋元版禅籍の研究』（大東出版社、1993年）
鈴木　敬　『中国絵画史　上』（吉川弘文館、1984年）
高雄義堅　『宋代仏教史の研究』（百華苑、1975年）
永井政之　「曹洞禅者と嵩山少林寺」（「宗学研究」18、1976年）
永井政之　「万松行秀と耶律楚材」（「曹洞宗研究員・研究生研究紀要」9、1977年）
永井政之　「天童如浄と虚堂智愚」（「宗学研究」22、1980年）

永井政之　「南宋禅林と中国の社会風俗 ― 如浄録・虚堂録の因事上堂をめぐっての試論」(「曹洞宗研究員研究生研究紀要」13-15、1981-1983年)
永井政之　「南宋における一居士の精神生活 ― 如如居士顔丙の場合」(「駒沢大学仏教学部論集」15-16、1984-1985年)
永井政之　「中国禅の職業観 ― 如如居士顔丙の場合」(「宗学研究」27、1985年)
永井政之　「中国における国家と宗教―宋代、禅宗寺院の経済をてがかりとして」(「禅学研究」65、1986年)
中村　淳　「モンゴル時代の『仏道論争』の実像 ― クビライの中国支配への道」(「東洋学報」75、1994年)
西尾賢隆　「元代の叢林経営をめぐって」(「禅文化研究所紀要」5、1973年)
西尾賢隆　「元朝における中峰明本とその道俗」(「禅学研究」64、1985年)
西村恵信　『無門関』(岩波文庫、岩波書店、1994年)
忽滑谷快天　『禅学思想史　下巻』(玄黄社、1925年)
野上俊静　「元代道・仏二教の確執」(「大谷大学研究年報」2、1943年)
野上俊静　「金李屛山攷」(『遼金の仏教』平楽寺書店、1953年)
野上俊静　『元史釈老伝の研究』(朋友書店、1978年)
野沢佳美　「明代南蔵本『古尊宿語録』について」(「禅学研究」68、1990年)
服部顕道　『天目中峰国師の研究』(八千代出版、1980年)
林　秀薇　「梁楷研究序説」(「東京大学東洋文化研究所紀要」117、1992年)
原田弘道　「公案禅の成立について」(「駒沢大学仏教学部紀要」30、1972年)
原田弘道　「耶律楚材と万松行秀」(「駒沢大学仏教学部紀要」55、1997年)
平田高士　『無門関』(禅の語録18、筑摩書房、1969年)
藤吉慈海　「ヴェトナムの宗教」(「花園大学研究紀要」5、1974年)
古田紹欽　「古林清茂とその主なる門下」(「禅学研究」41、1948年)
古田紹欽　「公案の歴史的発展形態における真理性の問題」(宮本正尊編『仏教の根本真理』三省堂、1956年)
水谷乙吉　『安南の宗教』(高山書院、1943年)
水野弘元　「冬安居について」(「宗学研究」17、1975年)
柳田聖山　「看話と黙照」(「花園大学研究紀要」6、1975年)
柳田聖山　「古尊宿語録考」(「花園大学研究紀要」2、1971年)
柳田聖山　「朱子と仏教の周辺」(「禅文化研究所紀要」8、1976年)
横手　裕　「全真教の変容」(「中国哲学研究」2、1990年)
鎧本光信　「禅清規の禅浄併修について」(「印度学仏教学研究」10-1、1961年)

第五章　禅の継承と維持　143

［禅の系譜５］

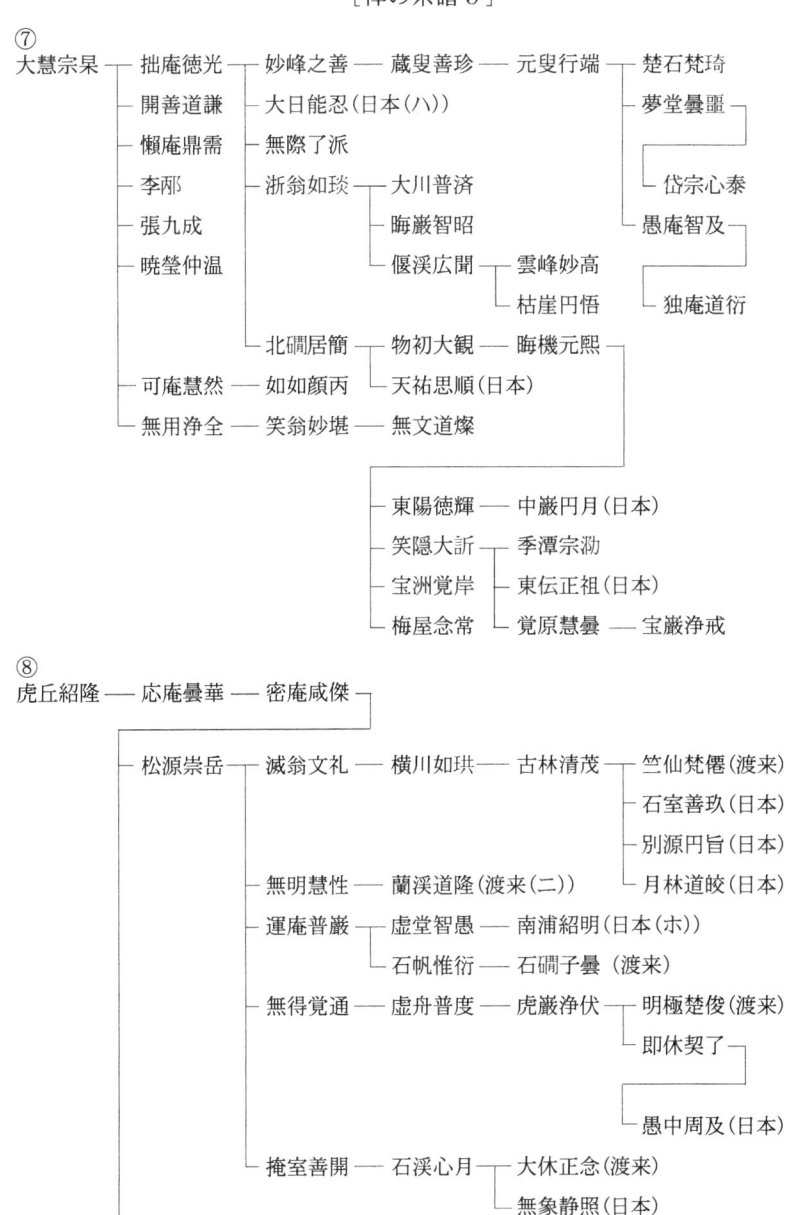

⑦
大慧宗杲 ─┬─ 拙庵徳光 ─┬─ 妙峰之善 ── 蔵叟善珍 ── 元叟行端 ─┬─ 楚石梵琦
　　　　　├─ 開善道謙　├─ 大日能忍(日本)(ハ)　　　　　　　　　├─ 夢堂曇噩 ─┐
　　　　　├─ 懶庵鼎需　├─ 無際了派　　　　　　　　　　　　　　│　　　　　　│
　　　　　├─ 李邴　　　├─ 浙翁如琰 ─┬─ 大川普済　　　　　　　│　　└─ 岱宗心泰
　　　　　├─ 張九成　　│　　　　　　├─ 晦巌智昭　　　　　　　├─ 愚庵智及 ─┐
　　　　　├─ 暁瑩仲温　│　　　　　　└─ 偃渓広聞 ─┬─ 雲峰妙高　│
　　　　　│　　　　　　│　　　　　　　　　　　　　└─ 枯崖円悟　│
　　　　　│　　　　　　├─ 北礀居簡 ─┬─ 物初大観 ── 晦機元熙 ─┤
　　　　　│　　　　　　│　　　　　　　　　　　　　　　　　　　└─ 独庵道衍
　　　　　├─ 可庵慧然 ─┬─ 如如顔丙　├─ 天祐思順(日本)
　　　　　└─ 無用浄全　└─ 笑翁妙堪 ── 無文道燦

　　　　　　　　　　　　　　　　　　┌─ 東陽徳輝 ── 中巌円月(日本)
　　　　　　　　　　　　　　　　　　├─ 笑隠大訢 ── 季潭宗泐
　　　　　　　　　　　　　　　　　　├─ 宝洲覚岸 ── 東伝正祖(日本)
　　　　　　　　　　　　　　　　　　└─ 梅屋念常 ── 覚原慧曇 ── 宝巌浄戒

⑧
虎丘紹隆 ── 応庵曇華 ─┬─ 密庵咸傑 ─┐
　　　　　　　　　　　└─ 松源崇岳 ─┬─ 滅翁文礼 ── 横川如珙 ── 古林清茂 ─┬─ 竺仙梵僊(渡来)
　　　　　　　　　　　　　　　　　　│　　　　　　　　　　　　　　　　　　├─ 石室善玖(日本)
　　　　　　　　　　　　　　　　　　│　　　　　　　　　　　　　　　　　　├─ 別源円旨(日本)
　　　　　　　　　　　　　　　　　　│　　　　　　　　　　　　　　　　　　└─ 月林道皎(日本)
　　　　　　　　　　　　　　　　　　├─ 無明慧性 ── 蘭渓道隆(渡来)(ニ)
　　　　　　　　　　　　　　　　　　├─ 運庵普巌 ─┬─ 虚堂智愚 ── 南浦紹明(日本)(ホ)
　　　　　　　　　　　　　　　　　　│　　　　　　└─ 石帆惟衍 ── 石礀子曇(渡来)
　　　　　　　　　　　　　　　　　　├─ 無得覚通 ── 虚舟普度 ── 虎巌浄伏 ─┬─ 明極楚俊(渡来)
　　　　　　　　　　　　　　　　　　│　　　　　　　　　　　　　　　　　　├─ 即休契了 ─┐
　　　　　　　　　　　　　　　　　　│　　　　　　　　　　　　　　　　　　└─ 愚中周及(日本)
　　　　　　　　　　　　　　　　　　└─ 掩室善開 ── 石渓心月 ─┬─ 大休正念(渡来)
　　　　　　　　　　　　　　　　　　　　　　　　　　　　　　　└─ 無象静照(日本)

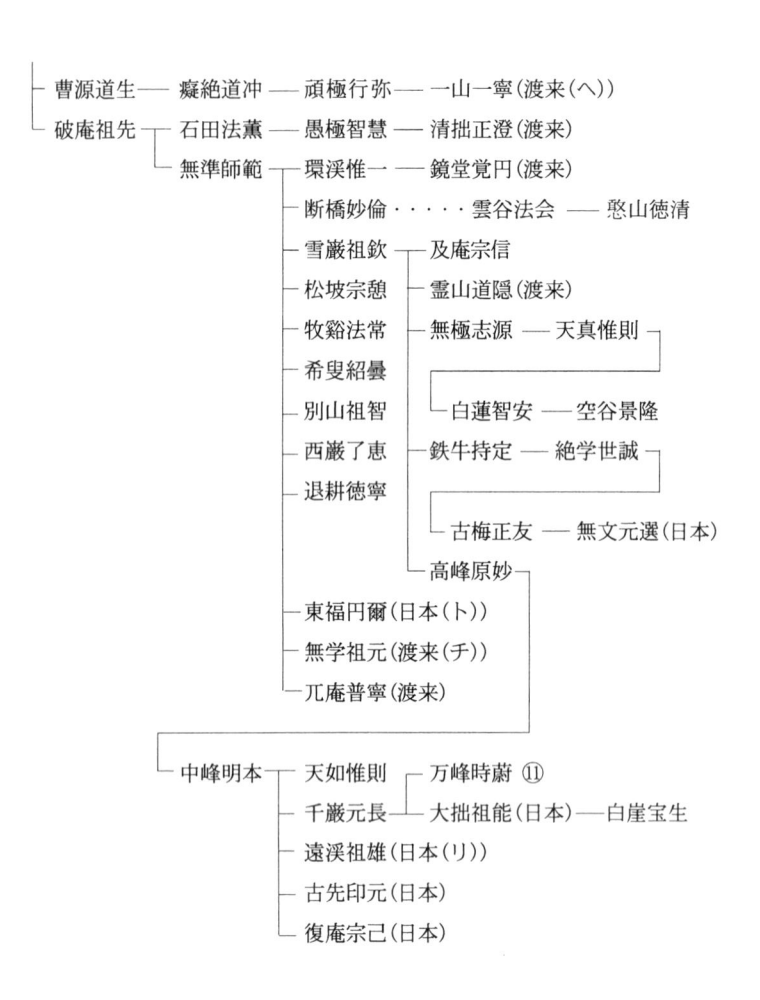

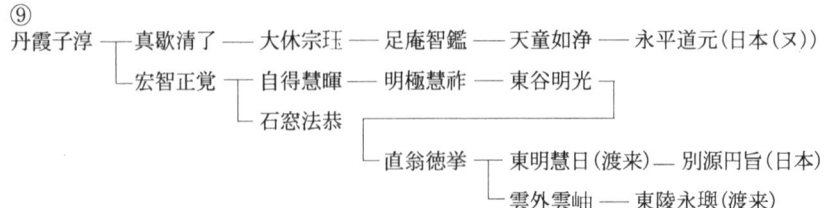

```
┌─ 曹源道生 ── 癡絶道冲 ── 頑極行弥 ── 一山一寧(渡来(ヘ))
└─ 破庵祖先 ┬─ 石田法薫 ── 愚極智慧 ── 清拙正澄(渡来)
            └─ 無準師範 ┬─ 環渓惟一 ── 鏡堂覚円(渡来)
                        ├─ 断橋妙倫 ‥‥ 雲谷法会 ── 憨山徳清
                        ├─ 雪巌祖欽 ┬─ 及庵宗信
                        │          │  霊山道隠(渡来)
                        ├─ 松坡宗憩 │
                        ├─ 牧谿法常 │  無極志源 ── 天真惟則 ┐
                        ├─ 希叟紹曇 │                        │
                        ├─ 別山祖智 ├─ 白蓮智安 ── 空谷景隆 │
                        ├─ 西巖了恵 ├─ 鉄牛持定 ── 絶学世誠 ┤
                        ├─ 退耕徳寧 │
                        │          └─ 古梅正友 ── 無文元選(日本)
                        │          高峰原妙 ┐
                        ├─ 東福円爾(日本(ト))
                        ├─ 無学祖元(渡来(チ))
                        └─ 兀庵普寧(渡来)
            └─ 中峰明本 ┬─ 天如惟則 ── 万峰時蔚 ⑪
                        ├─ 千巌元長 ── 大拙祖能(日本)── 白崖宝生
                        ├─ 遠渓祖雄(日本(リ))
                        ├─ 古先印元(日本)
                        └─ 復庵宗己(日本)

⑨
丹霞子淳 ┬─ 真歇清了 ── 大休宗珏 ── 足庵智鑑 ── 天童如浄 ── 永平道元(日本(ヌ))
         └─ 宏智正覚 ┬─ 自得慧暉 ── 明極慧祚 ── 東谷明光 ┐
                     └─ 石窓法恭 │
                                 └─ 直翁徳挙 ┬─ 東明慧日(渡来)── 別源円旨(日本)
                                             └─ 雲外雲岫 ── 東陵永璵(渡来)
```

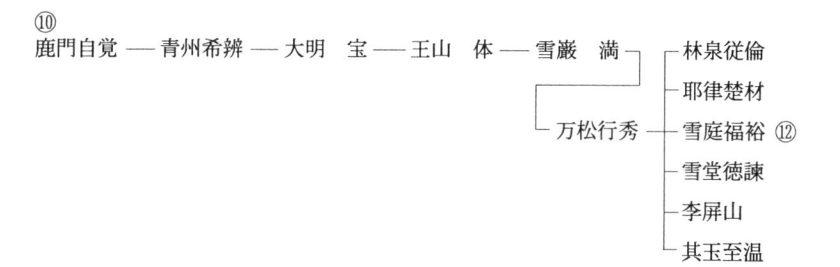

⑩
鹿門自覚 ── 青州希辨 ── 大明　宝 ── 王山　体 ── 雪巌　満 ─┬─ 林泉従倫
　　　　　　　　　　　　　　　　　　　　　　　　　　　　├─ 耶律楚材
　　　　　　　　　　　　　　　　　　　　└─ 万松行秀 ─┼─ 雪庭福裕 ⑫
　　　　　　　　　　　　　　　　　　　　　　　　　　　　├─ 雪堂徳諫
　　　　　　　　　　　　　　　　　　　　　　　　　　　　├─ 李屏山
　　　　　　　　　　　　　　　　　　　　　　　　　　　　└─ 其玉至温

[禅関係地図5]

五山
① 径山興聖万寿寺
　（徳光・宋杲・師範・智愚・広聞・咸傑・妙高・智及住）
② 北山(霊隠山)景徳霊隠寺
　（徳光・崇岳・普済・広聞・咸傑住）
③ 太白山天童景徳寺
　（正覚・懐敞・如浄・咸傑・従瑾住）
④ 南山(南屏山)浄慈報恩光孝寺
　（広聞・智及・居簡・如浄住）
⑤ 阿育王山鄮峯広利寺
　（徳光・宋杲・師範・智愚・清了・大観住）

十刹
⑥ 中天竺山(霊隠山)天寧万寿永祚寺
　（大訢住）
⑦ 道場山護聖万寿寺
　（居簡住）
⑧ 蒋山太平興国寺
　（清遠・咸傑住）
⑨ 万寿山報恩光孝寺
⑩ 雪竇山資聖寺
　（重顕・師範・広聞住）
⑪ 江心山龍翔寺
　（清了・慧開住）
⑫ 雪峯山崇聖寺
⑬ 雲黄山宝林寺
⑭ 虎丘山雲巌寺
　（紹隆・崇岳住）
⑮ 天台山国清敬忠寺

五山之上
⑯ 鳳山大龍翔集慶寺(天界善世禅寺)
　（大訢住）

臨安(杭州)
⑰ 六通寺（牧谿・黙庵住）

嘉興
⑱ 本覚寺（清欲住）

大都 ─ 報恩洪済寺(行秀・従倫住)
　　　└ 大慶寿寺(印簡住)

馬鞍山万寿寺(行秀住)

雲居山聖水寺(明本住)

泗州大聖寺(正覚住)

嵩山少林寺(福裕住)

鳳台山保寧寺(清茂・慧開住)

蘇州 ⑨ 師子林(惟則住)

廬山東林寺(明本住)

金陵

梁山(師遠住)

百丈山(徳輝住)

仰山(祖欽住)

南嶽雲峰寺

西天目山(原妙・明本住)

鼓山(守隆住)

梅州西巌寺(宗杲貶所)

羊嶼庵(宗杲住)

第六章　禅の終焉 ― 明・清時代の禅 ―

1　明代における禅の展開

明の成立と禅

　元末の反乱の中で紅巾軍に身を投じた朱元璋(しゅげんしょう)(1328-1398)は、次第に頭角を露わし、遂に元の帝室を北方に駆逐し、1368年、応天で帝位に即いた。明(1368-1644)の太祖、洪武帝である(1368-1398在位)。洪武帝は南京に拠って、劉基(1311-1375)や宋濂(そうれん)(1310-1381)らの儒学者を重用して、中国の伝統に則った諸制度を整備する一方、自らの地位を守るために建国の功臣を次々に粛正する恐怖政治を行なった。

　洪武帝の没後、皇太子の遺子の建文帝(けんぶんてい)(1398-1402年在位)が即位したが、1399年、洪武帝の第四子で燕王の朱棣(しゅてい)(1360-1425)が叛旗を翻し(靖難(せいなん)の変)、遂に南京を陥れて帝位に即き(成祖永楽帝(せいそえいらくてい)、1402-24年在位)、北平(北京)に遷都した。永楽帝の時代は大規模な遠征を行なうなど国力が高揚したものの、その後は凡庸な皇帝が続いて宦官の専横を招き、対外的にも守勢に回るようになった。

　元代には朱子学が科挙の正式な解釈として採用された。朱子学の官学化であるが、明もこれを承け継ぐとともに、永楽帝は、『性理大全(せいりたいぜん)』『四書大全』『五経大全』などを編集させて思想統制を図ったため、朱子学は沈滞した。儒教は科挙に合格するためだけのものとなったのである。

　洪武帝は即位と同時に、仏教を統制するために善世院(ぜんせいいん)を南京の天界寺(てんかいじ)(元代の龍翔集慶寺(りゅうしょうしゅうけいじ))に置き(1381年には僧録司(そうろくし)に改め、永楽帝の時に北京に移った)、また、自身、『三教論』を著わすなどして、儒教を主、仏教と道教を従とする「三教一致」を政策として強力に推進した。そして実際、鎮魂を目的として蒋山の太平興国寺において盛大な法会をしばしば執り行なった。

これは仏教を、国家を補翼するものと位置づけるものであって、宋代以降強まった仏教の国家主義的性格を、そのまま確認するものであった。洪武帝は、その目的を達成するのために試経度僧を復活させるとともに、僧侶の名簿である「周知冊（しゅうちさく）」を作るなどして偽濫僧を除き（正式の僧は税制上、優遇）、また、金陵において大蔵経（南蔵（なんぞう）、1372-1403年）を編集刊行するなど（永楽帝の時にも北京で大蔵経の編集刊行が行なわれた。これが1419年から1440年にかけて刊行された北蔵である）、明初には仏教復興の機運が高まり、多くの名僧が出現した。

　この時期の禅僧で知られるのは大慧派の人が多く、まず笑隠大訢（1284-1344）の弟子に、金陵の天界寺に住した覚原慧曇（かくげんえどん）（1304-1371）や季潭宗泐（きたんそうろく）（1318-1391）があったが、特に宗泐は『金剛般若波羅蜜経註解（こんごうはんにゃはらみつきょうちゅうげ）』や『般若波羅蜜多心経註解』の撰者としても知られている。その他にも覚原慧曇の弟子で、南蔵の編集に携わって多くの禅籍を入蔵させた宝巌浄戒（ほうがんじょうかい）（生没年未詳）、愚庵智及（ぐあんちぎゅう）（1311-1378）の弟子で『道余録（どうよろく）』（1412年）の著者、独庵道衍（どくあんどうえん）（姚広孝（ようこうこう）、1335-1418）、夢堂曇噩（むどうどんがく）（1285-1373）の弟子で『仏法金湯篇（ぶっぽうきんとうへん）』（1391年）を著わした岱宗心泰（たいすうしんたい）（1327-1415）などがあり、彼らにやや遅れて『尚直編（しょうじきへん）』（1440年）を著わした空谷景隆（くうこくけいりゅう）（1393-1443？）が出た。『道余録』や『尚直編』は宋儒らの仏教批判に答えたものであり、『仏法金湯篇』は歴代の仏教帰依者の伝記を集めたもので、やはり護法を目的としたものである。また、居士の沈士栄（しんしえい）が著わした『続原教論（ぞくげんきょうろん）』（1385年）も同様のものである。

　独庵道衍　本名を姚天禧（ようてんき）といい、長洲（江蘇省の蘇州）の人。出家して独庵道衍と称し、愚庵智及に師事して、その法を嗣いだ。1382年、洪武帝の皇后が没した際、帝によって燕王（後の永楽帝）のもとに追善のために派遣され、それ以来、燕王に従った。洪武帝が没すると、王に勧めて靖康の変（1399年）を起こさせ、それが成功すると仏教界最高の取締官である僧録司・左善世（そうろくし・さぜんせい）となった。しかし、帝はさらに重用するため還俗を強く勧めた。そこで道衍は旧姓に復し、名を「広孝」と賜り、資善大夫、太子少師に任じた。しかし、それ以降も、自身は妻帯を拒み、僧院に起居したという。日本との関係では、絶海中津（ぜっかいちゅうしん）（1336-1405）の『蕉堅稿（しょうけんこう）』の序（1403年）、春屋妙葩（しゅんのく）（1311-1388）の『智覚普明国師語録（ちかくふみょうこくしごろく）』の序（1404

年）を製したことでも知られている（なお、絶海中津が直接師事したのは、季潭宗泐で、宗泐も義堂周信〈1325-1388〉の『空華集』〈1359年〉や南浦紹明〈1235-1308〉の『円通大応国師語録』の序を撰している）。

　明の文化は復古主義的で独創性に乏しいとよく言われるが、この時期に著わされた禅宗の著作も、朱子学者などの排仏論に反駁し、三教一致説等によって仏教の意義を確認しようとするものが中心であって、基本的には明の政策に沿った内容となっている。特に道衍などは永楽帝の顧問となって靖難の変に荷担したことでも知られている。しかし、これは禅僧たちが権力に迎合したというよりも、すでに当時の社会通念であったというべきであろう。例えば、明の建国の功臣である宋濂も儒学者でありながら破庵派の千巌元長（1284-1357）に参じて「無相居士」と号しており、その思想には禅の影響が強いと言われる（宋濂にも『護法録』の著がある）。なお、宋濂は夢窓疎石の碑銘を書くなど、日本と関係の深い人物でもある。

　このように強い意志をもって仏教統制に臨んだ明であったが、英宗（1435-1449在位）以降、度僧が盛んに行なわれるようになり、続く景帝の時代には、オイラートに対する軍費を調達するために売牒に踏みきり、僧官の売官も行なった。売牒・売官は憲宗（1464-1487在位）以降、常習的に行なわれるようになり、度牒は僧の人格を評価するものではなく、国家の財源としての意味しかもたなくなった。さらに世宗（1521-1566在位）の時代には、戒壇が閉鎖されるなど、仏教に対して圧迫が加えられたため、明の中期には禅僧の目立った活動は見られなくなったようで、この時期の著作はほとんど伝わっていない。明末に活躍した紫柏真可ですら、その法系が明らかでないのは、この時期が禅の衰退期であったことと関係するといわれている。

陽明学の形成と万暦の三高僧

　明代中期以降、紡績・陶磁器・製糖業・製紙業などの様々な産業が発展し、江南を中心に都市が隆盛し、その支配層として「郷紳」と呼ばれる人々が登場した。それに伴って文化が新たな昂揚を迎えると、再び禅への関心が高まった。禅に含まれる絶対自由を追求しようとする思想が、朱子学を中心とする

硬直化した枠組みを突破する契機を与えると考えられたのである。

そうした流れの中で出現したのが、王守仁(陽明、1472-1528)の天才に基づく新儒学、陽明学である。王守仁自身が弱年の頃に参禅に励んだということもあって、その思想の根幹をなす「心即理」「知行合一」「致良知」などの思想にも、禅の影響は顕著である(朱子学の「性即理」から陽明学の「心即理」への移行は、禅における「見性成仏」から「即心即仏」への移行とパラレルな関係にあり、「知行合一」や「致良知」は禅の「全体作用」や「平常心是道」に対応するものと言える)。しかも王守仁は朱熹のように単なるセクト的感情から禅を排斥することもなかったから、禅思想は、その後も王畿(龍渓、1498-1583)、王艮(心斎、1483-1540)、陳献章(白沙、1428-1500)、林兆恩(1517-1598)などといった、彼の後継者たちにも大きな影響を与え続け、遂に儒とも仏とも区別のつかない李贄(卓吾、1527-1602)のような思想家を生みだすに至った。

> 王学左派　聶豹(双江、1487-1563)や羅洪先(念庵、1504-1564)らの「王学右派」や銭徳洪(緒山、1496-1574)らの中間派に対して、王畿や王艮、周汝登(海門、1547-1629)らをいう。右派が「良知」の発動の前にその本体を確立することを説いたのに対して、「良知」はもともと全ての人間において完成されているとし、修養の必要性を否定した。また、「良知」は欲望をもその中に含むとし、それは日常に徹底することにおいて十全な姿を現わすと説いた。これらの思想には禅の影響を強く窺うことができるが、実際、彼らの中には三教一致の立場を取るものも少なくなかった。こうした主張をさらに前進させたのが李贄であって、純粋で原初的な心を「童心」と呼んで尊び、形骸化した既成の価値観を批判した。さらに、儒教の伝統に抗して欲望をそのまま肯定し、その独自の価値基準に基づいて、始皇帝などの歴史上の人物の再評価を行なった。

このような陽明学派の人々の活動に呼応するかのように禅宗の側にも人材が輩出した。その代表は「万暦の三高僧」とも呼ばれる雲棲袾宏(破庵派、蓮池、1535-1615)、紫柏真可(達観、1543-1603)、憨山徳清(破庵派、1546-1623)の三人である(天台宗の藕益智旭〈1599-1655〉を加えて「明末四大師」とも呼ばれる)。

ただ、その宗風は必ずしも一様ではなかった。憨山徳清や紫柏真可が大

慧宗杲（1089-1163）をモデルとして積極的に社会に関与しようとしたのに対して、雲棲袾宏は、やや年配であったこともあってか、念仏を重視する穏健な思想に終始した。三人の中でも特に袾宏は名高いが、それには、その思想が支配階級に受け入れやすかったことも関係している。

　　紫柏真可と憨山徳清　紫柏真可は句曲（江蘇省）の人で姓は沈氏。字は達観。十七歳で出家し、張拙（9世紀後半）の偈を聞いて大悟し、燕京（河北省）の清涼寺に住す。憨山徳清らとともに五台山（山西省）や径山（浙江省）で方冊本の万暦版大蔵経（嘉興蔵）の刊行（1589-1643?年）を行なうなど、積極的に布教を行なった（この大蔵経は、この後、清の康熙年間に「続蔵」〈1666年〉、「又続蔵」〈1676年〉が増補され、多くの禅籍が入蔵された）。しかし、官憲への批判を繰り返したため、策謀により罪を得、獄中で自殺した。多くの著作は『紫柏尊者全集』（1621年）、『紫柏尊者別集』（1660年）に収められている。『紫柏尊者全集』は、彼の盟友、憨山徳清の編集にかかるもので、塔銘も彼が撰した。一方、憨山徳清は、金陵（江蘇省）の人で姓は蔡氏。十二歳で出家、十九歳で受具して禅を学ぶ。雲谷法会（1501-1575）の法嗣となり、五台山（山西省）や青州（山東省）の牢山などに住す。一時、私的に寺院を創建したとして獄に繋がれたが後に許され、曹渓（広東省）に住して布教と伽藍の復興に努め、『六祖壇経』などの出版も行なった。その膨大な著作は『憨山大師夢遊全集』（1660年）に纏められている。

　　雲棲袾宏　杭州（浙江省）の人で姓は沈氏。「蓮池」と号す。三十一歳で出家して禅を学び、笑巌徳宝（1512-1581）の法を嗣ぐ。三十七歳、杭州の雲棲山に入り、以後、ここを中心に布教活動を行ない、巨大な仏教結社を興したことでも知られる。その塔銘は憨山徳清が撰している。思想的には浄土教を重んじ、さらには道教的な要素も取り入れて人々の善導に努めた。そのため、『蓮宗九祖伝略』では、蓮宗の第八祖に立てられているほどである。『阿弥陀経疏鈔』、『緇門崇行

雲棲袾宏（『仏祖道影』）

録』(1585年)、『禅関策進』(1600年)、『自知録』(1605年)、『竹窓随筆』(1615年)などの多くの著作があり、『雲棲法彙』(1624年)に収められている。『緇門崇行録』は、古今の僧徒の親孝行や忠君の事例を挙げて賞揚したものであり、また、『自知録』は道教の「功過格」を仏教に導入したもので、その思想は宋代以来の三教一致説をいっそう推し進めるものであった。その影響は甚大で、明末の高僧で何らかの関係を持たないものはないといってよいほどである。また、彼が僧侶の共同生活のために編集した『共住規約』は、今日に至るまで、中国の叢林における生活規範の基礎となっているし、宋の志磐(1220-1275)が撰した『法界聖凡水陸勝会修斎儀軌』を重訂し、施主の一族のみならず、あらゆる横死者の霊を弔う「水陸会」を盛んにしたことも、今日にまで大きな影響を及ぼしている。なお、彼は、後代、清の雍正帝(1722-1735在位)の推奨するところとなったが、それはその思想の体制順応的で穏健な性格によるところが大きいという。

禅が社会の注目を浴びていた時代のなか、彼らは仏教界で重きをなしたにとどまらず、士大夫階級の中に多くの信奉者を抱えることで、社会全般に大きな影響を与えた。雲棲袾宏の影響を受けた主な居士に馮夢禎(開之、1548-1605)、管志道(東溟、1537-1608)、厳訥(敏卿、1511-1584)、厳澂(道徹、1547-1625)らが、紫柏真可の門下に陸光祖(五台、16世紀中葉)、馮夢禎、瞿元立(汝稷、管志道の門下、1548-1610)らが、憨山徳清の門下に楊起元(復所、1547-1599)、周汝登(海門、1547-1629)らがある(周汝登は湛然円澄や紫柏真可とも交流をもった)。

しかし、特に注目されるのは芸術家との関係である。華亭派の画家、宋旭(1525-1606)は禅を学んだし、同じく華亭派の画家で書家・美術品蒐集家として名高い董其昌(1555-1636)も真可や徳清と交流を持った。董其昌が『画禅室随筆』において展開した南宗画・北宗画の説は有名であるが、これは禅宗の南北両宗の宗風の違いを画風に投影したものである。また、文学者で「性霊説」を唱えた袁宗道(1569-1610)にも憨山徳清との関係が知られ、『牡丹亭還魂記』などで知られる戯曲作家で「情説」を唱えた湯顕祖(1550-1616)にも達観や袾宏の影響が窺えるという。この時期には、都市の経済発展を背景として、「淫を誨え、盗を誨える」と呼ばれた俗語体の小説、『金瓶梅』(1600年頃)が出現するなど、個性や感情の解放を求める思潮が高まりを見せ

ていた。芸術家たちが禅に注目したのは、禅思想がそれを基礎づけるものと考えられたからにほかならない。

このように、禅は陽明学者による思想革新運動と連動する形で一時に昂揚を迎えたが、やがて反動が起った。1587年には科挙における仏教用語の使用が禁じられ、1595年には真可が讒訴に遭って罪を得、1602年に李贄と真可の「両大教主」が逮捕されて獄死するに及んで、禅＝陽明学の奔流は、終息へと向かうことになるのである。

禅僧の輩出と諍論の惹起

禅への期待の高まりの中で、この時代には「万暦の三高僧」以外にも多くの傑僧が出た。この時期に活躍した人々は、ほとんど臨済宗の破庵派と曹洞宗に限られるが、前者には幻有正伝（1549-1614）とその弟子の天隠円修（1575-1635）、密雲円悟（1566-1642）、語風円信（1571-1647）、円悟の弟子の漢月法蔵（1573-1635）、費隠通容（1593-1661）、木陳道忞（1596-1674）らがあり、後者には無明慧経（1547-1617）や湛然円澄（1561-1626）、慧経の弟子の無異元来（1575-1630）や永覚元賢（1578-1657）、晦台元鏡（1577-1630）、元賢の弟子の為霖道霈（1615-1702）、元鏡の弟子の覚浪道盛（1592-1659）などがある。

中でも密雲円悟は、1628年に天童山の住持となり、1587年の洪水で廃虚と化した天童山を復興させて「臨済の再来」と呼ばれ（その後、天童山は弟子らに承け継がれた）、湛然円澄は『楞厳経臆説』、『金剛三昧経注解』などの多くの著作を残し、無異元来とともに「曹洞の中興」と称された。そのほか、無縁の遺骸処理や貧民の救済に努め、戒律や念仏、放生を鼓吹して庶民教化を行なった永覚元賢の存在も注目される。

なお、費隠通容が『五灯厳統』を著わして仏教界に大きな波瀾を巻き起したことは有名であるが、ほかにも漢月法蔵の『五宗原』（1628年）に対して師の密雲円悟が『闢妄救略説』で批判を加え、漢月法蔵の弟子の潭吉弘忍（1599-1638）が『五宗救』（1637年）でそれに反駁し、また、木陳道忞が継起弘儲（法蔵の弟子、1605-1672）と対立するなど、明末から清初にかけては仏教内部で激しい論争がしばしば繰り返された。

費隠通容とその影響　費隠通容は閩（福建省）の人で姓は何氏。幼くして父母を失い、十四歳で出家して教学を学ぶ。後、禅に転じ、湛然円澄、無異元来、密雲円悟らに歴参、円悟の法を嗣ぐ。阿育王山（浙江省）、黄檗山（福建省）、径山（浙江省）などの名刹に歴住。『費隠禅師語録』（隠元隆琦編）、『五灯厳統』（1650年）、『祖庭鉗鎚録』、『禅宗漁樵集』（1652年）などの著作がある。臨済宗の伝統である喝棒を駆使する荒々しい家風を持ち、同門の漢月法蔵や、かつて自ら師事した無異元来をも批判した。そのほか、湛然円澄の弟子の瑞白明雪（1584-1641）や玉林通琇（1614-1675）などとも論争を繰り返した。さらに『五灯厳統』では、覚範慧洪(1071-1128)らの説を承けて天王道悟の存在を承認して、雲門宗や法眼宗を青原下から南嶽下に移し、また、無明慧経・無異元来の師弟を師承不明とし、薦福承古の雲門の弟子たることを否認するなど、独自の説を展開し（これらの説は、木陳道忞の『禅灯世譜』でも主張されており、既に師の密雲円悟にあったとされる）、いよいよ注目されることとなった。これに対しては、覚浪道盛、遠門浄柱（1601-1654、『弁惑篇』を著わす）、百愚浄斯（1610-1665、『闢謬説』を著わす）らが激しい批判を加えた。これに答えんとしたのが『五灯厳統解惑編』（1654年）であるが、結局、住していた径山を去ることになり、最終的には、『五灯厳統』の版木の廃棄という形で決着を見た。しかし、その後も費隠通容の説を受けて、晦山戒顕（1610-1672）が天王寺碑を撰するなどしたため、白巌浄符（位中浄符、生没年未詳）は『法門鋤宄』（1667年）を著わして糾弾するなど、論争が続いた。

　通容や円澄、元来、元賢らには語録が伝わっているが、この時代の著作の特徴としては、瞿元立の『指月録』（1602年）、木陳道忞の『禅灯世譜』（1631年）、遠門浄柱の『五灯会元続略』（1648年）、通容の『五灯厳統』（1650年）、元賢の『継灯録』（1651年）のように灯史があいついで編纂されたことをまず挙げねばならないであろう。これに伴って祖統上の問題点の洗い直しが行なわれ、浄柱の『弁惑篇』（1654年）、通容の『五灯厳統解惑編』（1654年）、道霈の『闢謬』などが著わされた。こうした著作が多数現われた背景には、禅宗各派が自らの伝統を強く意識するようになったということがあった。臨済宗において、禅の系譜を明らかにして祖師の略伝や頌を附した「源流頌」が成立し、刊行されるようになったことや（通容に『曹渓源流頌』がある）、曹洞宗の禅風を「五位」などによって再確認しようとした永覚元賢の『洞上

古轍』(1644年)の出現と流布は、そのことをよく示すものと言える(『洞上古轍』は、元来の『博山参禅警語』〈1611年〉とともに江戸時代の日本の叢林に大きな影響を与えた)。

　こうした意識の高まりは宗派性の強化と一体を成すものでもあった。しかし、セクト化が叢林にもたらしたのはそれのみにはとどまらなかった。「十方住持」(当時は、これを採用した寺院を「十方選賢叢林」と呼んだ)という住持任用方式が次第に機能しなくなり、各地の名刹が特定の一門の者の間で継承、維持される傾向を強め、次第に「一流相承刹」のごとき様相を呈するようになっていたのである(このように特定の門派の人々が輪住する寺院を「伝法叢林」といった)。焦山定慧寺(江蘇省丹徒県)、博山能仁寺(江西省広豊県)、鼓山湧泉寺(福建省閩県)、寿昌寺(江西省新城県)が、それぞれ湛然円澄、無異元来、永覚元賢、覚浪道盛の一派の拠点となり、天童山や阿育王山が密雲円悟の一門による伝法叢林となり、霊隠寺や浄慈寺が漢月法蔵一派(法蔵が蘇州〈江蘇省〉の三峰清涼禅寺に入院したので、その門派は「三峰派」と呼ばれた)の伝法叢林と化したのは、その例である。この頃から寺志の編集が活発化するようになったが、これにもこうした状況が関係しているようである(代表的な寺志としては、高則巽編『径山志』、竹窓徳介編『天童寺志』、郭子章編『明州阿育王山志』、際祥編『浄慈寺志』、戒顕編『霊隠寺志』などがある)。

　そのほか、この時代の著作で注目すべきは、朱時恩(心空居士、1564-?)の『居士分灯録』(1631年)や、語風円信と郭凝之(17世紀前半)の二人による『先覚宗乗』に見るように、禅宗居士の伝記集成があいついで編集されたということである(語風円信・郭凝之の二人は『五家語録』の編集・刊行を行なったことでも知られる)。朱時恩には編年体の仏教通史である『仏祖綱目』(1633年)の著作もあり、清代以降の居士中心の仏教の魁をなす人物として注目される。これら居士たちは郷紳層の出身で出家教団とも密接な関係をもったが、この時代には、無為教や西来教のような農民を中心とする禅宗結社も生まれた。居士たちは、これを異端として批判したが、こうした結社の成立に最も大きな影響を与えたのが、彼ら居士の存在であったことは間違いない。

明末の禅思想の特徴

　明の中期には胡居仁（敬斎、1434-1484）の『居業録』(1504年刊)や羅欽順（整庵、1465-1547）の『困知記』(1552年頃刊)のように、儒者から排仏論が唱えられることもあった。しかし、この時代になると、陽明学と禅との関係に象徴されるように、もはや「儒禅一致」「三教一致」は、儒仏道三教の枠を超えて通念にまでなっていた。

　林兆恩（龍江・三教先生、1517-1598）や管志道（東溟、1536-1608）、屠隆（1577年の進士）らは儒者であったが、三教一致論者として知られており（林兆恩には『三教会編』〈1562年〉、屠隆には『仏法金湯録』〈1602年〉の著がある）、こうした状況は科挙にも波及し、1568年の会試では禅の説や老荘の語が用いられるに至った。仏家では、憨山徳清(1548-1623)が『中庸直指』(1597年)や『老子解』(道徳経解、1607年)、『荘子内篇註』(1620年)などを著わし、雲棲袾宏(1535-1615)が『自知録』(1605年)において道教に由来する「功過格」を仏教に取り込んだことは有名である（当時は儒教においても「居官功過格」が作られていた）。道教の側でも杜文煥（元鶴子、生没年未詳）は『三教会宗』を著わしている。

　禅僧でありながら李贄のもとで大悟した無念深有(1544-1627)のような人物が現われたり、三教の思想が渾然一体となった箴言集、『菜根譚』(1602年)が洪自誠（応明、16-17世紀）によって著わされたりしたのは、既に三教の別そのものがほとんど意味を喪失してしまっていたからである。こうした状況の中で、『三教源流捜神大全』などの三教を扱った通俗書の出版も続き、三教一致を基盤として倫理の遵守を教えようとする「善書」へと展開していった。

　　自知録　功過格は金代の1129年に西山（江西省南昌府）の游帷観を中心に活動していた道士の何真公（生没年未詳）が始めた新道教、浄明道に由来するとされている。即ち、浄明道の『大微仙君功過格』(1171年)を基礎に、原本の「功過」を「善過」に、「天尊」「真人」などを「諸天」に、「符籙」「斎醮」を「仏事」に改めるなどして仏教的に翻案したのが『自知録』なのである。『自知録』は自己の行為を反省させるために、毎日の善行・悪行を記録し、その軽重に応じて配されたポイント（1から20までの20段階となっている）を、一日、一月、一年ご

第六章　禅の終焉　　157

とに集計させようとしたもので、善因善果・悪因悪果の思想を民衆に広める上で非常に大きな力となったと言われる。しかし、ここでいう「善」とは、「忠孝」「仁慈」「三宝功徳」「雑善」の四つの項目に対応するものであって(それに反する行為が「過」である)、単に社会的な通念を追認したものにすぎず、必ずしも仏教的な価値観を追求しようとしたものではなかった。

　宋・元代に顕在化した「禅浄双修」や「教禅一致」といった禅の新たな傾向は、明代にも継承されるとともに、いっそう強化された。禅浄双修に関わる古来の説を集めた『帰元直指集』(1553年)が天衣宗本(生没年未詳)によって編集されたのもこの時代であるし、憨山徳清なども廬山で浄業を修している。また、雲棲袾宏の『禅関策進』(1600年)に見るように、叢林においても念仏を公案として用いる「念仏公案」が一般化した。袾宏などは禅の人としてよりも、むしろ浄土教家として知られているほどである。さらに、天台宗を中心に諸教学を綜合した蕅益智旭(1599-1655)が、徳清や袾宏に私淑し、実践において禅と念仏を調和させんとしたことや、李贄に禅を学んだ袁宏道(1568-1610)が後に浄土教に転じて『西方合論』(1599年)を著わしたことなども注目される。

　禅関策進と念仏公案　「明末四大師」の一人、雲棲袾宏(1535-1615)が、『禅門仏祖綱目』を基礎に、禅修行に役立つ要文を初学者のために集めたもので、1600年刊。全百十章は、中国の祖師の語録や著作などからの引用で構成された前集と、経論や先人の著作の引用からなる後集(諸経引証節略)とに分けられ、さらに、前集は「諸祖法語節要第一」(法語)と「諸祖苦功節略第二」(逸話)とに分類され、全編に亘って重要な章には編者が批評を加えている。袾宏の立場は、この時代の常として禅浄双修思想にあり、本書においても「師子峰天如則禅師普説」や「智徹禅師浄土玄門」など、念仏禅を説く章がいくつも見いだせる。前者には「ただ阿弥陀仏の四字を話頭(公案)とし、常に念頭に留め、全く妄想が生じないようになったら、段階を経ることなく、すぐに仏となれるだろう」、後者には「念仏を1回、あるいは、3、5、7回行ない、ただ黙って自身に問え、この念仏の声はどこから来るのか、と。また、このように念仏している主体は何なのかと問い、分からなければ、ただひたすら考え続けなさい」などと見える。これらは念仏を「公案」として用いるもので、「念仏公案」と呼ばれている。「念仏公案」は、宋の真歇清了(1088-1151)に始まる

とされ、明代には楚山紹琦(1403-1473)や毒峰季善(本善、空谷景隆の弟子、1419-1482)、憨山徳清らによって盛んに唱導された。こうした思想は宋朝禅の伝統に立つ我が国の禅とは相い入れないものであるが、本書に見られる諸師の激励の言葉や修道への情熱などは、後進を導く上で極めて有効であったから、我が国においてもしばしば開版を見た。特に、白隠慧鶴(1685-1768)が修行時代にこれを座右の書としたことは有名である。

一方、教禅一致については、この思想そのものが、もともと放逸に流れがちな禅者の自己規制を目指すとともに、外部からの禅宗批判に答えようとしたものであり、禅に精神的支柱を求めようとする社会の期待の中で、こうした側面が、いっそう重要性を増していったのであろう。なお、この時期の教禅一致思想の特色として、その根拠として『楞厳経』がしばしば用いられたこと、それが南北二宗の調和を説く「頓悟漸修論」として展開したことなどを挙げることができるが、いずれにしても、禅の持つ急進的な思想の軌道修正であることは否めない。

この時代の禅僧たちは、教禅一致思想に基づいて様々な経論の研究を行ない、註釈書を著わした。例えば、袾宏は『楞厳経』や『阿弥陀経』、『梵網経』に、徳清は『法華経』や『円覚経』に、元賢は『楞厳経』や『金剛経』に、それぞれ註釈を書いている。真可と徳清が万暦版大蔵経(嘉興蔵、方冊本)の刊行(1589-1677)に携わったのも、このような立場に立ってのことであった。

こうしたことの背景には、もう一つ、唐末以来、禅宗以外の宗派が衰え、この時代になると禅宗系の人々が仏教界をほとんど完全に覆ってしまったということがあった。つまり、禅僧が仏教教学を支えざるをえないような状況にもなったのである。ここにおいて、教学に対するアンチテーゼとしての「教外別伝」や「不立文字」は、その意味を完全に喪失したといえる。

この時期の禅宗の思想で特徴的なものとして、戒律が極めて重視されたという点を忘れてはならない。これは律の復興と呼応するもので、南山律宗の中興と呼ばれた古心如馨(1541-1615)に受戒した漢月法蔵は、「禅戒一致」とも言うべき禅風を示し、自身、『弘戒法儀』を編集し、授戒をしばしば行なった(来日した隠元が同名の書を撰述し、授戒を行なったのは、これを承けたものである)。そ

のため、その名は『律宗灯譜』にも掲げられているほどである。その後も三峰派では戒律が極めて重視され、禅・浄・律の三宗を兼修した晦山戒顕(1610-1672)などが出た。戒律を重んじることでは無異元来の一派も等しく、藕益智旭などにも通じるもので、この時代の一般的な傾向であったといえる。

　なお、明代には、ポルトガル人やスペイン人の来航によってキリスト教が伝えられたが、徐光啓(1562-1633)や李之藻(?-1630)のような高官の信者が現われたこともあり、雲棲祩宏や密雲円悟、費隠通容らは激しいキリスト教批判を展開した(円悟の『弁天説』、通容の『原道闢邪説』はこの問題を論じた代表的な著作である)。しかし、その布教対象は一部の知識人に限られていたので、信者は明末になってもあまり増えず、仏教の存在そのものを揺るがすような重大問題とはならなかった。

2　清代以降の禅

清の仏教政策と禅

　女真民族出身のヌルハチは、交易などで力を蓄えると、1616年、後金国を建てて自立した(太祖、1616-1626在位)。その後を継いだホンタイジ(太宗、1626-1643在位)は、1636年、国号を大清に改め、モンゴル東部から朝鮮半島にまで支配を拡大した。時あたかも農民反乱の中で頭角を露した李自成(1606-1645?)によって明王朝が倒されると(1644年)、順治帝(世祖、1643-1661在位)は、それに乗じて北京に進駐し、翌年には南京も陥れて、中国をほぼ平定した。続く康熙帝(聖祖、1661-1722在位)は、三藩の乱(1673-1681)を鎮圧するとともに台湾に拠った鄭氏一族をも降伏させて(1683年)、清朝による支配を確固たるものとし、雍正帝(世宗、1722-1735在位)、乾隆帝(高宗、1735-1795在位)時代へと続く清朝の黄金時代の礎を築いた。

　清朝は中国の伝統文化を尊重し、科挙の拠りどころとして朱子学を採用するとともに、大規模な文化事業を行なった。康熙帝時代の『明史』『康熙字典』『佩文韻府』『古今図書集成』の編纂、乾隆帝時代の『四庫全書』の編纂は、その代表である。しかし、その一方で「文字の獄」や禁書によって思

想統制を行ない、仏教や道教に対しても極めて厳しい態度で望んだ。そのため、明末に活況を呈した思想界は清代に入ると沈滞した。

清朝は大蔵経(龍蔵)の刊行事業なども行なったが、全体として見れば仏教に対する評価は極めて低く、寺院の創建や街頭での僧侶の布教活動、婦女子の寺廟への参拝を禁ずるなど様々な規制を行なった。特に雍正帝は、試経・度牒の制度を廃止して僧侶の質の低下を招いたばかりか、自ら参禅に励んで「円明居士」と号し、その自信を背景に自ら『御選語録』(1733年)を編むとともに、明の雲棲袾宏を推奨したり、『揀魔弁異録』(1733年)を著わして密雲円悟と、弟子の漢月法蔵、孫弟子の潭吉弘忍との間で行われた論争に自らの意見を述べ、漢月法蔵の一派(三峰派)を弾圧するなど、禅思想そのものに対しても権力を行使しようとした。

雍正帝

明代には財政難から空名度牒や僧官の官売が行なわれるようになり、時とともにそれが甚だしくなっていったが、特に嘉靖期(1522-1566)以降、売牒でしか出家できなくなると、僧侶の資質は著しく低下した。しかも、明の滅亡の後、清朝に仕えることを潔しとしない遺臣の間で、形だけ僧になる風潮が広まったが、彼らは修行への熱意を欠いていた上に、族系を持ち込んで叢林を混乱させるなどしたため、仏教はいよいよ衰退に向かった。清朝のこうした政策は、それに拍車をかけ、僧侶に対する社会の信頼そのものが失われるようにもなっていった。

もっとも、清初には明末の遺風の中、順治帝が禅の信奉者であったこともあって、多くの禅僧の活躍が見られた。順治帝と関係をもった禅僧としては、木陳道忞(1596-1674)や憨璞性聡(1610-1666)、玉林通琇(天隠円修の弟子、

1614-1675)などがあり、そのほかにも『禅海十珍』の編者としても知られる為霖道霈などの存在は注目される（為霖道霈は日本の独庵玄光〈曹洞宗、1630-1698〉とも交渉を持った）。

また、この時代には費隠通容の弟子の隠元隆琦や覚浪道盛の孫弟子の心越興儔(1639-1696)のように、満州族の支配を嫌い、活路を求めて日本に渡るものも出た。特に隠元が徳川幕府の庇護のもと、明朝禅を伝える黄檗宗と呼ばれる一派を開いたことは、日本文化史の上で非常に重要な意義をもっている。

その他、この時期の著作としては、白巌浄符(生没年未詳)の『祖統大統』(1672年)、別庵性統(17世紀後半)の『続灯正統』(1691年)、霽崙超永(生没年未詳)の『五灯全書』(1693年)などの灯史や、浄符の『宗門拈古彙集』(1664年)や迦陵性音(集雲堂、?-1726)の『宗鑑法林』(1714年)などの公案集、さらに、通容によって惹起された法系論争に関連する著作として、浄符の『法門鋤宄』(1667年)などがある。『祖統大統』は浄符の祖統に関する考え方に沿って編集されたものであったが、これも木陳道忞や爲霖道霈の批判を導き（道忞に『宝鐸醒迷論』、道霈に『洞宗源流弁謬』の著がある）、さらにそれへの反論が行なわれるなど論争は続いた。

この時期には、禅の社会への影響という点でも、なお見るべきものがあった。通俗小説の価値を高く評価した文芸批評家の金聖嘆(1608-1661)、「詩禅一味」を目指して「神韻説」を唱えた文学者で、山水画の「新安派」を開いたことでも知られる王士禎(漁洋、1634-1711)などには禅の影響が顕著であるし、清初の「四画僧」と呼ばれる弘仁(1610-1664)、髡残(生没年未詳)、八大山人(1624-1705)、石濤(1642-1707)の個性的な絵画の根底にも禅思想があると言われている。

　　八大山人と石濤　八大山人は、南昌（江西省）の人で本名を朱耷といい、明の寧王の後裔である。明の滅亡後、僧となり、また、道士となった。八大山人と号し、画作に従事した。山水画には元の黄公望(1269-1354)や明の董其昌などの影響が窺われるとされ、また、花鳥画にも優れた。その絵画には明の滅亡に対する強い憤りと怨念に基づく悲痛な叫びがあると言われる。一方、石濤は本名を朱若

極といい、明の靖江王の後裔で、出家して原済と名乗った。禅を学んで石涛などと号し、明の滅亡に憤懣を抱きつつ、黄山、華岳、金陵、揚州などを放浪して山水画を制作して一生を送り、書家としても名高かった。著作に『画語録』があり、内面性を重んじた彼の絵画観を窺うことができる。八大山人と石涛は境遇が似ていたこともあり、面識はなかったが、「蘭竹図」(八大山人が蘭を描き、石涛が竹と石を補った)に見るように文通によって絵画の合作を行なったり、お互いの絵に題跋を書くなどの交流があった。

禅の終焉

清朝の厳しい思想統制の中、唯一、成果を挙げえたのは、黄宗羲(1610-1695)や顧炎武(亭林、1613-1682)を先駆とし、閻若璩(1636-1704)、戴震(1723-1777)、銭大昕(1728-1804)らに承け継がれた考証学であった。科学的な方法を採用した考証学の進展は、歴史学、地理学、音韻学、金石学、書誌学などの発達を促したが、その反面、政治や実存との関係は次第に希薄となっていった。

考証学が成立した背景には、明末の陽明学者の空理空論への批判があった。明王朝が亡びた原因の一端がそこにあると考えられたのである。その批判は、当初は清朝を後ろ盾にする朱子学者によって行なわれたが、やがて朱子学自身にも及び、朱子学や陽明学に影響を及ぼした禅も、それらと同様に、あるいはその元凶としていっそう徹底的に否定されることになった。

明末清初の禅の隆盛は、結局のところ、社会の要求に受動的に答えたに過ぎなかった。表面的には隆盛に見えても、思想的にはいよいよ通俗化し、三教一致思想の中に自己の占める位置を見出すことで、辛うじて価値を主張しようとしたというのが現実であったように思える。そのため、清朝の宗教政策が軌道に乗り、考証学が確立を見ると、禅僧たちによる目立った活動も跡を絶ってしまうのである。さらにそれに追い打ちをかけたのが太平天国の乱(1851-1864)であった。キリスト教の影響を受けた洪秀全(1813-1864)に率いられた反乱軍は江南を席捲し、永くこの地に栄えた禅宗寺院も壊滅的な打撃を蒙ったのである。

清朝の仏教は、僧侶よりも、むしろ一部の熱心な知識人の居士によって支えられていたともいわれるが、実際のところ、宋文森(?-1702)や周安士

第六章　禅の終焉　163

(1656-1739)、彭際清(1740-1796)、銭軟(伊庵、18-19世紀)などの居士は、学識はもとより、修行の点でも出家に劣らなかった。彼らは、僧侶に師事するよりも、主に著作によって仏教思想に触れたため、彭際清が『居士伝』(1775年)を編集し、銭軟が『宗範』(1835年)を著わしたように、自ら著作を残したり、仏典の出版に携わったりするものも多かった。しかし、思想的には「三教一致」「教禅一致」「禅浄双修」が進み、もはや宗派を問題とすること自体が無意味な状況になっており、彼らにおいて禅思想の意義がどの程度理解されていたか、また、彼らの思想において、それがどの程度の比重を持つものであったかは疑わしい。

　また、清末になると、列強からの外圧が強まる中、現実の問題に対処することを重んずる、龔自珍(1792-1841)や魏源(1794-1856)らの公羊学が起り、洋務運動や変法自強運動を導くことになった。彼らも仏教の信者であったが、その後に現われた康有為(1858-1927)や譚嗣同(1865-1898)、また、公羊学とは一線を画した章炳麟(1869-1936)の思想においても仏教の影響は顕著に窺うことができる。しかし、その思想は唯識思想や浄土思想が中心で、中国禅が注目されることはほとんどなかった。恐らくそれは、禅思想が仏教の中でも最も中国的なものであり、日常的なものであったがゆえに、再評価すべきものをそこに見出すことができなかったのであろう。

　その後も、辛亥革命(1911年)による中華民国の成立(1912年)、列強に互するための近代化の推進といった状況の中で、仏教は道教とともに克服すべき過去の遺物と見做される傾向が強かった。特に清朝末期から民国初期に隆盛した廟産興学運動は、仏寺や道観を教育施設に転用しようとするものであり、その影響は極めて大きかった。こうした状況に抗して敬安(寄禅、八指頭陀、1851-1912)や太虚(1890-1947)らによって推進された仏教復興運動は、仏教者の連帯や学校における僧侶教育、機関誌による布教活動など、仏教の近代化という点で極めて重大な意義を持つものであったが、彼らも必ずしも「禅」の意義を再確認する方向に進んだわけではなかった(敬安は禅僧で天童山の機構改革を行ない、十方住持に復帰させたことで知られるが、一般にはむしろ詩僧として有名である)。長期にわたって様々な形で現実と妥協を続けた結果、禅は

胡適と鈴木大拙

それほどまでに思想的活力を失ってしまっていたのである。

しかし、だからと言って、知識人の禅に対する関心が全く失われてしまったわけでは決してない。新たに各地に設立された大学では、仏教や中国哲学史に関する講義も行なわれたが、その一環として禅も研究対象になったのである。特に湯用彤(とうようとう)(1893-1964)の『漢魏両晉南北朝仏教史』(1938年)、陳垣(ちんえん)(1880-1971)の『清初僧諍記(しんしょそうじょうき)』(1941年)、胡適(こせき)(1891-1962)の『神会和尚遺集(じんねおしょういしゅう)』(1930年)などの著作に代表される禅宗史の解明は注目すべきであるが、それは西欧的な学問という視座に立ったうえで、古い時代の禅に新たな意義を見出そうとしたのであって、従来の伝統からほとんど完全に切り離されたものであったことは忘れてはならない。

もちろん、だからといって、従来からの伝統的な修行が全く行なわれなくなったわけでは決してない。現に彼らと同時期に活躍した禅僧として虚雲(きょうん)(1840?-1959)や来果(らいか)(1881-1953)などの名前が知られており、20世紀の前半においても鎮江の江天寺(こうてんじ)(金山寺)や揚州(南京)の高旻寺(こうびんじ)は禅の中心地と見做されていたようである。しかし、その影響力は仏教界を超えるものではなかった。

胡適　績渓(せきけい)(安徽省)の人で字は適之。1910年、アメリカに留学しコロンビア大学でデューイ(1859-1952)に学ぶ。帰国後の1919年には北京大学教授となり、白話文学(はくわぶんがく)(口語による文学)の必要性を強調。1938-1942年には駐米大使ともなった。第二次大戦後の1948年、国民党と共産党の内乱の中でアメリカに亡命し、後に台湾に戻って中央研究院院長(ちゅうごくてつがくしたいこう)などを勤め、台湾で没した。『中国哲学史大綱』(1919年)、『白話文学史(はくわぶんがくし)』(1928年)などの著作がある。1925年頃から禅関系の論文を発表しはじめ、その研究は、没後に刊行された遺稿「跋裴休的唐故圭峰定慧禅師伝法碑(ばつはいきゅうてきとうこけいほうじょうえぜんじでんぽうひ)」(1962年)に見るように最晩年にまで及んだ。特に、1926年

にパリの国立図書館、ロンドンの大英博物館で敦煌文書を調査して『南陽和尚問答雑徴義』などの荷沢神会（684-758）関係の遺文を発見し、『神会和尚遺集』（1930年）として出版したことは有名である。また、1949年にハワイ大学で行なわれた第2回東西哲学者会議において鈴木大拙（1870-1966）と禅をめぐって論争を行なったことでも知られる。

戦後の動向

日中戦争（1937-1945年）の後、中国大陸を手中に収めたのは毛沢東（1893-1976）の共産党政権であった。そのため、胡適をはじめとする多くの学者たちが、思想の自由を求めて台湾の国民党政権やイギリスが統治する香港などに身を寄せ、僧侶の多くも信仰を守るために大陸を後にしたのである。従って、中国仏教の伝統は、大陸よりもむしろ台湾や香港で維持されてきたといえる。しかし、僧侶たちの「禅」に対する認識は、既に以前のものではなくなっている。印順（盛正、1906-）の『中国禅宗史』（1971年）などに見るように、内外の学者の意見をも参考にしつつ、「禅」の歴史的意義を客観的に論及するような「学術的」な著作が現われ、しかも、そうしたものの割合が増加しつつあるのである。今日の日本の状況とも共通するが、また新たな問題を孕むものであるともいえよう。

　　印順　印順は海寧（浙江省）の人で本名は張鹿芹。農民の子として生まれ、小学校の教員を勤めた後、1929年、父が没したのを機会に出家し、印順と称した。太虚が院長を勤める厦門（福建省）の南普陀寺閩南仏学院で仏教を学び、後には教鞭を取った。1963年には武昌仏学院（湖北省）の教授となったが、日本軍の攻撃を避けて重慶（四川省）の漢蔵教理院に移り、同じく太虚の弟子でチベットに留学した法尊法師（1902-1980）と親交を結び、中国仏教に対する批判的な視座を確立した。その後も法王仏学院（四川省）の院長などを歴任したが、第二次大戦後の内乱を避けて香港を経由して台湾に移住した。台湾では慧日講堂（台北）を中心に布教に当たり、大学などでもしばしば講演を行なった。数十冊に及ぶ膨大な著作があり、また、太虚の全集の編集も行なった。中でも禅の形成過程の解明を目指した『中国禅宗史』（1971年）は、日本の大正大学に提出された学位論文であり、日本や中国の学者の主張を取り入れるとともに諸所に独自の見解

を示しており、注目すべき著作である。

　一方、共産党が統治する大陸では、宗教はアヘンのごときものとして、ほとんど価値を認められなかった。特に文化大革命(1966-1969年)では、寺院は徹底的に破壊され、僧尼は強制的に還俗させられて、仏教は壊滅的な打撃を蒙ることになった。思想的にも、マルクス主義の視座に立って諸思想の価値判断を行なうことが流行し、仏教思想は唯心論的であるとして厳しい批判に曝された。
　しかし、毛沢東の没した1976年には、仏教活動の再開が認められ、その後の改革解放政策への転換によって、仏教界も再び息を吹き返し、国家主導によって寺院の整備が進められ、今や僧尼の数は数万人にも達しているという。しかし、問題がないわけではない。今日、寺院を訪れる人々は非常に多いが、その多くが観光を目的とするものであり、ほとんど信仰とは無縁の人々である。もちろん熱心な信者もいるが、その信仰は祖先の供養や現世利益的なものにとどまっているようであり、禅をはじめとする仏教の思想に関心を持つ人は稀である。近年は気功の流行などに伴って、若年層にも仏教への関心が広まっているといわれるが、その理解は極めて浅薄なものに過ぎない。
　また、一方で、西欧や日本から導入された、大学等の研究機関における仏教の学問研究は隆盛を迎えつつあり、その中で禅研究の占める比重も大きいが、それらの研究は自らの実存と完全に分離したところで行なわれており、仏教思想や禅思想そのものの活性化を促す方向には向かっていない。
　このように今日の仏教や禅に対する関心は完全に二極化しているが、この両者を結ぶ可能性を持つものとして注目されるのが、近年、知識人を中心に広まってきた「禅ブーム」である。これは改革開放政策の中で西欧や日本から流入した情報によって、「禅」の再評価が行なわれたことによるものであり、鈴木大拙の『禅と日本文化』や『禅入門』は中国でも大いに受け入れられた。その後も台湾の南懐瑾らの著作の紹介が続いている。
　ただ、これらの活動は仏教教団とほとんど関わりのないところで行なわれているところに問題があるように思われる。その点では、虚雲の弟子で、趙

州 従 諗ゆかりの柏林寺の住持でもある 浄 慧(1933-)が推進している「生活禅」の運動は注目すべきであろう。彼は「禅学研究所」の設立にも携わっており、今後の展開が注目される。

参考文献

荒木見悟　『仏教と儒教』（平楽寺書店、1963年）
荒木見悟　『竹窓随筆』（明徳出版社、1969年）
荒木見悟　『明代思想の研究 ― 明代における儒教と仏教の交流』（創文社、1972年）
荒木見悟　『明末宗教思想研究』（創文社、1972年）
荒木見悟　『仏教と陽明学』（レグルス文庫、第三文明社、1979年）
荒木見悟　『陽明学の開展と仏教』（研文出版、1984年）
荒木見悟　『雲棲祩宏の研究』（大蔵出版、1985年）
荒木見悟　「明清思想史の諸相」（『中国思想史の諸相』中国書店、1989年）
荒木見悟　『憂国烈火禅 ― 禅僧覚浪道盛のたたかい』（研文出版、2000年）
印順／伊吹敦訳　『中国禅宗史 ― 禅思想の誕生』（山喜房仏書林、1997年）
ウィン-チット＝チャン／福井重雅訳　『近代中国における宗教の足跡』（金花者、1974年）
横超慧日　「明末仏教と基督教との相互批判」（「大谷学報」29-2・3・4、1949-1950年）
神田喜一郎　「董其昌の思想について」（「禅学研究」58、1970年）
久須本文雄　『王陽明の禅的思想研究』（日進堂、1958年）
黄　依妹　「今文学家龔自珍と魏源の仏教信仰」（「東方学」81、1991年）
胡適・鈴木大拙／工藤澄子訳　『禅についての対話』（筑摩書房、1967年）
酒井忠夫　「明代における三教合一思想と善書」（酒井忠夫著作集1、『増補 中国善書の研究　上』国書刊行會、1999年）
酒井忠夫　「功過格の研究」（酒井忠夫著作集1、『増補 中国善書の研究　上』国書刊行會、1999年）
酒井忠夫　「儒教者と善書文化」（酒井忠夫著作集2、『増補 中国善書の研究　下』国書刊行會、2000年）
酒井忠夫　「「居官功過格」より『得一録』へ」（酒井忠夫著作集2、『増補 中国善書の研究　下』国書刊行會、2000年）

椎名宏雄　「明代以降の大蔵経と宋元版禅籍」(『宋元版禅籍の研究』大東出版社、1993年)
釈東初／河村孝照編・椿正美訳著　『中国仏教近代史』(日本伝統文化研究所、1999年)
末木文美士　「現代中国仏教の研究」(「東洋文化研究所紀要」119、1992年)
末木文美士・曹章祺　『現代中国の仏教』(平河出版社、1996年)
野口善敬　「費隠通容の臨済禅とその挫折──木陳道忞との対立を巡って」(「禅学研究」64、1985年)
野口善敬　「明末に於ける「主人公」論争──密雲円悟の臨済禅の性格を巡って」(「九州大学哲学年報」45、1986年)
野口善敬　『清初僧諍記』(中国書店、1989年)
長谷部幽蹊　「無異元来禅師略伝」(「愛知学院大学禅研究所紀要」4・5合併号、1975年)
長谷部幽蹊　「『祖統大灯』について」(「宗学研究」19、1977年)
長谷部幽蹊　『明清仏教史研究序説』(新文豊出版公司、1979年)
長谷部幽蹊　「明清仏教文献著者別小目録」(「愛知学院大学論叢　一般教育研究」27-4、28-1・2、1980年)
長谷部幽蹊　「智沄編『洞上祖憲録』について」(「愛知学院大学禅研究所紀要」11、1982年)
長谷部幽蹊　「明朝禅における浄業の行修」(「日本仏教学会年報」42、1976年)
長谷部幽蹊　『明清仏教教団史研究』(同朋舎出版、1993年)
藤吉慈海　『禅関策進』(禅の語録19、筑摩書房、1970年)
藤吉慈海　「禅仏教の問題──胡適と鈴木大拙との対論をめぐって」(『禅と浄土論』平楽寺書店、1994年)
牧田諦亮　「居士仏教に於ける彭際清の地位」(『中国近世仏教史研究』平楽寺書店、1957年)
牧田諦亮　「道衍伝小稿──姚広孝の生涯」(「東洋史研究」18-2、1959年)
牧田諦亮　『策彦入明記の研究　上・下』(法蔵館、1955-1959年)
間野潜龍　「明代の仏教と明朝」(『明代文化史研究』同朋舎出版、1979年)
間野潜龍　「儒仏道三教の交渉」(『明代文化史研究』同朋舎出版、1979年)
ワルド・ライアン　「明末清初の禅宗とその社会観──覚浪道盛の場合」(「禅学研究」77、1999年)

第六章　禅の終焉　169

[禅の系譜6]

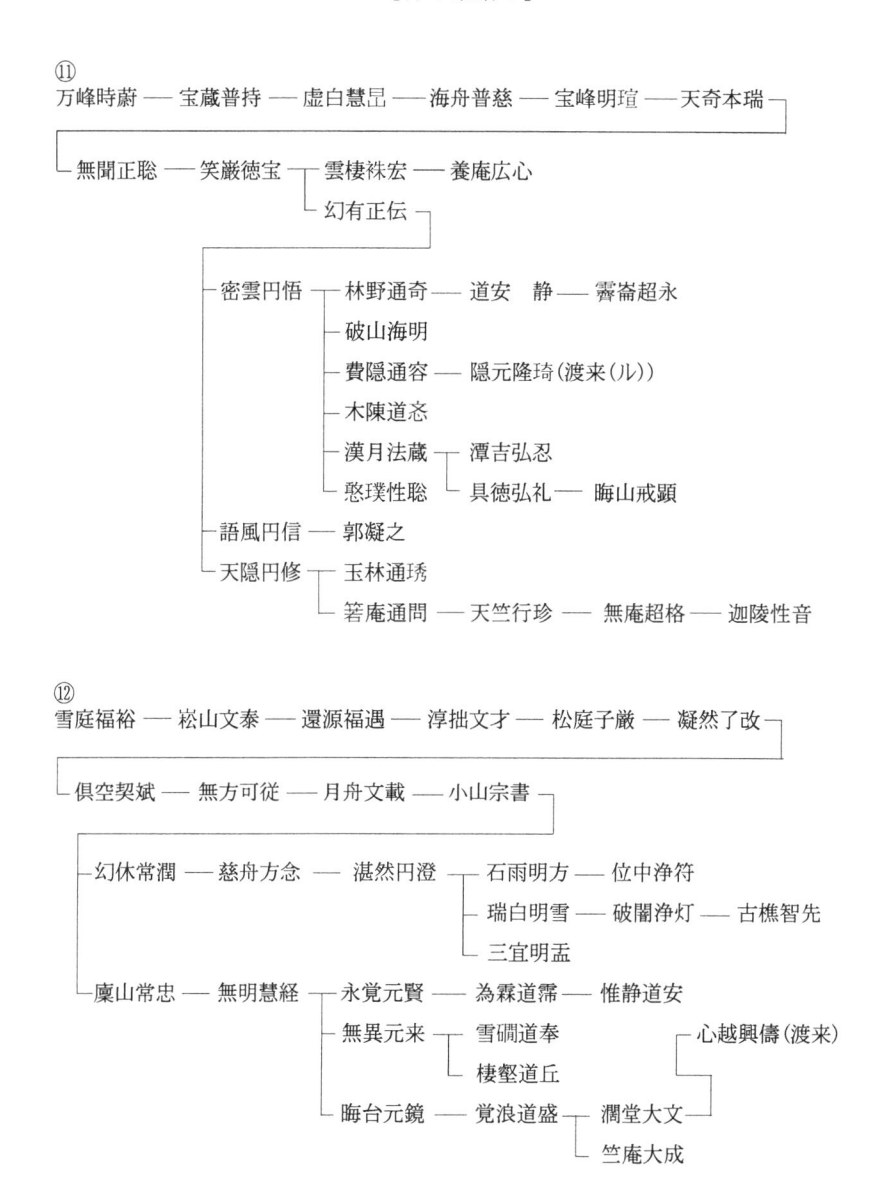

⑪
万峰時蔚 ── 宝蔵普持 ── 虚白慧昆 ── 海舟普慈 ── 宝峰明瑄 ── 天奇本瑞 ─┐
└ 無聞正聡 ── 笑巌徳宝 ─┬ 雲棲袾宏 ── 養庵広心
　　　　　　　　　　　　└ 幻有正伝 ─┬ 密雲円悟 ─┬ 林野通奇 ── 道安　静 ── 霽崙超永
　　　　　　　　　　　　　　　　　　　│　　　　　├ 破山海明
　　　　　　　　　　　　　　　　　　　│　　　　　├ 費隠通容 ── 隠元隆琦(渡来(ル))
　　　　　　　　　　　　　　　　　　　│　　　　　├ 木陳道忞
　　　　　　　　　　　　　　　　　　　│　　　　　├ 漢月法蔵 ─┬ 潭吉弘忍
　　　　　　　　　　　　　　　　　　　│　　　　　└ 憨璞性聡 ─ 具徳弘礼 ── 晦山戒顕
　　　　　　　　　　　　　　　　　　　├ 語風円信 ── 郭凝之
　　　　　　　　　　　　　　　　　　　└ 天隠円修 ─┬ 玉林通琇
　　　　　　　　　　　　　　　　　　　　　　　　　└ 箬庵通問 ── 天竺行珍 ── 無庵超格 ── 迦陵性音

⑫
雪庭福裕 ── 崧山文泰 ── 還源福遇 ── 淳拙文才 ── 松庭子厳 ── 凝然了改 ─┐
└ 倶空契斌 ── 無方可従 ── 月舟文載 ── 小山宗書 ─┬ 幻休常潤 ── 慈舟方念 ── 湛然円澄 ─┬ 石雨明方 ── 位中浄符
　　　　　　　　　　　　　　　　　　　　　　　　│　　　　　　　　　　　　　　　　　├ 瑞白明雪 ── 破闇浄灯 ── 古樵智先
　　　　　　　　　　　　　　　　　　　　　　　　│　　　　　　　　　　　　　　　　　└ 三宜明盂
　　　　　　　　　　　　　　　　　　　　　　　　└ 廩山常忠 ── 無明慧経 ─┬ 永覚元賢 ── 為霖道霈 ── 惟静道安
　　　　　　　　　　　　　　　　　　　　　　　　　　　　　　　　　　　　├ 無異元来 ─┬ 雪磵道奉
　　　　　　　　　　　　　　　　　　　　　　　　　　　　　　　　　　　　│　　　　　└ 棲壑道丘
　　　　　　　　　　　　　　　　　　　　　　　　　　　　　　　　　　　　└ 晦台元鏡 ── 覚浪道盛 ─┬ 潤堂大文 ─ 心越興儔(渡来)
　　└ 竺庵大成

[禅関係地図6]

① 鄧尉山聖恩寺
　（法蔵住）
② 蘇州北禅大慈寺
　（法蔵住）
　蘇州聖寿寺
　（法蔵住）
　蘇州三峰清涼禅寺
　（法蔵住）
③ 金粟山
　（円悟・道忞住）
④ 杭州安隠寺
　（弘忍住）
⑤ 径山
　（心泰・通容・円澄住）
⑥ 中天竺山
　（宗泐・心泰住）
⑦ 浄慈寺
　（法蔵住）
⑧ 雲門山顕聖寺
　（円澄住）
　雲門山雲門寺
　（円信・道忞住）
⑨ 普陀山
　（性統住）
⑩ 阿育王山
　（円悟・通容住）
⑪ 天童山
　（円悟・性統・道忞・通容・敬安住）

順天・北平・燕京（北京）
　明因寺（達観住）
　海会寺・延寿寺（性聡住）
　清涼寺（真可住）

憨山（徳清住）

五台山
（真可・徳清・正伝住）

牢山
（徳清住）

蒋山（摂山、慧曇住）

五雲山雲棲寺
（袾宏住）

鳳臺山保寧寺
（慧曇住）

南京　焦山

鳳山天界寺
（宗泐・慧曇・道盛・元来住）

道場山万寿寺
（円澄・道忞住）

金山

天目山
（通琇住）

廬山帰宗寺
（真可住）

建昌寿昌寺
（慧経・道盛住）

博山
（元来住）

鼓山
（元来・元賢・道霈・道盛住）

曹渓山（徳清住）

台北

香港

黄檗山万福寺
（通容・円悟・隆琦住）

第Ⅱ篇　禅のあゆみ［日本］

第一章　禅の流入と受容

1　奈良時代以前の状況

飛鳥・白鳳時代と禅

　我が国に初めて仏教が伝えられたのは、六世紀に百済の聖明王(523-554在位)が欽明天皇(539-571在位)に仏像と経典を伝えた時のことであったとされている。その後、仏教を巡って蘇我氏と物部氏の争いとなったが、崇仏派の蘇我氏の勝利に帰した。そのため、蘇我馬子(?-626)と聖徳太子(574-622、593-622摂政)が政権を荷った推古朝(592-628)では、594年に「三宝興隆の詔」が出されるなど、仏教は国家を挙げて尊ばれるに至った。また、この時期には遣隋使の派遣が始まり(600年)、僧旻(632年帰朝)らによって大陸仏教が直接移入されるようになった。

　この時代を飛鳥時代と呼ぶが、この時代にあっては、禅の渡来の事実は全く伝えられていない。それは、この時期が中国ではちょうど隋(589-618)から唐(618-907)への移行期で、禅宗の系譜で言えば、三祖僧璨の時代、即ち、禅宗の人々の活動が最も明らかでない時期にあたっているからであろう。

　その後、中臣鎌足(614-669)と中大兄皇子(天智天皇、668-671在位)による「大化の改新」(645年)で蘇我氏が亡ぼされ、壬申の乱(672-673)後の天武天皇(673-686在位)、持統天皇(690-697在位)の時代には、中国に倣って天皇を中心とする律令制国家が整備され、仏教もその中に組み込まれていった。仏教は神道とともに、その権威を支える原理の一つとして高い存在意義を認められるとともに、国家によって統制されることになったのである。

　禅の日本への渡来は、この時代(白鳳時代)に唐から帰朝した道昭(629-700、660年頃帰朝)に始まるとされる。虎関師錬(1278-1346)の『元亨釈書』(1322年)によれば、彼は玄奘(602-664)に法相宗を学ぶ傍ら、禅宗第二祖

の慧可(生没年未詳)の孫弟子に当たる慧満(生没年未詳)に禅を学んだという。慧満の弟子という点は信じ難いが、帰朝後、法興寺に禅院を建てたというから、禅を伝えたということもあり得ないことではない。しかも、彼が弟子の行基(668-749)ともども多くの社会事業を行なったことは注目すべきであり、あるいはそうした行為が禅の実践と何らかの関係をもっていた可能性も否定できない。ただ、彼の禅思想の内容や、それが日本の思想界に与えた影響については、ほとんど知ることができないのが実情である。

奈良時代における禅の流入

710年、元明天皇(661-721、707-715在位)の時に奈良の平城京へ遷都され、奈良時代(710-784)が始まった。遷都に伴って、大安寺、薬師寺、元興寺など飛鳥の寺院も新都に移され、引き続き重きをなした。しかし、この時代において特筆すべきは、やはり聖武天皇(701-756、724-749在位)による大規模な仏教興隆事業であろう。

天皇は、741年には「国分寺建立の詔」を、743年には「大仏造立の詔」を出し、国ごとに国分寺と国分尼寺を、そして、中央には総国分寺としての東大寺を建立したのである。これは律令制下において仏教を規定していた鎮護国家の思想を具体化しようとしたものといえる。

天皇は国家仏教を担う僧侶の資格を厳格化するために戒律の整備を目指し、中国に授戒師を求め、道璿(702-760、736年来朝)や鑑真(687-763、753年来朝)の渡来と、鑑真による東大寺戒壇院の設置(755年)が実現した。また、道慈(?-744、718年帰朝)や玄昉(?-746、735年帰朝)など、多くの留学僧によって中国の仏教学が伝えられ、天皇も学問を奨励したから、三論・成実・法相・倶舎・華厳・律といった学問的な仏教(「南都六宗」と呼ばれる)が隆盛した。

しかし、このような仏教に対する極度の偏重は、一方で僧侶の質の低下をもたらし、孝謙上皇(718-770、749-758在位)に信任された怪僧、道鏡(?-772)の出現をも導いた。また、仏教の普及は、在来の神が「護法神」などとして仏教の内部に位置づけられることによって、神仏習合の思想を生みだすことにもなった。

第一章　禅の流入と受容　175

　奈良時代におけ
る禅宗の受容に関
してまず注目すべ
きは、736年の道璿
の渡来である。道璿
は、鑑真に先だっ
て戒律を伝えるた
めに日本に招かれ
たが、実は神秀(?-
706)の後継者、普
寂(651-739)の弟子であり、その思想の中心は北宗禅にあったのである。

正倉院

　道璿の渡来後の事跡については多くは知られないが、大安寺に「禅院」を
設けたこと、戒律に精しく『梵網経疏』を著わしたこと、並びに、弟子とし
て行表(722-797)を得たことなどが注目される。道璿にあっては北宗禅と
戒律が結合していたと考えられるが、こうしたことは、荊州の玉泉寺に展
開した、いわゆる「玉泉天台」にあっては特に珍しいことではなかったよう
である(道璿は天台宗にも精しかったとされる)。従って、恐らくは道璿も、そう
した思想的潮流の中で、自らの思想を形成したのであろう。

　道璿は、後に吉野の比蘇山寺に退いて禅修行に励み、山林修行者らにかな
りの影響を残したようである。行表もその影響を受けた一人と考えられるが、
行表の門下から最澄(767-822)が出現し、

　　道璿―行表―最澄

という系譜を成したことは極めて重要である。最澄は、言うまでもなく日本天
台宗の創始者であるが、彼の円(天台)・密(密教)・禅(禅宗)・戒(大乗戒)の
「四種相承」の思想は、恐らく、道璿より伝えられた玉泉天台の基本思想に
則ったものであり、しかも、これが平安時代における禅宗移入の原動力となっ
たものにほかならないからである。

　ところで、奈良時代においては、禅宗に属する人物の来朝は道璿以外には知

られていないが、この時代における禅宗の受容は必ずしも人的なものにとどまったわけではなかった。相次ぐ遣唐使の帰還によって、大量の文物が伝えられたが、その中には、当然のことながら、中国で隆盛を誇っていた禅宗の著作(あるいは禅宗と密接な関係を有する著作)も含まれていたのである。今、正倉院文書などによって、それらを列挙すれば以下のようになる。

　　1．(伝)菩提達摩撰『楞伽経疏』五巻
　　2．(伝)菩提達摩撰『楞伽経科文』(楞伽経開題文) 二巻
　　3．(伝)金剛蔵菩薩撰『観世音経讃』一巻
　　4．(伝)金剛蔵菩薩撰『金剛般若経註』一巻

　これらの文献の撰者は、いずれも仮托と見做されているが、その仮托された人物の名前や思想内容から見て、初期の禅宗教団によって著わされたものであることは、ほぼ間違いない。ただ、その伝来については、『金剛般若経註』が淡海三船(722-785)の「送戒明和尚状」によって、752年に入唐し、753年、ないしは754年に帰朝した膳臣大丘(8世紀中葉)が『釈摩訶衍論』とともに日本にもたらしたことが知られるものの、『楞伽経疏』『楞伽経科文』『観世音経讃』の三書については必ずしも明らかではない。正倉院文書によれば、その祖本は、いずれも「西宅本」と呼ばれるコレクションの中に存在した摸様で、同一人物の将来であったと考えられる。それが誰であったは不明であるが、最も可能性が高いのは、やはり、道璿であろう。

　なお、最澄は自著において多くの禅宗文献に言及しているが、その中にも、

　　5．(伝)菩提達摩撰・曇琳集『二入四行論』

のように、文献の性格上、道璿によって日本にもたらされ、行表を経て最澄に伝えられたのではないかと疑われるものが含まれている。また、やや時代は降るものの、源信(942-1017)の『菩提心義要文』(997年)に引用されている、

　　6．浄覚(683-750?)撰『楞伽師資記』

も、北宗禅系の著作であるから、同様の可能性が考えられる。

第一章　禅の流入と受容　177

　以上に掲げた諸文献は、『二入四行論』が東山法門以前のものである以外は、そのいずれもが、いわゆる「北宗禅」系のものと見てよい。完全な形で現存しているものが少なく、その内容を十分には窺い得ないのは遺憾であるが、いずれにしても、このように数多くの禅宗文献が奈良時代に伝えられていたことは間違いないのである。

　問題は、当時、それらの文献がいかに受容されたかということである。『楞伽経疏』や『楞伽経科文』『観世音経讃』については、正倉院文書によって、いくつかの一切経に収めるために借り出され、書写されたことが分かる。特に『楞伽経疏』と『楞伽経科文』の二書に関しては、教輪（きょうりん）（生没年未詳）という学僧によって、実際に『楞伽経』の講説に際して参考書として用いられたという事実が知られるものの、その思想内容が当時の思想界や宗教界にどの程度の影響を与えたかは全く不明である。また、『金剛般若経註』は、淡海三船によって「偽撰」として指弾されたこともあって、書写もほとんど行なわれなかったようであるし、『二入四行論』や『楞伽師資記』に至っては、最澄や源信によって取り上げられるまで全く用いられた形跡がない。つまり、禅宗関係の著作は伝わっていても、それを禅思想との関わりのもとで理解しようとする動きは、少なくとも学問僧たちの間では、いまだ存在しなかったと言えるのである。

　しかし、禅宗に対する関心が全くなかったわけではない。それは、聖徳太子（574-622）を神秘化しようとする片岡山（かたおかやま）伝説が、太子が片岡山で出会った相手が達摩であったとする話に発展していることからも窺うことができる。

> 片岡山伝説　『日本書紀』（720年）の推古天皇二十一年の条に初出。そこでは、（1）聖徳太子が片岡山に御幸したときに行き倒れの人を見つけ、食を与えて衣を掛けてやった。（2）次の日に使者を派遣したところ、すでに死んでいたのでそこに葬らせた。（3）太子は後にあの人物は常人ではないと言い、使者を遣わして墓を暴かせたところ、衣だけが残されていたというもので、道教の尸解（しかい）の思想に基づくものと認められる。しかし、後にこの説話は、聖徳太子の南嶽慧思（なんがくえし）後身説（聖徳太子は南嶽慧思〈515-577〉の生まれ変わりだという説で、鑑真〈687-763〉の弟子、思託（したく）の『延暦僧録（えんりゃくそうろく）』〈788年〉に見える）や南嶽慧思と菩提達摩を結び付けようとする説（『慧思七代記（えしちだいき）』では達摩が慧思に海東に生まれる

ように勧めたとする)などと結合して発展し、最澄(767-822)の弟子、光定(こうじょう)(779-858)の『伝述一心戒文(でんじゅついっしんかいもん)』に掲げられるようなものが成立し、それが『聖徳太子伝暦(しょうとくたいしでんりゃく)』(917年)などによって流布したようである。即ち、聖徳太子は慧思の生まれ変わり、片岡山の行き倒れは達摩であって、慧思に日本へ生まれ変わるように勧めたのが達摩であったから、この出会いは達摩と慧思の再会であったとされるに至ったのである。奇怪な話であるが、達摩の墓を暴いてみたら片方の草履(隻履(せきり))しか残されていなかったという伝説(隻履帰天説話(せきりきてんせつわ))が『伝法宝記(でんぽうぼうき)』(720年頃)などに見られ、これが最澄の『内証仏法相承血脈譜并序(ないしょうぶっぽうそうじょうけちみゃくふならびにじょ)』などにも受け継がれているから、この説話はそれを前提としつつ、それとの類似から片岡山伝説と結合されて作られたものであろう(達摩に関する説話は『今昔物語集』〈12世紀前半〉や『聞書集(ききがきしゅう)』〈同〉にも見えるが、これらも『内証仏法相承血脈譜并序』に基づくものと考えられている)。これによって、すでに奈良時代に菩提達摩に対する関心が広がっていたことを窺うことができるが、人々の興味はその思想などよりも、宗教上の理由から付与された超越的な人格にあったようである。しかし、鎌倉時代に実際に禅宗が定着するようになると、虎関師錬(1278-1346)の『元亨釈書』(1322年)に見るように、この片岡山伝説は禅と日本との並々ならぬ関係を証するものとして、禅の権威づけに用いられるようになった。そのため、江戸時代になると林羅山(はやしらざん)(1583-1657)などの儒者によって批判が行なわれ、卍元師蠻(まんげんしばん)(1626-1710)や卍山道白(まんざんどうはく)(1636-1715)、面山瑞方(めんざんずいほう)(1683-1769)らによって反論がなされるなどした。

2　平安時代における禅の受容

平安遷都と国風文化の形成

784年、桓武天皇(781-806在位)は、政治の刷新を求めて長岡京に遷都したが、なかなか新都の造営が進まなかったので、794年、再び平安京に遷都し、平安時代(794-1192)の幕開けとなった。

遷都の後、天皇は勘解由使(かげゆし)や健児の制を設けるなど、行き詰まりを見せていた律令制の改革に着手するとともに、仏教が政治に介入するのを防ぐため、南都の寺院の平安京への移転を認めず、新たに唐から帰国した最澄や空海(774-835)を重んじて、彼らのもたらした天台宗や真言宗を新時代の指導原理にし

ようとした。こうした政策は、続く平城天皇(806-809在位)、嵯峨天皇(809-823在位)にも承け継がれて定着していった。

　藤原冬嗣(775-826)は嵯峨天皇の信任を得て、仁明天皇(833-850在位)の外戚となったが、藤原氏は、その後、謀略によって伴善男(811-868、866年失脚)や菅原道真(845-903、901年失脚)、源高明(914-982、969年失脚)など、政治的な対立者を次々に蹴落として天皇の外戚としての地位を不動のものとし、次第に摂政や関白といった要職を独占するようになっていった。荘園の増加によって律令制は完全に行き詰まったが、藤原氏は荘園の多くを所有し、経済的にも繁栄を誇った。特に道長(966-1027)と頼通(992-1074)の時代は、摂関政治が頂点に達した時期とされている。

　この時代にも、しばしば遣唐使が派遣され、入唐僧の活躍も目立ったが、黄巣の乱(875-884)による唐王朝の衰退の状況が伝わり、菅原道真(845-903)の建議によって遣唐使の停止が決定された(894年)。その後も民間の商人らによって中国との交流は維持され、中国の文物は引き続きもたらされて珍重されたが、中国国内における五代十国(907-960)の混乱のため、僧侶の往来は次第に途絶えていった。

　こうしたこともあって、この時代には唐文化の消化・吸収が進み、日本人独自の感性や美意識が洗練され、和歌や女流文学などの国風文化が栄えた。最初の勅撰和歌集である『古今和歌集』(905年)や紫式部(10-11世紀)の『源氏物語』(11世紀初頭)、清少納言(10-11世紀)の『枕草子』(1000年頃)は、この時期に現われた最も重要な文学作品である。

　平安貴族の間では密教の加持祈祷が尊ばれたため、天台宗においても密教の比重が次第に高まっていった。また、災害や治安の悪化の中で末法思想が注目されるようになって浄土教が流行し、源信の『往生要集』(985年)や慶滋保胤(?-1002)の『日本往生極楽記』(10世紀末)などが現われた。しかし、宋の再統一(960年)の後には、奝然(938-1016)や成尋(1011-1081)の入宋に見るように中国との交流が再び活発化し、次第に仏教についての新たな知見も伝えられるようになった。

　藤原氏による摂関政治も後三条天皇(1068-1072在位)によって終止符が打

たれ、白河上皇(1072-1086在位、1086-1129院政)以降、鳥羽上皇(1129-1156院政)、後白河上皇(1158-1192院政)の三代に亙って院政が行なわれた。院政では中流以下の貴族や次第に実力をつけてきた源氏・平家の武士たちを利用して政権を維持したが、保元の乱(1156年)や平治の乱(1159年)を経て、武士たちはさらに力を付け、平清盛(1118-1181)は遂に太政大臣となり、平家を排除しようとした後白河法皇を幽閉する(1179年)など、権勢を誇った。

院政期から比叡山を中心に高揚を見せた思想として、現実をそのまま悟りの現われとして肯定する「天台本覚思想」がある。これは如来蔵思想の帰結とも言えるが、これ以降、仏教にとどまらず、日本文化全般に大きな影響を与えることになった。

最澄による禅の受法

平安時代における禅宗の受容でまず注目されるのは、最澄による牛頭禅の相承である。既に述べたように、最澄は行表から北宗禅を受けていたのであるが、『内証仏法相承血脈譜并序』(819年)によれば、入唐した最澄は、804年10月13日、天台山禅林寺の翛然(生没年未詳)から牛頭宗の付法と関連する諸文献の伝授を受け、それを帰国(805年)の後、比叡山の蔵に収めたという。そして実際のところ、最澄の将来目録(『越州録』)には、禅文献とおぼしき多くの典籍を見ることができるのである。

まず、牛頭宗関係と見られるものに以下のものがある。

1. 仏窟惟則撰『無生義』
2. (伝)牛頭法融撰『法華経名相』
3. (伝)牛頭法融撰『絶観論』
4. 撰者未詳『刀梯歌』

なお、『越州録』には、次に見るように、牛頭宗以外の派に属すると考えられるものも載せられており、最澄の禅宗受容が牛頭宗にとどまるものでなかったことを知ることができる。

5.（伝）神秀撰『観心論』（北宗系）
6. 撰者未詳『曹渓大師伝』（南宗系）
7. 撰者未詳『西国仏祖代代相承伝法記』（南宗系）
8. 撰者未詳『達磨系図』（南宗系）
9.（伝）傅翕撰『傅大師還詩十二首』（系統不明）
10.（伝）傅翕撰『双林大士集』（系統不明）

なお、これらのうち、『無生義』と『西国仏祖代代相承伝法記』については、『内証仏法相承血脈譜并序』に引用がある（『内証仏法相承血脈譜并序』には、以上のほかに『付法簡子』なる未伝の文献や、達摩や慧可の碑文の引用、道信の碑文への言及なども見られる）。

このように多くの禅籍を最澄がもたらしたのは、先に触れたように、彼にあっては禅宗の相承が「四種相承」の一環を成していたからである。では、なぜ禅は、それほどまでに重要な意義を持ち得たのであろうか。それは、恐らく、禅に含まれる「如来蔵」＝「仏性」の思想が、彼の主張の基盤を成す『法華経』の「一仏乗」や『梵網経』の「一心戒」の思想と密接に関係するものであり、彼が生涯をかけて実現を目指した大乗戒壇設立とも直結するものであったからであろう。

最澄の精神がどこまで継承されたかは問題であるが、このような最澄における禅宗の位置づけが、その後の天台宗を中心とする入唐僧たちの禅宗文献の将来に大きな影響を与えたであろうことは想像に難くない。さらに言えば、鎌倉時代以降に中国から禅を伝えた人々の多くが天台宗を学んだ経験を持っていたことも、

比叡山延暦寺根本中堂

これと無関係ではあり得ないであろう。

入唐八家による禅文献の将来

最澄以降の禅宗文献の将来の状況は、入唐八家(平安初期に入唐して仏法を伝えた、八人の天台宗・真言宗の僧をいう)などの「将来目録」によって、おおよそ知ることができる。以下、それらを列挙してみよう(括弧内は、その将来者である)。

まず、荷沢宗に属すると見られるものに以下のようなものがある。

1. 神会撰・劉澄集『菩提達摩南宗定是非論』(円行)
2. 神会撰『南陽和尚問答雑徴義』(円仁・円珍)
3. 神会撰『荷沢和上禅要』(円珍)
4. (伝)慧能撰・法海集『曹溪山第六祖慧能大師説見性頓教直了成仏決定無疑法宝記壇経』(円仁・円珍)
5. (伝)慧能撰『能大師金剛般若経訣』(円珍。『金剛経解義』のことか)
6. 撰者未詳『西国仏祖代代相承伝法記』(恵運)
7. 撰者未詳『達磨宗系図』(円珍。最澄の伝えた『達磨系図』と同一か)

また、洪州宗(あるいは、それに準ずるもの)と関係が深いと目されるものを挙げれば、以下の通りである。

8. 霊澈撰(序?)『宝林伝』(円仁)
9. 懐海(?)撰『百丈山和尚要決』(円珍)
10. 白居易撰『伝法堂碑』(円珍)
11. (伝)慧忠撰『南陽忠和尚言教』(円珍)
12. 真覚撰『曹溪禅師証道歌』(円仁)
13. 真覚撰『最上乗仏性歌』(円仁)
14. 真覚撰『永嘉覚大師集』(円珍)

さらに、次に掲げるものなども、その名称などから禅宗関係のものと推測されるが、その系統は不明である。

15. (伝)菩提達磨撰『唯心観』(円仁)
16. (伝)菩提達磨撰『達磨和上悟性論』(円珍)
17. (伝)慧能撰『六祖和尚観心偈』(円珍)
18. 撰者未詳『大乗楞伽正宗決』(円仁)
19. 撰者未詳『弁禅見解邪正論』(恵運)
20. 撰者未詳『西国付法蔵伝』(円仁、前記『西国仏祖代代相承伝法記』と同一か。最澄は『西国仏祖代代相承伝法記』を「西国付法記」とも呼んでいる)
21. 撰者未詳『禅宗脈伝』(恵運)
22. 撰者未詳『師資相授法伝』(恵運)
23. 撰者未詳『禅門七祖行状碑銘』(円珍)

　このように、様々な禅宗文献が、円行（真言宗、799-852、838-839入唐）、円仁(天台宗、794-864、838-847入唐)、恵運(真言宗、798-869、842-847入唐)、円珍(天台宗、814-891、853-858入唐)らによって伝えられたことが知られるが、それらが天台宗などにおいて、どのように扱われていたのかは明らかではない。
　五大院安然（841?-915?）は『教時諍』や『教時諍論』において『宝林伝』(801年)や『大唐双峰山禅門付法』(未詳)などを引いて禅宗に言及しており、特に『教時諍』では仏教教理の深浅を論じて、(1)真言、(2)仏心(禅)、(3)法華、(4)華厳、(5)三論、(6)法相と位置づけている。これから判断すれば、禅宗への関心は平安時代においてもかなり高かったようである。しかし、安然はむしろ例外であって、一般的には、禅に対する注目度は、密教や天台宗などに比べれば遥かに低かったように思われる。最澄没後の天台宗にあっては、禅宗は基本的には「四種相承」という名目のもとに形式的に受け入れられるにとどまったと言えるだろう。

義空と能光
　これら入唐僧の活動と相い前後して、中国の禅僧の渡来と、日本人入唐僧の禅の習学という興味深い事実が知られている。前者は義空（9世紀半）であり、後者は瓦屋能光（?-933）という人である。

義空の来朝は、嵯峨天皇の皇后である檀林皇后（橘　嘉智子）が慧萼（9世紀中葉）を使いとして承和年間(834-848)に招いたものであるというから、円仁の帰国(847年)とほぼ同時期のことである。義空は塩官斉安(?-842)の弟子であるというから、その系譜は、

　　馬祖道一(709-788) ── 塩官斉安 ── 義空

となり、まさしく南宗の初伝、洪州宗の初伝である。
　皇后は義空を檀林寺の開山に迎え、その指導のもと修行に励んだというが、結局のところ、当時の日本人の受け入れるところとはならなかった摸様で、義空は数年後には帰国してしまったのである。こうした事実は、当時の日本には、いまだ禅を受け入れる素地が十分には醸成されていなかったことを示すものと言えよう。なお、義空に源諝という弟子があったともいうが、その動向は一切不明である。
　瓦屋能光の入唐の時期は明らかでないが、洞山良价(807-869)に嗣法したというから、やはり、ほぼ同じ頃のことと考えることができる。彼は唐で一生を終えたため、日本の思想界に影響を及ぼすことはなかった。彼が帰国を望まなかったのは、あるいは、当時の日本に禅思想を受け入れる素地がないことをよく知っていたためであったかもしれない。

宋の建国と交流の活発化

　宋の建国(960年)によって、中国の情勢が落ちつくと、日中間の僧侶の交流が再び活発化し、中国で流行していた禅宗の動向が日本にも伝えられるようになった。三論宗の奝然(?-1016、983-986入宋)は、帰朝後、中国で禅宗が隆盛していることを報告し、禅宗の宣揚を朝廷に聞奏したという。当時は、首山省念(926-993)や洞山守初(910-990)、香林澄遠(908-987)らの活躍期で、臨済宗や雲門宗が興隆に向かおうとしていた時期であり、奝然は、そのような中国の仏教界の動向を、直接見聞して、そうした行動に出たものであろう。
　また、院政期には、天台宗の覚阿(1143-1182)によって宋朝禅が初めて日

本に伝えられた。1171年に入宋して、圜悟克勤（えんごこくごん）(1063-1135)の弟子の瞎堂慧遠（かつどうえ）（おん）(1103-1176)の法を嗣いだ覚阿は、帰朝（1175年）の後、比叡山に入った。『元亨釈書』(1322年)によれば、高倉天皇（たかくらてんのう）(1168-1180在位)の問法があったが、覚阿は笛を一回吹くのみであったという。しかし、その後の動静は不明である。

3　平安以前の禅受容の問題

　以上、平安時代以前における禅宗の受容について概観したが、この時期の受容には、鎌倉時代以降とは異なる傾向が見られる。それは、多分に偶発的・受動的だということである。

　まず、奈良時代に関して言えば、道璿を招いたのは禅宗を移入しようとしてのことでは決してなかったし、また、禅宗文献の将来にしても、日本天台の立場である「四種相承」の一環として、あるいは唐で流行していた典籍をもたらした中に、たまたま含まれていたに過ぎないように見える。つまり、新たな思想的立場を樹立した「禅」を、それと意識したうえで主体的に取り入れようとする姿勢は、そこには全く窺うことができないのである。

　全体として言えば、当時の人々は禅宗文献を一般的な教学の一つとして受け入れていたと言えるだろう。当時伝わっていた禅宗文献の中で、例外的に読まれたことが確認されるのが、後の禅宗とは思想的に最も懸隔のある『楞伽経疏』や『楞伽経科文』であり、その目的が『楞伽経』の講義の参考書としてであったことは、そうした状況をよく示すものと言える。

　しかし、道璿と人的交流を持った人々には、その実践を通して「禅」の意義を理解しえたものがいたことは想像に難くない。そして、そうした人々の中から最澄は生まれたのである。それ故、最澄における禅の意義は極めて重いが、その思想が彼の後継者にどこまで理解されていたか、甚だ疑わしい。義空や瓦屋能光の行動に見るように、むしろ、この時代の日本人には、いまだ禅の意義を十分に受けとめるだけの準備がなかったといえるのではないか。最澄は、恐らく、この時代において「禅」を実存において受けとめ得た、唯一の

例外であったのである。

　しかし、院政期になって武士の勢力が伸び、戦乱の足音が都にまで忍び寄ってくると、人々は否が応でも現実の社会と自らの実存とに直面せざるを得なかった。ここにおいて「禅」は、初めて人々の前に、それ本来の意義を露わすことになる。覚阿の行動には、既にそうしたものの片鱗をはっきりと窺うことができるが、それは、また、鎌倉期における「禅」の本格的な受容の前触れでもあったのである。

参考文献

伊吹　敦　「北宗禅の新資料 ― 金剛蔵菩薩撰とされる『観世音経讃』と『金剛般若経註』について」（「禅文化研究所紀要」17、1991年）

伊吹　敦　「最澄が伝えた初期禅宗文献について」（「禅文化研究所紀要」23、1997年）

伊吹　敦　「菩提達摩の『楞伽経疏』について」（「東洋学論叢」23-24、1998年）

大谷哲夫　「曹洞宗と儒教との交渉」（曹洞宗宗学研究所編『道元思想のあゆみ3 ― 江戸時代』吉川弘文館、1993年）

末木文美士　「奈良時代の禅」（「禅文化研究所紀要」15、1988年）

高木訷元　「唐僧義空の来朝をめぐる諸問題」（「高野山大学論集」16、1981年）

中尾良信　「聖徳太子南嶽慧思後身説の変遷」（「花園大学研究紀要」21、1990年）

船岡　誠　「初期禅宗受容と比叡山」（今枝愛真編『禅宗の諸問題』雄山閣、1979年）

船岡　誠　『日本禅宗の成立』（吉川弘文館、1987年）

第二章　宋朝禅の定着

1　宋朝禅の移入 ― 鎌倉前期 ―

武士の世の到来と新仏教の誕生

　貴族や寺社勢力、地方武士の平氏に対する不満は強く、やがて、源平の争乱となった。この争いを最終的に制した源 頼朝(1147-1199)は、征夷大将軍に任じられ(1192-1199在職)、鎌倉に幕府を樹立し、鎌倉時代(1192-1333)が始まった。

　頼朝は諸国に守護、地頭を任命し、治安や行政、税の徴収に当たらせた。頼朝の没後は、子の頼家(1202-1203在職)が将軍となったが、その専制をおさえるため、幕府の有力者が合議制によって政治運営を行なうようになった。その中心に位置したのは、頼家の母、政子(1157-1225)の実家、北条氏であった。北条時政(1138-1215)は他の有力者を次々に陥れ、1204年、頼家も殺して幕府の実権を握った(執権、1203-1205在職)。

　執権の地位は、義時(1205-1224在職)に承け継がれたが、義時は、1219年、三代将軍実朝(1203-1219在職)が頼家の子の公暁(1200-1219)に殺されると、藤原氏から将軍を迎えて幕府を維持した(摂家将軍)。これに対して政権を奪取しようとした後鳥羽上皇は承久の乱(1221年)を起こしたが、それを鎮圧した後、幕府は畿内や西国にも地頭を置き、その勢力は全国に及んだ。その後、執権となった北条泰時(1224-1242在職)は「御成敗式目」を定め、ここに執権政治は確立を見た。そして、時頼(1246-1256在職)の時代には敵対する三浦氏を亡ぼし、摂家将軍に替えて親王将軍を迎えることに成功した。

　この時代に武士は名実ともに政治の実権を握ったわけであるが、こうした情勢の変化に呼応するように文化にも新たな傾向が現われた。和歌の世界では、貴族社会の没落を暗示するかのように象徴的耽美的傾向が強まり、藤原

俊成(1114-1204)や定家(1162-1241)のように奥深い静寂性(幽玄)を理想として追求する人々も現われた。『新古今和歌集』(1205年)は、この時代の歌風を伝える代表的な歌集である。また、あいつぐ戦乱の中で知識人の間で厭世観が高まり、鴨長明(1155?-1216)の『方丈記』(1212年)などが生まれた。

一方で『平家物語』に代表されるように、新たな支配層を形成するに至った武士たちの活動を活写した軍記物語が新たなジャンルとして登場し、また、平家によって焼かれた東大寺の再建に腕をふるった運慶(?-1223)らの慶派の人々の彫刻作品や、このころから盛んに描かれるようになった似絵(肖像画)の作品には、従来には見られなかった写実性を認めることができる。

新たな時代の到来は思想界をも活性化させた。法然(1133-1212)や栄西(1141-1215)、親鸞(1173-1262)、道元(1200-1253)、日蓮(1222-1282)らによって新たに「新仏教」が打ち立てられ、それが刺激となって「旧仏教」の側からも貞慶(法相宗、1155-1213)や高弁(明恵上人、華厳宗、1173-1232)、叡尊(律宗、1201-1290)らが現われて活躍した。

この時期にも中国との国交は回復しなかったが、南宋(1127-1279)との間の私貿易が活発で大量の宋銭が流入し、貨幣経済が浸透した。僧侶の往来も盛んで、栄西や道元によって中国で隆盛を極めていた禅宗が新たにもたらされることになった。

栄西と能忍

布教の拠点としての禅寺を建立し、後継者を養成することで社会にインパクトを与え、禅が認知される契機になったのは、この時代の明庵栄西(千光国師、1141-1215)と大日能忍(生没年未詳)に始まる。

栄西は生涯に二度入宋を果たしているが、その二度目の際に臨済宗黄龍派の虚庵懐敞(生没年未詳)の法を得て帰朝した(1191年)。その後は比叡山からの迫害もあったが、北条政子や源頼家らの帰依を得て、鎌倉に寿福寺(1200年)、京都に建仁寺(1202年)を創建して禅の普及に努めた。その門下には明全(1184-1225)、退耕行勇(?-1241)、栄朝(?-1247)などの高弟が集まり(千光派)、それぞれが道元、心地覚心(法灯国師、1207-1298、栄朝にも師事)、東

福円爾(聖一国師、1202-1280)といった有力な弟子を養成した。道元、覚心、円爾の三人は、いずれも後に入宋して禅を伝え、一派を成した。

　明庵栄西　備中(岡山県)に生まれ、十一歳の時、吉備郡安養寺で出家。十三歳で叡山に登って天台を学び、伯耆(鳥取県)の大山でも密教を学んだ。1168年、入宋し、天台山、阿育王山などを巡って天台の章疏をもたらした。1187年インドの仏蹟の巡礼を志して再度入宋したが果せず、天台山万年寺で虚庵懐敞に相見し、臨済宗黄龍派の禅を受けた。1191年に帰朝し、九州で布教。叡山の働きかけで「禅宗宣揚停止の宣旨」が出されたため、1194年、弁明のため入京。その後、鎌倉に入り、頼朝の一周忌に導師を勤めるなど、密教僧として幕府の帰依を得、1200年に寿福寺を開創。1202年には京都に比叡山の別院として台密禅兼修道場、建仁寺を創建。1206年には後鳥羽上皇から東大寺大勧請職に任じられ、東大寺造営に力を尽くした。1213年には権僧正に任じられ、1215年、七十五歳で入寂。『興禅護国論』(1198年)、『日本仏法中興願文』(1204年)、『喫茶養生記』(1211年)などの著作がある(『興禅護国論』と『日本仏法中興願文』には偽撰説もある)。密教の大家としても知られ、後に「葉上流」と呼ばれる一派を開いた。また、茶をもたらしたため「茶祖」としても尊ばれている。

徳光が能忍に与えた達磨像(個人蔵)

　一方、能忍は無師独悟で、摂津(大阪府)の三宝寺で布教に努めたが(「達磨宗」と呼ばれる)、師承がないのを批判するものがいたため、1189年、弟子を中国に派遣して、書状によって拙庵徳光(1121-1203)の法を嗣いだ。能忍の感化力は非常に大きかったようで、藤原俊成や定家の幽玄を目指した新風の和歌

が、難解だとして「達摩歌」と呼ばれて批判されたのも、その影響であろうとされている。しかし、能忍の不慮の死によって門弟の多くは道元の傘下に移り、日本曹洞宗の形成に大きな役割を果たすことになった。

> 達磨宗　大日能忍が興した禅の一派。能忍は初め天台宗を学んだが、古くから日本で伝えられていた禅籍などを読んで無師独悟し、摂津（大阪府）の三宝寺（現在の大阪市東淀川区大桐三丁目にあった）を中心に布教活動を開始した。叡山の門徒の奏上によって布教を禁じられ、さらに能忍も不慮の事故によって急逝したが、弟子の東山覚晏（生没年未詳）が教団を承け継ぎ、門下の懐奘（1198-1280）らとともに大和（奈良県）の多武峰を中心に活動を続けた。ところが、1227年になって今度は興福寺の門徒らの焼き討ちに遇ったため、越前（福井県）に逃れ、白山系天台教団の拠点の一つ、波著寺に拠った。覚晏没後の1241年、弟子のうち、懐鑑（?-1251）、義尹（1217-1300）、義介（1219-1309）、義演（?-1314）らは、深草（京都府）の興聖寺で活動を展開していた道元の下に移った（懐奘は、これより先の1234年に道元に参じていた）。従来、これによって達磨宗は消滅したと考えられていたが、近年、中世の末まで三宝寺にその門流が伝存していたことが明らかになった。今日では、むしろ三宝寺に拠った一派こそが主流で、覚晏の系統はむしろ傍系であったとも言われている。

　栄西の禅は、彼が開山となった建仁寺が叡山の別院、天台・真言・禅の三宗兼学の道場として建立されたことに象徴されるように（当初は、止観院や真言院なども置かれていた）、旧来の仏教の影響を完全に脱したものではなかった。これには叡山を中心とする伝統勢力の強い反撥が影響していると言われるが、密教の素養が豊かだった栄西自身の思想も、それと密接に関係していたと考えられる（栄西自身が、日本天台の四種相承の枠内で禅を伝えようとしたのだとも言われる）。こうした思想は弟子の行勇や栄朝に受け継がれ、その門下の覚心や円爾にも影響を与えた。

兼修禅の展開

　覚心は、1249年に入宋して無門慧開（1183-1260）の法を嗣ぎ、帰国後は西方寺（後に興国寺と改称）の開山となるなど、紀伊（和歌山県）の由良に居を定

めて布教に努め、孤峰覚明(三光国済国師、1271-1361)など多くの弟子を育てた(法灯派)。

一方、円爾は宋で無準師範(1177-1249)に嗣法して帰朝、九条道家(1193-1252)に帰依され、東福寺の開山となった。道家は円爾を重んずるあまり、その法系(聖一派)以外の人が住持になることを禁じたため、東福寺は聖一派の一流相承刹(徒弟院)として成立を見た。

円爾は自ら三教一致を説く『仏法大明録』をもたらして北条時頼に講義し、また、教禅一致を説く『宗鏡録』を後嵯峨天皇に講じなどした。また、円爾自身、『大日経見聞』という密教に関する著作を著わしたとも言われている。このような円爾の諸教融合的な思想は、当時の人々に広く受け入れられた。その門下には東山湛照(1231-1291)、無関普門(1212-1291)、白雲慧暁(1228-1297)、癡兀大慧(仏通禅師、1229-1312)などの俊秀が集まり、それぞれに禅を広めた。特に癡兀大慧が安養寺や大福寺を開いて伊勢(三重県)に進出したことは注目される。

心地覚心と東福円爾　心地覚心は信濃(長野県)の人で、姓は恒氏。「無本」と号す。二十九歳で出家受戒し、高野山で密教を学び、金剛三昧院にいた退耕行勇に師事し、行勇に随って寿福寺にも赴いた。道元や栄朝に参じた後、1249年に入宋して無門慧開(1183-1260)の法を得て帰国し、高野山に入った(帰国に際して師の著作『無門関』を将来した)。1258年に西方寺(後に興国寺と改称)の開山となるなど、紀伊の由良に居を定めて布教に努めた。亀山上皇(1248-1305)の帰依を受け、新たに建立した禅寺(後の南禅寺)の開山となるよう求められたが、赴かなかったという。亀山上皇や後醍醐天皇より「法灯禅師」「法灯円明国師」と諡される。瑩山紹瑾(1268-1325)をはじめ、多くの曹洞宗の人々と交渉をもったため、その密教化に影響を与えたともされている。また、後世、尺八を愛好したとして普化宗の祖ともされる。一方、東福円爾は駿河(静岡県)の人で、姓は平氏。五歳で出家して天台を学び、十八歳で東大寺で受戒、上野(群馬県)の長楽寺に栄朝を訪ねて師事した。1235年に入宋、無準師範に嗣法して、1241年に帰朝、九条道家の帰依を受け、1255年、新たに建立された東福寺に開山として迎えられた。そして東福寺は、円爾の法孫のみが住持となる、聖一派の一流相承刹(徒弟院)とされた。北条時頼、後嵯峨上皇からも尊崇され、寿福寺、建仁寺など

にも住した。『聖一国師語録』『聖一国師法語』などの著作がある。東福寺は当初、禅・天台・真言・律の兼修道場として建てられたため、灌頂堂や阿弥陀堂のような、本来禅とは関係のない堂宇も存在し、回廊には禅宗の祖師ばかりか、真言の八祖、天台の六祖が描かれていたという。しかし、後には完全な禅寺となった。

なお、栄西に少し遅れて独自に禅を伝えた人物として、俊芿(1166-1227)があったことも忘れてはならない。彼は天台・真言・律などの諸宗を学んだ後、1199年に入宋して雪竇山や径山で禅を学んだ。1211年に帰国すると、一時、建仁寺の栄西のもとに身を寄せたが、1224年、泉涌寺に移り、ここを天台・真言・律・禅の四宗兼学の道場とした。

今日、これらは「兼修禅」と呼ばれ、「純禅」とは区別されることが多いが、京都では比叡山の勢力が強く、後々までしばしば禅宗への排斥が繰り返されたことを考えれば、禅の移入という点でそれが果たした役割には非常に大きなものがあったと考えられる。

実際、東大寺三論宗の真空(1204-1268)や円照(1221-1277)、天台宗の静明(生没年未詳)らは円爾に参じて禅を学んだし、円爾と交渉のあった法相宗の良遍(1194-1252)の『真心要決』や、天台本覚思想の代表的な論書、『漢光類聚』にも禅思想の影響を窺うことができる。また、この時代に、華厳宗において圭峯宗密(780-841)や永明延寿(904-975)の教禅一致思想が採り上げられるようになったことも注意すべきである。例えば、高弁の弟子、証定(1194-1255-?)は、『禅宗綱目』を著わして、盛んにその思想を鼓吹しているのである。これは新たに流入した禅を華厳の立場から融会しようとしたものと理解できる。

純禅の移入後は、これらの寺院においても兼修禅的性格は次第に希薄となっていったと思われるが、完全に払拭されたわけではなく、特に密教的要素は後々まで強く残存したと考えられる。それは一つには、宋朝禅自体が護国という点で祈禱的性格を内包していたからであるが、それを維持することが布教に非常に有利だったということも無視できない。そのことは、曹洞宗でありながら覚心らの法灯派の人々と密接な交流を持った瑩山紹瑾(1268-1325)の活動からも窺うことができる。

道元による日本曹洞宗の樹立

　栄西らの活動を受けて、日本で純禅を初めて挙揚したのは、1227年に曹洞宗の天童如浄(1162-1227)の法を伝えて帰朝した道元である。道元は帰国すると建仁寺に入り、さっそく『普勧坐禅儀』(1227年)を著わして自らの立場を鮮明にした。しかし、1233年、比叡山からの圧迫のため山城(京都府)の深草に移り、新たに建立した興聖寺に拠った。この時期には、懐鑑(?-1251)、懐奘(孤雲懐奘、1198-1280)といった大日能忍の弟子たちの入門があり、教団は隆盛に向かった。興聖寺には僧堂が設けられ、中国の修行法がそのまま実践された。そのため道元は、『典座教訓』や『学道用心集』などを説示して規矩を整えた。

　しかし、公家の外護による兼修禅的な東福円爾の活動に脅威を感ずるとともに、繰り返される叡山からの弾圧を避けるため、中央から離れて越前(福井県)に退き(1243年)、外護者の波多野氏が創建した大仏寺に拠った(1244年)。大仏寺は、その後、永平寺と改称され(1246年)、日本における曹洞宗の布教の中心となった。

　道元が「一箇半箇」の接得を目指すという少数精鋭主義を採ったこともあって、初期の永平寺教団の規模は非常に小さなものであったらしい。しかし、その没後、永平寺を継いだ孤雲懐奘らの努力によって、教団の体制は次第に整備されていった。

　道元　希玄とも。内大臣久我通親(一説に、その子、大納言久我通具)を父に、藤原基房の娘を母に京都で生まれたが、三歳で父を、八歳で母を失ったため、比叡山に登り、十四歳の時、座主公円(生没年未詳)

道元頂相（永平寺蔵）

のもとで剃髪、受戒した。天台や密教を学んだが、間もなく下山し諸国を遍歴。1217年、建仁寺に入り、明全に師事。1223年明全と共に入宋。天童山の臨済宗大慧派の無際了派(1149-1224)の会下で学び、嗣書を閲覧。遍参の後、天童山に戻り、後住の如浄(曹洞宗、1162-1227)の下で悟り、印可を受けた(1225年)。1227年、帰朝して建仁寺に掛錫。1230年、山城国深草の安養院に移り、1233年、観音導利院（後の興聖寺）を建立したが、1243年、地頭の波多野氏の招きに応じて越前に移り、翌年、大仏寺(後の永平寺)を建立。1247年から翌年にかけて鎌倉に赴き、北条時頼と面談の後、永平寺に戻る。1252年、病気になり、翌年、療養のため京に移ったが効果なく、五十四歳で入寂。『正法眼蔵』『永平広録』『永平元禅師語録』『永平清規』『学道用心集』『普勧坐禅儀』『宝慶記』『傘松祖師道詠』などの著作がある。なお、弟子の懐奘が師の言葉を筆録した『正法眼蔵随聞記』も、道元の素顔を伝えるものとして重要である。

その後、永平寺第三世を巡って義介(徹通義介、1219-1283)と義演(?-1314)の間で争いが起り(三代相論)、その結果、義介は永平寺を出て、富樫氏の外護のもと、加賀(石川県)の大乗寺に拠り(1293年)、1314年の第五世の義雲(1253-1333)の入寺以降、永平寺は越前(福井県)の宝慶寺の寂円(1207-1299)の系統によって維持されることになった(永平寺の住持は、以後、近世の第三十八世巖巖柳〈?-1716〉まで寂円派で占められた)。

この争いには永平寺教団における路線対立が関わっていたとされている。義演や寂円が道元の精神をそのまま継承すべきだと考えたのに対して、義介は教団の拡大を第一に考えたというのである。

なお、以上に掲げた人々のほかに、道元の弟子に詮慧(生没年未詳)があり、京都東山の道元茶毘の地に永興寺を開創し、ここで弟子の経豪(生没年未詳)とともに『正法眼蔵』の研究に努めた。その成果である『正法眼蔵御聞書抄』(1303-1308)は、今日においても、なお、『正法眼蔵』を理解しようとする場合、最も依拠すべきものとされている。

蘭渓道隆・兀庵普寧の来朝と建長寺の建立

留学僧によって禅宗が伝えられる中、執権、北条時頼は禅に心を寄せ、朝廷の権威に互するためにも、幕府の威信をかけて大規模な禅宗寺院の建立を

企てた。こうして誕生したのが鎌倉の建長寺(けんちょうじ)(1253年)であり、その開山として招かれたのが、中国人渡来僧の蘭渓道隆(らんけいどうりゅう)(大覚禅師(だいかくぜんじ)、1213-1278、1246年来朝 大覚派)である。建長寺は日本最初の本格的な禅宗寺院と言われ、中国の様式を真似て建立された(「禅宗様(ぜんしゅうよう)」と呼ばれる)。建長寺では、両班による寺院運営など、中国の叢林そのままの生活が営まれていた(主に『禅苑清規(ぜんねんしんぎ)』に基づくものであったようである)。

建長寺・三門

　蘭渓道隆は無準師範や北礀居簡(ほっかんきょかん)(1164-1246)に学んだ後、松源崇岳(しょうげんすうがく)(1132-1202)の弟子の無明慧性(むみょうえしょう)(1162-1237)の法を嗣いだ人で、1246年に弟子らを引きつれて来朝した。その経緯は、泉涌寺の僧で入宋した月翁智鏡(げっとうちきょう)(生没年未詳)とたまたま相い知り、日本の状況を聞いて関心を抱くようになり、月翁の帰国後、彼を頼ってやって来たのである。初め鎌倉の常楽寺(じょうらくじ)に住していたが、北条時頼に信任されて建長寺に迎えられ、開山となった。その後、京都の建仁寺の住持になったり、流言のため失脚したりしたこともあったが、三度に亙って建長寺の住持となって化を広め、鎌倉における禅宗の基礎を築いた。

　蘭渓道隆に続いて来朝して、鎌倉の北条氏のもとに身を寄せたのが兀庵普寧(ごったんふねい)(1197-1276、1260年来朝、1265年帰国、兀庵派(ごったんは))であり、その渡来は、もともと同門の東福円爾の召請によるものであったらしい。普寧が来ると時頼は建長寺の住持を任せて第二世としたため、普寧は道隆の弟子たちの不興をかったようである。そのため、熱心な信奉者であった北条時頼が亡くなると、間もなく帰国してしまった(これに関しては、蘭渓道隆の力量に対する不満が兀庵普寧にあったことが原因であるとも言われている)。

2　宋朝禅の定着 ― 鎌倉後期 ―

元寇と幕府の衰退

　南宋を亡ぼした元(1237-1260-1367)は日本に対して朝貢を求めてきたが、時の執権、北条時宗(1251-1284、1268-84在職)はこれを拒否し、1274年、1281年の二度に亙って元の軍隊を迎え撃った(文永・弘安の役)。激戦の結果、元寇は撃退したものの、幕府は御家人に十分な恩賞を与えることができなかったし、北条氏への権力の集中が進んだこともあって、御家人の幕府への不満は募った。一方で分割相続と貨幣経済の進展によって窮乏する御家人が現われたため、貞時(1271-1311、1284-1301在職)の時代には御家人を救済する目的で「永仁の徳政令」(1297年)が出されたが、一時しのぎにしかならなかった。その後も、高時(1303-1333、1316-1326在職)の時代には内管領の長崎高資(?-1333)が専権をふるうなど、幕府は次第に衰退していった。

　元寇の後も、中国との交流は途絶えることはなかった。それどころか、1325年に幕府自身が建長寺船を出すなど、以前にも増して活況を呈した。禅僧らの往来も頻繁で、典籍や芸術作品などの文物が流入し、朱子学などの新しい思潮も伝えられた。

　北条高時の時代には持明院統と大覚寺統の間で皇統が分裂し、皇位を巡って争いが起きた。幕府の勧めによって両統が交互に即位する両統迭立が成ったが、それによって花園天皇(1297-1348、1308-1318在位)から譲られて即位した後醍醐天皇(1288-1339、1318-1339在位)は、朱子学を学び、その影響のもと天皇親政を目指した。その策謀が露見した元弘の変(1331年)によって天皇は隠岐に流されたが、やがて脱出し、楠木正成(1294-1336)や幕府に背いた足利高氏(尊氏、1305-1358)の活躍で鎌倉幕府は滅亡した(1333年)。

禅僧の往来

　この時代に中国から禅を伝えた代表的人物としては、大休正念(仏源禅師、1215-1289、1269年来朝、仏源派)、無学祖元(仏光国師、1226-1286、1279年来朝、仏光

派)、一山一寧(1247-1317、1299年来朝、一山派)、東明慧日(曹洞宗 宏智派、1272-1340、1308年頃来朝、東明派)、清拙正澄(大鑑禅師、1274-1339、1326年来朝、清拙派・大鑑派)、明極楚俊(1262-1336、1329年来朝、明極派)、竺仙梵僊(1292-1348、1329年来朝、竺仙派)などがあり、日本人僧では無関普門(1212-1291、1262年来朝)、南浦紹明(大応国師、1235-1308、1267年帰朝、大応派)、孤峰覚明(1271-1361、1311年入元)、祇陀大智(曹洞宗、1290-1366、1314年入元)、遠渓祖雄(1286-1344、1316年帰朝、幻住派)、可翁宗然(?-1345、1326年帰朝)、寂室元光(1290-1367、1326年帰朝)、雪村友梅(1290-1346、1329年帰朝)、天岸慧広(1273-1335、1329年帰朝)、月林道皎(1293-1351、1330年帰朝)、別源円旨(1294-1364、1330年帰朝)、中巌円月(1300-1375、1332年帰朝)らがあり、その多くが一派を成した。

　彼らの多くは臨済宗楊岐派の密庵咸傑(1118-1186)の流れを汲んでおり、当時の中国の叢林の状況を反映して松源派や破庵派に属するものが多かった。特に兀庵普寧や無学祖元、東福円爾らが師事した無準師範や南浦紹明の師、虚堂智愚(1185-1269)、祇陀大智、竺仙梵僊、寂室元光、月林道皎、可翁宗然、別源円旨、中巌円月らが参じた古林清茂(1262-1329)、孤峰覚明、遠渓祖雄、可翁宗然、寂室元光らが学んだ中峰明本(1263-1323)らは、南宋や元における最も名高い禅匠たちであった。しかし、人間の個性によって多少の相違はあるにしても、彼らの思想は、基本的には圜悟克勤(1063-1135)と大慧宗杲(1089-1163)によって確立された公案禅の範疇にあるものと見てよい。

鎌倉・室町時代の交易と禅僧の往来　宋の再統一以降、日中間の交易が再び活性化した。それに目を付けた平清盛(1118-1181)は、大輪田泊(現在の神戸)を整備するなど、南宋との通商に力を入れた。そのため入宋貿易はいよいよ盛んになり、宋の貿易船がもたらした物品や芸術品、書籍、宋銭などは、日本の社会に大きな影響を与えることになった。また、禅僧の往来も頻繁で、入宋した僧は八十人以上、来日した僧は二十人以上が知られている。元との間では二度に渡って戦端が開かれたが、それでも日本との対外貿易は閉ざされなかったため、交易はいっそう活発となった。元と闘った鎌倉幕府自体が、建長寺を再建する費用を調達するために建長寺船を出したし(1325年)、足利尊氏も夢窓疎石(1275-1351)の進言に従って、天龍寺を造営するために天龍寺船を出している(1342年)。元からの渡来僧は非常に多く、鎌倉幕府は、その来日を制限しようとしたほどで

あったし、日本人の入元僧に至っては二百人以上が知られており、入宋僧より遥かに多かった。明(1368-1644)の時代には、倭寇への対抗の必要性から貿易を制限するようになり、1404年以降、室町幕府との間で「勘合貿易」が行なわれるようになった。これによって禅僧が自由に往来することは難しくなったが、日明貿易では、外交文書（国書）は禅僧が起草したし、日本からの正使・副使も禅僧が任命されるのが慣例であった。遣明正使であった了庵桂悟(1425-1514)の帰国に際して、交際のあった王守仁(陽明、1472-1528)が詩を贈ったことは有名である。そうしたこともあって、画僧、雪舟等楊(1420-1506)の入明(1467-69)に見るように、禅僧の往来は引き続き維持された。中には、入明して季潭宗泐(1318-1391)に嗣法し、中国の四川や河北の禅林で活躍し、北京で没した無初徳始(?-1429)のような人物もいた。しかし、17回に亙って行なわれた勘合貿易も、その実権を掌握した大内氏の滅亡によって、1547年を最後に途絶えることとなった。

　このように優れた中国僧が次々と来朝したのは、一つには北条氏をはじめとする上層の武士たちが熱心に禅僧を招聘したためである。北条時宗は蘭渓道隆の没後、参禅の師を中国に求めたが、それに応じて来朝したのが無学祖元であったし、東明慧日や清拙正澄の来朝は北条貞時や北条高時の招聘に拠るものであった。また、明極楚俊や竺仙梵僊も安達高景(生没年未詳)や大友貞宗(?-1333)の招きによって来日を決意したという。

　しかし、これには中国の国内状勢も関係していた。当時はちょうど、モンゴル人の元が中国支配を確立しようとしていた時期に当っていたから、それを快く思わない禅僧たちが、国外に活路を見出そうとしたのである。例えば、一山一寧は、元の使節として来日したが、そのまま日本に留まり、北条貞時の外護を得て禅の布教に努めている。

禅の定着

　こうして禅は、ようやくにして市民権を得るに至ったわけであるが、平安仏教に馴染んだ人々の中には、反発を示すものも多かった。『野守鏡』(1295年)の著者、六条有房(藤原、1251-1319)もその一人であるが、その有房でさえ、後には一山一寧に帰依したほど、上層階級への禅宗の普及は著しいものだった。

一山一寧　台州（浙江省）の人で姓は胡氏。幼くして出家し、律と天台を学ぶ。後に禅に転じ、天童山、阿育王山、浄慈寺などで修行を積み、頑極行弥（13世紀後半）の法を嗣いだが、その後も環渓惟一（1202-1281）らに歴参を続けた。その後、諸所で布教を行なっていたが、テムル（成宗、1294-1307在位）から「妙慈弘済大師」の号を授けられるとともに、その命で西磵子曇（1249-1306）らとともに来日。はじめスパイと疑われ、伊豆（静岡県）の修善寺に幽閉されたが、後に許され、建長寺、円覚寺、南禅寺などに歴住し、南禅寺で寂した。後宇多上皇より「一山国師」と諡された。嗣法の弟子に雪村友梅らがあり、語録として『一山国師語録』がある。学識が深く、文学や諸制度にも通じ、書にも巧みであって、五山の学芸の基礎を築いたとされる。そのため、虎関師錬（1229-1312）や夢窓疎石も、一時期、その門に学んでいる。

　この時代の代表的な禅僧たちは、たとえ日本人であっても、ほとんど全て中国で禅を学んだ人々であった。それは叢林で出世するためには不可欠な要素の一つであったのである。しかし、日本における修学のみで著名となった禅僧がいなかったわけではない。代表的な人物としては、東福円爾の法嗣で伊勢に安養寺などを開いた癡兀大慧、後嵯峨天皇の皇子で無学祖元の法嗣となった高峰顕日（仏国国師、1241-1316）、東山湛照の法嗣で、一山一寧らにも師事した虎関師錬（1229-1312）などがある。
　癡兀大慧には廓庵の『十牛図』の註釈書である『十牛訣』や仮名法語の『枯木集』（1283年）などの著作があり、虎関師錬にも、日本最初の本格的な僧伝である『元亨釈書』（1322年）や『楞伽経』の註釈書である『仏語心論』（1326年）、禅宗が他宗に優ることを論じた『宗門十勝論』、詩文集の『済北集』、宋代の「疏」「榜」「祭文」を編集した『禅儀外文集』などがある（『禅儀外文集』は、文章の規範として五山で重んじられた）。また、高峰顕日の語録（『仏国国師語録』、1326年）に見られる無学祖元との問答は、他に見られぬ本格的なものと評価されている。そのほかにも、円爾の弟子の無住道暁（一円房、1226-1312）には、当時の宗教界の動向を伝える貴重な文献である『沙石集』（1283年）などの仏教説話集があり、国文学の方面から高く評価されている。
　彼らに少し遅れて宗峰妙超（大灯国師、1282-1336）、夢窓疎石（夢窓国師、1275-1351）、瑩山紹瑾（1268-1325）の三人が現われ、それぞれの個性を生かし

つつ、日本独自の禅を作り上げていくことになるのであるが、彼らにも留学経験がないことは注目すべきである。

円覚寺・南禅寺・大徳寺の創建

幕府は多くの中国僧や帰朝僧を受け入れたため、必然的に彼らが居住し、布教を行なうための寺院を用意する必要があった。こうして建長寺に続いて鎌倉に創建された巨刹が円覚寺であり（1282年）、その開山として迎えられたのが無学祖元である。祖元は建長寺・円覚寺を中心に化を振い、その門下からは高峰顕日（こうほうけんにち）、一翁院豪（いっとういんごう）（1210-1281）らの多くの弟子が出た。

> 無学祖元　慶元府（浙江省）の人で姓は許氏。十三歳で浄慈寺の北礀居簡（じんずじ）（1164-1246）のもとで出家し、無準師範や石渓心月（しっけいしんげつ）（?-1254）、虚堂智愚らに参じ、師範の法嗣となる。その後も、物初大観（もっしょたいかん）（1201-1268）、環渓惟一（かんけいいいつ）（1202-1281）らの会下で修行を重ねた。1278年に蘭渓道隆が亡くなると、北条時宗は道隆の弟子を中国に派遣して、それに替わる参禅の師を求めさせた。初め無準師範の弟子の環渓惟一を招聘しようとしたが、惟一の推挙により、その会下にいた同門の祖元が来日することになった。1279年、日本に来ると建長寺の住持に迎えられ、五年間にわたって門弟の指導に当たった。1282年、彼のために円覚寺が建立されると、その住持も兼務した。「仏光国師」と諡され、語録に『仏光国師語録』がある。
>
> 祖元については、有名な逸話がある。1275年、五十歳の時、攻めて来た元兵に捕まり、いよいよ斬られようとした時に、
>
> 　　乾坤孤筇（けんこんこきょう）を卓（た）つるに地なし
>
> 　　喜び得たり、人も空、法もまた空なることを
>
> 　　珍重す、大元三尺の剣
>
> 　　電光、影裏に春風を斬る
>
> という「臨剣の頌（りんけんのじゅ）」を詠んだ。それを聞いた元兵は、恐れを抱いて立ち去ったというのである。祖元が、こうした逸話を持っていたことは、幕府が彼を受け入れるうえでプラスに働いたということは十分に考えられることであろう。

こうした幕府の禅宗への極端な帰依は、やがて皇室をも刺激することになった。1291年、亀山上皇（1249-1305）が無関普門を開山として京都に南禅寺を建立したのである。無関普門は間もなく没したため、南禅寺は弟子の規庵（きあん）

祖円(南院国師、1261-1313)に承け継がれたが、祖円は南禅寺を十方住持にしようとする亀山上皇の意を体して拝塔嗣法によって無学祖元の弟子となった。これには反撥もあったが、檀越の後宇多上皇(1267-1324)の院宣によって十方住持が確立した。こうして南禅寺は皇室の寺でありながら五山派的な性格を持つようになるが、その創建によって禅宗は外護を皇室にまで拡大し、仏教界における地位を完全に確立することになったという点は極めて重要である。

無学祖元頂相(円覚寺蔵)

無関普門 信濃(長野県)の人で姓は保科氏。七歳で出家し、十九歳、上野(群馬県)の長楽寺の栄朝に従い、顕密二教を学ぶ。後、東福円爾に参じて法嗣となる。1251年に入宋し、十二年間に亙って諸方に参ず。帰国後も東福寺、寿福寺などで修行を続け、東福寺の第三世になる。1291年、禅に帰依した亀山上皇が龍山離宮を禅刹に改めて南禅寺を開くに当って開山に迎えられたが、間もなく没した。「仏心禅師」、「大明国師」と諡される。

京都では、その後も宗峰妙超(大灯国師、1282-1336)を開山とする大徳寺の創建があった(1326年)。この建立自体は帰依者の寄進や募金によったものであったが、後に花園上皇と後醍醐天皇の帰依を受け、1325年には勅願道場となった。特に後醍醐天皇は「本朝無双の禅苑」と呼び、南禅寺と同格に位置づけ、宗峰妙超の法系(大灯派)による一流相承刹(徒弟院)としたため、妙超の没後は法嗣の徹翁義亨(1295-1369)を初めとして、その児孫(徹翁派)に承け継がれていった。

ただ、こうした経緯で成立したため、大徳寺の規模は五山の巨刹とは比べ

物にならないほど小さいものであった。実際のところ、中世の末になっても、大徳寺には法堂が存在せず、仏殿でそれを兼ねていたのである。大徳寺の伽藍が、今日見るような結構となったのは、近世初頭以降のことである。

　　宗峰妙超　播磨（兵庫県）の人で姓は浦上氏。十一歳で出家し、天台や戒律を学ぶ。後に禅に転じ、鎌倉の万寿寺の高峰顕日に参じて印可を得た。しかし、満足できず、後宇多上皇(1267-1324、1274-1287在位)に招かれて九州から上京した南浦紹明に師事し、付き従って建長寺に移って修行を続け、やがてその法を嗣いだ。師の没後、京都に戻り、遺命に従い、長年にわたって隠遁生活を送った後、紫野に庵居、花園上皇の知るところとなり、参禅の師となる。1325年、旧仏教の申し入れで清涼殿において禅宗と旧仏教の間で論難が行なわれたが（正中の宗論）、それに参加した妙超は大いに活躍して、後醍醐天皇の注目するところとなった。これと相い前後して、その徳を慕う檀越が資金を提供して寺院を建立、これが大徳寺となった(1326年開堂)。後醍醐天皇は大徳寺を「本朝無双の禅苑」と呼び、南禅寺と並ぶ寺格を与えて「五山」に加え、花園上皇は「興禅大灯国師」の号を賜った。弟子には徹翁義亨のほか、妙心寺の開山となった関山慧玄(1277-1360)などがあり、『大灯国師語録』、『大灯国師仮名法語』などの著作がある。

　建長寺や円覚寺、南禅寺などの巨刹は、いずれも中国の禅寺に模して建てられ、南宋や元の禅宗の規式がそのまま持ちこまれ、渡来僧や帰朝した留学僧の住持のもと、『禅苑清規』や『叢林校定清規総要』などに基づいて、中国の叢林と全く同様の生活が営まれ、宋代以降、盛んとなった施餓鬼等の宗教儀礼も導入された。この時期には蘭渓道隆(1213-1278)の「坐禅儀」(1246年)や清拙正澄の『大鑑清規』(1332年)などが著わされたが、それは、そうしたものが叢林生活のためにどうしても必要だったからである。また、これらの寺院では、中国の官寺を模して十方住持制が取られた。これは能力のある禅僧を法系に関係なく住持に任用するという制度で、禅僧を養成する上で大いに役に立った。

　禅僧の往来によって中国の叢林で流行していた思潮は直ちに伝えられ、日本でも流布した。宋代以降に主流となった三教一致思想も流入し、南宋の叢林で盛んになった朱子学の研究も行なわれるようになった（中巌円月は、当時にお

ける朱子学の大家として知られる)。また、古林清茂の文学的な禅思潮や、中峰明本の思想の特色となっている禅浄双修思想や隠逸的傾向なども、直接に師事した弟子たちによってもたらされ、実践された。特に日本では稀な禅浄双修思想が明極楚俊や竺仙梵僊、寂室元光らに窺えることは留意すべきである。

曹洞宗の展開

　永平寺を追われた徹通義介であったが、やがてその門から瑩山紹瑾が現われ、曹洞宗は大きな転換を遂げることになった。瑩山は師から承け継いだ加賀(石川県)の大乗寺をはじめ、自ら能登(石川県)に開創した永光寺(1317年)

宗峰妙超頂相(大徳寺蔵)

と総持寺(1321年)を中心に活動を行ない、『瑩山清規』(洞谷清規、1324年)を定めて僧衆の規矩を整備して門弟の育成に努め、明峰素哲(1277-1350)や峨山韶碩(1276-1366)などの有力な弟子を育てるとともに、『伝光録』(1300年)を提唱して曹洞宗の伝灯を明らかにした。

　しかし、一方で五位説を重視し、看話禅を導入するなど、道元とは異質な思想を鼓吹し、また密教や土俗信仰を取り入れて民衆への浸透を図るなど、その立場は、師、義介の路線をいっそう徹底させるものであった。これには瑩山が拠った寺院が、それ以前、白山系天台の寺院であったことや、兼修禅的傾向の強い法灯派の人々と瑩山との間の密接な交流が影響したとも言われている。

　即ち、瑩山の印可をも受けた法灯派の孤峰覚明は、瑩山が永光寺を維持するために定めた「四門人六兄弟」のうちに数えられているほどの信頼を得ており、瑩山没後においても師への禅師号の下賜を密かに画策し、峨山に対して自身の曹洞宗への転派を願い出たとされている。また、恭翁運良(1267-1341)

瑩山紹瑾頂相（永光寺蔵）

も法灯派の法を嗣ぎながら瑩山に師事し、その命によって大乗寺の住持を勤めるほどに親密な関係を保ったのである。法灯派と瑩山の門弟との関係は、その後も続いたから、法灯派が曹洞宗に与えた影響には極めて大きなものがあったと推測される。

しかし、いずれにせよ瑩山のこうした活動が礎となって、曹洞宗は今日見るような大教団に発展することができたのであって、それが道元の精神を否定することによって成し遂げられたものであることは忘れてはならない。

その他、曹洞宗の教団で義介の系統と並んで大いに展開を遂げたものに、肥後（熊本県）の大慈寺を拠点に九州に教線を張った寒巌義尹(1217-1300)の一派があった。この派は室町時代以降、東海地方にも進出し、大きな勢力を築くことになる。

瑩山紹瑾　1268年越前の府中に生まれ、八歳で永平寺の徹通義介のもとで出家、十三歳で懐奘に従って得度。1285年遍参の旅に出、曹洞宗の寂円、臨済宗の東山湛照、白雲慧暁、心地覚心などに参ず。1295年、二十八歳で阿波（徳島県）の城満寺の開山に迎えられた。1299年、三十二歳で義介に嗣法して加賀（石川県）大乗寺の首座となり、1302年には大乗寺第二世となる。1317年には能登（石川県）に永光寺を、1321年には同じく総持寺を開き、1325年、五十八歳で永光寺にて入寂。著作には、上記のほか、『洞谷記』(1318-1325年)や『坐禅用心記』、『信心銘拈提』などがあり、曹洞宗最初の尼寺を建てたことでも知られる。

3 　禅が定着した理由と問題点

禅が定着した理由

　奈良時代はもとより平安時代においても、禅は十分には根づかなかったのであるが、鎌倉時代になると、にわかに注目され、武士階級を中心に次第に定着していった。その理由については様々なものがあったと考えられる。

　まず挙げるべきは、禅宗自体の性格の変化である。この時代に流入したのは宋代の禅、いわゆる「宋朝禅」であって、唐代のそれとは大いに性格を異にしていた。唐代後半の政治的な混乱期に勢力を伸ばした禅宗には、元来、野人的な性格が強く備わっていたが、宋代になって社会が安定し、皇帝専制の官僚制が敷かれると、禅宗もそうした管理社会の中で自らを維持しなくてはならなくなったのである。折しも北方の異民族の圧力が強かったこともあって、禅宗でも皇帝権力を積極的に肯定するとともに、愛国心を強調するようになっていった。つまり、一言で言えば、禅宗は国家に害を及ぼす恐れのないものに飼いならされてしまっていたのである。

　また、様々な規制の強化による外部への発展の阻害は、行き着くところまで行ってしまったことによる思想的な行き詰まりと相俟って、禅宗の人々の関心を内面、即ち、「悟り」の境地の獲得と吟味、その価値の強調へと集中させることとなり、「公案禅」と呼ばれる特異な禅思想を生み出すことになった。公案禅は明確な方法論に基づいて弟子たちを指導したため、非常に効果的に見性体験を得させることができた。しかも、その方法論は普遍的な人間心理に基づくものであったため、文化を異にする外国人にとっても非常に受け入れやすいものだったのである。このような宋朝禅の性格が、日本に移入する場合にプラスに働いたことは言うまでもないであろう。

　しかし、このような禅自体の変化という問題があったにしても、それだけで禅宗がすんなりと日本に受け入れられたはずもない。当然、それには、受け入れる側の状況も大いに関係していたはずである。当時の日本は、ちょうど武士が貴族に代わって擡頭してきた時期に当たっているが、特に注目すべきは、禅

宗の受容がその武士階級から始まったという事実である。
　禅宗は、中国においてと全く同様に、日本でも新興の実力者たちの心を捉えることに成功したわけであるが、これについては、次のような二つの側面からの説明が可能と思われる。

　　1. 戦闘を事とする武士たちは、そうした生業を正当化しうるような新しい宗教を欲していたのであるが、禅宗は、それが本質的に持っている行動性によって、その要求にうまく応えることができた。
　　2. 新興の武士たちは禅宗を新しい文化と受けとり、朝廷の貴族たちが誇る文化的伝統に対抗する意図をもって禅宗を積極的に受け入れた。

　また、これには、時あたかも日本を襲った「元寇」といった偶発的な出来事が果たした役割も無視できないであろう。モンゴルの侵攻は有力な禅僧たちの日本渡来を後押ししたし、彼らのもたらした宋朝禅の思想は、天皇への忠誠や愛国心を鼓吹するという点において、元寇に臨む武士たちの心の糧となりえたからである。
　日本における禅の定着が新興の武士階級と密接な関係を持ったことは事実であるにしても、この時期に浄土宗や日蓮宗、浄土真宗など、「鎌倉新仏教」と呼ばれる新しい仏教が次々に勃興したことを考えるとき、この問題がより根本的な問題と結びついていたことは否定できない。そのことを窺わせるのが、大日能忍による達磨宗の成立である。
　大日能忍は栄西とともに鎌倉時代の禅の先駆者と見做されているが、その活動は全く対照的である。栄西の禅宗将来が多分に偶発的なものであったのに対して、能忍の場合、無師独悟であって、弟子を中国に派遣して書状によって拙庵徳光の証明をもらったというのであるから、その禅宗の受容は完全に自発的なものであった。能忍がどのような形で無師独悟したかは明らかでない。しかし、達磨宗で重んじられた文献に『破相論』『悟性論』『血脈論』（後に「達磨大師三論」、あるいは「初祖三論」として纏められ、しばしば刊行された。『破相論』は「観心破相論」とも呼ばれるように、神秀に帰される『観心論』のことである）があったことを考慮に入れると、平安時代以来、日本に伝えられていた禅

宗文献を精読し、それを追体験することで、「悟り」に到達したとの自覚を得たのではあるまいか。

　このように、大日能忍や弟子たちが、従来から伝えられてはいても、ほとんど見向きもされなかった禅宗文献の価値を見出しえたのは、彼ら自身の思考に、以前の人々とは異なるものがあったためと考えざるを得ない。恐らくそれは、平安末期以来の絶え間ない戦乱が、日本人に生の危うさを痛感させ、生死の問題と直面するよう求めたことによるのであろう。つまり、ここにきて初めて、禅宗が常に追求し続けてきた実存の問題が、日本においても切実な意味を持つようになったのである。

　しかし、禅をこのような意味において把えた人物は実際には極めて少なかったであろう。亀山上皇が無関普門に帰依するきっかけとなったのが禅林寺殿に出没する妖怪を調伏したことであったという話などから窺われるように、多くの人々にとって、禅僧の魅力は厳しい禅修行に由来する超越的な力にこそあったのであり、人々はその力に期待して、しばしば仏事や法会を依頼したのである。密教や土俗信仰を取り込んだ瑩山以降の曹洞宗が大いに発展しえたのは、禅僧に対するそうした期待にうまく答えるものだったからにほかならない。

　こうした点は禅思想の本質とは言い難いものであるが、曲がりなりにも宗教としての受容であった。しかし、人々の禅への関心は宗教を離れたところでも成立した。というのは、当時の人々にとってみれば、禅は中国の先進文化の代表だったからである。禅の持つこうした側面は、宗教的、あるいは哲学的な素質をもたない人々の目にも大変魅力的なものと映ったはずであり、禅の普及に極めて大きな役割を果したと考えられる。それは室町期における五山のあり方を見ても明らかであろう。

　禅の定着に伴う問題点
　こうした禅の移入によって、日本でも上堂や問答が行われ、東福円爾の『聖一国師語録』や蘭渓道隆の『大覚禅師語録』、無学祖元の『仏光国師語録』、南浦紹明の『大応国師語録』、宗峰妙超の『大灯国師語録』のような「語

録」が編集されるようになったわけであるが、それらは日本人の僧侶のものであっても全て漢文で書かれており、そこに禅思想の受容という点で重大な問題が含まれているように思われる。

　中国僧の説法は言うまでもなく、日本人僧であっても留学経験のある場合には、中国語を用いて説法を行なったものも存在した（建仁寺の月心慶円〈14世紀中葉〉はその例である）。しかし、学徒の多くは中国語の分からない日本人僧であったから、意思の疎通は極めて困難であった。有名な無学祖元と高峰顕日の問答も、実際には筆談によるものだったのである。

　日本人の禅僧の場合には、多くの場合、叢林用語を交えつつも、基本的には日本語（恐らく訓読調の日本語）によって説法や問答が行なわれたものと推測される。その場合には、意思疎通の点では有利であったと思われるが、それが漢文の語録に纏められる以上、話し言葉と書き言葉（あるいは、話し言葉と訓読調の日本語、書き言葉の三者）が乖離していることは明らかであって、中国における禅の成立が日常への回帰を大きな契機とし、俗語による思想表現を志向したことと著しい対照を成している。

　無論、かなり早い時期に「仮名法語（かなほうご）」が出現したということは注目すべきであるが、それらは多くの場合、漢文が読めない女性や俗人に対する方便の意味合いが強く、積極的にそうした表現法が採用されたとは言い難い。概していえば、当時の禅僧の思想は、中国の宋朝禅の圧倒的な影響下にあり、ほとんどその模倣に終始したといってよいであろう。

　　仮名法語　禅僧の表向きの著作は漢文で書かれるのが普通で、仮名書きが一般化したのは近世以降のことである。しかし、在俗信者などを対象としたものなどには仮名が用いられることも多かった。鎌倉・室町時代の代表的な仮名法語としては、臨済宗のものとしては、東福円爾の『聖一国師法語』、心地覚心の『法灯国師法語』、南浦紹明の『大応国師仮名法語』、宗峰妙超の『大灯国師仮名法語』、癡兀大慧の『枯木集（こぼくしゅう）』（1283年）、夢窓疎石の『夢中問答集（むちゅうもんどうしゅう）』（1344年）、抜隊得勝（ばっすいとくしょう）（1327-1387）の『和泥合水集（わでいがっすいしゅう）』（1386年）と『塩山仮名法語（えんざんかなほうご）』、一休宗純（1394-1481）の『骸骨（がいこつ）』『一休仮名法語』などがある。曹洞宗でも孤雲懐奘（1198-1280）の『光明蔵三昧（こうみょうぞうざんまい）』、瑩山紹瑾の『洞谷開山法語（とうこくかいざんほうご）』、明峰素哲の『智首座（ちしゅそ）に与ふる

法語』(1336年)、峨山韶碩の『峨山和尚法語』などが伝わっている。その多くは写本で伝わり、江戸時代に入ってから刊行されたが、『夢中問答集』や『和泥合水集』などは、著者の存命中に出版されている。

この点で道元の『正法眼蔵』の存在は極めて特異である。和文を主とした独特の文体で書かれているが、出家を対象としたため、高度な哲学的思惟が展開されており、そこに道元の人格や価値観、思想の独自性まで窺いうるという点で甚だ興味深いものがある。特に、三教一致思想、禅浄双修思想、公案禅に対する厳しい批判や、独創的な公案理解などには、禅や仏教に対する本質的な問いが内包されており、非常に注目される。ただ、その後の日本曹洞宗の歩みが、必ずしもその独自性を発揮する方向に進まなかったことは惜しまれる。

正法眼蔵　道元の主著。道元が種々の機会に書いて弟子に与えた法語を後に纏めたもので、特に「弁道話」「現成公案」「一顆明珠」「有時」「山水経」「仏性」などの諸巻は名高い。その編集は、新たに起草したものを加えて全百巻とすることを目標に、晩年、道元自身によって着手されたが、その入寂によって完成を見ずに終った。その後、弟子らによって様々な形で遺稿が纏められたため、六十巻本、七十五巻本、八十三巻本、八十四巻本などの諸本が成立し、江戸時代には、永平寺において、それらが整理されて九十五巻本が編まれ、開版されて広く行なわれるようになった(本山版、1816年)。しかし、古くはただ秘蔵されるばかりで、ほとんど研究されなかったため、仏教界や日本文化に対して影響を与えることはなかった。『正法眼蔵』が脚光を浴びたのは、江戸時代における宗学の興隆によるのであり、特にその独創性や思想的価値が注目されるようになったのは近代以降のことに属する。なお、道元には、ほかに漢文で書かれた同名書があるが(真字『正法眼蔵』)、これは諸書から書き抜いた公案の集成であって、仮名書きの『正法眼蔵』を述作するための準備作業として編集されたものと見られている。

道元の思想　「本証妙修」思想を基礎としつつ、「妙修」を坐禅に特化させて「只管打坐」を強調、出家中心主義の禅を説いた。こうした立場から、「見性」を目的視する大慧宗杲らの公案禅を激しく批判し（道元は「見性」という言葉を嫌悪し、この言葉があるという理由で『六祖壇経』を偽書と決めつけているほどである)、世界はそのまま真理の現われであるから、それに直接参及すべしとする「現成公案」という考え方を強く打ち出すとともに、通常の公案（古則公案）に対

しても、この立場から独自の解釈を行なった。また、宗派的思考を嫌い、自らの禅を釈尊に直結するものとして「正伝の仏法」と位置づけ、「教外別伝」説を否定し、禅宗を「五家」に分かつ思想を批判して、「曹洞宗」はもちろん、「禅宗」という呼称すら拒否した。道元の思想の根本が禅体験に置かれていることはもちろんであるが、一方で、その形成が、日本における教学仏教の頂点であった天台本覚思想と、中国において禅の主流を形成していた始覚門的公案禅という全く対照的な二つの思想の相克と、黙照禅的思想の影響とを契機とするものであったため、そこには宋朝禅や日本思想史における様々な課題が顕在化され、また、独自の立場から止揚されているのを認めることができる。無論、今日の眼から見れば、その論述に多くの問題が残されていることは否定できないが、著作を通して窺われる道元の姿は、一人の真摯な思索者のそれであり、その精緻な実存的思考には七百年の時を超えて感嘆を禁じ得ないものがある。

参考文献

赤松俊秀・今枝愛真ほか 『日本仏教史Ⅱ 中世篇』（法藏館、1967年）
東隆 真 『瑩山禅師の研究』（春秋社、1974年）
荒木見悟 『大応』（日本の禅語録3、1978年）
石井修道 「仏照徳光と日本達磨宗 ― 金沢文庫所蔵『成等正覚論』をてがかりとして」（「金沢文庫研究」222-223、1974年）
石井修道 『道元禅の成立史的研究』（大蔵出版、1991年）
今枝愛真 『道元』（NHKブックス、日本放送出版協会、1976年）
今枝愛真ほか 『鎌倉仏教2〈武士と念仏と禅〉』（アジア仏教史 日本編Ⅳ、佼成出版社、1972年）
上田閑照・柳田聖山 『道元』（大乗仏典 中国・日本編23、中央公論社、1995年）
大久保道舟 『改訂増補 道元禅師伝の研究』（筑摩書房、1966年）
大西龍峯 「鎌倉期三論学と禅宗」（「駒沢大学仏教学部論集」16、1985年）
鏡島元隆 「清規史上における『瑩山清規』の意義」（『道元禅師とその周辺』大東出版社、1985年）
鏡島元隆 「道元禅師と宋朝禅」（『道元禅師とその門流』誠信書房、1961年）
鏡島元隆・玉城康四郎編 『道元の生涯と思想』（講座道元1、春秋社、1979年）
鏡島元隆・玉城康四郎編 『道元の著作』（講座道元3、春秋社、1980年）

鎌田茂雄　「南都教学の思想史的意義」（日本思想大系15『鎌倉旧仏教』岩波書店、1971年）
河村孝道・石川力山編　『道元』（日本名僧論集 8 、吉川弘文館、1983年）
瑩山禅師奉讃刊行会編　『瑩山禅師研究』（瑩山禅師奉讃刊行会、1974年）
小坂機融　「清規変遷の底流（2）」（「宗学研究」6 、1964年）
佐藤秀孝　「恭翁運良・孤峰覚明と初期曹洞宗教団」（「禅学研究」77、1999年）
佐藤秀孝　「入明僧無初徳始の活動とその功績 ── 嵩山少林寺に現存する扶桑沙門徳始書筆の塔銘を踏まえて」（「駒沢大学仏教学部研究紀要」55、1997年）
篠原寿雄　『義雲』（日本の禅語録 4 、1978年）
曹洞宗宗学研究所編　『道元思想のあゆみ 1 ── 鎌倉時代』（吉川弘文館、1993年）
多賀宗隼　『栄西』（人物叢書、吉川弘文館、1965年）
高木宗監　『建長寺史　開山大覚禅師伝』（大本山建長寺、1989年）
高崎直道・梅原猛　『古仏のまねび〈道元〉』（仏教の思想11、角川文庫ソフィア、角川書店、1997年）
高橋秀栄　「三宝寺の達磨宗門徒と六祖普賢舎利」（「宗学研究」26、1984年）
竹内道雄　『道元』（人物叢書、吉川弘文館、1962年）
田島柏堂　『瑩山』（日本の禅語録 5 、1978年）
千葉　正　「古義真言宗における禅宗批判 ─『開心抄』考」（「駒沢大学大学院仏教学研究会年報」26、1993年）
千葉　正　「杲宝の禅宗批判再考」（「駒沢大学大学院仏教学研究会年報」30、1997年）
寺田透・水野弥穂子校注　『道元（上・下）』（日本思想大系12・13、岩波書店、1970年）
寺田　透　『道元』（日本の禅語録 2 、1981年）
中尾良信　「大日房能忍の禅」（「宗学研究」26、1984年）
中尾良信　「達磨宗の展開について」（「禅学研究」68、1990年）
中尾良信・高橋秀栄　『栄西・明恵』（大乗仏典　中国・日本編20、中央公論社、1988年）
中世古祥道　『道元禅師伝研究』（国書刊行会、1979年）
西尾実ほか校注　『正法眼蔵・正法眼蔵随聞記』（日本古典文学大系81、岩波書店、1965年）

原田正俊　『日本中世の禅宗と社会』（吉川弘文館、1998年）
坂東性純　『仮名法語』（大乗仏典　中国・日本編29、中央公論社、1991年）
平野宗浄　『大灯』（日本の禅語録 6、1978年）
藤岡大拙　「禅宗の日本的展開」（「仏教史学」7-3、1958年）
古田紹欽　『栄西』（日本の禅語録 1、1977年）
三木紀人・山田昭全　『無住・虎関』（大乗仏典　中国・日本編25、中央公論社、1989年）
水野弥穂子　『正法眼蔵（一）～（四）』（岩波文庫、岩波書店、1991-1993年）
水野弥穂子　『正法眼蔵随聞記』（ちくま学芸文庫、筑摩書房、1992年）
宮坂宥勝校注　『仮名法語集』（日本古典文学大系83、岩波書店、1964年）

[禅の系譜7]

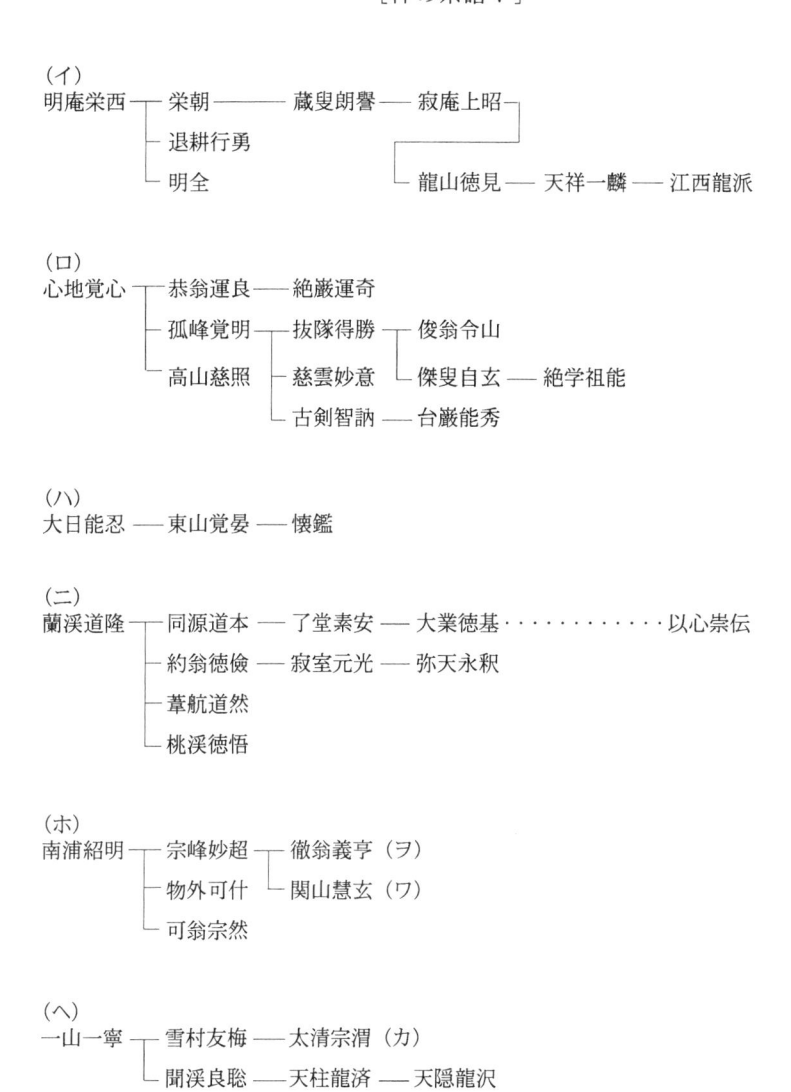

(イ)
明庵栄西 ─┬─ 栄朝 ─── 蔵叟朗譽 ─── 寂庵上昭 ─┐
          ├─ 退耕行勇   │
          └─ 明全   └─ 龍山徳見 ─── 天祥一麟 ─── 江西龍派

(ロ)
心地覚心 ─┬─ 恭翁運良 ─── 絶巌運奇
          ├─ 孤峰覚明 ─┬─ 抜隊得勝 ─┬─ 俊翁令山
          └─ 高山慈照 ├─ 慈雲妙意 └─ 傑叟自玄 ─── 絶学祖能
                      └─ 古剣智訥 ─── 台巌能秀

(ハ)
大日能忍 ─── 東山覚晏 ─── 懐鑑

(ニ)
蘭渓道隆 ─┬─ 同源道本 ─── 了堂素安 ─── 大業徳基 ············ 以心崇伝
          ├─ 約翁徳倹 ─── 寂室元光 ─── 弥天永釈
          ├─ 葦航道然
          └─ 桃渓徳悟

(ホ)
南浦紹明 ─┬─ 宗峰妙超 ─┬─ 徹翁義亨（ヲ）
          ├─ 物外可什 └─ 関山慧玄（ワ）
          └─ 可翁宗然

(ヘ)
一山一寧 ─┬─ 雪村友梅 ─── 太清宗渭（カ）
          └─ 聞渓良聡 ─── 天柱龍済 ─── 天隠龍沢

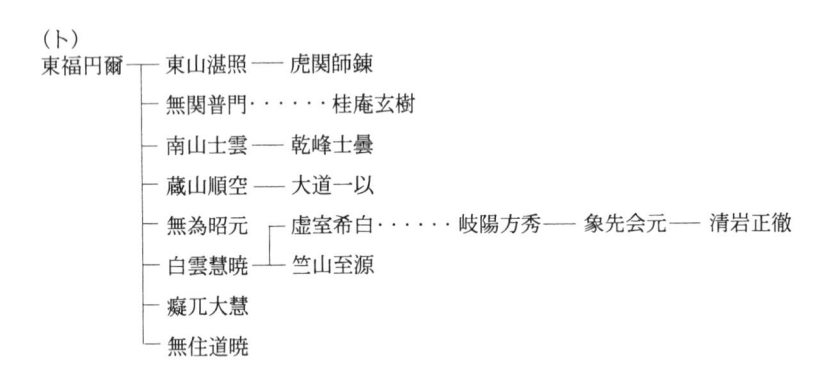

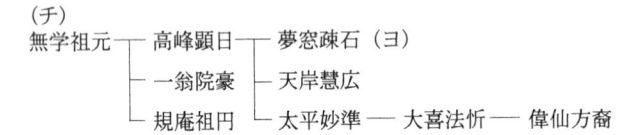

(ト)
東福円爾 ─┬─ 東山湛照 ─── 虎関師錬
          ├─ 無関普門 ‥‥‥ 桂庵玄樹
          ├─ 南山士雲 ─── 乾峰士曇
          ├─ 蔵山順空 ─── 大道一以
          ├─ 無為昭元 ─┬─ 虚室希白 ‥‥‥ 岐陽方秀 ─── 象先会元 ─── 清岩正徹
          ├─ 白雲慧暁 ─┴─ 竺山至源
          ├─ 癡兀大慧
          └─ 無住道暁

(チ)
無学祖元 ─┬─ 高峰顕日 ─┬─ 夢窓疎石（ヨ）
          ├─ 一翁院豪 ─┴─ 天岸慧広
          └─ 規庵祖円 ─── 太平妙準 ─── 大喜法忻 ─── 偉仙方裔

(リ)
遠渓祖雄 ─── 了庵玄悟 ‥‥‥ 玄室碩圭 ─── 一華碩由（タ）

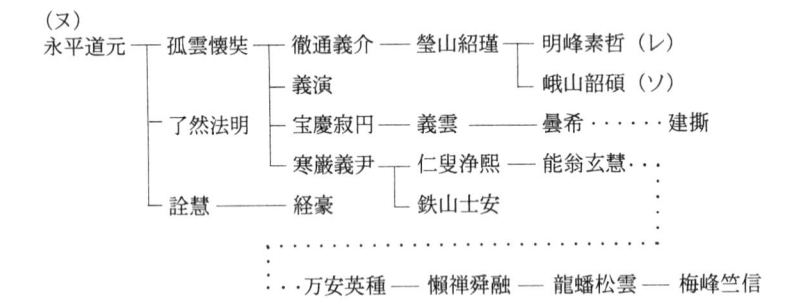

(ヌ)
永平道元 ─┬─ 孤雲懷奘 ─┬─ 徹通義介 ─── 瑩山紹瑾 ─┬─ 明峰素哲（レ）
          │   │   └─ 峨山韶碩（ソ）
          │   └─ 義演
          ├─ 了然法明 ─── 宝慶寂円 ─── 義雲 ─────── 曇希 ‥‥‥ 建撕
          │   ┌─ 寒巌義尹 ─┬─ 仁叟浄熙 ─── 能翁玄慧‥‥
          └─ 詮慧 ─── 経豪   └─ 鉄山士安   ：
                                                                   ：
              ‥‥‥‥‥‥‥‥‥‥‥‥‥‥‥‥‥‥‥‥‥‥‥‥‥‥
              ‥万安英種 ─── 懶禅舜融 ─── 龍蟠松雲 ─── 梅峰竺信

［禅関係地図7］

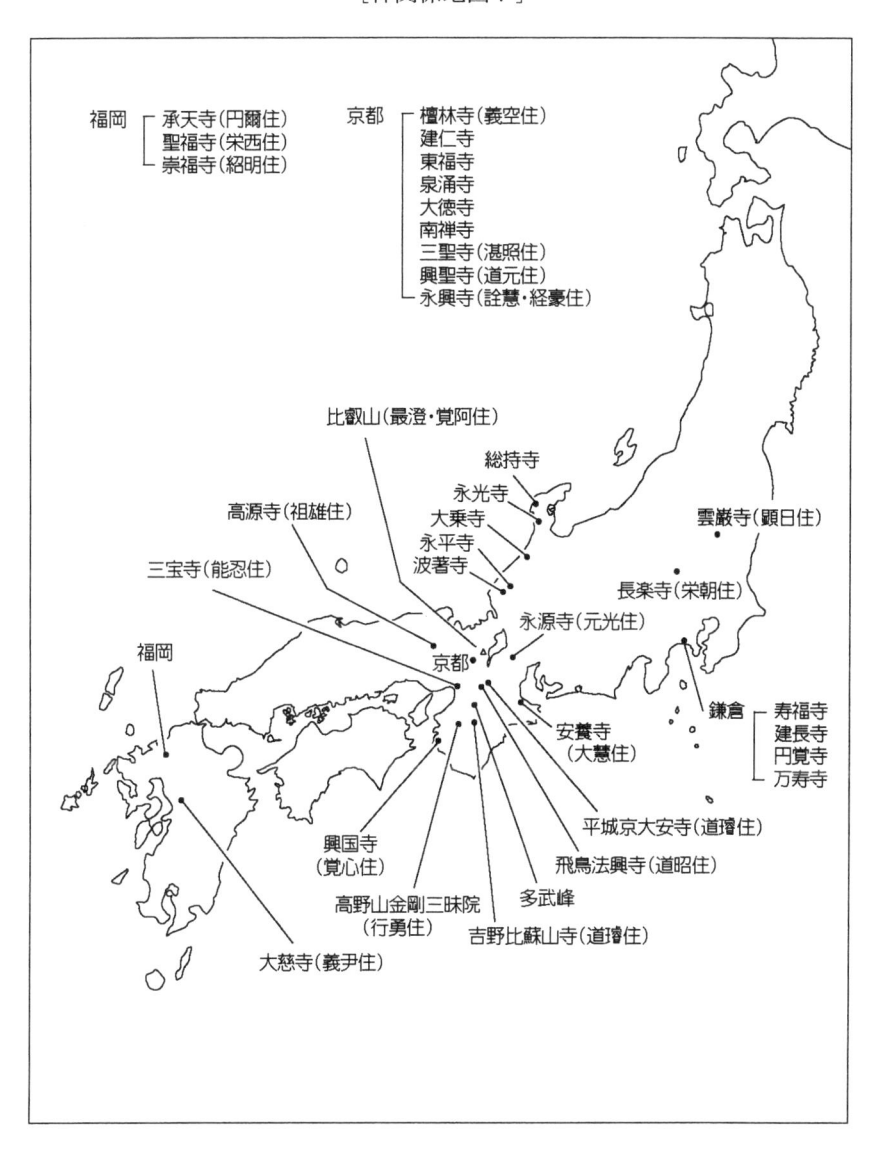

福岡 ─ 承天寺(円爾住)
　　├ 聖福寺(栄西住)
　　└ 崇福寺(紹明住)

京都 ─ 檀林寺(義空住)
　　├ 建仁寺
　　├ 東福寺
　　├ 泉涌寺
　　├ 大徳寺
　　├ 南禅寺
　　├ 三聖寺(湛照住)
　　├ 興聖寺(道元住)
　　└ 永興寺(詮慧・経豪住)

比叡山(最澄・覚阿住)
総持寺
永光寺
大乗寺
永平寺
波著寺
高源寺(祖雄住)
雲巌寺(顕日住)
三宝寺(能忍住)
長楽寺(栄朝住)
永源寺(元光住)
福岡
京都
鎌倉 ─ 寿福寺
　　├ 建長寺
　　├ 円覚寺
　　└ 万寿寺
安養寺(大慧住)
平城京大安寺(道璿住)
興国寺(覚心住)
飛鳥法興寺(道昭住)
高野山金剛三昧院(行勇住)
多武峰
吉野比蘇山寺(道璿住)
大慈寺(義尹住)

第三章　禅の拡大と浸透

1　五山と林下 ― 室町前期 ―

室町幕府の成立と安定

　後醍醐天皇は親政を行なったが(建武の中興、1334-1336)、時代錯誤的な政策に対する武士の不満が募った。足利尊氏はそれを見てとると天皇に叛き、1336年には楠木正成を敗死させ、京都を制圧した。後醍醐天皇を廃して光明天皇(1336-1348在位)を即位させた尊氏は、「建武式目」を定めて京都に幕府を開いた(室町幕府、1336年)。しかし、後醍醐天皇は吉野に逃れ、正統な天皇であると主張し続けたため、南北朝時代(1336-1392)となった。

　尊氏は1338年、征夷大将軍に任じられたが(1338-1358在職)、弟の直義(1306-1352)との対立から「観応の擾乱」(1350-1352)となり、直義は毒殺された。しかし、そうした状況も三代将軍義満(1358-1408、1368-1394在職)の時代には終息し、足利氏は政権を確立した。幕府は一門の有力守護を管領に任じて将軍を補佐させるとともに、北条氏に倣って各国に守護を派遣し、また鎌倉府を置いて、鎌倉公方と関東管領に関東の統治を委ねることで全国を支配した。

　義満は京都に「花の御所」を営み(1378年)、京都の支配権や外交権を朝廷から奪い、明との勘合貿易によって莫大な利益を得た。また、強大な軍事力を背景に、土岐康行(?-1404)、山名氏清(1344-1391)、大内義弘(1356-1399)らの有力守護を討つとともに(1390年、土岐氏の乱・1391年、明徳の乱・1399年、応永の乱)、南北朝の統一も達成し(1392年)、将軍として初めて太政大臣となるなど、権力を恣にした。

　続く義持(1394-1423在職)の時代は比較的安定していたが、六代将軍義教(1429-1441在職)は専制的な政治を行ない、社会不安を煽ったため、有力守護の赤松満祐に殺害され(嘉吉の乱)、幕府の権威は揺らいだ。さらに八代

将軍義政(1436-1490、1449-1473在位)の時には、次期将軍職を巡って、有力守護の細川勝元(1430-1473)と山名持豊(宗全、1404-1473)の間で争いとなり、1467年、全国の守護を巻き込んだ全面戦争となった(応仁の乱、1467-1477)。

足利尊氏・直義と夢窓疎石

室町幕府が開かれた1336年、足利尊氏・直義兄弟は、北条高時や後醍醐天皇にも重んじられていた禅僧、夢窓疎石(1275-1351)への帰依を表明し、その助言のもと、大々的な仏教興隆事業を行なった。

まず計画されたのが、安国寺・利生塔の造立である(1336年)。これは、鎌倉幕府崩壊後の戦没者の霊を弔い、戦乱を防止し、天下の泰平を祈るため、全国の国ごとに一寺一塔を設けようとしたものであった。利生塔は、主に奈良・平安仏教の大寺院に新たに建立されたが、各地の守護が幕府への忠誠を示すため、寄進、外護した。一方、安国寺は、五山派の禅宗寺院を指定して改称したもので、五山派が地方に進出するうえで大きな役割を果たした。

やがて、後醍醐天皇が亡くなると、今度は、その菩提を弔うために、巨刹、天龍寺の建立が企てられた。幕府は、その財源を確保するために、1342年以降、数回に亙って天龍寺船を出して、その利潤を当て、ようやく完成させた(1345年)。

夢窓疎石頂相(妙智院蔵)

> 夢窓疎石　伊勢(三重県)の人で姓は佐々木氏。四歳の時、父母とともに甲斐(山梨県)に移住し、九歳で出家し、十八歳で東大寺で受戒。はじめ天台などを学んだが、後に禅に転じ、建長寺、建仁寺、円覚寺などで修行。その間、1299年には建長寺の住持となった一山一寧(1247-1317)のもとで首座を勤めたが、嗣法には至らず、1303年以降、鎌倉の万寿寺の高峰顕日(1241-1316)に師事し、やがて、

その法を嗣いだ。その後、甲斐(山梨県)の龍山庵、美濃(岐阜県)の虎渓庵(後の虎渓山永保寺)、土佐(高知県)の吸江庵、上総(千葉県)の退耕庵などに隠棲。1325年、後醍醐天皇の勅命で南禅寺の住持となり、その後、円覚寺などにも住した。「建武の新政」の時には南禅寺に再住し、国師号を授けられ、臨川寺や西芳寺の開山にも迎えられた(臨川寺には夢窓の開山塔が建立され、夢窓派の本拠となった)。天皇崩御の後は、足利尊氏・直義兄弟の帰依を得、安国寺・利生塔の設置を行ない、天皇の菩提を弔うために天龍寺を建立して、その開山となった。春屋妙葩、義堂周信、絶海中津など、多くの弟子があり、彼らによって五山派の中枢を占めることになった。歴代の天皇に尊崇され「七朝帝師」とも呼ばれる。『夢窓国師語録』(1354年)、『夢中問答集』(1344年)、『谷響集』(1345年頃)、宗賾随筆の『西山夜話』などの著作があり、特に足利直義のために書かれた『夢中問答集』は、最も代表的な仮名法語の一つで、夢窓の生前に五山版として刊行された。その中に浄土教に関する記述があったため、浄土宗鎮西派の智演の批判(『夢中松風論』)を招いた。『谷響集』は、その批判に答えるために書かれたものである。その禅思想が密教や浄土教、諸芸術を包摂する穏健なものであったことが、貴族や貴族的な室町武士に受け入れられた大きな理由であったようである。そのため、宗峰妙超や花園上皇は、その思想がいまだ論理を絶した禅本来のものに至っていないとして批判したとされる。

相国寺の建立と五山十刹制度の確立

1382年、禅寺の創建を発願した足利義満は、夢窓疎石の弟子の春屋妙葩(1311-1388)や義堂周信(1325-1388)と相談のうえ、相国寺を建立した(1392年完成)。春屋は開山を師の夢窓に譲り、自らは二世となった。当初は十方住持制が採られたが、絶海中津(1336-1405)が住持になると、義満は彼を信任するあまり、夢窓派の一流相承刹(徒弟院)に改めてしまった。

> **日本における十方住持と徒弟院** 十方住持とは、開山の門派にその寺を委ねるのではなく、門派を問わず、天下十方から住持を求める制度であり、これに対して徒弟院とは、一流相承刹とも呼ばれ、開山の門派がその寺を代々承け継ぐ場合、その寺をこのように呼ぶ。十方住持制度は中国の官寺で行なわれていたため、「五山」の制度の導入とともに日本でも採用されるようになった。鎌倉幕府はこれを厳格に行ない、また亀山上皇が創建した南禅寺でも採用された。しかし、五山に位置

しながら東福寺は藤原氏の氏寺として建てられたため、例外として円爾の門流の徒弟院たることを認められていた（住持になるには摂関家の御教書と幕府の公帖の双方が必要であった）。これが前例となって、相国寺も絶海中津以降、夢窓派の徒弟院となった。建長寺や円覚寺、南禅寺などでは比較的後代まで十方住持が維持されたものの、次第に開山の門派の寺という意識が強まっていったし、それを構成する個々の塔頭は各門派の徒弟院であった。まして、十刹などでは、名目は十方住持でも実質は徒弟院であるような場合も多かったという。このように十方住持制度は、結局のところ、日本ではあまり根づくことはなかった。なお、官寺と徒弟院の関係で興味深いのは大徳寺の例である。大徳寺は当初より皇室と結びつきが強く、後醍醐天皇や花園上皇から宗峰妙超の徒弟院たることを認められた寺であったが、1386年になって十刹に位置づけられたため、住持になるためには朝廷からの綸旨と幕府の公帖の両者が必要となった。官寺になったのは寺院の維持が目的であったようであるが、そのために十方住持制度を遵守し、他の門派からも住持を迎えるよう求められることになった。特に足利義持（1394-1423在職）がこれを励行したので、やむなく系統の近い大応派の人々を住持に迎え入れることで体面を繕った。こうした状況を嫌った養叟宗頤(1376-1458)は、1431年、官寺を脱することを幕府に申し出、これが認められて元来の大灯派の徒弟院に戻った。それ以後、大徳寺は五山派とは異なる独自の道を歩み、戦国から近世の初頭にかけて大いに教勢を伸ばすことになったのである。

　鎌倉時代末期には、すでに南宋の官寺の制度に倣って「五山」が制定されていたらしいが、建武の中興、南北朝時代を経て次第に整備され、義満の時代には五山・十刹・諸山の制度が確立を見た。鎌倉以来の名刹である建仁寺、建長寺、東福寺、円覚寺、南禅寺や、足利氏によって建立された天龍寺、相国寺などが、その体制の中に組み込まれていった。こうして、五山十刹の制度が確立を見ると、中国の官寺におけると同様の出世コースが日本にも成立し（ただし、日本では門派意識が強かったため、所属する門派の勢力の及ぶ寺院に住することになった）、中国と日本のキャリアが双方で全く同等に評価されるようにさえなった。当時の禅僧たちは国の枠を超えて叢林という共通の世界に生きていたのである。

　日本における五山十刹制度　五山の制は北条貞時が鎌倉に導入したのが最初で、そ

の後、後醍醐天皇は京都にもこれを導入した。室町時代になって天龍寺が創建されると、

　　五山第一：（鎌倉）建長寺　（京都）南禅寺
　　　第二：（鎌倉）円覚寺　（京都）天龍寺
　　　第三：（鎌倉）寿福寺
　　　第四：（京都）建仁寺
　　　第五：（京都）東福寺
　　準五山：（鎌倉）浄智寺

と定められた(1341年)。その後、足利義詮（あしかがよしあきら）(1358-1367在職)は、浄智寺を五山第五位に上げるとともに、(鎌倉)浄妙寺（じょうみょうじ）や(京都)万寿寺（まんじゅじ）にそれと同じ位置づけを与えた。義満(1368-1394在職)の時、相国寺が創建されると、京都と鎌倉に五山を置き、南禅寺をその上に位置づける、

　　五山之上：（京都）南禅寺
　　五山第一：（京都）天龍寺　（鎌倉）建長寺
　　　第二：（京都）相国寺　（鎌倉）円覚寺
　　　第三：（京都）建仁寺　（鎌倉）寿福寺
　　　第四：（京都）東福寺　（鎌倉）浄智寺
　　　第五：（京都）万寿寺　（鎌倉）浄妙寺

という体制が固まった(1386年)。南禅寺は元の大龍翔集慶寺（だいりゅうしょうしゅうけいじ）に倣って「五山之上（ござん のうえ）」に置かれたため、その住持は、他の五山の住持を勤めた者の中から選ばれることになっていた（江戸時代には、建長寺の住持となった後に南禅寺の住持になるという形式が取られた。五山間の格差が完全に無くなったのは、明治維新後の1869年のことである）。なお、五山のうち、京都の万寿寺は、火災の後の1434年に東福寺の北門内に移転して、その塔頭（たっちゅう）の一つとなったが、五山としての名目のみは維持されることとなった。五山が京都と鎌倉に集中したのに対して、十刹は全国各地に置かれた。これにも変遷があったが、1379年の時点での十刹は、(1)京都等持寺（とうじじ）、(2)相模(鎌倉)禅興寺（ぜんこうじ）、(3)筑前(福岡県)聖福寺（しょうふくじ）、(4)相模東勝寺（とうしょうじ）、(5)相模万寿寺、(6)上野(群馬県)長楽寺（ちょうらくじ）、(7)京都真如寺（しんにょじ）、(8)京都安国寺（あんこくじ）、(9)豊後(大分県)万寿寺（まんじゅじ）、(10)駿河(静岡県)清見寺（せいけんじ）の十箇寺であった。しかし、この際に新たに「準十刹（じゅんじっせつ）」の制度が設けられ、京都の臨川寺など六箇寺がこれに列せられた。これによって十刹は寺数の制限が、事実上、取り払われたため、漸次増加を見、1386年以降は全国と鎌倉に分けて、それぞれに制定されることとなり、その数も中世の末には六十箇寺を超え、その下の諸山に

至ってはさらに多く、中世の末には二百三十箇寺にも達したという（五山の住持を「東堂」と呼んだのに対して、十刹や諸山の住持は「西堂」と呼ばれた）。このように官寺が増加の一途を辿ったのは、幕府は収入を確保せんとし、僧侶は名誉を得んとして、双方の利害が一致したために他ならない。しかも、官寺に叙せられない五山派の寺院も多く存在し、その数は数千箇寺に達したと推測されている。なお、以上に掲げた寺院とは別に、尼僧のための「尼五山」が京都と鎌倉に置かれたことも注目すべきである。

幕府と五山派の関係

室町幕府は、当初、「禅律方」という組織を置き、禅宗と律宗を統制していたが、1379年、義満は五山派を統制するために「僧録」を置き、春屋妙葩を任じた。1382年、相国寺に塔頭として鹿苑院がおかれたが（後に足利義満の塔所となった）、やがて鹿苑院主が僧録を兼任するようになったため、「鹿苑僧録」と呼ばれた。鹿苑僧録は、官寺に入寺するための「公帖」（公文、官寺の住持を任命するための辞令）の与奪権、住持の選定権を掌握し、寺院内の行持や規範の統制、寺領の安堵や訴訟の裁決などを司り、外交文書の作成も行なった。

その後、鹿苑院内の書院、蔭涼軒に将軍との連絡を司る留守僧（蔭涼軒主、蔭涼職）が置かれ、蔭涼軒主は鹿苑僧録の補佐役を努めたが、次第に実権を握るようになり、鹿苑僧録は形骸化した。鹿苑僧録には、ほとんど常に夢窓派の禅僧が任じられたが、蔭涼職では相国寺の塔頭に拠った一山派の人々の活躍も目立った。鹿苑僧録や蔭涼職の日記（『鹿苑日録』『蔭涼軒日録』）は、義堂周信の日記（『空華日用工夫集』）や瑞溪周鳳（1392-1473）の日記（『臥雲日件録』）などとともに、この時代の禅宗史を知るための不可欠の資料とされている。

このように、夢窓派の徒弟院である相国寺には五山派を統制する機関が置かれたし、各塔頭には将軍の菩提所が設けられ（そうした塔頭を「公方塔頭」と呼ぶ）、足利氏の菩提寺としての性格も兼ねそなえていた。そのため、五山派の中枢は夢窓派によって握られることになった。夢窓派には貴族の子弟が流入し、いよいよ政治権力との関係を強めることとなり、五山において圧倒的な勢力を誇った。

五山をはじめとする官寺では、中国に倣って、国家安泰や天皇家・将軍家などの檀越のために祈祷や懺法、葬儀、追善法要などを行なって寄進を得るとともに(それらの儀礼は、天倫楓隠〈生没年未詳〉が編集した『諸回向清規』〈1566年〉に纏められている)、将軍家の保護のもとで積極的な寺産運用を行なって多くの富を蓄積した。それらは公帖の発給や寺格の引き上げに際して徴収される官銭、「借銭」という名の課税、将軍の禅寺への参詣(御成)に際しての献金などの形で還元され、幕府財政の大きな柱の一つとなっていた。

　　坐公文　五山派の官寺では、幕府の御教書の「公帖」で住持になるわけであるが、後世になると、公帖をもらっても実際には入寺せずにその寺の「前住」の資格を得ることができるようになった。この時に発給される公帖を「坐公文」、あるいは「居成公文」という。これに対して実際に入寺する場合のものを「入院公文」と呼ぶようになったが、文章形式の上ではその相違は全く存在しない。しかし、いずれにしても公帖を得るには官銭を納める必要があり、これを交付することで幕府は収入の増加を図ったのである。一方、禅僧の側でも、諸山→十刹→五山→南禅寺という順で昇住することになっていたため、坐公文はこの階梯を短期間で終えるために歓迎され、非常に多く発給されることになった(実際に住する場合も、もともと三年二夏と定められていたにも拘わらず、住持の期間が次第に短くなっていったため、入院公文も頻繁に出されるようになった)。なお、これと似たものに功徳成と呼ばれるものがあるが、これは坐公文のようには幕府財政に繰り入れられず、臨時の資金を調達するためのものであったようである。なお、この制度は簡便に金銭を集めることができるため、大徳寺などの林下教団でも、伽藍整備の資金を得るなどの目的で導入された。その金額は五山などより遥かに高額であったが、檀越らは自らの帰依する僧に「大徳寺前住」の資格を与えるために自ら進んで拠出したのである。

五山叢林の変質

　五山では、当初、中国の叢林と同様、『勅修百丈清規』に則った生活が営まれ、三教一致や教禅一致といった中国の叢林そのままの思想が行なわれていたのであるが、日本に特有の仏教のあり方や民族性などの影響もあって叢林は次第に変化していった。第一、官寺を代表する「五山」の中に、東

福寺や相国寺のような一流相承利が含まれていること自体、中国では考えられないことであった。この点は従来の平安仏教への復帰ともいえるが、師弟関係や門派を重んじる日本においては、極めて自然な寺院の継承方法でもあったのである。

　このような日本人の性格は、当然のことながら、十方住持を取った南禅寺や建長寺などのあり方にも影響を与えずにはおかなかった。五山の住持を勤めた者は、山内に庵居を構える場合が多かったが、それらは当人が没した後にも塔院として永続するようになり（これが「塔頭」である）、その門派の人々の拠点として機能するようになった。こうして五山の各寺院には各門派の塔頭が林立することになった。各塔頭には、塔頭の開山の墓塔、その祭享を行なう昭堂のほか、客殿や庫裡、書院、門などが設けられていた。禅僧の生活の中心は次第に本寺（七堂伽藍）から塔頭へと移っていったが、それは伽藍が禅宗様であったのに対して、塔頭は和様（書院造）に作られたので、日本人には非常に生活しやすかったのである。

　しかし、塔頭の発展はそのまま伽藍の衰退を意味するものでもあった。塔頭の数が増す一方で、七堂伽藍の整備は遅れ、回廊や僧堂などは火災などで失われても再建されることはなかった。僧堂を中心とする集団的な修行がほとんど行なわれなくなり、必要性が失われたためである。山内の者が一堂に会するのは仏殿や法堂における儀式などに限られたのである。そして、このような生活の和様化は、やがて思想の和様化——密参禅——を導くことにもなるのである。

　これに拍車をかけたのが、文人趣味の流行である。この時代にも引き続き日中間の往来は盛んであり、曹洞宗宏智派の東陵永璵（1285-1365）の来朝（1351年、足利直義の招きによる）や、鉄舟徳済（?-1366、1344年頃帰朝）、龍山徳見（1284-1358、1350年帰朝）、絶海中津（1368年入明）、仲芳中正（1373-1451、1401年入明）らの帰朝があいついだ。それに伴って大量の文物がもたらされたが、それらは彼らの外護者であった貴族的な室町武士たちの憧憬の対象となり、「唐物」として尊ばれた。彼らの中国趣味は、留学僧たちが身につけた漢文学や朱子学などの教養に対する尊敬ともなり、それに伴って、五山の禅僧

たちには宗教家としての役割よりも文化人としての役割が求められるようになっていった。そして、社交のための詩会などを行なうには、塔頭はまさに恰好の場だったのである。

　僧堂での修行が行なわれなくなると、当然のことながら、開悟の体験を得ることは難しくなる。しかし、五山派は膨大な数の寺院を抱えていたから、その住持を供給する必要があった。そのため、長期間にわたって師事すれば、開悟の有無を問わず、それだけでその人の法を嗣ぐことを許すという風潮が生まれた。そうした傾向は、既に14世紀の中葉には存在したらしく、中巌円月（1300-1375、1332年帰朝）は、帰国後、中国で印可を受けた東陽徳輝（14世紀前半）の法を嗣ぐことを明らかにしたため、以前に師事していた東明慧日（1272-1340、1308年頃来朝）の門下から、裏切り者として危害を加えられようとしたこと再三に及んだという。

　本来、禅宗では、最も大きな影響を受けた人の法を嗣ぐのは当然のことであって、円月の行動に非はない。にも拘わらず、こうした事が起こったのは、一定の期間、ある門派で修行を行なえば、その派の法を嗣ぐことが暗黙の了解になっていたということ、即ち、嗣法を開悟の体験から分離して捉えるようになっていたことを示すものと言える。これは「悟り」を絶対視する禅宗本来の思想からすれば、完全なる逸脱と言わねばならないであろう。五山の禅は、この点でも従来の仏教のあり方へと退転してしまったのである。

　五山派は潤沢な経済力を背景に、この時代の文化の担い手としての役割を十分に果した。しかし、様々な面で幕府に依存しすぎたため、次第に精神的な活力を失っていった。そのため、幕府が弱体化した戦国時代には次第に勢力を失い、地方の末寺も他派に侵食されていった。

　　塔頭　禅寺における山内の小院のことで、「塔院」とも言う。高名な禅僧が名刹の住持を退いた後、その境内に小庵を営んで住したことに始まる。中国では、元来、前住（住持の経験者）は東堂、西堂という建物で共同生活を送るのが原則であったが、時代が降ると、官寺の中に小庵を営むものも現われた（ただし、これは原則として、その禅僧一代限りのものであった）。こうした風習は日本にも伝えられ、しかも、開山など、その寺院にとって特別重要な人の墓所である「塔院」（これも

既に中国に存在した）と一つになって永続的なものとなり、日本独自の「塔頭」が成立した。即ち、庵居した禅僧の没後、そこに墓塔が建てられるようになり、独自に檀越や寺領を得て、その門人たちによって承け継がれるようになったのである。こうして塔頭は名刹の境内に存在しつつも独立寺院の様相を呈し、地方に展開したその門派の寺院を末寺化し、門派(もんぱ)の統率機関の役割を果すようになった。しかし、名刹(本寺)の住持はそれに所属する塔頭の住持から選ばれたから、本坊から完全に独立することもできなかった。かくして五山などの大寺には各門派の塔頭が、多数、軒を連ねるようになった。例えば、円覚寺には聖一派、大拙派、兀庵派(宗覚派(そうかくは))、夢窓派、大覚派、一山派、大通派、宏智派、仏源派、黄龍派の塔頭があったし、夢窓派の塔頭は、ほかに天龍寺、相国寺、建仁寺などにも存在したのである。そのため、同じ寺の境内にありながら、本寺の運営などに関して他の塔頭と相互に争うような場合もあった反面、他の寺に設けられた同派の塔頭と親密な交流を続けたのである。こうした状況は必ずしも好ましいことではなかったから、室町幕府は、塔頭の造立には幕府の許可を必要とするなどの規則を定めて統制しようとしたが、ほとんど効果はなかった。

林下教団とその展開

　五山十刹などの官寺は室町幕府の一翼を担う存在であったが、禅宗教団の中には、大徳寺教団(徹翁派(てっとうは))や曹洞宗教団などのように、官寺に属さずに独自の展開をとげるものもあった。それらを総称して「林下(りんか)」と呼ぶ（なお、大徳寺教団や妙心寺教団は、五山派の中心地である京都に本拠を置いたため、特に「山隣派(さんりんは)」とも呼ばれている。また、曹洞宗の人々の中には、15世紀中葉の得翁融永(とくおうゆうえい)のように例外的に五山に住した人もおり、また、九州に展開した寒巌派は五山派とも親密な関係を保った）。

　大徳寺は後醍醐天皇によって南禅寺と並ぶ高い地位を与えられたが、室町時代には官寺から外され(1341年)、幕府から迫害された。その後、廃絶を免れるため、十刹の第九位という形で官寺に復したが(1386年)、官寺の十方住持化を推進する足利義持(1386-1428在職)によって一流相承刹を否定されるなど、幕府の統制が強まったため、養叟宗頤(ようそうそうい)(1379-1458)の時に、幕府に願い出て官寺から離脱した(1431年)。

　応仁の乱(1467年)でも大徳寺は大きな被害をこうむったが、養叟宗頤と、

一休宗純頂相（東京国立博物館蔵）

同じく華叟宗曇(1352-1428)に学んだ一休宗純(1394-1481)の尽力によって復興を遂げた。一休宗純は、兄弟子の養叟宗頤を槍玉にあげて叢林の世俗化を激しく批判するとともに、その奇行などによって京都や堺の都市居住者の絶大な人気を得、彼らを担い手とする茶道や能楽などの新文化の形成と発展に大きな影響を与えた。

一休宗純　後小松天皇（在位、1382-1412）の落胤という。六歳で京都の安国寺で出家し、詩作を学んだ後、謙翁宗為(?-1414)に師事し、その寂後、堅田の華叟宗曇に参じた。二十七歳の時、鴉の声を聞いて大悟、華叟の法を嗣いだが、師の印可状は焼き捨てたという。その後は、京都、摂津、和泉などに滞在して居所を定めなかったが、晩年、応仁の乱で荒廃した大徳寺に請ぜられて四十八世となって（ただし、その住持は居成であった）、その復興に努め、1481年、八十八歳で入寂。狂雲子、夢閨などと号し、『狂雲集』『自戒集』『一休和尚仮名法語』などの著作がある。堺の街を木刀を提げて歩いたり、森侍者との情事を詩に描くなど、風狂、奇行で知られ、それによって世俗化した叢林を痛烈に批判した。こうした側面は、後に通俗文学の素材となり、『一休頓智咄』などを生み出すことになった。また、連歌師の杉原宗伊(1418-1485)や能楽師の金春禅竹(1405-1470頃)と子の宗筰、孫の禅鳳、茶人の村田珠光(1423-1502)などの文化人と親交を結び、多大の思想的影響を与えたことは、禅と日本文化の関係を考える上で極めて重要な意義を持つ。

　一方、曹洞宗では、瑩山紹瑾の門下に明峰素哲(1277-1350)と峨山韶碩(1276-1366)の二人が現われ、前者は大乗寺と永光寺に、後者は総持寺に拠って、それぞれ多くの弟子を育てたが、特に峨山門下の「五哲」と称される太源宗真(?-1370)、通幻寂霊(1323-1391)、無端祖環(?-1387)、大徹宗令(1333-1408)、実峰良秀(?-1405)の活躍は目覚ましかった。彼らは、そ

れぞれ総持寺に普蔵院、妙高庵、洞泉庵、伝法庵、如意庵の「五院」を開いたが（五院は、1875年に廃止され、本寺に統合された）、峨山は総持寺の住持は五院の住持が輪番で勤めるという規則を定めた(その確立は峨山の没後であるとも言われる)。

　曹洞宗では永光寺などの寺院でも、こうした輪住制が取り入れられたが、この制度は門派の分裂を避けるという点で非常に有効であったばかりでなく、各派の僧に本寺の住持になる資格を対等に与えることで栄誉心と競争心をかき立て、本寺の護持への義務感を醸成したため、教団の維持と発展に大きく貢献した。ただ、曹洞宗の寺院では、臨済宗とは異なり、塔頭があまり発達しなかったから、その後も七堂伽藍が生活の中心であり続けた（僧堂や回廊を残している寺院が多いのは、そのためである）。

　しかし、このような教団的な発展とは裏腹に、道元によって樹立された日本曹洞宗の独自性は完全に忘れ去られてしまった。事実、この時期になると『正法眼蔵』はほとんど顧みられず、その研究は全く行なわれなくなった。

　道元は臨済宗の人々に対して厳しい目を向けたが、瑩山紹瑾はかなり融和的であった。こうした傾向は次第に強まり、「五哲」の弟子たちの時代になると、しきりに臨済宗の人々に師事するようになった。一例を挙げれば、通幻寂霊の弟子の石屋真梁（1345-1423）などは、大覚派の寂室元光（1290-1367）、仏光派の蒙山智明（規庵祖円の弟子）や此山妙在（高峰顕日の弟子）、法灯派の古剣智訥（?-1382、孤峰覚明の弟子）、大慧派の中巌円月、幻住派の大拙祖能（1273-1337）といった多数の人師に参じているのである。

　そのため、曹洞宗でも公案禅が主流となり、臨済宗との宗風の相違は不明瞭なものとならざるを得なかった。そこで、曹洞宗のアイデンティティーを示すものとしてしばしば採り上げられたのが、「五位」である。しかし、その「五位」も、当初重んじられたのは、臨済宗の石霜楚円（986-1039）によって改編された「石霜五位」であった（その後、太源派の傑堂能勝〈1355-1427〉・南英謙宗〈1387-1459〉師弟の『顕訣耕雲註種月攪撕藁』〈『洞上雲月録』は草稿〉によって、原形の「洞曹五位」への復古が行なわれた）。

妙心寺の創建と地方の林下教団

この時代に創建された禅宗寺院で、やがて、「林下」の中でも非常に重要な役割を果たすようになるのが妙心寺である。妙心寺は、1337年、花園上皇が宗峰妙超の弟子、関山慧玄(無相大師、1277-1360)を開山として創建した寺であるが、上皇によって関山派の一流相承刹とされたため、関山の没後は弟子の授翁宗弼(1296-1380)に承け継がれ、その弟子、無因宗因(1326-1410)の時代には整備が進んだ。しかし、その後、応永の乱(1399年)の際に大内義弘に荷担したとして足利義満に弾圧され、寺と寺領を没収されて廃絶した(1399-1432中絶)。その間、関山派の人々は地方の寺院や南禅寺の正眼院などに拠って法脈を維持し続け、やがて、尾張(愛知県)犬山の瑞泉寺の開山、日峰宗舜(1368-1448)やその弟子の義天玄詔(1393-1462)の努力と管領の細川勝元(1430-1473)の外護によって再興を果たした。勝元は日峰を強引に大徳寺に晋住させて妙心寺僧の大徳寺出世の前例を作り、また、義天のために龍安寺を創建するなど、妙心寺教団の再興に尽くした。妙心寺は応仁の乱(1467年)でも焼けたが、義天の弟子の雪江宗深(1408-1486)の尽力で復興した。このように妙心寺教団は、本寺そのものが弱体であったため、教団存続のためには地方に活路を開くことは必要不可欠であった。

このほか、地方に拠点を置き、官寺に属さずに一派を成したものに、丹波(京都府)の高源寺(1325年創建)を中心とする遠渓祖雄(1286-1344)の一派(遠渓派)や越中(富山県)の国泰寺(1299年創建)を中心とする慈雲妙意(1274-1345)の一派(慈雲派)、常陸(茨城県)の法雲寺(1354年創建)を中心とする復庵宗己(1280-1358)の一派(復庵派)、近江(滋賀県)の永源寺(1361年創建)を中心とする寂室元光(1290-1367)の一派(円応派)、甲斐(山梨県)の向嶽寺(1380年創建)に拠った抜隊得勝(1327-1387)の一派(抜隊派)、遠江(静

国泰寺・総門

岡県)の方広寺(1384年創建)を中心とする無文元選(1323-1390)の一派(聖鑑派)、安芸(広島県)の仏通寺(1397年創建)を中心とする愚中周及(1323-1409)の一派(仏徳派)、上野(群馬県)の泉龍寺に拠った白崖宝生(1343-1414)の一派(白崖派)などがあり、その土地土地の領主の外護を得て独自の発展を遂げた。

2 禅文化の形成と展開

五山文学と五山版

　五山の文化活動は様々な領域に及んだが、その中心を成したのは文学であった。古林清茂(1262-1329)や笑隠大訢(1284-1344)に見るように、中国においても文学が禅に占める位置は非常に大きなものになっていたが、入元僧らによって彼らの禅風が伝えられると、叢林の文学への志向は高まった。しかも、五山では幕府の外交文書を書く必要もあり、また、上級武士たちの間で、四六文を用いた法語や詩を書いたりする才能が重んじられた関係もあって、五山で出世するためには、修行よりも文学の素養を磨くことの方が重要視されるようにもなって、多くの作品が生み出されていった。いわゆる「五山文学」である。

　五山文学は、鎌倉時代の一山一寧(1247-1317、1299年来朝)を先駆とし、鎌倉から室町にかけて活躍した虎関師錬(1278-1346)、竺仙梵僊(1292-1348、1329年来朝)、寂室元光(1290-1367、1326年帰朝)、雪村友梅(1290-1346、1329年帰朝)、別源円旨(1294-1364、1330年帰朝)、中巌円月(1300-1375、1332年帰朝)らによって承け継がれ、義満の時代には龍湫周沢(1308-1388)、春屋妙葩(1311-1388)、義堂周信(1325-1388)、絶海中津(1336-1405、1378年帰朝)、太白真玄(?-1415)らが出て最盛期を迎えた。その後も引き続き、惟肖得巌(1360-1437)、江西龍派(1375-1446)、瑞渓周鳳(1391-1473)、彦龍周興(1458-1492)、天隠龍沢(1423-1500)、万里集九(1428-?)、横川景三(1429-1493)、景徐周麟(1440-1518)、月舟寿桂(1460-1533)、策彦周良(1501-1579)、西笑承兌(1548-1607)らが現われ、近世にまで及んだ。

この時代に著わされた代表的な詩文集としては、雪村友梅の『岷峨集』、中巌円月の『東海一漚集』(1334年)、義堂周信の『空華集』(1359年)、絶海中津の『蕉堅稿』(1403年)、惟肖得巌の『東海瓊華集』、彦龍周興の『半陶藁』、横川景三の『補庵京華集』、景徐周麟の『翰林葫蘆集』などを挙げることができる。

このような漢文学の隆盛に附随する形で出版事業が起こされた。特に14世紀の中葉以降、春屋妙葩、東岡希杲(14世紀後半)らが京都の天龍寺雲居庵や臨川寺で盛んに出版を行ない、また、大喜法忻(?-1368)や偉仙方裔(1334-1414)によって鎌倉の円覚寺続灯庵などでも印行が行なわれて、禅籍の日本での普及に大きな役割を果した。これを「五山版」と呼ぶが、その多くは日本に将来された宋版や元版を底本としたもので、古い形態を伝えるものも多く、資料的な価値は極めて高い。

五山版　宋や元における禅籍の開板の盛行の影響を受けて五山を中心とする寺院で出版された刊本をいう。1287年に建長寺で刊行された『禅門宝訓』が最初とされる。続いて、1288年に山城(京都府)の三聖寺で東山湛照(1231-1291)が『虎丘隆和尚語録』などの刊行を行ない、また、1329年に渡来した竺仙梵僊(1292-1348)も師の古林清茂の著作、『拾遺偈頌集』の出版を行なっている。室町時代には春屋妙葩らによって多くの禅籍が開版された。主なものに『圜悟心要』(1341年)、『夢中問答集』(1344年)、『景徳伝灯録』(1348年)、『輔教編』(1351年)、『禅源諸詮集都序』(1358年)、『蒲室集』(1359年)、『五灯会元』(1368年)、『仏鑑禅師語録』(無準師範の語録、1370年)、『仏光国師語録』(無学祖元の語録、1370年)、『宗鏡録』(1371年)、『元亨釈書』(1377年)、『初祖三論』(達摩大師三論、1387年)、『少室六門』(13-14世紀)などがある(外典では『論語』『論語集解』『毛詩鄭箋』『大学章句』などが出版された)。京都の五山が中心であったが、鎌倉の円覚寺続灯庵などでも開板が行なわれた。このように盛行を極めた五山版であったが、応永年間(1394-1428)頃より衰えを見せ始め、応仁の乱以降は全く行なわれなくなった。なお、五山版に先立って、1198年に大日能忍(12-13世紀)が『溈山警策』を刊行していることは、その先駆として注目すべきであり、曹洞宗でも、宝慶寺の檀越、伊自良知冬の発願によって『義雲和尚語録』『学道用心集』(1357年)、『永平元禅師語録』(1358年)が刊行されたことは注意すべきである。

当時の禅僧にとって漢文学の素養は不可欠のものとなっていたが、それが禅本来のものではないことは彼らにとっても明らかであった。彼らは一抹のうしろめたさを感じつつ、中国から導入された「詩禅一味」説を拠り所として創作活動を続けたのである。こうした中、叢林でしばしば採り上げられるようになったのが「渡唐天神」説話である。これは菅原道真(845-903、天神)が渡宋して、径山の無準師範(1177-1249)に参じたとする荒唐無稽なものであるが、時間・空間を超越したその公案的性格への関心や、五山の「詩禅一味」や「三教一致」の思

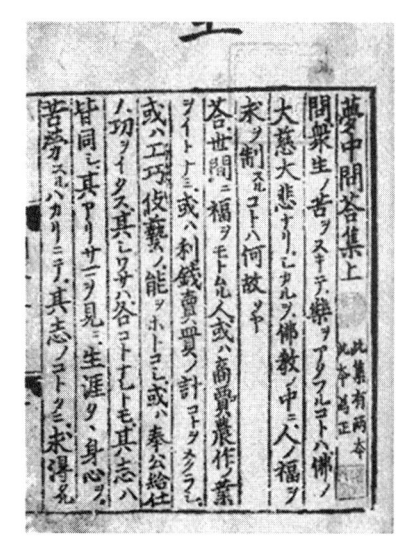

五山版『夢中問答集』
（国立国会図書館蔵）

想を背景に広く流布し、「渡唐天神像」がしばしば描かれるとともに、季世霊彦(1403-1488)などによって多くの「讃北野神君詩」が書かれた。

　五山文学は、当初は詩文の創作を中心とするものであったが、応仁の乱の後は学術研究に重点が移った。四六文を作るためには、故事についての豊富な知識が不可欠であったところに、その理由を求めることができる。初めは禅籍や仏典が中心であったが、三教一致思想の影響もあって、儒教（朱子学）や諸子百家、史伝などの研究も行なわれるようになり、瑞渓周鳳の『刻楮』のような大部のアンソロジーが編まれるとともに、多くの註釈書が著わされるようになった。中には日本語で書かれたものも多く、「抄物」と呼ばれている。
　代表的な注釈書としては、中巌円月の『蒲室集註釈』、惟肖得巌の『荘子鬳斎口義鈔』、岐陽方秀（不二道人、1361-1424)の『碧巌録不二鈔』、『中峰広録不二鈔』(1420年)、『人天眼目不二鈔』、雲章一慶(1386-1463)の『百丈清規抄』（雲桃抄、桃源瑞仙筆録、1459-62年)、東陽英朝(1428-1504)の『江湖風月集註』(1494-1504年)、桃源瑞仙(1430-1489)の『史記抄』(1476-80年)、『百衲襖』(『周易』の註釈書、1474-77年)、月舟寿桂の『蒲室集抄』

『史記抄』などがあり、曹洞宗の人になるものに、川僧慧済(?-1475)の『人天眼目抄』(1471-1473)、大空玄虎(1428-1505)の『碧巌大空抄』(1489-92年)などがある。

　岐陽方秀は叢林で朱熹の『四書集註』を講義した日本で最初の人と言われ、桂庵玄樹(1427-1508)は薩摩の島津家に招かれて儒学を講じて「薩南学派」の祖となり、『大学章句』(1481年)などの朱熹の新註を初めて刊行したことで知られている。岐陽方秀が『四書集註』に施した訓点を桂庵玄樹が補正し、それを文之玄昌(1555-1620)が改訂したのが「文之点」で、これが近世における四書読解の主流となった。また、東陽英朝が編集したという禅林の秀句集である『禅林句集』(句双紙)は、今日に至るまで広く叢林で行なわれている。

禅宗絵画

　また、中国絵画も次々と舶載されて伝えられたが、それらの中には、禅僧の頂相や「達磨図」「十六羅漢図」のような禅宗に特有のものも多く含まれており、それに基づいて、日本の絵師によって宋朝風の禅林絵画が描かれるようになった。初期の作例は、一山一寧が着賛した絵画などに看て取ることができる。こうした絵画は叢林を運営する上でどうしても必要なものであったから、やがて、その制作を専門とする禅僧も現われるようになった。東福寺の殿主であった吉山明兆(1352-1431)はその代表である。

　これとは別に、文人画の流れを汲む墨戯としての絵画の作法も留学僧らによって伝えられた。可翁宗然(?-1345、1326年帰朝)や鉄舟徳済などがそれで、雪窓普明(13-14世紀)や子庭祖柏(13-14世紀)、日観子温(?-1293?)らを手本として、竹や蘭、梅、菖蒲、葡萄などを描いた。こうした絵画では、留学経験はないものの、玉畹梵芳(1348-?)も非常に有名である。

　この時代には、五山をはじめとする禅寺は修行の場である以上に、禅僧や室町武士たちの社交の場であった。その中心に位置したのは詩文であったが、それを演出するものとして絵画が用いられるようになり、絵画に多数の禅僧が詩を書き付けた「詩画軸」が盛んに作られるようになった。そうした絵画の作者として最も有名なのが、相国寺の大巧如拙(14-15世紀)と天章周文(15

世紀前半)である。日本の山水画は、この詩画軸の「画」から発達したが、その大成者こそが周文の弟子、雪舟等楊(せっしゅうとうよう)(1420-1506)であり、「四季山水図巻(きさんすいずかん)」(山水長巻(さんすいちょうかん)、1486年)、「秋冬山水図(しゅうとうさんすいず)」、「天橋立図(あまのはしだてず)」などの傑作を多数残した。その影響は極めて大きく、後代の画家全ての目標とされた。

　雪舟以降の重要な画僧としては、鎌倉で活躍した賢江祥啓(けんこうしゅうけい)(啓書記(けいしょき)、15-16世紀)や、やはり関東で活動し、独特の画風で知られる雪村周継(せっそんしゅうけい)(16世紀中葉)らがあったが、雪舟と前後して小栗宗湛(おぐりそうたん)(1413-1481)や墨谿(ぼっけい)(15世紀中葉)、曾我蛇足(そがじゃそく)(夫泉宗丈(ふせんそうじょう)、15世紀後半)、能阿弥(のうあみ)(1397-1471)・芸阿弥(げいあみ)(1431-1485)・相阿弥(そうあみ)(?-1525)の「三阿弥」、狩野正信(かのうまさのぶ)(1434-1530)・元信(もとのぶ)(1476-1559)父子といった在俗の絵師の擡頭が見られ、絵画における画僧の地位は次第に低下していった。このうち、小栗宗湛(周文の弟子)と狩野正信は将軍家に仕えた御用絵師、三阿弥は同朋衆(どうぼうしゅう)であったが、特に芸阿弥は祥啓の師としても知られている。墨谿も周文の弟子で、曾我蛇足とともに、一休宗純によって文化の一大中心地となった大徳寺に拠った。

梵芳筆：蘭蕙同芳図
(東京国立博物館蔵)

墨蹟

　留学僧らは、当時、中国で流行していた書風をも伝えた(「禅宗様(ぜんしゅうよう)」と呼ばれる)。もともと中国人にとって、詩・書・画の三つは知識人が当然嗜(たしな)むべき教養であったが、とりわけ禅僧にとって、印可状をはじめとする禅匠たちの墨蹟は重要なものであった。蘭渓道隆(1213-1278)や一山一寧らの来朝僧は書

妙超書：看読真詮牓（大徳寺真珠庵蔵）

にも非常に巧みであったが、鎌倉の末から室町にかけての時期には、日本人僧の中にも、夢窓疎石、虎関師錬、宗峰妙超(1282-1336)のような能書家が現われた。彼らの書風には北宋の黄庭堅(こうていけん)(1045-1105)や張即之(ちょうそくし)(1186-1266)らの影響が窺えるという。

彼らの活動と相い前後して、雪村友梅や寂室元光らの多くの留学僧が帰朝したが、彼らによって伝えられたのが、元の高僧、中峰明本(1263-1323)とも交渉を持った文人、趙孟頫(ちょうもうふ)(子昂(すごう)、1254-1322)の書法である。特に雪村友梅などは、入元中、趙孟頫の面前で李邕(りよう)風の書風を披露して驚嘆させたという逸話が伝わっている。しかし、その後は、明の成立とともに日中間の往来が制限されるようになったため、禅宗様に和様が流入するようになり、禅僧を中心に折衷的な書風が行なわれるようになった。これが「五山様(ごさんよう)」であり、義堂周信や絶海中津、仲芳中正(ちゅうほうちゅうしょう)らがその代表とされる（入明した仲芳中正が、その能書を見込まれて、最も代表的な明銭である「永楽通宝」の文字を揮毫したことは有名である）。

作庭

中国においても禅宗寺院は険しい山や景勝地に建てられることが多かったが、それは禅思想に老荘的な隠逸思想が流入した結果であった。宋代になって

禅宗寺院が士大夫との社交の場としての性格を強めると、いよいよそうした傾向が強まり、寺院の景観の整備も進んだ。そして、そのような思想は、建長寺などの本格的な禅宗寺院が建立されるに伴って日本にも流入し、天龍寺

龍安寺石庭

や南禅寺、相国寺などでは、「十景」といって代表的な景観を十箇所、選定することが行なわれるようになった。

　そればかりでなく、芸術的な素養を持つ禅僧が直接に作庭に携わるようにもなった。最も有名なのは夢窓疎石で、永保寺庭園（岐阜県、1313年）、西芳寺庭園（京都、1339年）、天龍寺庭園（京都、1340年）などの作品を残している。そのほか、龍安寺の鉄船宗熙（15世紀中葉）や、画僧として名高い雪舟等楊、大徳寺の古岳宗亘（1465-1548）なども作庭を行なったとされる。

　夢窓作の庭園と並んで有名なものに宗亘作という枯山水の大徳寺大仙院書院庭園（1509年）や作庭者未詳の龍安寺石庭（16世紀）などがあるが、特に龍安寺石庭は、十五個の庭石を力のバランスを考えて白砂敷きの平坦地に配置したもので、その高度な象徴性と抽象性によって世界的にも名高い。

　文化への禅の影響

　五山に代表されるような芸術の偏重は、宗教本来のあり方からの逸脱ともいえるが、当時の中国の叢林の姿でもあったから、中国文化への強い憧れを持つ当時の人々には極く自然に受け入れられていった。これら叢林で育まれた文化には、当然のことながら禅思想の影響が色濃く反映されていたが、禅僧と上層武士との交流の中で、叢林を超えて広く社会に広まっていった。義満

の時代を中心とする北山文化や、義政の時代を中心とする東山文化は、その代表である。この時代には一般の建築にも禅宗様が取り入れられ、後の日本建築の原型となる「書院造」が生まれ、喫茶の風習も禅宗とともに普及し、闘茶や茶寄合が頻繁に行なわれるようになった。

　また、禅思想の影響は、花山院長親(子晋明魏、1346?-1429)の『耕雲口伝』(1408年)や心敬(1406-1475)の『ささめごと』(1463年)に見るように、歌論や連歌論にも窺うことができ、さらには、世阿弥元清(1363?-1443?)や金春禅竹(1405-1470頃)の能楽論にも及んだ。なお、国文学に関しては、歌人として名高い招月庵正徹(1380-1458)が東福寺で書記を勤めた禅僧であったことや、近世狂歌の祖とも言われる英甫永雄(1547-1602)が南禅寺にも住した高僧であったことなども注目すべきである。

　　世阿弥・禅竹と禅僧との交渉　世阿弥と禅僧との関係については、(1)大和(奈良県)の補巌寺の二世で後に総持寺にも住した竹窓智厳(曹洞宗、?-1423)と交際があり、1422年以前に補巌寺で出家して至翁善芳と名乗った。(2)東福寺の岐陽方秀のもとに出入りし、しばしば禅について教えを請うた、などの諸点が明らかにされてきた。実際、世阿弥の能楽論には「公案」や「念籠(拈弄)」「印可」といった禅語がしばしば用いられているばかりか、能楽修業における段階的な境位を説く「九位」において提起された「却来」の思想(高位を極めたものが、その後に下位の態を行なう)が禅の「悟了同未悟」の説に基づくものであることは明らかであり(「九位」では自得慧暉(1097-1183)の『六牛図』を引用している。慧暉の語録は曹洞宗を中心に広く読まれていた)、禅の影響は否定すべくもない。一方、禅竹も禅僧で歌人としても名高い招月庵正徹や五山文学者の南江宗沅(1381-1459)らと交渉を持ち、晩年には一休宗純にも近づいた。禅竹の能楽論を伝えるものに『六輪一露之記』などがあるが、これらにも禅思想の影響は顕著である。一休と金春家との関係は、禅竹没後も子の宗筠(1432-1480)、孫の禅鳳(1454-1532?)とによって維持されたから、一休の思想はその芸に大きな影響を与えたと考えられる。なお、禅竹の思想には、神道説や密教説、浄土教説などの影響も強く窺えるが、こうした傾向は、正徹に和歌を学んだ心敬の『ささめごと』にも窺えるもので、芸術家の禅受容を考える上で注目すべきであり、日本における禅自体の変質という問題とも関係するものと言えよう。

3 林下の地方発展と密参禅化 — 室町後期 —

幕府の弱体化と文化の地方伝播

　応仁の乱の後、中央では、十代将軍の足利義稙(1466-1523、1490-1493・1508-1521在職)が管領の細川政元(1466-1507)に地位を追われるなど(明応の政変、1493年)、幕府の主導権は細川氏に握られ、さらにその実権が家臣の三好氏、三好氏の家臣の松永氏に移り、松永久秀(1510-1577)によって十三代将軍義輝(1536-1565)が殺されるなど、政局は混迷を極めた。こうした下克上は、地方でも同様で、守護は領国を守護代に統治させ、自らは幕府に出仕するようになったが、応仁の乱の結果、領国では守護代や土着の武士らが次第に力を伸ばして実権を握り、幕府の威令の衰えに乗じて中央から独立するようになっていった。

　こうして、関東に覇を唱えた北条早雲(1432-1519)や中国を押さえた大内義隆(1507-1551)、大内氏の後を襲った毛利元就(1497-1571)、駿河から三河までを支配した今川義元(1519-1560)、甲斐の武田信玄(1521-1573)、越後の上杉謙信(1530-1578)など、守護や守護代などから身を起こした戦国大名が各地に割拠して互いに覇を競う戦国時代(1467-1568)となった。

　応仁の乱で京都は戦場となって、荒廃したため、一条兼良(1402-1481)や雪舟等楊、桂庵玄樹、万里集九、月舟寿桂、策彦周良ら、京都を離れ各地の大名に身を寄せる文化人が続出した。大名たちも中央の文化に強い憧れを持っていたため、それを積極的に受け入れた。こうして、この時代には文化の地方伝播が進んだ。

　十五世紀に関東管領の上杉憲実(1410-1466)によって復興された足利学校は、十六世紀の後半に最盛期を迎え、多くの学徒を抱えて「坂東の学校」と呼ばれた。また、越前(福井県)の朝倉氏の居城、一乗谷には清原宣賢(1475-1550)や月舟寿桂、飛鳥井雅康(1436-1509)らが身を寄せ、大内氏の城下町であった山口では、宗祇(1421-1502)や雪舟等楊、策彦周良らが活躍した。殊に大内義隆(1507-1551)は文化活動に熱心で出版事業もおこなった(大内版、山

口版)。

大徳寺教団・妙心寺教団の展開

戦国時代には、五山派は幕府とともに衰退していったが、それと入れ替わる形で勢力を伸長させたのが「林下」である。これらの教団は幕府の保護を受けず、経済的には苦しいものがあったが、活路を開くため地方への布教を熱心に行ない、次第に旧仏教や五山派の寺院を侵食し、教勢を拡大していった。

五山派の地方における支持基盤は守護にあったが、林下が主な布教対象としたのは、その配下にいた守護代や土着の武士たちであった。応仁の乱によって守護が没落し、守護代らが主導権を握って戦国大名となると、地方においても五山派の教線は閉ざされ、林下教団が勃興していった。その際、布教の大きな武器となったのは、葬祭や年忌などの仏事法要や江湖会(道俗が一体となって営む広大な法会)、授戒会による血脈の伝授であり、また、安易な印可の授与であった。

大徳寺の経営の中心となったのは、養叟宗頤の系統であった。養叟の法系は、弟子の春甫宗熙(1416-1496)から実伝宗真(1434-1507)へと承け継がれ、その門下に古岳宗亘(1465-1548)と東渓宗牧(1454-1517)の二人が出、その弟子たちは、それぞれ塔頭の大仙院と龍源院を中心に地方に展開し(古岳の系統を北派、東渓の系統を南派と呼ぶ)、筑前(福岡県)の崇福寺や和泉(大阪府)の禅通寺など、大応派や五山派の寺院を末寺化する形で教勢を伸ばしていった。そのため、この頃から大徳寺の運営は、「両班」を主とするものから塔頭の代表者(塔主)を主要メンバーとする「衆評」中心のものへと移行していった。

大徳寺教団の支持層の中には、朝廷との繋がりを求める戦国大名や戦乱の中で心の拠り所を求める武士たちのほか、津田宗及(?-1591)や山岡宗無(?-1595)、神谷宗湛(1551-1635)などの堺や博多の商人、宗祇、宗長(1448-1532)、紹巴(1525-1602)らの連歌師、観世や金春などの能楽師、医師などがあった(宗長が大徳寺の三門の造営〈1525-1526年〉に中心的な役割を果たしたことは有名である)。

このように知的レヴェルの比較的高い人々を取り込むことのできた一因

は、知的好奇心から参禅を求める居士たちに対して積極的に付法を行なったことにあった。付法に際しては多額の謝礼を受けたし、その没後も供養のために永代供養田の提供を受けるなどした。そのため、こうした付法は禅本来の趣旨に悖るものではあったが、大徳寺の発展に大いに寄与するものであった。一休宗純が養叟宗頤を厳しく批判したことからも窺えるように、養叟の門下では、そうした傾向が特に著しかったようである。そうした養叟門下の禅の実態を伝える文献として有名なのが『大徳寺夜話』(龍谷大学蔵本)である。

　彼らは、大灯国師は一八〇則、徹翁や養叟は八〇則に参じてようやく大悟したなどと吹聴し、多数の公案への参究の必要性を説いた。その目的は、「悟り」を超越化することで、そこに至る方途としての公案の価値を強調し、信奉者を獲得しようとしたもののようである。このような養叟派の姿勢は、やがて密参の風へと展開していった。

　大徳寺の僧と堺の商人との交流の中で確立されたのが「茶道」(侘び茶)である。その先駆は一休宗純に参じた村田珠光であるが、この時代には武野紹鷗(1502-1555)が出て、その門下の千利休(1522-1591)、津田宗及、今井宗久(1520-1593)らによって大成された。珠光以来、茶道は精神的な拠り所を禅に求めたから(これを「茶禅一味」という)、武野紹鷗が大林宗套(1480-1568)に嗣法し、千利休が笑嶺宗訢(1490-1568)のもとで公案を透過したように、茶人にとって参禅は不可欠のものであった。

　茶道は、茶碗や茶筅、茶杓などの茶道具や、茶席の掛物、立花などに対する独特の美意識と審美眼を養い、茶室や茶庭(「露地」と呼ばれる)を創造することによって建築や作庭に新たな意匠をもたらすことになった。禅思想は茶道を通じて様々な文化領域に影響を与えたのである。茶道と大徳寺の関係はその後も続き、掛物として大徳寺僧の墨蹟が特に尊ばれるという伝統も生まれた。

　一方、妙心寺の地方発展を支えたのは、景川宗隆(1426-1500)、悟渓宗頓(1416-1500)、特芳禅傑(1419-1506)、東陽英朝(1426-1504)という、雪江宗深が育てた四人の法嗣であった。特に宗深が、妙心寺の住持を四人の門下が三年の任期で輪番によって勤めるという規則を定めたことは(1475年)、関山派が

発展する上で大きな役割を果たした。各門派が、それぞれの塔頭(龍泉庵、東海庵、聖沢院、霊雲院。「四派本庵」と総称される)を中心に各地に積極的に布教活動を展開するようになったからである。こうして、龍泉派、東海派、聖沢派、霊雲派という四派が成立し、その後に創設あるいは獲得された塔頭や末寺は、そのいずれかに属することとなった。

妙心寺教団の発展は、多くの場合、他派の衰退に乗じて地方寺院に住持を送り込む形で成し遂げられた。こうして、駿河(静岡県)の清見寺、甲斐(山梨県)の恵林寺、伊勢(三重県)の安国寺などの五山派の名刹や、丹波(兵庫県)の高源寺(幻住派)や紀伊(和歌山県)の興国寺(法灯派)などの他派の本拠寺院も手中に収めていった。甲斐の武田氏に招かれて恵林寺に住し、その滅亡後、織田信長の逆鱗に触れて殺された快川紹喜(?-1582)は有名であり、門下には南化玄興(1538-1604)らがあった。

このような教団の発展を背景に、1509年には「紫衣勅許の綸旨」が下され、権威的にも大徳寺に並んだ。それ以前、妙心寺の僧は形式的に大徳寺の住持になることで綸旨と紫衣を得ていたのが、これによってその必要がなくなったのである。しかし、これ以降、両寺の関係はぎくしゃくし、相互の交渉が途絶えることとなった(これが解消されたのは、江戸時代の1716年のことである)。

曹洞宗の地方発展

曹洞宗では、太源宗真の系統と通幻寂霊の系統を中心に総持寺教団の布教活動が著しく、太源派の如仲天誾(1365-1440)門下の「如仲下六派」や、通幻派の了庵慧明(1337-1411)門下の「了庵十六派」などの門派が形成され、それぞれに五山派などの既存寺院を改宗させるなどして各地に教線を伸ばしていった。

これに対して永平寺は、寂円(1207-1299)の一派によって維持され、一時は後円融天皇(1371-1382在位)から「日本曹洞第一道場」の勅額を受けて「出世道場」と定められる(1372年)ほどの威容を誇ったが、十五世紀になると荒廃が進んだ。しかし、寒巌派の華蔵義曇(1375-1455)、峨山派の曇英慧応(1424-1504)などを住持に受け入れるなどして復興を遂げ、1539年には後奈

良天皇(1526-1557在位)から再び出世道場の勅宣を受けるなどして宗門内での権威を確立していった。
　このように他派の晋住を許したものの、永平寺における寂円派の影響力は依然として強く、永平寺は実質的には、これまで通り寂円派で継承されていたから、世代に種々の混乱が生じた。なお、最も古い道元の伝記として知られる、永平寺十四世の建撕(1415-1474)撰の『永平開山道元禅師行状』(建撕記)も、永平寺における寂円派の正統性を主張することが一つの大きな目的であったとされる。

総持寺祖院

　曹洞宗の布教では、瑩山紹瑾によって容認された密教や土俗信仰が、仏事法要とともに大いに活用された。その実態は各地に残された「神人化度説話」からも窺うことができるし、今日も多くの参詣客を集める祈祷寺院が曹洞宗に多数存在することも非常に示唆的である。「洞宗三祈祷寺」とも呼ばれる最乗寺(道了尊、神奈川県南足柄市)・妙厳寺(豊川稲荷、愛知県豊川市)・善宝寺(龍王、山形県鶴岡市)はその代表であるが、これらの寺院では、祈祷の本殿たる鎮守堂が本堂を凌ぐほどの規模を持っている(ただし、これらが繁盛したのは江戸時代以降のこととされる)。しかし、祈祷が重要な意味をもったという点は他の寺院でも同様であり、曹洞宗の法堂が中国以来の土間の形式から畳敷きに改められ、本尊が置かれるようになったことも、元来、住持の説法を聞くための修行の場であったはずの法堂が、布教のための会堂と化し、ここでも祈祷等が行われるようになったためと考えられている。

　神人化度説話　その基本的構造は以下のごとくである。(1)ある土地に禅僧が布教に訪れると、その土地の神が現われ、住すべき霊域を教示する。(2)禅僧は神に

戒を授けて弟子とし、神は毎夜、参禅に訪れ、やがて印可され、その霊域の護持を誓う。(3)付近の村人たちが噂を聞きつけて信者となって堂宇を建立し、土地の支配者も寺域を寄進して檀越となる。こうした説話は、源翁心昭(げんのうしんしょう)(1329-1400)と殺生石(せっしょうせき)、了庵慧明と大山明神(だいせんみょうじん)、如仲天誾と白山権現(はくさんごんげん)、定庵殊禅(じょうあんしゅぜん)(1373-1432)と住吉明神(すみよしみょうじん)、月江正文(げっこうしょうぶん)(?-1462)と氷川明神(ひかわみょうじん)のように、曹洞宗が広まった各地に見ることができる。その土地土地の神への信仰を禅僧への信仰にすり替えるもので、曹洞宗の人々が土俗信仰を利用して自らの教線を拡張しようとしたことを示すものである。

戦国大名と禅宗

戦国大名が禅宗を重んじたのは、林下教団の働きかけがあったこともさることながら、領国の統治に有益であると考えられたからであった。宗教は家臣の統率や民心を収攬するうえで大いに役立ったが、特に禅僧の持つ高度な教養は大名たちにとって非常に魅力的であった。戦争や政治を行なう際に、禅僧に対して禅思想や儒教、易学に基づく助言を求めることも多かったのである。

「林下」の中でも、多くの戦国大名が帰依したのは、朝廷との関係が深い、徹翁派(大徳寺教団)と関山派(妙心寺教団)であった。戦国大名たちは、朝廷との関係を緊密化することによって自身の権威を高めようとしたのである。両教団が戦国大名と関係を取り結ぶ過程で発達していったのが塔頭であり、戦国末期から近世の初頭にかけて五山の塔頭が衰微してゆく中で、大徳寺と妙心寺では逆に塔頭の著しい増加が見られた。

これらの塔頭は外護者の法名と同じ院名を持つなど、戦国大名の菩提所としての性格が極めて強く、禅僧の塔所としての性格は二義的なものになってしまっている。大徳寺の塔頭でいえば、畠山義隆(はたけやまよしたか)(1557-1574)の龍源院(りゅうげんいん)、六角政頼(かくまさより)(15-16世紀)の大仙院(だいせんいん)、豊臣秀吉(1536-1598)の総見院(そうけんいん)・天瑞寺(てんずいじ)、石田三成(1560-1600)の三玄院(さんげんいん)、前田利長(まえだとしなが)(1562-1614)の芳春院(ほうしゅんいん)、細川忠興(ほそかわただおき)(1563-1646)の高桐院(こうどういん)などが代表的なものである。

それぞれの塔頭では、外護者の墓所を内設して菩提供養などの仏事法要を行ない、一方、外護者は塔頭の維持のために寺領を寄進し、また法要の見返り

に、毎月、祠堂銭を収めた。各塔頭は外護者を獲得することで経済基盤を確立するとともに、門派を挙げて布教に努め、外護者が領地に建立した禅寺を末寺化するなどして教線を拡大していった。塔頭の存在は、山隣派教団が地方に発展するうえで非常に重要な役割を果たしたのである。

しかし、戦国時代の末期には、このように法系を中心として教勢を伸ばすという禅宗教団のあり方にも大きな変化が生じた。大名の領国(分国)では、法系を超えた統治組織が必要となったからである。各教団ごとに「触頭」が置かれ、本末・寺檀関係が領国統治に利用されるようになった。また、仏教教団への規制も次第に強化された。こうした例は武田信玄や今川義元などに見ることができ、近世における徳川幕府の仏教政策にも承け継がれていった。

参禅の衰退と密参禅の流行

室町の中期になると、五山をはじめとして京都や鎌倉の名刹では、参禅がほとんど行なわれなくなった。そのため、開悟の体験を根本とする印証による嗣法はあり得ず、寺を承け継ぐことが嗣法であるとする、いわゆる伽藍法系の嗣法が一般化した。一方、地方の林下では、まだ遍参が行なわれており、印証による付法も存在したが、その内容は次第に変質していった。公案の解釈が密教や古今伝授などの切紙相承の影響を受けて口伝法門化し、口訣の伝授を付法、嗣法とする風潮が生じたのである(こうした禅を「密参禅」、伝授内容を記したものを「密参録」と称している)。密参禅は時とともにいよいよ盛んとなり、臨済宗も曹洞宗も林下の禅は全て密参禅となって、ついには五山などにも入り込んでいった(曹洞宗の密参化は、下野〈栃木県〉の大中寺の開山でもある快庵妙慶〈1422-1493〉以降、甚だしくなったとされる)。

こうした密参禅の流行の陰には、「林下」教団の一つ、幻住派の活動があった。幻住派は、元の中峰明本(幻住庵、1263-1323)の法を伝えた丹波(兵庫県)高源寺の遠渓祖雄(1286-1344)を祖とするが、一派としての確立を見たのは、戦国期の一華碩由(1447-1507)による。彼らは特定の寺院に拠って教団を形成することはなかったが、他派の伽藍法による法系は否定せずに、そのほかに幻住派の印可を与えるという活動を行なって、禅宗各派の中に入り込んでいっ

た。幻住派はこうした方法によって勢力を拡大し、やがて、この派の人が南禅寺や建仁寺などの名刹に住するなどしたため、五山派にも浸透していった。幻住派の活動が禅宗全体の密参禅化を促したことは否定できないが、今日の臨済宗が形成される上で極めて重要な役割を果したことは忘れてはならない。

　まず挙げるべきは、五山派内の門派対立の解消である。五山派の寺院では、多くの門派がそれぞれの塔頭に拠って独自の活動を行なったが、門派を異にする人々が同じ幻住派の法系を受けることで横の繋がりができた。そのため、寺院を単位として行動する機運が生まれ、寺院の開山が門派を超えて尊重されるようにもなっていった。この傾向は江戸時代の本末制度によって、いっそう強化され、今日見るような教団体制へと整備されていったのである。

　もう一つ重要なことは、五山派では伽藍法系の嗣法とは別に幻住派の印証系の嗣法が行なわれるようになり、法系の二重性が生じたということである。こうした嗣法のあり方は、近世以降、印証系が古月禅材(1667-1751)や白隠慧鶴(1685-1768)の法系に置き替えられたものの、今日まで継承されているのである。

　　密参録　密参禅の実態を伝える資料として「密参録」と呼ばれる一群の文献がある(曹洞宗では一般に「門参」と呼ばれる)。これは公案に対する答案を書き記したもので、特に15世紀以降、禅僧の間で秘伝として盛んに伝授されたようである。多くの場合、口語体、仮名まじり文で書かれており、いわゆる「抄物」の一種である。臨済宗では大徳寺系のもの、曹洞宗では通幻派の了庵慧明の系統（了庵派）のものが多数伝わっており、初め国文学研究の資料として注目されたが、その後、禅思想史研究の分野でも、従来の研究の空白部分を埋めるものとして重視されるようになってきている。内容には伝承した門派の特色が反映されており、各門派では伝法を証する公的な相承物と見做していたらしい。なお、これとは別に、曹洞宗において、密教や歌道で秘密を伝授するために用いられたと同様の「切紙」が多数伝わっていることも注目される。江戸期には、これらが一括して伝授されるようになり、さらに冊子に編集された場合もある。

参考文献

赤松俊秀・今枝愛真ほか 『日本仏教史Ⅱ 中世篇』(法藏館、1967年)
朝倉　尚　『抄物の世界と禅林の文学 ― 中華若木詩抄・湯山聯句鈔の基礎的研究』(清文堂出版、1996年)
安藤嘉則　『中世禅宗文献の研究』(国書刊行会、2000年)
安藤嘉則　「中世禅宗の公案禅について」(「駒沢女子大学研究紀要」7、2000年)
飯塚大展　「駒沢大学蔵『臨済録抄』について ― 臨済録の講義と密参との関係を中心に」(「曹洞宗研究員研究紀要」23、1992年)
飯塚大展　「大東急文庫蔵『碧岩録古鈔』について」(「曹洞宗研究員研究紀要」24、1993年)
飯塚大展　「大徳寺派系密参録について(三)―『碧巌録龍嶽和尚秘辨』を中心に」(「曹洞宗研究員研究紀要」25、1994年)
石川力山　「中世五山禅林の学芸について ―『元亨釈書微考』の引用典籍をめぐって」(「駒沢大学仏教学部論集」7、1976年)
石川力山　「中世禅宗史研究と禅籍抄物史料」(『飯田利行古稀記念　東洋学論叢』同刊行会、1981年)
石川力山　「中世禅宗教団と禅籍抄物資料」(『古田紹欽博士古稀記念論集　仏教の歴史的展開に見る諸形態』創文社、1981年)
石川力山　「禅の送葬」(「日本学」10、1987年)
石川力山　「洞門抄物の発生とその性格」(「財団法人　松ヶ岡文庫研究年報」2、1988年)
市川白弦　「抜隊禅の諸問題」(日本思想大系16、『中世禅家の思想』岩波書店、1972年)
伊藤克己　「甲斐武田氏の禅宗支配」(「宗学研究」27、1985年)
伊吹　敦　「金春禅竹の能楽論に見る禅の影響 ― 六輪一露説を中心に」(「東洋學論叢」26-27、2001-02年)
今泉淑夫　『桃源瑞仙年譜』(春秋社、1993年)
今泉淑夫・島尾新　『禅と天神』(吉川弘文館、2000年)
今枝愛真　『中世禅宗史の研究』(東京大学出版会、1970年)
今枝愛真ほか　『室町仏教〈戦国乱世と仏教〉』(アジア仏教史　日本編Ⅵ、佼成出版社、1972年)
今谷　明　『戦国期の室町幕府』(角川書店、1975年)
今谷　明　『元朝・中国渡航記 ― 留学僧・雪村友梅の数奇な運命』(宝島社、1994

年)

入矢義高　「中巌と『中正子』の思想的性格」(日本思想大系16、『中世禅家の思想』岩波書店、1972年)

入矢義高　『寂室』(日本の禅語録10、1979年)

入矢義高　「中国文学から見た五山文学」(『五山の学芸』大東急記念文庫、1985年)

入矢義高校注　『五山文学集』(新日本古典文学大系48、岩波書店、1990年)

上村観光編　『五山文学全集』全五冊(六条活版製造所出版部、1906-1915年)

遠藤宏昭　「上杉氏領国下における曹洞宗の展開 ── 越後国を中心として」(「駒沢史学」39・40、1988年)

遠藤宏昭　「中世末期の争乱と曹洞宗寺院の動向 ── 北・東信濃地方を中心として」(「地方史研究」201、1986年)

王　迪　『日本における老荘思想の受容』(国書刊行会、2001年)

岡見正雄・大塚光信編　『抄物資料集成』(清文堂出版、1971-1976年)

荻須純道　『日本中世禅宗史』(木耳社、1965年)

小野勝年　『雪村友梅と画僧愚中』(非売品、1982年)

表章・加藤周一校注　『世阿弥・禅竹』(日本思想大系24、岩波書店、1974年)

蔭木英雄　『中世禅林詩史』(笠間書院、1994年)

加藤周一・柳田聖山　『一休』(日本の禅語録12、1978年)

金田　弘　「問答体の仮名抄物 ──「密参録」「門参」」(『洞門抄物と国語研究』桜楓社、1976年)

鎌田茂雄編集・解説　『禅と武道』(叢書　禅と日本文化6、ぺりかん社、1997年)

川上　貢　『禅院の建築』(河原書店、1968年)

川瀬一馬　『五山版の研究』(日本書籍商協会、1970年)

京都国立博物館編　『禅の美術』(法藏館、1983年)

熊倉功夫編集・解説　『禅と能楽・茶』(叢書　禅と日本文化3、ぺりかん社、1997年)

桑田和明　「戦国大名今川氏領国における臨済寺本末について ── 二冊の「書上」を中心に」(「日本仏教」47、1978年)

香西　精　『世阿弥新考』(わんや書店、1962年)

駒沢大学文学部国文学研究室編　『禅門抄物叢刊』(汲古書院、1973-1976年)

坂本勝成　「中世寺社権力の否定過程について」(「立正史学」30、1966年)

桜井景雄　『禅宗文化史の研究』（思文閣出版、1986 年）
佐々木馨　『中世国家と宗教構造 ― 体制仏教と体制外仏教の相剋』（中世史研究選書、吉川弘文館、1988年）
鈴木泰山　『禅宗の地方発展』（畝傍書房、1942年、吉川弘文館、1983年再刊）
鈴木大拙　「日本における公案禅の伝統」（鈴木大拙全集 1、『禅思想史研究第一』岩波書店、1968年）
末木文美士　「『碧巌録』の注釈書について」（「松ヶ岡文庫研究年報」7、1993年）
曹洞宗宗学研究所編　『道元思想のあゆみ 2 ― 南北朝・室町時代』（吉川弘文館、1993年）
玉村竹二　『五山文学』（至文堂、1955 年）
玉村竹二　『夢窓国師』（平楽寺書店、1958 年）
玉村竹二・井上禅定　『円覚寺史』（春秋社、1964 年）
玉村竹二編　『五山文学新集』全六冊（東京大学出版会、1967-1972 年）
玉村竹二　『五山詩僧』（日本の禅語録 8、1978 年）
玉村竹二　『五山禅僧伝記集成』（講談社、1983 年）
玉村竹二　『日本禅宗史論集　上・下之一・下之二』（思文閣、1976・1979・1981年）
中尾良信　「中世後期における曹洞宗と臨済宗」（「花園大学研究紀要」23、1991年）
中田祝夫ほか編　『抄物大系』（勉誠社、1970-1977年）
西尾賢隆　『中世の日中交流と禅宗』（吉川弘文館、1999 年）
芳賀幸四郎　『東山文化の研究』（河出書房、1945 年）
芳賀幸四郎　『中世禅林の学問および文学に関する研究』（日本学術振興会、1956年）
葉貫磨哉　『中世禅林成立史の研究』（吉川弘文館、1993年）
葉貫磨哉　「洞門と神人化度の説話」（「駒沢史学」十周年記念号、1962 年）
原田正俊　『日本中世の禅宗と社会』（吉川弘文館、1998 年）
原田正俊　「五山禅林の仏事法会と中世社会―鎮魂・施餓鬼・祈祷を中心に」（「禅学研究」77、1999 年）
広瀬良弘　「中・近世における曹洞禅僧の活動と葬祭について」（「宗学研究」27、1985年）
広瀬良弘　『禅宗地方展開史の研究』（吉川弘文館、1988 年）

広瀬良弘　「北関東の下克上と曹洞宗寺院 ― 結城氏・多賀谷氏と宇都宮氏・芳賀氏の場合」（「駒沢史学」39・40、1988年）
広瀬良弘　「中世後期における禅僧・禅寺と地域社会 ― 東海・関東地方の曹洞宗を中心として」（「歴史学研究」別冊特集『地域と民衆』、1981年）
藤岡大拙　「五山教団の発展に関する一考察」（「仏教史学」6-2、1957年）
藤岡大拙　「禅院内に於ける東班衆について」（「日本歴史」145、1959年）
古田紹欽　『抜隊』（日本の禅語録11、1979年）
古田紹欽編集・解説　『禅と芸術』（叢書　禅と日本文化 1・2、ぺりかん社、1996年）
松浦秀光　『禅家の葬法と追善供養の研究』（山喜房仏書林、1969年）
水野弥穂子　『大智』（日本の禅語録 9、1978年）
村上　直　「武田領国支配における禅宗の発展」（「日本仏教学会年報」35、1969年）
森　克己　「日・宋元絵画交渉と雪舟の出現」（森克己著作選集 4、『増補　日宋文化交流の諸問題』国書刊行会、1975年）
森　克己　「唐本頂相とその画稿 ― 仏照禅師の頂相について」（森克己著作選集 4、『増補　日宋文化交流の諸問題』国書刊行会、1975年）
森　克己　「宋拓六祖像と明兆の画風」（森克己著作選集 4、『増補　日宋文化交流の諸問題』国書刊行会、1975年）
柳田聖山　『夢窓』（日本の禅語録 7、1977年）
柳田聖山　『一休 ―『狂雲集』の世界』（人文書院、1980年）
柳田聖山　『一休・良寛』（大乗仏典　中国・日本編26、中央公論社、1987年）
柳田聖山編集・解説　『禅と文学』（叢書　禅と日本文化 4、ぺりかん社、1997年）
柳田征司　「大応派の『臨済録抄』について」（「松ヶ岡文庫研究年報」6、1992年）
山岸徳平校注　『五山文学集・江戸漢詩集』（日本古典文学大系89、岩波書店、1966年）

第三章　禅の拡大と浸透　249

［禅の系譜８］

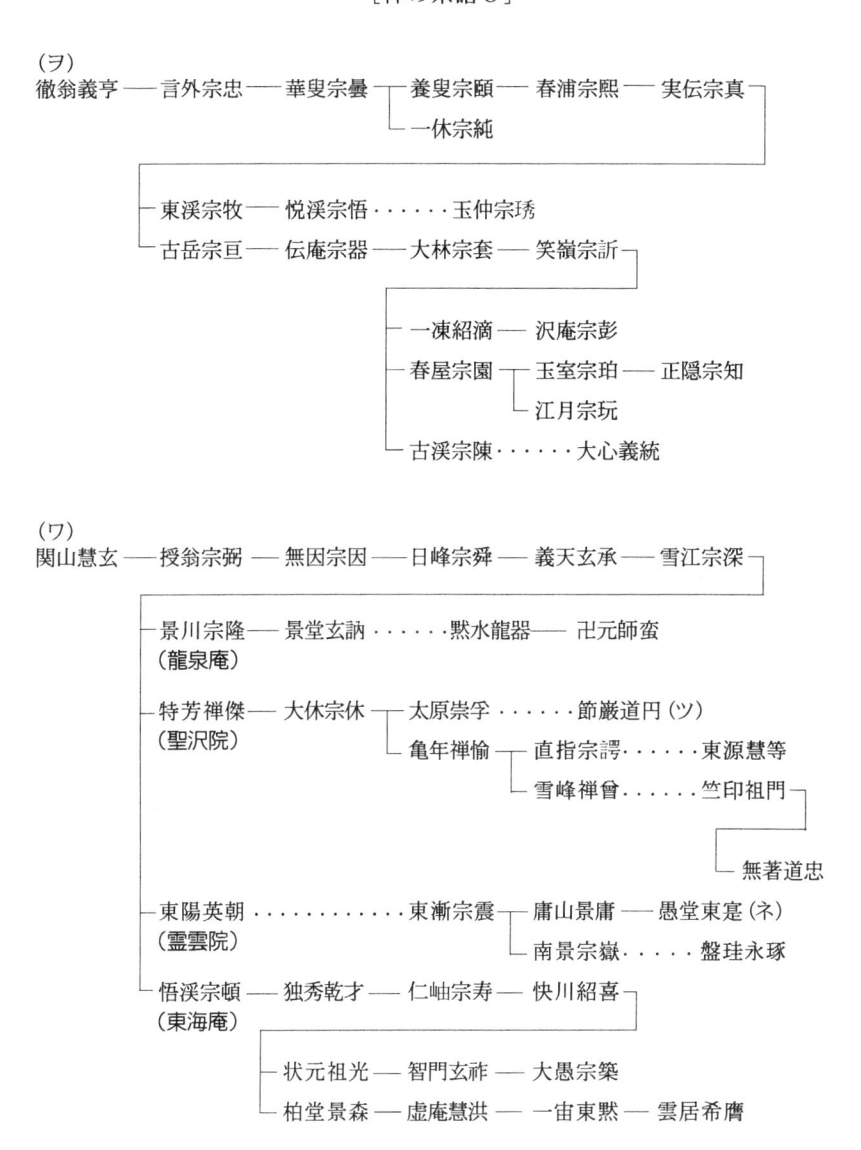

（ヲ）
徹翁義亨 ── 言外宗忠 ── 華叟宗曇 ─┬─ 養叟宗頤 ── 春浦宗熙 ── 実伝宗真 ─┐
　　　　　　　　　　　　　　　　　└─ 一休宗純
┌──┘
├─ 東渓宗牧 ── 悦渓宗悟 ‥‥‥ 玉仲宗琇
└─ 古岳宗亘 ── 伝庵宗器 ── 大林宗套 ── 笑嶺宗訢 ─┐
┌──────────────────────────────────────┘
├─ 一凍紹滴 ── 沢庵宗彭
├─ 春屋宗園 ─┬─ 玉室宗珀 ── 正隠宗知
│　　　　　　└─ 江月宗玩
└─ 古渓宗陳 ‥‥‥ 大心義統

（ワ）
関山慧玄 ── 授翁宗弼 ── 無因宗因 ── 日峰宗舜 ── 義天玄承 ── 雪江宗深 ─┐
┌──┘
├─ 景川宗隆 ── 景堂玄訥 ‥‥‥ 黙水龍器 ── 卍元師蛮
│　（龍泉庵）
├─ 特芳禅傑 ── 大休宗休 ─┬─ 太原崇孚 ‥‥‥ 節巌道円（ツ）
│　（聖沢院）　　　　　　├─ 亀年禅愉 ── 直指宗諤 ‥‥‥ 東源慧等
│　　　　　　　　　　　　└─ 雪峰禅曾 ‥‥‥ 竺印祖門 ─┐
│　　　　　　　　　　　　　　　　　　　　　　　　　　└─ 無著道忠
├─ 東陽英朝 ‥‥‥‥‥‥ 東漸宗震 ─┬─ 庸山景庸 ── 愚堂東寔（ネ）
│　（霊雲院）　　　　　　　　　　　└─ 南景宗嶽 ‥‥‥ 盤珪永琢
└─ 悟渓宗頓 ── 独秀乾才 ── 仁岫宗寿 ── 快川紹喜 ─┐
　　（東海庵）
┌──────────────────────────────────┘
├─ 状元祖光 ── 智門玄祚 ── 大愚宗築
└─ 柏堂景森 ── 虚庵慧洪 ── 一宙東黙 ── 雲居希膺

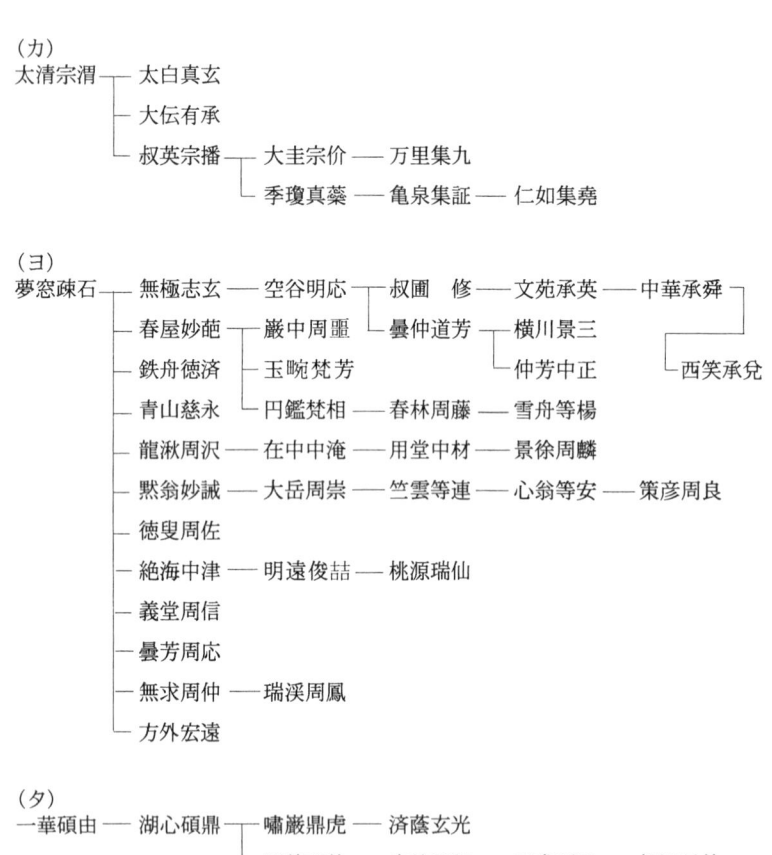

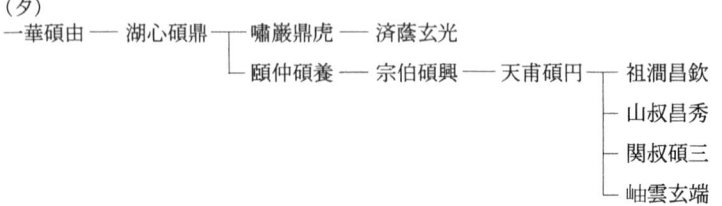

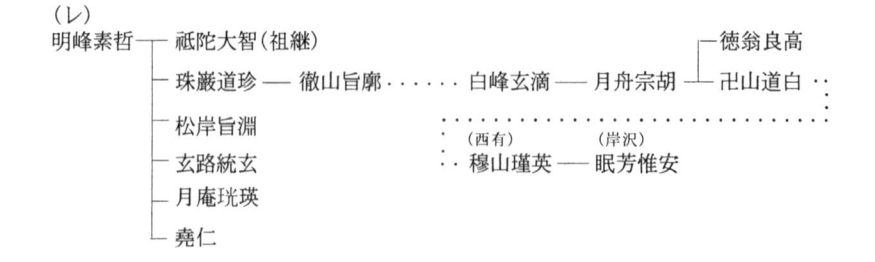

(カ)
太清宗渭 ── 太白真玄
　　　　 ├─ 大伝有承
　　　　 └─ 叔英宗播 ── 大圭宗价 ── 万里集九
　　　　　　　　　　 └─ 季瓊真蘂 ── 亀泉集証 ── 仁如集堯

(ヨ)
夢窓疎石 ── 無極志玄 ── 空谷明応 ─┬─ 叔圃　修 ── 文苑承英 ── 中華承舜 ─┐
　　　　 ├─ 春屋妙葩 ── 巖中周噩 └─ 曇仲道芳 ── 横川景三 　　　　　　　│
　　　　 ├─ 鉄舟徳済 ── 玉畹梵芳 　　　　　　 └─ 仲芳中正 　└─ 西笑承兌 ←┘
　　　　 ├─ 青山慈永 ── 円鑑梵相 ── 春林周藤 ── 雪舟等楊
　　　　 ├─ 龍湫周沢 ── 在中中淹 ── 用堂中材 ── 景徐周麟
　　　　 ├─ 黙翁妙誠 ── 大岳周崇 ── 笁雲等連 ── 心翁等安 ── 策彦周良
　　　　 ├─ 徳叟周佐
　　　　 ├─ 絶海中津 ── 明遠俊喆 ── 桃源瑞仙
　　　　 ├─ 義堂周信
　　　　 ├─ 曇芳周応
　　　　 ├─ 無求周仲 ── 瑞渓周鳳
　　　　 └─ 方外宏遠

(タ)
一華碩由 ── 湖心碩鼎 ─┬─ 嘯巖鼎虎 ── 済蔭玄光
　　　　　　　　　　 └─ 頤仲碩養 ── 宗伯碩興 ── 天甫碩円 ─┬─ 祖澗昌欽
　　　　　　　　　　　　　　　　　　　　　　　　　　　　 ├─ 山叔昌秀
　　　　　　　　　　　　　　　　　　　　　　　　　　　　 ├─ 関叔碩三
　　　　　　　　　　　　　　　　　　　　　　　　　　　　 └─ 岫雲玄端

(レ)
明峰素哲 ─┬─ 祇陀大智(祖継)　　　　　　　　　　　　　　　　　　　　─ 徳翁良高
　　　 ├─ 珠巖道珍 ── 徹山旨廓 ‥‥‥ 白峰玄滴 ── 月舟宗胡 ── 卍山道白 ‥
　　　 ├─ 松岸旨淵　　　　　　　　　　：(西有)　　 (岸沢)　　　　　　　　：
　　　 ├─ 玄路統玄　　　　　　　　　　‥ 穆山瑾英 ── 眠芳惟安
　　　 ├─ 月庵玖瑛
　　　 └─ 堯仁

第三章　禅の拡大と浸透　251

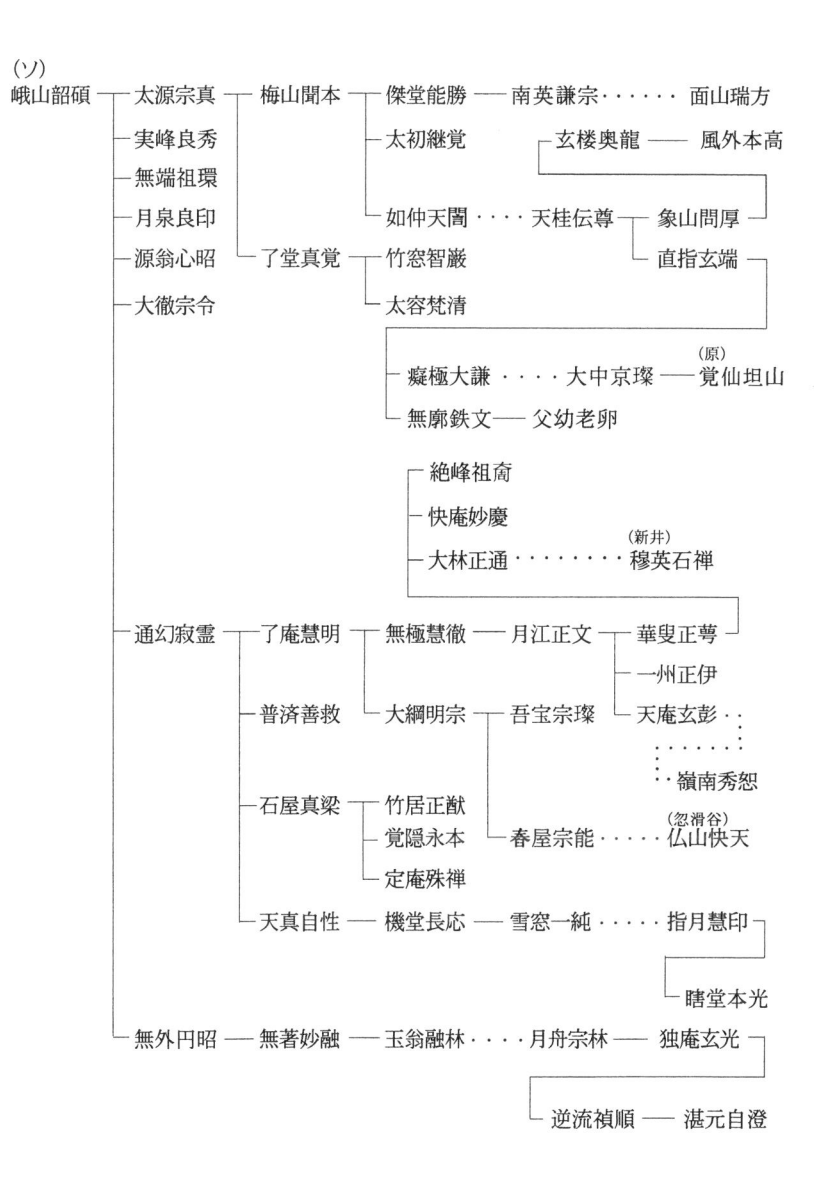

(ソ)
峨山韶碩 ─┬─ 太源宗真 ─┬─ 梅山聞本 ─┬─ 傑堂能勝 ── 南英謙宗 ‥‥‥ 面山瑞方
　　　　　│　　　　　　│　　　　　　├─ 太初継覚　　　　┌─ 玄楼奥龍 ── 風外本高
　　　　　├─ 実峰良秀　│　　　　　　│　　　　　　　　　│
　　　　　├─ 無端祖環　│　　　　　　├─ 如仲天誾 ‥‥ 天桂伝尊 ── 象山問厚
　　　　　├─ 月泉良印　└─ 了堂真覚 ─┼─ 竹窓智厳　　　　└─ 直指玄端
　　　　　├─ 源翁心昭　　　　　　　　└─ 太容梵清
　　　　　└─ 大徹宗令
　　　　　　　　　　　　　　　　　　　　　　　　　　　　　　　(原)
　　　　　　　　　　　　　　　　　┌─ 癡極大謙 ‥‥ 大中京璨 ── 覚仙坦山
　　　　　　　　　　　　　　　　　└─ 無廓鉄文 ── 父幼老卵

　　　　　　　　　　　　　　　　　┌─ 絶峰祖裔
　　　　　　　　　　　　　　　　　├─ 快庵妙慶
　　　　　　　　　　　　　　　　　│　　　　　　　　　(新井)
　　　　　　　　　　　　　　　　　└─ 大林正通 ‥‥‥‥ 穆英石禅
　　　　├─ 通幻寂霊 ─┬─ 了庵慧明 ─┬─ 無極慧徹 ── 月江正文 ─┬─ 華叟正莟
　　　　　　　　　　　│　　　　　　│　　　　　　　　　　　　├─ 一州正伊
　　　　　　　　　　　├─ 普済善救　└─ 大綱明宗 ─┬─ 吾宝宗璨 ├─ 天庵玄彭‥
　　　　　　　　　　　│　　　　　　　　　　　　　│　　　　　‥‥‥‥‥
　　　　　　　　　　　│　　　　　　　　　　　　　│　　　　　‥嶺南秀恕
　　　　　　　　　　　├─ 石屋真梁 ─┬─ 竹居正猷　│　　　　　(忽滑谷)
　　　　　　　　　　　│　　　　　　├─ 覚隠永本　└─ 春屋宗能 ‥‥ 仏山快天
　　　　　　　　　　　│　　　　　　└─ 定庵殊禅
　　　　　　　　　　　└─ 天真自性 ── 機堂長応 ── 雪窓一純 ‥‥ 指月慧印 ┐
　　　　　　　　　　　　　　　　　　　　　　　　　　　　　　　　　　　　　│
　　　　　　　　　　　　　　　　　　　　　　　　　　　　　　　　└─ 瞎堂本光
　　　　└─ 無外円昭 ── 無著妙融 ── 玉翁融林 ‥‥ 月舟宗林 ─┬─ 独庵玄光
　　　　　　　　　　　　　　　　　　　　　　　　　　　　　　│
　　　　　　　　　　　　　　　　　　　　　　　　　　　　　　└─ 逆流禎順 ── 湛元自澄

［禅関係地図8］

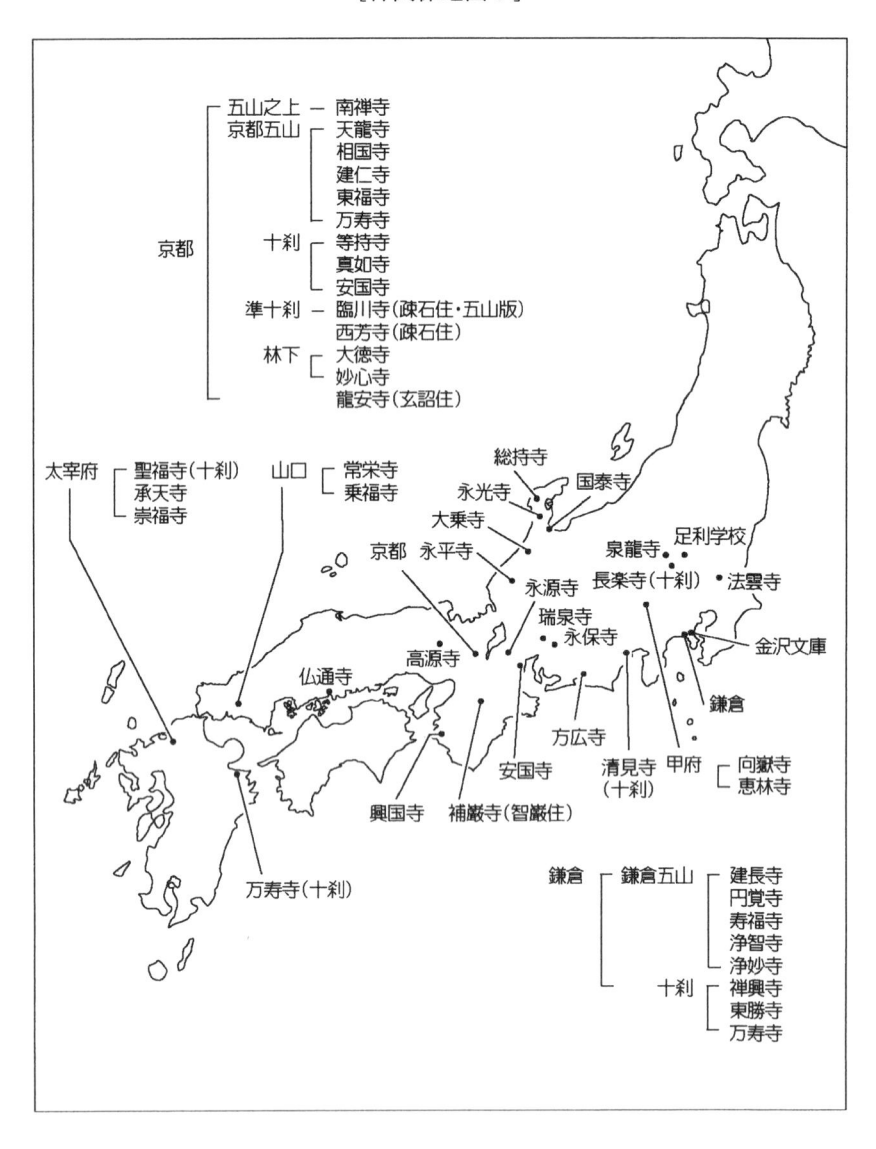

京都
- 五山之上 — 南禅寺
- 京都五山
  - 天龍寺
  - 相国寺
  - 建仁寺
  - 東福寺
  - 万寿寺
- 十刹
  - 等持寺
  - 真如寺
  - 安国寺
- 準十刹
  - 臨川寺（疎石住・五山版）
  - 西芳寺（疎石住）
- 林下
  - 大徳寺
  - 妙心寺
  - 龍安寺（玄詔住）

太宰府
- 聖福寺（十刹）
- 承天寺
- 崇福寺

山口
- 常栄寺
- 乗福寺

総持寺
永光寺
国泰寺
大乗寺
京都　永平寺
永源寺
瑞泉寺
永保寺
泉龍寺
足利学校
長楽寺（十刹）　法雲寺
金沢文庫
鎌倉
方広寺
清見寺（十刹）
甲府
- 向嶽寺
- 恵林寺
安国寺
仏通寺
高源寺
興国寺
補巌寺（智巌住）
万寿寺（十刹）

鎌倉
- 鎌倉五山
  - 建長寺
  - 円覚寺
  - 寿福寺
  - 浄智寺
  - 浄妙寺
- 十刹
  - 禅興寺
  - 東勝寺
  - 万寿寺

第四章　近世における禅の展開

1　天下統一と禅 ― 桃山時代から江戸幕府の確立まで ―

統一から安定へ

　戦国時代は一世紀に亙って続いたが、尾張を統一した織田信長（1534-1582）は、1560年、桶狭間の戦いで今川義元（1519-1560）を破り、1568年、入京して足利義昭（1537-1597）を将軍職に付けるとともに、朝廷とも交渉を持つことに成功した。1570年には浅井長政（1545-1573）と朝倉義景（1533-1573）を破り、翌年、比叡山を焼き討ちにし、1573年には足利義昭を追放して室町幕府を亡ぼし、1575年には、長篠の合戦で武田勝頼（1546-1582）を破った。さらに、1580年には一向一揆を平定したが、1582年、明智光秀（1528?-1582）に叛かれて本能寺で敗死した。

　信長の後を継いで天下統一を達成したのは豊臣秀吉（1537?-1598）であった。1585年、朝廷から関白に任じられ、「惣無事令」を出して、それに従わない大名を鎮圧、四国や九州、奥羽を平定した（1585-1590）。検地と刀狩（1588年）を行なうとともに、「人掃令」（1591年）によって身分を固定した。さらに明の征服をも志し、二度に亙る朝鮮侵略をも行なった（1592年、文禄の役・1596年、慶長の役）。

　比叡山を焼き討ちし（1571年）、本願寺を攻撃したように、信長は仏教に対して厳しく臨んだが、キリスト教の宣教師にはむしろ寛容であった。しかし、秀吉は、1587年、バテレン追放令を出し、1596年には宣教師や信者、二十六人を処刑にした。

　1598年に秀吉が没すると徳川家康（1542-1616）の地位が高まり、石田三成（1560-1600）らは毛利輝元（1553-1625）を盟主にして、これに対抗、1600年、関ヶ原の合戦となったが、東軍の勝利となり、1603年、家康は征夷大将軍に任

じられ (1603-1605 在職)、江戸に幕府を開いた。

1615年には、方広寺の鐘銘事件をきっかけに、大阪冬の陣、夏の陣によって豊臣氏を亡ぼしたが、その後も家康や二代将軍秀忠(1605-1623在職)は、諸法度の制定や大名の改易などを通じて幕府の基礎固めを行ない、三代将軍家光(1623-1651在職)の時代には幕藩体制が固まった。

幕府は「武家諸法度」(1635年)、「禁中並公家諸法度」(1615年)、「寺院諸法度」(1601-1616)などを制定して、諸大名、天皇と公家、寺院の統制を行なった。キリスト教については、当初は黙認していたが、1612年に直轄領に禁教令を出し、翌年には全国に及ぼして改宗を強制した。1637年に島原の乱(-1638)が起こると、キリスト教をいよいよ危険視するようになり、オランダ・中国との貿易を長崎の出島に限る「鎖国」を実施した(1641年)。

徳川幕府の仏教政策

江戸幕府は、鎌倉幕府や室町幕府とは異なり、仏教よりも儒教、特に朱子学を重視する政策を採った。それは朱子学が大義名分論を中心とし、秩序を重んじたため、統一国家の指導原理として相応しかったからである。

儒者たちが仏教を排斥したことなどもあって、幕府は「寺院諸法度」を定めて、仏教教団に対して厳しい態度で臨んだ(しかし、一方で従来の寺領を安堵し、また伽藍の整備を進めたことは忘れてはならない)。「寺院諸法度」は、様々な寺院に対する法度の総称であり、禅宗に関しては、「曹洞宗法度」(1612年)、「勅許紫衣之法度」(1613年)、「五山十刹諸山法度」「妙心寺法度」「永平寺法度」「大徳寺法度」「総持寺法度」(いずれも1615年)などが出された。特に「五山十刹諸山法度」では鹿苑僧録や蔭凉職が廃止され、新たに江戸に「僧録」(金地院僧録)が置かれ、南禅寺出身の以心崇伝(1569-1633)が任じられた(1619年)。当初は金地院僧録によって禅宗全体を統率しようとしたようであるが、結局は五山派にしか統制は及ばず、崇伝の没後に寺院を管轄する寺社奉行が置かれると(1635年)、その権限はさらに縮小され、基本的には五山派の触頭としての役割を果すにとどまった。

幕府は「寺院諸法度」によって僧侶を統制するとともに、寺請制度と本

末制度を通じて仏教を積極的に統治に利用しようとした。寺請制度は檀信徒であることを寺院に証明させるという制度であり、キリスト教徒を排除する目的で設けられたものであるが、これによって、日本人はいずれかの寺院の檀信徒となることを強いられることになった。また、寺院は檀信徒に対して教導を行なう責任を負わされたから、仏教教団は幕府の統治機構の一翼を担うことになったのである。

　一方の本末制度は、各教団を本寺・末寺の関係に置くことで、その教団に対する統率を容易にしようとするものである。このためには無本寺寺院をなくし、寺院の本末関係を固定する必要があったから、幕府は、1631年に新寺の建立を禁止し、1632年以降、しばしば各本山（五山派は、五山に列せられた寺院のみが本山と認められた）に対して末寺帳を提出させた。そのため、各地の名刹が幕府の政策に合わせて、形式的に特定の本山の末寺に入ることもあった。これによって幕府は、江戸に置かれた各教団の窓口、「触頭」を通して、その意向を教団に徹底することができるようになったのである（幕府は禅宗教団を五山派・大徳寺派・妙心寺派・曹洞宗の四つ〈後には黄檗宗を加えて五つ〉に大きく区分し、それらに属さない小門派は五山派に属するものとして扱ったといわれる）。

　こうした幕府の政策は、これまで教団活動の中心に位置した門派や塔頭の権能を低下させる結果を招いた。寺請制度によって勢力の拡張が難しくなったし、本末制度によって各本山に権限が集中することになったからである。こうして、門派や塔頭よりも本寺を行動の主体とする教団が形成され、また、末寺が塔頭ではなく本寺に直属する傾向を強めて、近代以降に一般化する本山と末寺という二極構造に近づくこととなった。特に、これによって曹洞宗のような巨大な教団が生まれたことは注目すべきであって、宗派のアイデンティティーの確立のために曹洞宗学樹立の必要性が高まり、また、豊富な人材がそれを可能にした。

　　禅宗教団の触頭と曹洞宗の関三刹　触頭の職掌としては、（1）幕府の意向を各宗の所属末寺に伝達する、（2）宗内における争いを審査裁定する、（3）末寺より寺社奉行に提出する書類の取り次ぎを行なう、などがあった。禅宗教団の触頭に任じられたのは、大徳寺派は品川の東海寺、妙心寺派は「江戸四箇寺」と呼ばれ

た牛込松源寺、芝東禅寺、湯島麟祥院、浅草海禅寺（麟祥院は、1738年に辞退したため、以後、触頭は三箇寺となった）、曹洞宗は「江戸三箇寺」と呼ばれた橋場総泉寺、愛宕下元貝塚青松寺、芝高輪泉岳寺、黄檗宗は白金瑞聖寺、深川海福寺であった。これとは別に、曹洞宗には、1612年に徳川家康が「関東僧録」と定めて宗務を管領させた、下総（千葉県）国府台総寧寺、下野（栃木県）富田大中寺、武蔵（埼玉県）越生龍穏寺の「関三刹」があり、江戸三箇寺と合わせて「関府六箇寺」と呼ばれた（江戸三箇寺はそれぞれ関三刹の末寺に当たる）。関三刹は全国を三分して管轄するとともに、月番交代で宗務を執り行なったが、その住職は幕府によって任命され、しかも、永平寺の住持はその中から選ばれるのが恒例となったため、宗門における権威は極めて高かった。また、大洞院可睡斎（静岡県袋井市）は、徳川家康との特別な関係から「東海大僧録」として東海地方（三河・遠江・駿河・伊豆）の如仲派の曹洞宗寺院を支配下に置き、関三刹に並ぶ権威を持った。関三刹や東海大僧録は、全国各地にその地域の宗政を担当する録所を置いて寺院を統制した。

　寺請制度と本末制度は、各教団、各寺院に対して幕府がその地位を保証するものであったし、これによって各寺院の経済的基盤も確かなものとなったから、仏教教団にとっても望ましいものであった。これによって学問が大いに進展し、庶民への仏教の浸透が一段と進み、禅思想などにも真に日本的なものが出て来たことは、確かに積極的に評価すべきことではある。しかし、その反面、布教への熱意や批判精神が失われ、定められた枠内で葬祭などの儀式を事とするといった体制従属的な傾向を強めたことも否定できない。

　禅宗教団に不穏分子が入り込むのを防ぐため、幕府は嗣法のないものが住持となることを禁じたため、伽藍法による嗣法の形式も整えられるようになり、一部では、伝法の形式の完備した幻住派の嗣法が重んじられる傾向を生じた。また、各派では幕府に提示する必要もあり、東福寺派の『慧日山東福禅寺宗派図』(1819年)、大徳寺派の『正灯世譜』(1708年)、妙心寺派の『正法山宗派図』(1660年初編)、曹洞宗の『日本洞上宗派図』(1744年)のように、法系（伽藍法）を記した宗派図が制作され、その後もしばしば増補された。

　このように、江戸幕府の仏教政策は各仏教教団に多大な変化をもたらしたが、その立案に携わったのは、実は、相国寺出身の西笑承兌(1548-1607)や

南禅寺出身の以心崇伝ら五山の禅僧であった。彼らは家康のブレーンとして、学問奨励策や寺社行政の立案、諸法度や外交文書の起草などに当たり、その政策そのものにも大きな影響を与えた。藤原惺窩(1561-1619)や林羅山(1583-1657)らの江戸初期の朱子学者が、五山出身であったことも合わせて、江戸幕府が確立される上で五山の禅僧が果たした役割は非常に大きかった。

　　西笑承兌と以心崇伝　西笑承兌は伏見(京都府)の人。幼くして出家し、一山派の仁如集堯(1483-1574)などに参じて禅を学んだが、1584年に相国寺に住するに当って、中華承舜(生没年未詳)に拝塔嗣法して夢窓派に転じ、翌年には鹿苑僧録となった。後に南禅寺などにも住したが、後、再び鹿苑僧録となって豊臣秀吉の政治顧問として活躍、秀次(1568-1595)や秀頼(1593-1615)、徳川家康などとも親交を結んだ。伏見版の『周易』(1605年)の出版を行ない、近世における易学隆盛の契機となったとされる。一方、以心崇伝は足利義輝(1546-1565在職)の家臣の一色氏の出身で、足利氏滅亡に伴い、南禅寺で出家し、塔頭の金地院の靖叔徳林(生没年未詳)に師事してその法を嗣いだ。1605年には建長寺と南禅寺に住し、1607年に西笑承兌が没すると、翌年に家康に招かれて駿府に赴き、外交・宗教に関する政治顧問となる。「寺院諸法度」「禁中並公家諸法度」「武家諸法度」などを起草し、豊臣氏滅亡の契機となった方広寺の鐘銘事件やキリスト教禁圧にも関わった。1619年、新たに設けられた金地院僧録となり(金地院僧録は崇伝の法系で占められた)、南禅寺の金地院と江戸に新たに置かれた金地院との間を往復して政務を執り、天台宗の天海(1536-1643)とともに「黒衣の宰相」と称された。一方で南禅寺や建長寺の復興に努めるとともに、蒐書や出版事業などにも関わった。その日記である『異国日記』や『本光国師日記』は当時の政治状況を知る資料として極めて重要である。

　　紫衣事件と雑学事件
　このような幕府による仏教統制の強化の過程で起ったのが、いわゆる「紫衣事件」である。1623年の「紫衣勅許之法度」では、朝廷が紫衣を勅許する際には、前もって幕府に届け出ることを義務づけていた。しかし、その後も後水尾天皇(1596-1680、1611-1629在位)を中心とする朝廷は、これを無視し続けた。そのため幕府は、1627年、大徳寺百七十二世の正隠宗知(1588-1629)へ

の紫衣勅許を契機として、「禁中並公家諸法度」が出された1615年以降の紫衣勅許や五山十刹への出世の綸旨の無効を通告した。翌年、大徳寺の沢庵宗彭(1573-1645)や玉室宗珀(1572-1641)、妙心寺の東源慧等(生没年未詳)、単伝士印(生没年未詳)らはこれに激しく抗議したため、1629年、沢庵と単伝は出羽に、玉室と東源は陸奥に流罪となり、天皇は幕府へ抗議の意味をこめて、突如、女帝へ譲位した。

> 後水尾天皇　1611年、徳川家康に擁立されて即位したが、幕府が1613年に「公家衆法度」「勅許紫衣之法度」を、1615年には「禁中並公家諸法度」を公布し、さらに1620年には徳川秀忠の娘、和子(1607-1678)を入内させて朝廷への干渉を強めようとしたのを嫌い、紫衣事件を契機に幕府の同意を求めずに突然退位し、以後、50年に互って上皇として君臨した。諸学、芸術に通じ、その宮廷には本阿弥光悦(1558-1637)、小堀遠州(1579-1647)、俵屋宗達(生没年未詳)、烏丸光広(1579-1638)らの芸術家や茶人、禅僧らが出入りし、自らも修学院離宮(1655-1659年)の設計、造営を行なった。歌集に『鷗巣集』がある。花園天皇(1297-1348)とともに最も禅を深く理解した天皇としても知られ、沢庵宗彭、愚堂東寔、雲居希膺、龍渓性潜(宗潜)、一絲文守らの禅僧に帰依し、法を問うた。また、万福寺の創建に当っては、仏舎利五顆、舎利塔などを寄進した。

沢庵は後に赦免となったが(1632年)、この事件がきっかけとなって、逆に徳川家光や柳生宗矩(1571-1646)らの帰依を受けることになり、品川に創建された東海寺の開山に迎えられることとなった。沢庵が柳生宗矩に与えた書簡をまとめた『不動智神妙録』は、「剣禅一味」を説くものとして名高い。

一方、曹洞宗に関しても、1653年に、いわゆる「雑学事件」(代語講録事件)が起きた。これは青松寺など六箇寺で安居中の僧十人が、幕府の法度に背いて曹洞宗の風儀に背く典籍の講読を行なったとして関三刹から擯罰に処せられたことを契機として訴訟に発展したものである。関三刹の主張には理がなかったにも拘わらず、結局はその言い分が正とされ、三十六箇寺が罰せられるに至った(当時、仏教復興に努めていた万安英種もこれに連座した)。これは幕府の一翼を担う関三刹を正当化することで、幕府の権威を維持しようとしたものと見ることができる。

不動智神妙録 剣の達人として知られる柳生但馬守宗矩に与えた法語を集めたものとされるが、成立時期などは不明。「無明住地煩悩」「諸仏不動智」など十数編から成り、剣の道を禅における修道と同種のものと見做し、全てに心を止めなければ自由な働きが現出するが、それこそが「不動智」であり、鍛錬によってそこに到達すれば、「無心無念」となり、あらゆる作為を絶して、初心に立ち返ったごとくになると説く。そして、こうした心の鍛錬(理之修行)は、つねに身体的な動作に伴われなくてはならぬとして「事之修行」の必要性を強調し、さらに、これは剣道のみならず、あらゆる道に通ずるものであるという。禅は馬祖道一(709-788)以降、日常性を重んずる大機大用禅となり、それが宋代において新興の士大夫階級に広く受け入れられる大きな原因となった。日本の禅はこれを承け継ぐものであるが、為政者即武士という我が国の特殊事情が、このような著作を生み出す素地となったと考えられる。しかし、仏教をその根本精神から分離して、単に修道論・精神論的に扱おうとする姿勢は、近代における仏教徒の戦争協力問題などの原点であるとも言いうるであろう。

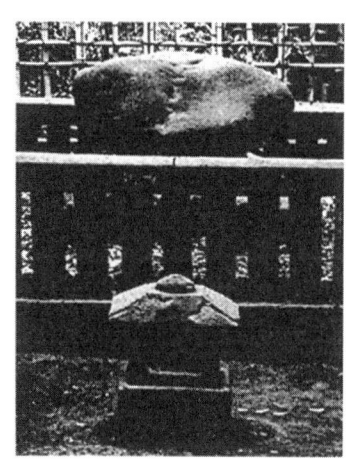

沢庵の塔

仏教復興運動の興起

　江戸幕府の成立による社会の安定と伽藍の整備は、仏教者たちの間に反省の機運を醸成し、宗派を超えて仏教を再生しようという運動が生まれた。いわゆる「仏教復興運動」である。禅宗においても、戦国以来、坐禅が廃れ、密参禅のみが世に行なわれるという現状に対する批判が強まり、悟りを求めて諸方に師を訪ねて参禅する、「遍参」という禅宗本来の修行形態を復活させようとする動きが起った。関山派の愚堂東寔(1577-1661)・雲居希膺(1582-1659)・大愚宗築(1584-1669)らによる結盟遍参(1606年)がこれである。彼らは、その後、立場の相違もあって道を分かったが、それぞれに禅の復興に尽力した。愚堂は妙心寺に拠って関山慧玄以来の伝統を守り抜き、雲居は念仏禅を

唱えて伊達政宗(1567-1636)に帰依され、陸奥(宮城県)松島の瑞巌寺に入った。
　この結盟遍参が先駆となり、「仁王禅」を唱えて念仏禅を鼓吹した鈴木正三(1579-1655)、持戒禅を唱えて近江(滋賀県)の永源寺を復興した一絲文守(1608-1646)、禅・浄土・律を融合した持戒念仏禅を説いた雪窓宗崔(1589-1649)など、独自の道を歩む個性的な禅僧が輩出することになったが、その根底に「悟り」を絶対視する立場があることでは共通していた。なお、正三や雪窓は、島原の乱の後、幕府の意を体して九州でキリスト教の排撃に努めたことでも知られるが(正三の『破吉利支丹』や雪窓の『対治邪執論』は、禅からキリシタンに転じ、後に再び禅に帰したイルマン・不干斎・ハビアン〈巴鼻庵、1565-1621〉の『破提宇子』などとともに、最も代表的な破邪書とされる)、殊に雪窓の感化は著しく、彼に師事した浄土真宗の僧、西吟(1605-1663)や月感(1600-1674)らの思想には禅の影響が顕著であると言われる。
　特に一絲文守や、やや遅れて出た盤珪永琢(1622-1693)などは、事実上、無師独悟であって、嗣法に頓着した様子がない。また、鈴木正三などは、臨済宗・曹洞宗双方の諸師に参じており、独自の立場に基づいて念仏を導入するなど、法系どころか宗派についてもこだわりが見られない。ここには形式的な嗣法のみを重んじてきた従来の禅の在り方とは全く異なる価値観が息づいていることを看取することができる。
　以上、臨済宗を中心に仏教復興運動を見たが、この時代、曹洞宗からも、道元の古跡、興聖寺を復興した万安英種(1591-1654)が出たことも忘れてはならない。万安英種は愚堂東寔や雲居希膺、大愚宗築、一絲文守、鈴木正三、龍渓宗潜(妙心寺派から後に黄檗宗に転ず、1602-1670)らとも交渉を持った人物である。

　　鈴木正三　三河(愛知県)の人で姓は穂積氏(鈴木氏とも)、本名は重三で、鈴木正三は筆名である。三河武士の家に生まれ、関ヶ原の合戦で武勲を立て、大阪冬の陣、夏の陣にも加わった。若くして仏道を慕い、諸寺を訪ねて教えを請うたが、四十二歳になって遂に出家を遂げ、臨済宗の大愚宗築や愚堂東寔、曹洞宗の万安英種などに歴参。後に故郷に帰って石平山恩真寺を創建して住した。晩年になって江戸に出、四谷の重俊院、浅草の了心院を中心に布教活動を行ない、「仁王

禅」と呼ばれる独自の禅風を樹立した。その思想には様々な要素が含まれており、浄土教を包摂している点や三教一致思想、文芸を通しての庶民教化や後世への文学への影響、幕藩体制との密接な関係、仏教の実学化などが注目されている。多くの著作があるが、中でも『盲安杖』(1651年)や『驢鞍橋』(1660年)などは代表作であり、そのほかにも、民衆を仏教へ誘うことを目指して書かれた仮名草子、『二人比丘尼』(1632年)や『因果物語』(1661年)、特定の個人に示した法語を集めた『反故集』(1634年)、「世法即仏法」を根拠に「職分仏行説」を展開した『万民徳用』(1661年)、キリスト教排撃を目的とした『破吉利支丹』(1662年)、念仏の励行を説く『念仏草紙』など、様々な内容を持つ著作があり、各方面から注目されている。弟子には『驢鞍橋』を編集した慧中(生没年未詳)らがある。

2　隠元の渡来と仏教復興運動の展開 ─ 江戸中期 ─

幕政の安定と元禄文化

　第四代将軍家綱(1651-1680在職)から第七代将軍家継(1713-1716在職)に至る時代は幕藩体制の安定期で、外国文化の影響が後退し、日本独自の文化である元禄文化が栄えた。浮世草子の井原西鶴(1642-1693)、俳諧の松尾芭蕉(1644-1694)や上島鬼貫(1661-1738)、浄瑠璃の近松門左衛門(1653-1724)らが活躍し、伊藤仁斎(1627-1705)や荻生徂徠(1666-1728)に見るように日本独自の儒学が形成されたのもこの時代である。儒教以外でも仏教、自然科学などの様々な分野で学問の興隆が見られたが、これに大きな刺激を与えたのが、隠元隆琦(1592-1673、1654年来朝)や朱舜水(1600-1682、1659年来朝)ら、明の一流の文化人の亡命であった。

　元禄文化が栄えた背景には、政治的な安定による経済の目覚ましい発展があった。そして、折しも興隆期を迎えようとしていた出版業によって、それが広範な層に受け入れられるようになった。この時期以降、仏教と儒教との間、あるいは仏教内部で様々な問題に関して議論が活発化したが、これも出版によって促された面が強かった。一方で、武士の中には窮乏する者も現われ、大名や幕府の財政も次第に逼迫していった。

隠元の来朝と黄檗宗の形成

この時期には、臨済宗の道者超元(?-1660、1651年来朝、1658年帰国)や隠元隆琦、曹洞宗の心越興儔(1639-1695、1677年来朝)などの禅僧の来朝が続いたが、その背景には、満州族の清の勃興による明の滅亡(1644年)という事態があった。隠元の渡来などは、日本の支援を得るために、明の遺臣、鄭成功(1624-1662)が画策した外交戦略の一環であったと言われるほどである。

彼らは、まったく行儀の異なる明朝禅を持ち込み、密参禅化によって沈滞していた日本の禅界に新鮮な衝撃を与えたばかりか、仏教の枠を超えて文化全般にも大きな影響を及ぼした。

中国僧の渡来と三福寺　長崎には多くの中国人が居住したが、寺請制度の施行にともなって、中国人たちも檀那寺を必要としたため、それぞれ出身地ごとに寺院を建立した。これが「三福寺」と呼ばれる東明山興福寺(1620年に真円を開山として創建)、分紫山福済寺(1628年に覚海を開山として創建)、聖寿山崇福寺(1629年に超然を開山として創建)の三箇寺である。明の滅亡とともに高僧が渡来するようになると、これらの寺院は、その活動の拠点として機能するようになった。特に興福寺に住した黙子如定(1597-1657)や逸然性融(浪雲庵主、1601-1668)、福済寺の蘊謙戒琬(1608-1673)、崇福寺に住した道者超元らは学殖が深かった。しかし、隠元が渡来すると、三福寺は黄檗僧によって占められるようになり(蘊謙戒琬も隠元の弟子となった)、宇治の万福寺と中国との中継所の役割を果すようになった。なお、逸然性融は薬商人として来日し、長崎で黙子如定について出家した人であるが、隠元を日本に招く上で大きな役割を果し、その来日後は興福寺の住持に迎えた。また、絵画に巧みで日本人に南画の技法を伝えたことでも知られる。

渡来僧と日本人僧　道者超元には臨済宗の賢巌禅悦(1618-1696)や盤珪永琢、曹洞宗の独庵玄光(1630-1698)、月舟宗胡(1618-1696)、鉄心道印(1593-1680)らが参じた。特に独庵は、天桂伝尊(1648-1735)の先駆とも見られた人であるが、道者に八年間にわたって師事し、後には心越興儔とも交わり、さらに書状を通じて中国の爲霖道霈(1615-1702)とも交渉を持った。一方、隠元に参じた人としては、曹洞宗の月舟宗胡や卍山道白(1636-1715)のほか、臨済宗に龍溪宗潜(1602-1670)や鉄牛道機(1628-1700)らがあり、龍溪宗潜や湛月紹円(1607-1672)、

第四章　近世における禅の展開　263

禿翁 妙 周(生没年未詳)、竺印祖門(1610-1677)らは隠元を妙心寺の住持にしようと奔走した。特に龍渓は自らの住する摂津(大阪府)の普門寺に隠元を迎え入れた。これを契機に妙心寺では賛否両論が盛んとなったが、結局、愚堂東寔(1577-1661)らの反対によって実現せず、龍渓は臨済宗から除名され、黄檗宗に転じて「性潜」と改名することになった。妙心寺の反黄檗派の主張は、無著 道 忠(1653-1744)の『黄檗外記』(1720年)などに窺うことができる。曹洞宗でも黄檗禅に親しんだ人は多く、多くの著作を残した学僧、月坡道印(1637-1716)などもその中の一人である。

特に、明でも著名であった隠元の存在は大きく、禅風の違いもあって旧来の禅宗教団からは受け入れられなかったものの、将軍徳川家綱の外護によって宇治(京都府)に万福寺を創建して、その開山となり、一派を成した(黄檗宗)。万福寺の住持は隠元の生前に木庵性瑫(1611-1684)に譲られ、木

隠元隆琦頂相(万福寺蔵)

庵のもとで中国風の独特な結構を持つ寺観が整備されていった。
　木庵は弟子の養成にも努め、門下から鉄眼道光(1630-1682)、潮音道海(1626-1695)、鉄牛道機(1628-1700)などの日本人僧を輩出した。鉄眼や鉄牛は救貧活動など社会事業に努めたが、特に鉄眼は十数年間に及ぶ努力の末に大蔵経の刊行を完遂したことでも知られている(1668-1681年刊行。明の万暦版の翻刻で、「黄檗版大蔵経」または「鉄眼版大蔵経」と呼ばれる)。一方、潮音は『扶桑護仏神論』(1687年)や『摧邪論』(1688年)を著わして林羅山や熊沢蕃山(1619-1691)らの仏教批判に抗弁を行なうとともに、庶民の教化のために『扶桑三道権輿録』などで神・儒・仏の三教一致を唱導、さらには、三教一致思想に

基づく『先代旧事本紀大成経』(後に偽書として発禁処分を受けた)の編集と刊行(1675-1679)にも深く関わり、それによって仏教の擁護を企図した。その影響を受けたものに曹洞宗の徳翁良高(1649-1709)があり、その著作に『神秘壺中天』(1708年)などがある。

　黄檗宗は幕府の万福寺外護を背景として、大名らの支援を得、また、社会事業などを通して民衆の教化にも努めたため、漸次、教勢は拡大していった。万福寺の塔頭は三十三箇院に及び、『山城州黄檗山万福禅寺派下寺院本末帳』(1745年)には、千四十三もの末寺が書き上げられている。万福寺には、開創以来、多くの中国僧が居住し、住持も長く中国僧で占められていたため、後々まで禅と念仏を一体化した明朝風の独特の禅風を維持し続けた。

　隠元隆琦　福建省の人。十歳の時、天地自然の妙理を解き明かすため仏門に帰し、二十三歳で普陀山(浙江省)の潮音洞主(生没年未詳)に参ず。二十九歳、福州(福建省)の黄檗山の鑑源興寿(生没年未詳)について剃髪。遍参の後、黄檗山に戻り、費隠通容(1593-1661)のもとで後進の指導と寺院の整備に努め、遂にその法を嗣ぐ。諸方に住した後、1646年、黄檗山に戻り、万福寺の住持となったが、1654年、鄭成功の仕立てた船で弟子三十人を伴って来朝し、長崎の興福寺や崇福寺に住す。後、龍渓宗潜に招かれて普門寺に住す。1658年江戸に上って四代将軍徳川家綱に謁し、その外護のもと、1663年宇治に黄檗山万福寺を創建して日本黄檗宗の開祖となる。1673年八十二歳で入寂。後水尾上皇は「大光普照国師」の号を贈った。著作としては、中国で重修した『黄檗山誌』(1638年)、日本渡来以後に撰述された『黄檗和上扶桑語録』(1664年)や『黄檗清規』(1672年)などがある。独自の威儀を有し、念仏禅を思想的特色とする明朝禅を伝え、少し前に来朝した道者超元とともに、当時の禅界に大きなインパクトを与え、臨済・曹洞両宗の復興運動にも大きな影響を与えた。

黄檗宗の与えた影響と黄檗文化

　隠元をはじめとする来朝僧たちが注目を浴びたのは、彼らが七堂伽藍における団体的修行生活を再び持ちこんだという点にあった。これは禅本来のものであったが、日本では室町中期以降の密参禅化の流れの中で忘れ去られていたものだったのである(潮音道海の『霧海南針』(1672年)には、密参禅への厳し

い批判が見える)。そのため、彼らの活動は、ようやく萌し始めていた仏教復興運動に大きなインパクトを与え、その生活規範を規定した『黄檗清規』は禅宗各派の行儀に多大な影響を与えることになり、旧来の「僧堂」に代えて、黄檗宗を模倣した新しい形の「禅堂」が各地の寺院に建てられるようになった。

　今日、臨済宗の専門道場では、古式とは異なり、通路に向かって坐禅を行ない、食堂で食事を摂るが、これも黄檗宗の影響にほかならない(かつて黄檗宗では、睡眠もそれぞれの寮舎でとったようである)。曹洞宗でも月舟宗胡(1618-1696)と卍山道白(1618-1696)が大乗寺の規矩として撰述した『椙樹林清規』には、その影響が強く窺えるが、やがて、面山瑞方(1683-1769)や玄透即中(永平寺第五十世、1729-1807)らによって復古運動(古規復興運動)が起こり、古規への復帰が目指された(面山の『僧堂清規行法鈔』〈1753年〉や玄透の『永平小清規』〈1805年〉は今日の曹洞宗の清規の基礎となっている)。

　黄檗宗の活動でもう一つ注目されるものとして「授戒会」がある。隠元は、1663年以降、万福寺に設けた戒壇で、自らが撰した『弘戒法儀』(1658年)に則って授戒を行なったが、弟子たちもそれに倣って各地で授戒会を催行した。あまりに盛況であったため、後には他派の働きかけによって万福寺と江戸の瑞聖寺のみに限られたようであるが、それが江戸期の戒律復興運動に与えた影響は大きかった。禅宗内でも臨済宗や曹洞宗の僧で黄檗宗の戒壇で授戒するものが続出し、黄檗僧を招いて授戒会を設けるものまで現われた。これに対抗して、卍山道白は宗伝の儀軌によって授戒を始めたため、曹洞宗内では「禅戒」に関する議論が活発化し、禅と戒の一致を説く万仞道坦(1698-1775)の『洞上伝戒弁』(1750年)によって一応の決着を見た。

　中国僧たちは、禅のみでなく、明代の文人趣味をそのまま持ちこみ、日本文化に大きな影響を残した。これを「黄檗文化」と呼ぶ。大名や知識人たちには、黄檗僧は宗教家というよりも文化人として受け入れられたという側面が強かった。

　黄檗文化を代表するものとして、木庵や即非如一(1616-1671)、独湛性瑩(1628-1706)らの絵画、「黄檗三筆」と呼ばれる隠元や木庵、即非らの書、独立性易(1596-1672)に代表される篆刻、南源性派(1631-1692)の詩、高泉性激

(1633-1695)の文章などを挙げることができるが、彼らが近世の南画や唐様書道、漢文学などに与えた影響には大きなものがあった。また、煎茶の普及に努め、「売茶翁」と呼ばれた日本人黄檗僧、月海元昭(高遊外、1675-1763)の活動なども注目される。

そのほかにも万福寺にみるような中国風の寺院建築(黄檗建築)、明朝風の梵唄、普茶料理なども黄檗宗独自のもので、建築様式や精進料理などにも大きな影響を与えたが、いずれも、いわゆる「禅文化」とは一線を画するものとなっている。

なお、黄檗宗ではないが心越興儔も明代の文人趣味を伝えた点では等しく、徳川光圀(1628-1700)に招かれて水戸で活動した。特に篆刻や書の名手として名高い。

仏教復興運動の展開

愚堂東寔や大愚宗築、万安英種らによって始められた禅宗の仏教復興運動は、この時期にいっそうの発展を遂げ、臨済宗関山派の盤珪永琢、曹洞宗の卍山道白という二人の禅僧を生むことになった。盤珪は自身、道者超元に師事しており、また、卍山は道者や隠元にも参じた月舟宗胡の弟子であり、この時期の仏教復興運動が、明からの渡来僧の影響を受けつつ展開したことをよく示している。

盤珪永琢は、無師独悟であったが、それを証明するものが日本人にはいなかったため、道者に確認してもらったという。「不生禅」を唱え、平易な日本語で教導を行ない、一般民衆にも多大な感化を残した。盤珪の法語は、専門用語を用いなくとも平易な日本語で禅思想の核心を表現しうることを示す実例とも言え、禅の移入以来、脱却することができなかった、漢文典籍や公案による禅の理解という従来の在り方を克服するものと言える。

> **盤珪永琢** 播磨(兵庫県)の揖西郡に医者の子として生まれ、十一歳で父を失い、十七歳で、赤穂随鷗寺の雲甫全祥(1568-1653)のもとで得度。『大学』の「大学の道は明徳を明らかにするに在り」という一節に疑惑を抱き、二十歳で苦行の旅に出る。二十四歳、雲甫のもとに戻り、閉関修行によって開悟、「一切事は不生で

整う」として「不生禅」を唱える。1651年長崎に来ていた明僧の道者超元に参じ、証明される。吉野（奈良県）、岡山に寓居の後、ふたたび長崎に道者を訪ね、平戸（長崎県）、加賀（石川県）、江戸、伊豫（愛媛県）などを転々とした後、帰郷し、1657年、牧翁祖牛（ぼくおうそぎゅう）（?-1694）に印可を受く。1659年、妙心寺に住す。1661年には故郷に龍門寺（りゅうもんじ）を、1669年には伊豫大洲（おおず）に如法寺（にょほうじ）を開創する。1672年、再び妙心寺に住し、紫衣を賜る。1678年、江戸麻布に光林寺（こうりんじ）を創建し、開山となる。1690年、東山天皇より「仏智弘済禅師（ぶっちこうさいぜんじ）」の号を賜り、1693年、七十二歳で龍門寺で没す。平易な日本語で説法を行なったため、藩主から一般庶民に及ぶ広範な人々の絶大な支持を得、四十四年間に亘る各地での布教活動によって、弟子の礼をとったものは五万人を超えたという。女性への教化も積極的に行ない、盤珪を慕う尼衆の長として活躍した貞閑禅尼（ていかんぜんに）などが知られており、曹洞宗の天桂伝尊（てんけいでんそん）や臨済宗の古月禅材（げつぜんざい）（1667-1751）などとも交渉を持った。その法話を纏めたものに『盤珪禅師法語』『盤珪禅師説法』などがある。禅僧、儒者、庶民といった様々な人々の疑問や悩みに対して、自らの到達した境地から、日常の話し言葉で的確で懇切を極めた指導を行なう盤珪の姿が活写されており、表現は卑近であるが、全体の風格には唐代の語録を髣髴させるものがある。

　一方、卍山道白は梅峰竺信（ばいほうじくしん）（1633-1707）などとともに、戦国期以来、混乱が続いてきた法系・師承の在り方を道元の昔に復帰させようとする、いわゆる「宗統復古運動（しゅうとうふっこうんどう）」を推進した。それまで寺院の世代を師弟関係よりも重視する傾向が強かったため、寺院の住持となるに際して安易に師承を変更する（これを「依院易師（えいんえきし）」という）風潮があったのを正そうとしたものであった（『正法眼蔵』の「面授」などがその主張の根拠とされた）。卍山の主張は宗門の伝統に反するものであったし、「面授」という形式ばかりを重んじ、「悟り」そのものを問題にしないなどの点もあって、大きな議論を巻き起した。多くの僧侶が議論に加わり、関係書の出版もあいついだが、卍山は幕府の承認を得て、これを成就し（1703年）、師承の変更を認めない、「一師印証（いっしいんしょう）」の原則が確認された（卍山の弟子の三洲白龍（さんしゅうはくりゅう）〈1669-1760〉の口述に基づく『宗統復古志』〈1760年〉は、その顛末を記したものである）。なお、卍山は吉祥寺（きちじょうじ）の栴檀林（せんだんりん）を整備したことでも知られ、その後、栴檀林からは学僧が輩出した。

　卍山道白　備後（広島県）の人で姓は藤井氏。十歳にして一線道播（いっせんどうは）（生没年未詳）

のもとで出家し、十七歳の時、文春（生没年未詳）のもとで開悟した。後に月舟宗胡(1618-1696)に参じて、四十二歳の時、その法を嗣いだ。加賀（石川県）の大乗寺に師の後を襲って住持となり、『椙樹林清規』を定めて寺規を正し、また、師の開いた摂津（大阪府）の興禅寺や山城（京都府）の禅定寺に住して布教に努めた。1700年、梅峰竺信とともに幕府に宗弊改革を訴え、1703年になって承認されたので、それ以降、「復古老人」と号した。著作に『卍山和尚広録』(1740年)などがあり、また、『正法眼蔵』の「卍山本」（本輯八十四巻・拾遺五巻の八十九巻本）を編集し、初めて『正法眼蔵』の一部（「安居」「面授」）を上梓したことでも知られる。その活動によって、後世、「曹洞宗中興の祖」とも称されている。

なお、この時期に中国から永覚元賢(1578-1657)の『洞上古轍』(1644年)が流入したことが契機となって（1680年、『洞上古轍』は梅峰竺信によって重刻された）、曹洞宗内で盛んに研究されるようになったものに「五位」があり、太白克酔(?-1700)の『洞上古轍口弁』や卍室祖价（黙隠祖价、?-1681）の『曹洞五位抄』『曹洞宗五位鈔或問』などが著わされた（その後も「五位」は曹洞宗のアイデンティティーを示すものとして重んじられ、天桂伝尊〈1648-1735〉の『報恩編』「曹洞宗五位弁的」〈1721年〉や面山瑞方の『五位旨訣聞書』、指月慧印〈1689-1764〉の『不能語偏正五位説』、瞎堂本光〈1710-1773〉の『曹山解釈洞山五位顕訣鈔』、全苗月湛〈洞水、1728-1803〉の『五位顕訣元字脚』〈1792年〉などが現われた）。

また、この時期に永平寺第三十世の光紹智堂(?-1670)が道元の「典座教訓」「弁道法」「赴粥飯法」「衆寮箴規」「対大己五夏闍梨法」「知事清規」を纏めて『永平清規』（日域曹洞初祖道元禅師清規、1667年）として出版したことは、曹洞宗における古規復興運動の契機を成した点で重要である。

禅復興の機運の高まりの中で次々と出現したのが僧伝である。これに先鞭を付けたのも黄檗僧であって、まず高泉性潡(1633-1695)の『扶桑僧宝伝』(1675年)、『東国高僧伝』(1688年)が現われ、続いて臨済宗の卍元師蛮（関山派、1626-1710)の『延宝伝灯録』(1678年)、『本朝高僧伝』(1702年)、曹洞宗の湛元自澄(?-1699)の『日域洞上諸祖伝』(1694年)、徳翁良高の『続日域洞上諸祖伝』(1708年)、嶺南秀恕(1675-1752)の『日本洞上聯灯録』(1727

年)などが編集された。これらは日本の禅の伝統を、今一度、再確認するとともに、今後の展開を期そうとするものであったということができる（なお、禅僧による僧伝の編集は近代にまで及び、古月下、白隠下の禅僧の伝記を集めた独園承珠〈荻野独園、1819-1895〉の『近世禅林僧宝伝』〈1890年〉や小畠文鼎〈1870-1945〉『続近世禅林僧宝伝』〈1928-1938年〉などが著わされた)。

3　宗学の発達と白隠禅の形成 ― 江戸後期 ―

幕府の行き詰まりと化政文化

　紀州徳川家から八代将軍になった吉宗(1716-1745在職)は、人材を登用し、司法制度を整え、倹約と収入の増加によって幕藩財政の再建を目指すなど、様々な改革を行なった(享保の改革)。その後、貨幣経済の浸透と天災の頻発などによって、農業を基盤とする幕府の財政は傾き、寛政の改革(1787-1793)、天保の改革(1841-1843)など、しばしば改革が試みられたが、効果を上げることができなかった。時とともに武士の疲弊は甚だしく、彼らを支持基盤とする禅宗寺院も困窮の度を加えていった。また、外からはロシアやイギリスなど列強の勢力が及ぶなど、鞏固を誇った幕藩体制も、ようやく動揺を見せはじめた。一方、薩摩や長州、土佐などの諸藩では改革を成功させ、幕末の雄藩となる素地ができた。

　19世紀に入ると、江戸を中心に町人文化である「化政文化」が栄え、出版・流通・交通の発達に伴って全国的な広がりを見せた。文学では上田秋成(1734-1809)や十返舎一九(1765-1831)が、美術では南画家の池大雅(1723-1776)や与謝蕪村(1716-1783)、田能村竹田(1777-1835)、浮世絵の葛飾北斎(1760-1849)、安藤広重(1797-1858)らが活躍した。曹洞宗の僧侶で詩人・歌人・書家として名高い大愚良寛(1758-1831)や、独特の禅画で知られる臨済宗の仙崖義梵(1750-1837)もこの時代の人である。

　学問・思想では、幅広い分野で科学的・実証的な研究が発達した。国学に賀茂真淵(1697-1769)や本居宣長(1730-1801)らが現われ、医学の分野では、漢方医でありながら臨床を重んじた山脇東洋(1705-1762)が出、その精神は、

西洋医学の導入に努めた前野良沢(1723-1803)、杉田玄白(1733-1817)らに承け継がれ、天文学や暦法、測量術の分野でも、次第に西洋の学問が取り入れられるようになった。また、儒教を学んだ人々の間からも、『出定後語』(1745年)の富永仲基(1715-1746)や『夢の代』(1820年)の山片蟠桃(1748-1821)のような批判精神に溢れた思想家が現われ、仏教に対しても厳しい批判の目を向けた。

富永は仏教思想の演変を論じ、大乗仏教が釈迦の説ではありえないこと(大乗非仏説)を論証したが、これによって自身の宗旨の価値が否定されたと感じた各宗の学僧たちは、こぞって著作を著わしてその批判に努めた。また、山片の『夢の代』には、蘭学者の本木良永(1735-1794)が訳した天文書、『天地二球用法記』『太陽窮理了解説』などによって地動説が取り込まれていたが、これは仏教の世界観である須弥山説を根柢から否定するものであったから、仏教徒にとって大きな脅威であった。そのため、天台宗の普門円通(1754-1834)などが抗弁が試みたが、実証的な近代科学の前ではほとんど何らの有効性も持ち得なかった。

儒者による仏教批判は、この時に始まったものではなかったが、彼らの批判は純粋に学問的な方法に立脚しており、立場の相違に基づく従来のものとは全く次元を異にするものであった。そのため、その影響力には極めて大きなものがあった。この時期にはほかにも太宰春台(1660-1748)の『弁道書』(1735年)、中井竹山(1730-1804)の『草茅危言』(1791年)などの排仏書が著わされ、国学者の中からも復古神道を大成した平田篤胤(1776-1843)のように仏教を努めて排撃するものが出て、幕末には排仏論が高潮を迎えた。特に水戸や岡山、会津、鹿児島などの諸藩で、実際に寺院の整理や僧侶の還俗などが断行されたことは、明治期の廃仏毀釈の先駆として重要である。

幕末には物外不遷(曹洞宗、1785-1867)、晦巌道廓(臨済宗、1798-1872)などの勤皇僧の活躍が見られたが、彼らの思想においては、護国意識やキリスト教への対抗意識のほか、排仏論に対する護法意識も大きな要素を成していた。

宗学の発達

この時期には、他宗でも鳳潭僧濬（華厳宗、1659-1738）や普寂徳門（浄土宗、1707-1781）、慈雲飲光（真言宗、1718-1804）などの学僧が輩出したが、禅宗教団においても学問の発達は著しかった。臨済宗の学僧には、『正灯世譜』などを著わした大心義統（大徳寺派、1657-1730）や『禅籍志』（1716年）の著者、江南義諦（大徳寺派、生没年未詳）などがあったが、彼らに続いて現われたのが、無著道忠（妙心寺派、1653-1744）である。

無著道忠頂相（妙心寺龍華院蔵）

無著は江戸時代の禅宗における学問的達成を代表する人物で、多数のテキストを収集し対校するなどの綿密な研究方法を確立し、膨大な量の著作を残した。その関心は禅のみならず、仏教学、国学、中国学、漢文学などにも及んだが、中でも禅宗関係の数々の著作は、今日においてもなお十分に学術的価値を有しており、影印などの形でしばしば用いられている。

その後も臨済宗からは桂洲道倫（五山派、1714-1794）、高峰東晙（五山派、1714-1779）などの学僧が現われ、無著の影響を受けて禅籍などに対する考証学的な研究を行なった。

無著道忠 但馬（兵庫県）の人で姓は熊田氏。八歳で上京して出家し、一時期、隠元を妙心寺に迎えようと活動したことで知られる妙心寺龍華院の竺印祖門（1610-1677）の弟子となり、その法を嗣ぐ。二十五歳のとき、師が没したため龍華院の第二世となる。若い頃から禅籍などの講席に出入りし、また、大愚宗築の弟子の黙印（生没年未詳）などに参禅、生涯に三たび妙心寺に住した。若年の頃より各地の碩学に学び、禅籍、仏典、漢籍、暦法、中国の小説、日本の古典など、様々な分野の知識を集積し、古版本・古写本などの稀覯本の抄写や諸本の校勘を行なった。また、禅籍の講義をしばしば行ない、註釈書や辞書を多数著わした。著

作は三百七十四種九百十一巻と言われるほど数多く、主なものとして『禅林方語』や『支那俗語』、『禅林象器箋』（1715年）、『葛藤語箋』（1744年）などの事典や辞典、『臨済慧照禅師語録疏瀹』（1726年）、『虚堂録犂耕』（1727年）などの註釈書、『古尊宿語要』（1731年）、『少林三論（達磨大師三論）』（1735年）などの校訂本があり、緻密な学問的手法に則ったその業績は今日も高く評価されている。そのほか、今日の臨済宗の専門道場における規矩の基礎となった『小叢林略清規』（1684年）や、黄檗宗を批判した『黄檗外記』（1720年）、道元の『正法眼蔵』を痛烈に批判した『永平正法眼蔵拈錯』なども注目すべき著作である。なお、無著が、いち早く『正法眼蔵』の研究に着手し得たのは、曹洞宗の梅峰竺信などとも交渉を持っていたためである。

一方、曹洞宗では、卍山道白に遅れて天桂伝尊(1648-1735)が出たが、卍山が一師からの「面授」という形式を重視したのに対して、天桂は「悟り」という内面を絶対視するなど、両者は伝法に対する考え方を異にしていた。そのため、門下の間で長く議論が闘わされたが、その後に出た面山瑞方の活躍によって、卍山の立場が正統とされるに至った（天桂の一派は、正統派から「天桂地獄」と称せられるほどに排斥されたが、その系統からは、その後も父幼老卵〈1723-1805〉らの優れた学僧が輩出した）。

面山は、この頃になって、ようやくその存在が注目されるようになった経豪の『正法眼蔵御聞書抄』を活用し、月舟宗胡から卍山道白へと承け継がれた『正法眼蔵』の研究をいっそう綿密なものとするとともに、道元の事跡や「五位説」の研究、『正法眼蔵随聞記』の刊行（1769年）なども行ない、その後の道元を中心に据える曹洞宗学への方向性を定めた。このように卍山や面山によって醸成された『正法眼蔵』への関心の高まりは、やがて、道元の五百五十回大遠諱の記念事業としての『正法眼蔵』全巻の刊行（1816年、九十五巻本で「本山版」と呼ばれる）へと展開していった。

室町から江戸の初期までの曹洞宗の歩みは臨済宗と歩調を合わせるものであったが、曹洞宗の復興が道元への回帰という形で成し遂げられたために、臨済宗との宗風の相違は決定的なものとなった。臨済宗では、これ以降、「悟り」を得やすくするために公案の体系的整備が推進され、嗣法の基礎を

「悟り」に置く印証系の嗣法が次第に重視されるようになっていった。しかるに、曹洞宗では、公案禅に批判的であった道元の思想が明らかになるにつれて、「面授」を重んじる伽藍法系の嗣法が主流となり、修行において公案を用いることに慎重な態度を取るようになっていったのである。また、僧堂における行儀も、曹洞宗では古式を標榜し、黄檗宗の影響を排除せんと努めたため、壁に向かって坐禅する、あるいは僧堂で食事も摂るといった形式に改められ、臨済宗と相違が生ずるようになった。

　曹洞宗では「悟り」の体得が重視されなかったこともあって、学問の発達が著しかったが、それには江戸の「三学林」(駒込の吉祥寺梅檀林〈1592年創立〉・芝の青松寺獅子窟〈1600年頃創立〉・高輪の泉岳寺学寮〈1641年創立〉)のように学寮の制度が整っていたことも大きな要因となっていた。学寮では仏典や祖録のほか、漢籍や詩文の作法などの教授が行なわれ、テキストの出版も行なわれた。

　曹洞宗の主な学僧には、江戸の梅檀林で化を揚げ、多くの曹洞宗の典籍に註釈を施した指月慧印・瞎堂本光の師弟や、道元の思想に基づいて三教一致説を批判した万仞道坦や甘雨為霖(1786-1872)、公案集として名高い『鉄笛倒吹』(奥龍頌古・評唱、本高著語)を著わした玄楼奥龍(1720-1813)・風外本高(1779-1847)の師弟などがある。風外には『鉄笛倒吹鈔』、『碧巌録耳林鈔』(1840年)などの注釈書のほか、神儒仏の三教一致を説いた『三教鼎足談』などの著作もある。

　江戸時代に学問が隆盛を見たのは、幕府の奨励もさることながら、寺請制度の確立によって、経済的な安定を確保することができた反面、教団の対外的発展の道を断たれた僧侶たちにとって、真摯に取り組みうる数少ない領域の一つであったためであろう。それがもたらしたものは確かに少なくはなかったが、その一方で、宗教的な感情や体験、人々の救済といった、宗教にとって最も重要なものが等閑にされる傾向がなかったとは言い切れない。実際、彼らの学問は文献学が主であって、自らが生きている現実世界とは、ほとんど交渉を持たないものであった。要するに、当時の僧たちは、そのようなものに精力を傾けうるだけの余裕を享受していたのである。

当時は仏教界の世俗化がしばしば批判の対象となっていた。武陽隠士の『世事見聞録』(1816年)は、曹洞宗では長老や大和尚になるのには二十年の修行が必要だという定めなのに、実際には、修行にかかわりなく、十両さえ支払えば和尚になれると批判している。また、永平寺の住持になるには、二千両もの大金が必要なため、行道一途の優れた僧ほどなることができないともいう。学問への関心も、それを一種の道楽と見れば、叢林の世俗化の一環であったと言うこともできるのである。

五山における参禅の復活と古月禅材

臨済宗では、応仁の乱以降、僧堂の再建さえできないところが多かった。経済的な問題もさることながら、密参禅の流行によって参禅自体が衰微したため、再建する機運が盛り上がらなかったのである。江戸時代に入っても事情はあまり変わらなかったが、道者超元や黄檗僧の影響を受けて、地方では僧堂での修行が復活しつつあり、そうした動きは、やがて中央にも及んだ。1729年は東福寺の開山、東福円爾(聖一国師、1202-1280)の四百五十年遠諱に当たっていたが、東福寺には、唯一、中世以来の僧堂が残っていたため、その記念行事として、地方の僧堂で活躍していた象海慧湛(1682-1733)を招いて「千人結制」が行なわれたのである。これが契機となって、京都の五山には、順次、僧堂が開かれるようになり(ただし、その規模は小さく、塔頭の中に置かれたので、七堂伽藍としての僧堂の再建には繋がらなかった。なお、大徳寺や妙心寺に専門道場が開かれるのは意外に遅く、明治に入ってからのことである)、1734年以降は、南禅寺・天龍寺・相国寺・建仁寺・東福寺が輪番で結制を開催することになった(連環結制)。この影響は鎌倉にも及び、建長寺(1733年)や円覚寺(1735年)でも定山寂而(1676-1736)を招いて同様の結制大会が開催されるようになった(鎌倉では他の五山は衰退し、浄妙寺や寿福寺は建長寺の、浄智寺は円覚寺の末寺となっていた)。

こうした結制に不可欠なのは、指導を行なう師家(当時は「前版」と呼ばれていた)であるが、当時、それを担当できたのは、道者超元にも参じた賢巌禅悦(1618-1696)の弟子の定山寂而や古月禅材(1667-1751)、賢巌の同門の大

夢宗忍(生没年未詳)の系統から出た象海慧湛など、関山派の人々に限られたのである。中でも最も活躍が著しかったのは、盤珪永琢にも師事し、万福寺などでも学んだ古月禅材であって、島津惟久(1675-1738)に招かれて日向(宮崎県)の大光寺に住し、また、有馬氏に招かれて筑後(福岡県)久留米に福聚寺を開創した。北禅道済(?-1723)や蘭山正隆(1713-1792)、海門元東(?-1759)ら多くの弟子を育てたが、海門は建長寺に入り、また、

　　北禅道済 ── 月船禅慧(1702-1781) ── 誠拙同樗(1745-1820)

と嗣いだ誠拙が円覚寺に入って、関山派の五山への流入の先駆をなした。

　このように、古月派は、五山における僧堂の復興に乗じて勢力を伸ばしたが、やがて白隠慧鶴(1685-1768)が現われると、古月の門下の多くは、そのもとに移ったため、明治時代には古月の法系はほとんど絶えてしまった。その理由は禅風の相違にあるとされている。両者とも公案による大悟をその中心においた点では変わりはなかったが、古月が五山派や黄檗宗などに見られるような教養主義的な側面も排除しなかったのに対して、白隠は参禅修行のみを前面に押し出し、しかも公案の体系化など、指導方法に工夫を凝らしたため、宗教としての魅力に勝ったというのである。

　今日、古月の法系は絶えてしまったが、その出現によって臨済宗における嗣法のあり方に大きな変化が生じたということは極めて重要である。古月派の活躍によって、臨済宗の印証系の法系は、次第に関山派に独占されるようになったが、しかし、一方で本末制度はそのまま残ったから、臨済宗の法系は、従来からの伽藍法によるものと、印証によるものとの二本立てとなってしまった。古月以降、臨済宗では印証系の嗣法が重要視されるようになり、指導者(師家)にはその獲得が義務づけられたが、印可を得ることのできるものは全体からすれば極く一部であったから、一般には、伽藍法による嗣法によって寺院を継承することになったのである。

白隠禅の形成と展開

　白隠慧鶴は道鏡慧端(1642-1721)の法を嗣いだ。従って、その系譜は、

愚堂東寔 ― 至道無難 ― 道鏡慧端

となり、仏教復興運動の先駆者で、妙心寺に伝わる宋朝禅の正統性を訴えて隠元隆琦を批判した愚堂東寔の直系である。

　白隠は非常にスケールが大きな人で、その思想には様々な要素を認めることができるが、中でも注目されるのは、様々な公案を内容から分類し、交互に関連づけて組織化し、指導の効率化を図ったということである。こうした思想は、宋代以降の公案禅において採用された「悟る手段としての公案」という考え方をその極限にまで推し進めたものといえ、禅思想史全体から見ても極めて重要である。

白隠慧鶴頂相（松蔭寺蔵）

　白隠慧鶴　駿河国（静岡県）駿東郡に生まれ、十五歳で原の松蔭寺の単嶺祖伝（生没年未詳）のもとで出家し、沼津の大聖寺息道（生没年未詳）に師事。1703年、清水の禅叢寺の僧堂に挂錫したが、禅に失望して詩文に浸る。やがて、雲棲袾宏の『禅関策進』（1600年）によって修行に開眼し、諸方を遍参。1708年、越後（新潟県）高田の英巌寺性徹（生没年未詳）のもとで「趙州無字」の公案によって悟ったが、増上慢に陥り、信州（長野県）飯山の道鏡慧端（正受老人、1642-1721）の指導によって大悟、その法を嗣ぐ。1710年、禅病に罹り、京都の北白川に隠棲する白幽子（生没年未詳）という仙人に内観法を学び、完治した（これを記したものが『夜船閑話』〈1757年〉である）。1712年以降、諸方を遍参したが、1716年に松蔭寺に戻り、以後、ここを中心に各地で講義を行なうとともに、多くの著作を残した。主な著作として、漢文で書かれた『槐安国語』（1750年）、『荊叢毒蘂』（1758年）、和文の『遠羅天釜』（1751年）、『息耕録開筵普説』（1743年）、『藪柑子』（1760年）、『おたふく女郎粉引歌』（1760頃）、『坐禅和讃』などがあり、また、書画にも

巧みであった。禅と念仏を峻別しつつ、宋朝禅以来の公案禅の伝統を承け継ぎながら、公案の分類と使用法を整備し、また、「隻手音声」などの公案を新たに案出するなど、日本における公案禅の大成者と見做されている。そうした教導上の工夫もあって、その児孫は繁栄し、今日、日本の臨済宗は全てその系統によって占められているほどである。しかし、その一方で、『三教一致の弁』などの著作で三教一致や諸宗等同を説き、封建的身分制を前提とした上で庶民の善導に努めるなど、幕藩体制仏教の典型というべき側面も指摘されている。

　白隠の門下は多かったが、中でも重要なのは遂翁元盧（1717-1789）、東嶺円慈（1721-1792）と峨山慈棹（1727-1797）の三人であり、そのいずれもが、かつて古月禅材のもとで学んだ人々であった。遂翁は白隠の住した駿河（静岡県）の松蔭寺を承け継ぎ、東嶺は白隠を開山に招いて開創した伊豆（静岡県）の龍沢寺（三島市）に拠って、『宗門無尽灯論』（1748年）や『神儒仏三法孝経口解』（1785年）、『五家参詳要路門』（1788年）などを著わして白隠の思想を祖述した。一方、峨山慈棹は隠山惟琰（1754-1817、美濃〈岐阜県〉の瑞龍寺〈岐阜市〉を復興）・卓洲胡僊（1760-1833）という個性の異なる二人の弟子を育て（二人の禅風は、隠山が「機鋒峻厳・豪放不羈」であるのに対して、卓洲は「道行綿密」と言われる）、白隠の法流が臨済宗を席捲する基礎を築いた。

　隠山の門下からは太元孜元（1769-1837）や棠林宗寿（?-1837）が、卓洲の門下からは蘇山玄喬（1799-1868）や良忠如隆（1793-1868）が出た。良忠はもともと黄檗宗の人で、十年余りに亙って卓洲に師事してその法を嗣ぎ、後に万福寺の第三十三世となって化を振い、万福寺の中興とも言われた。この時代には白隠禅は黄檗宗にも流入することとなったのである。

　その後も、太元の門下からは儀山善来（1802-1878）と大拙承演（1797-1855）が、また、棠林の門下からは雪潭紹璞（1812-1873）などが出、妙心寺を中心に大徳寺、相国寺、美濃の正眼寺（美濃加茂市）などに住して化を揚げた。明治以降の臨済禅を担ったのは彼らの門下である。

参考文献

青盛　透　「鈴木正三における近世仏教思想の形成過程」(「仏教史学研究」18-1、1976年)

安藤嘉則　「鈴木正三の仏法治国論について」(「日本仏教学会年報」58、1993年)

安藤嘉則　「曹洞宗における「法問」について」(「曹洞宗研究員研究紀要」25、1994年)

池見澄隆　「鈴木正三にみる仏・儒 ──〈恥〉の視点から」(「日本仏教学会年報」62、1997年)

市川白弦　『沢庵』(日本の禅語録13、講談社、1978年)

伊藤古鑑　『日本禅の正灯　愚堂』(春秋社、1969年)

入矢義高　『良寛』(日本の禅語録20、講談社、1978年)

宇高良哲　『江戸幕府の仏教教団統制』(東洋文化出版、1987年)

大桑　斉　『日本近世の思想と仏教』(法藏館、1994年)

大桑斉編著　『資料と研究　雪窓宗崔』(同朋舎、1984年)

大谷哲夫　「近世洞門における排仏論批判」(「北海道駒沢大学研究紀要」20、1985年)

大谷哲夫　「近世洞門における徂徠学批判」(「印度哲学仏教学」2、1987年)

鏡島元隆　「天桂伝尊の思想」(『道元禅師とその門流』誠信書房、1961年)

鏡島元隆　「天桂派下の思想」(『道元禅師とその門流』誠信書房、1961年)

鏡島元隆　「無著道忠と洞門の交渉」(『道元禅師とその門流』誠信書房、1961年)

鏡島元隆　『卍山・面山』(日本の禅語録18、講談社、1978年)

鏡島元隆編　『独庵玄光と江戸思潮』(ぺりかん社、1995年)

柏原祐泉・吉田久一ほか　『日本仏教史Ⅲ　近世・近代編』(法藏館、1967年)

柏原祐泉　「鈴木正三の庶民教化」(『近世庶民仏教の研究』法藏館、1971年)

柏原祐泉　「護法思想と庶民教化」(日本思想大系57、『近世仏教の思想』岩波書店、1973年)

鎌田茂雄　『白隠』(日本の禅語録19、講談社、1977年)

川口高風　「曹洞宗古規復古運動推進者の著作と『禅規略述』の翻刻」(「禅学研究」61、1982年)

河野省三　『旧事大成経に関する研究』(芸苑社、1952年)

駒沢大学八十年史編纂委員会　『駒沢大学八十年史』(駒沢大学八十年史編纂委員会、1962年)

第四章　近世における禅の展開　279

佐藤俊晃　「徳翁良高の神道思想 ― 河野文庫所蔵『神秘壼中天』を中心に」(「宗学研究」41、1999年)
心山義文　「白隠における三教一致論」(「国文学研究」10、1984年)
鈴木省訓　「月船禅慧伝について ― 伝記と法系」(「宗学研究」34、1992年)
曹洞宗宗学研究所編　『道元思想のあゆみ 3 ― 江戸時代』(吉川弘文館、1993年)
曹洞宗出版部編　『曹洞宗近世僧伝集成』(曹洞宗宗務庁、1986年)
玉城康四郎　『盤珪』(日本の禅語録16、講談社、1981年)
圭室文雄　『江戸幕府の宗教統制』(日本人の行動と思想16、評論社、1971年)
常盤義伸　『白隠』(大乗仏典　中国・日本篇27、中央公論社、1988年)
常盤義伸　「白隠慧鶴の「偏正回互秘奥」理解と「隻手音声」公案」(「駒沢大学仏教学部論集」18、1987年)
豊田　武　『宗教制度史』(吉川弘文館、1982年)
永井政之　「曹洞宗寿昌派の成立と展開 ― 寿昌正統録本文の紹介、附年譜」(「駒沢大学仏教学部論集」18、1987年)
中山成二　「「代語講録事件」考」(「曹洞宗研究員研究生研究紀要」11、1979年)
林雪光編　『黄檗文化』(黄檗山万福寺、1972年)
林雪光編　『黄檗美術』(黄檗山万福寺、1982年)
林雪光・加藤正俊・大槻幹郎編著　『黄檗文化人名辞典』(思文閣出版、1988年)
平久保章　『隠元』(人物叢書、吉川弘文館、1962年)
藤林槌重　『貞閑禅尼 ― 出家後の俳人田捨女』(春秋社、1977年)
藤吉慈海　『正三』(日本の禅語録14、講談社、1977年)
船岡　誠　「白隠禅の思想史的意義」(圭室文雄・大桑斉編『近世仏教の諸問題』雄山閣、1979年)
船岡　誠　『沢庵』(中公新書、中央公論社、1988年)
古田紹欽　『禅宗仮名法語』(仏典講座40、大蔵出版、1971年)
古田紹欽　「道者超元の来朝とその影響」(古田紹欽著作集 2、『禅宗史研究』講談社、1981年)
古田紹欽　「潮音道海の臨済・曹洞禅批判」(古田紹欽著作集 2、『禅宗史研究』講談社、1981年)
古田紹欽　「潮音道海の坐禅論」(古田紹欽著作集 2、『禅宗史研究』講談社、1981年)
古田紹欽　「潮音道海の神道思想」(古田紹欽著作集 2、『禅宗史研究』講談社、

1981年)

古田紹欽 「月舟宗胡の思想」(古田紹欽著作集 2、『禅宗史研究』講談社、1981年)

古田紹欽 「徳翁良高における宗弊改革思想の淵源 ― 黄檗潮音道海との関係」(古田紹欽著作集 2、『禅宗史研究』講談社、1981年)

前川万里子 「貞閑禅尼にみる不徹庵尼衆の展開」(「花園史学」13、1992年)

村井早苗 「幕藩制成立期における排耶活動 ― 禅僧を中心に」(「日本史研究」182、1977年／『幕藩制成立とキリシタン禁制』文献出版、1987年)

源　了円 『鉄眼』(日本の禅語録17、講談社、1979年)

柳田聖山 『一休・良寛』(大乗仏典　中国・日本編26、中央公論社、1987年)

柳田聖山 「無著道忠の学問」(「禅学研究」55、1966年／『栄西禅師と臨済宗』吉川弘文館、1985年)

陸川堆雲 『無難・正受』(日本の禅語録15、講談社、1979年)

柏原祐泉・吉田久一ほか 『日本仏教史Ⅲ　近世・近代編』(法藏館、1967年)

第四章　近世における禅の展開　281

［禅の系譜9］

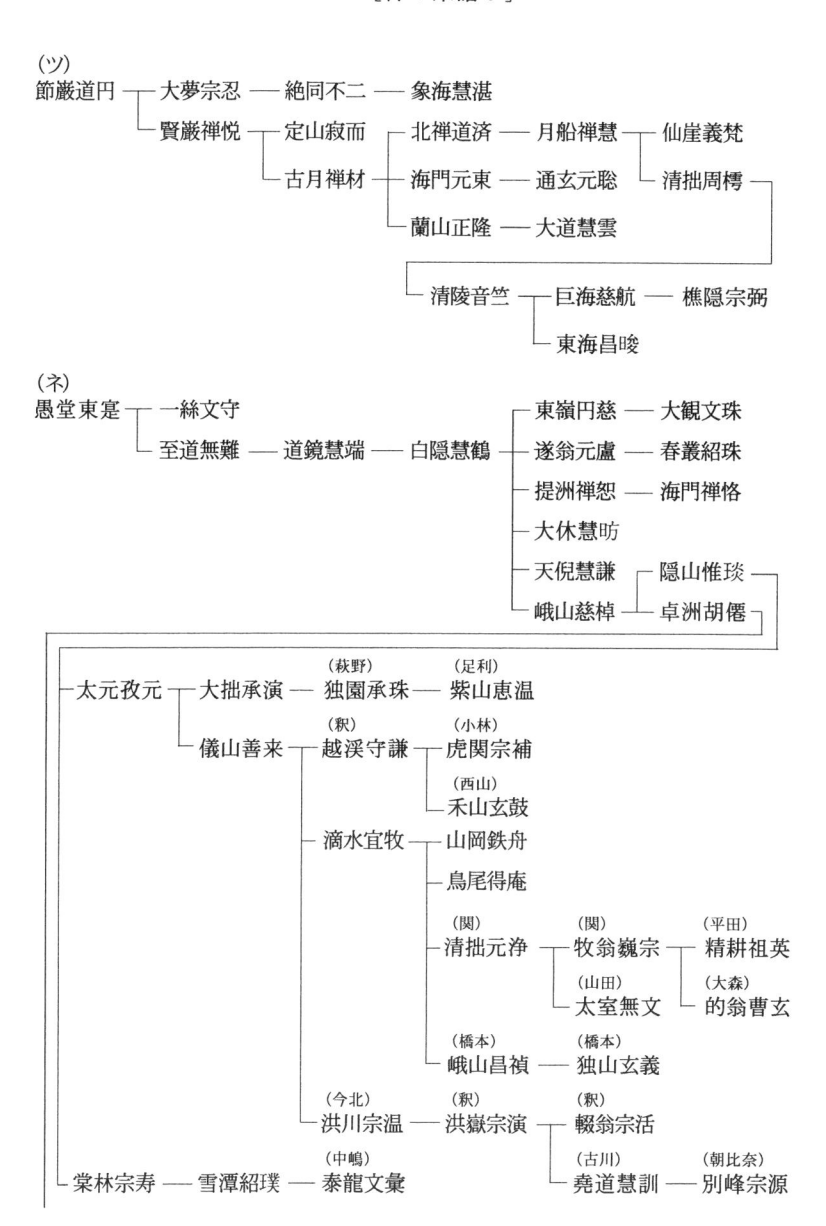

(ツ)
節巌道円 ─┬─ 大夢宗忍 ─── 絶同不二 ─── 象海慧湛
　　　　　└─ 賢巌禅悦 ─┬─ 定山寂而 ─┬─ 北禅道済 ─── 月船禅慧 ─┬─ 仙崖義梵
　　　　　　　　　　　　└─ 古月禅材 ─┼─ 海門元東 ─── 通玄元聡 　└─ 清拙周樗
　　　　　　　　　　　　　　　　　　　└─ 蘭山正隆 ─── 大道慧雲
　　　　　　　　　　　　　　　　└─ 清陵音竺 ─┬─ 巨海慈航 ─── 樵隠宗弼
　　　　　　　　　　　　　　　　　　　　　　　└─ 東海昌唆

(ネ)
愚堂東寔 ─┬─ 一絲文守
　　　　　└─ 至道無難 ─── 道鏡慧端 ─── 白隠慧鶴 ─┬─ 東嶺円慈 ─── 大観文珠
　　　　　　　　　　　　　　　　　　　　　　　　　├─ 遂翁元盧 ─── 春叢紹珠
　　　　　　　　　　　　　　　　　　　　　　　　　├─ 提洲禅恕 ─── 海門禅恪
　　　　　　　　　　　　　　　　　　　　　　　　　├─ 大休慧昉
　　　　　　　　　　　　　　　　　　　　　　　　　├─ 天倪慧謙 ─┬─ 隠山惟琰 ─┐
　　　　　　　　　　　　　　　　　　　　　　　　　└─ 峨山慈棹 ─┴─ 卓洲胡僊 ─┐

　　　　　　　　　　　　　　　　　　　　　　　　　　　　　　　　　(萩野)　　　(足利)
　├─ 太元孜元 ─┬─ 大拙承演 ─── 独園承珠 ─── 紫山恵温
　│　　　　　　│　　　　　　　　(釈)　　　　　(小林)
　│　　　　　　└─ 儀山善来 ─┬─ 越渓守謙 ─┬─ 虎関宗補
　│　　　　　　　　　　　　　│　　　　　　　(西山)
　│　　　　　　　　　　　　　│　　　　　　└─ 禾山玄鼓
　│　　　　　　　　　　　　　├─ 滴水宜牧 ─┬─ 山岡鉄舟
　│　　　　　　　　　　　　　│　　　　　　└─ 鳥尾得庵
　│　　　　　　　　　　　　　│　　　(関)　　　　　　(関)　　　　　(平田)
　│　　　　　　　　　　　　　├─ 清拙元浄 ─┬─ 牧翁巍宗 ─── 精耕祖英
　│　　　　　　　　　　　　　│　　　　　　│　(山田)　　　　　(大森)
　│　　　　　　　　　　　　　│　　　　　　└─ 太室無文 ─── 的翁曹玄
　│　　　　　　　　　　　　　│　　　(橋本)　　　　　(橋本)
　│　　　　　　　　　　　　　└─ 峨山昌禎 ─── 独山玄義
　│　　　　　　　　　　　(今北)　　　　　(釈)　　　　　(釈)
　│　　　　　　　　　　└─ 洪川宗温 ─── 洪嶽宗演 ─┬─ 輟翁宗活
　│　　　　　　　　　　　　　　　　　　　　　　　　│　(古川)　　　　(朝比奈)
　│　　　　　　　　　　　　　　　　　　　　　　　　└─ 堯道慧訓 ─── 別峰宗源
　│　　　　　　　　　　(中嶋)
　└─ 棠林宗寿 ─── 雪潭紹璞 ─── 泰龍文彙

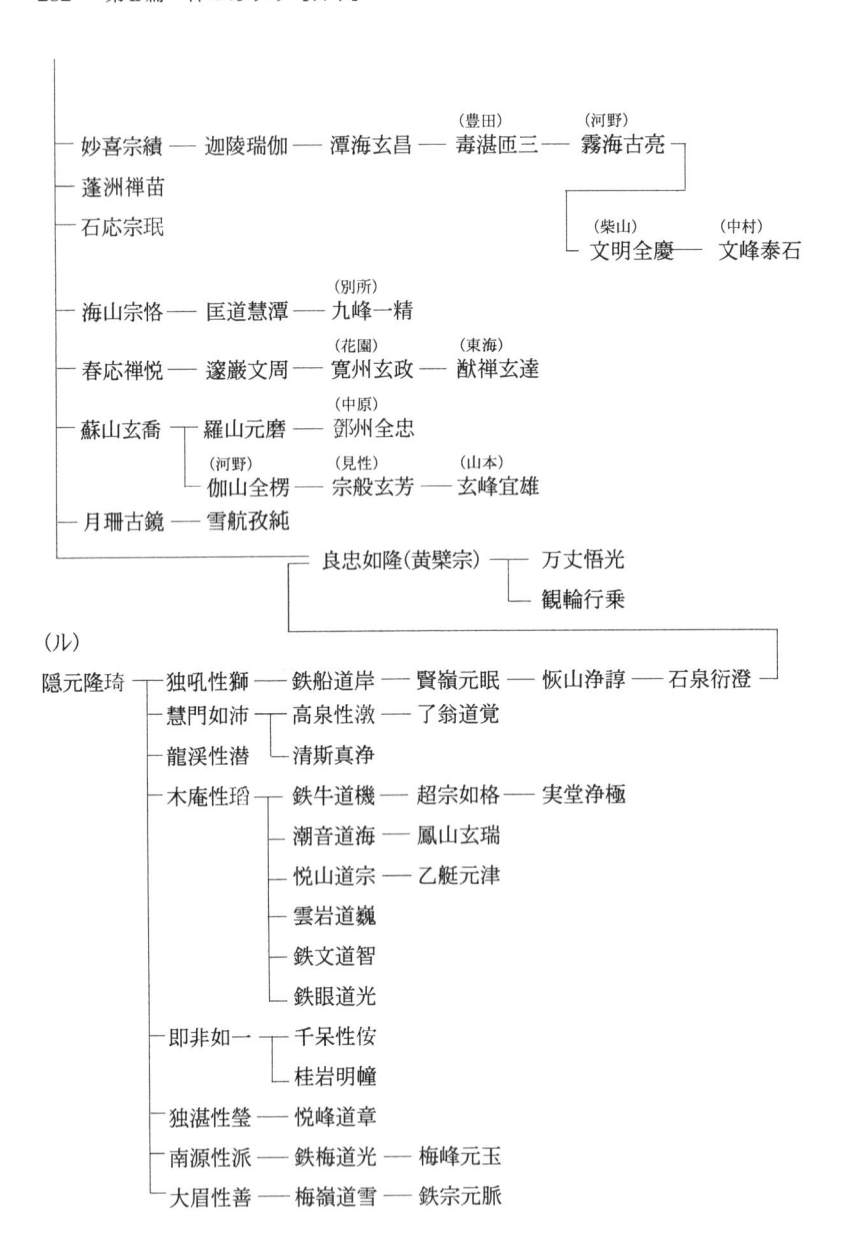

```
                                                        (豊田)        (河野)
 ├─ 妙喜宗繍 ── 迦陵瑞伽 ── 潭海玄昌 ── 毒湛匪三 ── 霧海古亮 ─┐
 ├─ 蓬洲禅苗                                                │
 ├─ 石応宗珉                                                │
                                                           │   (柴山)       (中村)
                                                           └─ 文明全慶 ── 文峰泰石
                                   (別所)
 ├─ 海山宗恪 ── 匡道慧潭 ── 九峰一精
                      (花園)      (東海)
 ├─ 春応禅悦 ── 邃巌文周 ── 寛州玄政 ── 獣禅玄達
                              (中原)
 ├─ 蘇山玄喬 ┬ 羅山元磨 ── 鄧州全忠
            │      (河野)        (見性)        (山本)
            └ 伽山全楞 ── 宗般玄芳 ── 玄峰宜雄
 ├─ 月珊古鏡 ── 雪航孜純
 │
 └──────────── 良忠如隆(黄檗宗) ┬ 万丈悟光
                                 └ 観輪行乗
(ル)
隠元隆琦 ┬ 独吼性獅 ── 鉄船道岸 ── 賢嶺元眠 ── 恢山浄諄 ── 石泉衍澄
         ├ 慧門如沛 ┬ 高泉性潡 ── 了翁道覚
         │          └ 清斯真浄
         ├ 龍渓性潜
         ├ 木庵性瑫 ┬ 鉄牛道機 ── 超宗如格 ── 実堂浄極
         │          ├ 潮音道海 ── 鳳山玄瑞
         │          ├ 悦山道宗 ── 乙艇元津
         │          ├ 雲岩道巍
         │          ├ 鉄文道智
         │          └ 鉄眼道光
         ├ 即非如一 ┬ 千呆性侒
         │          └ 桂岩明幢
         ├ 独湛性瑩 ── 悦峰道章
         ├ 南源性派 ── 鉄梅道光 ── 梅峰元玉
         └ 大眉性善 ── 梅嶺道雪 ── 鉄宗元脈
```

第四章　近世における禅の展開

［禅関係地図９］

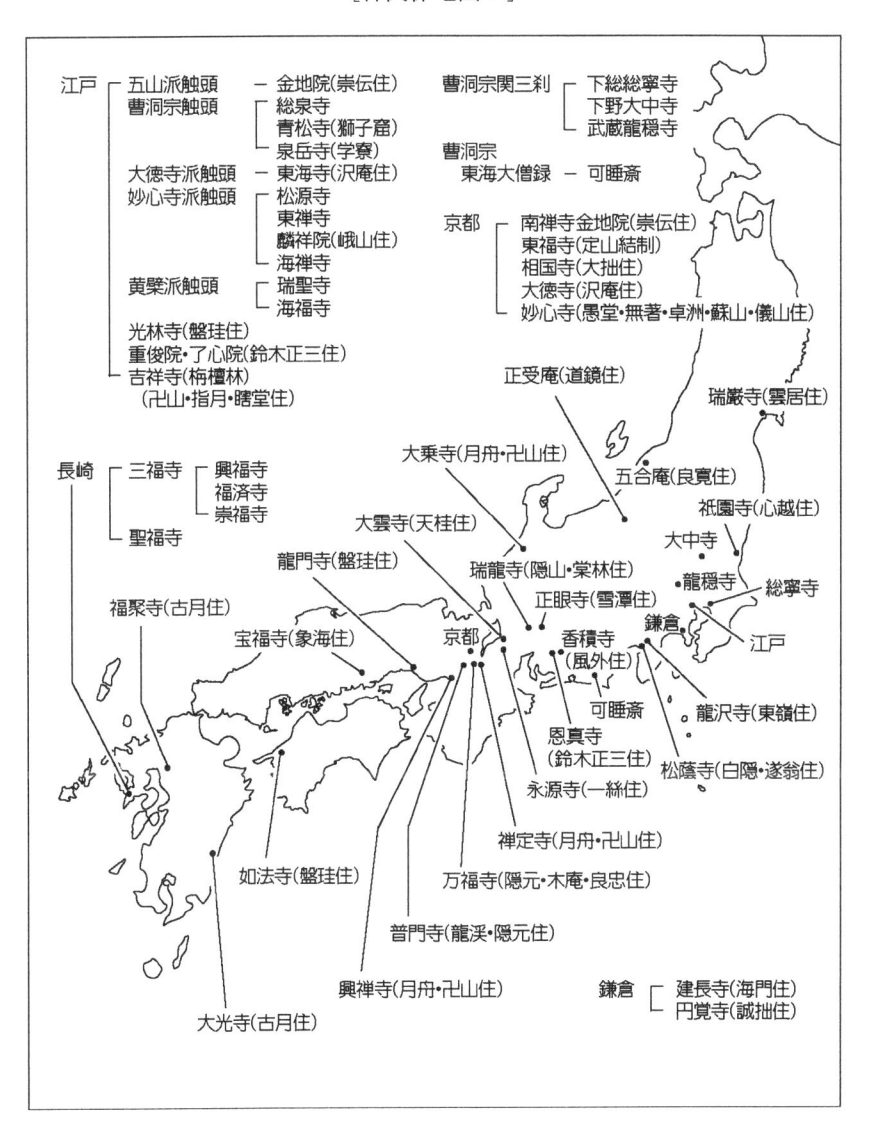

江戸 ─┬─ 五山派触頭 ── 金地院(崇伝住)
　　　├─ 曹洞宗触頭 ─┬─ 総泉寺
　　　│　　　　　　　├─ 青松寺(獅子窟)
　　　│　　　　　　　└─ 泉岳寺(学寮)
　　　├─ 大徳寺派触頭 ── 東海寺(沢庵住)
　　　├─ 妙心寺派触頭 ─┬─ 松源寺
　　　│　　　　　　　　├─ 東禅寺
　　　│　　　　　　　　├─ 麟祥院(峨山住)
　　　│　　　　　　　　└─ 海禅寺
　　　├─ 黄檗派触頭 ─┬─ 瑞聖寺
　　　│　　　　　　　└─ 海福寺
　　　├─ 光林寺(盤珪住)
　　　├─ 重俊院・了心院(鈴木正三住)
　　　└─ 吉祥寺(栴檀林)
　　　　　(卍山・指月・瞎堂住)

曹洞宗関三刹 ─┬─ 下総総寧寺
　　　　　　　├─ 下野大中寺
　　　　　　　└─ 武蔵龍穏寺

曹洞宗
　東海大僧録 ── 可睡斎

京都 ─┬─ 南禅寺金地院(崇伝住)
　　　├─ 東福寺(定山結制)
　　　├─ 相国寺(大拙住)
　　　├─ 大徳寺(沢庵住)
　　　└─ 妙心寺(愚堂・無著・卓洲・蘇山・儀山住)

長崎 ─┬─ 三福寺 ─┬─ 興福寺
　　　│　　　　　├─ 福済寺
　　　│　　　　　└─ 崇福寺
　　　└─ 聖福寺

福聚寺(古月住)
宝福寺(象海住)
如法寺(盤珪住)
大光寺(古月住)
興禅寺(月舟・卍山住)
普門寺(龍渓・隠元住)
万福寺(隠元・木庵・良忠住)
禅定寺(月舟・卍山住)
永源寺(一絲住)
恩真寺(鈴木正三住)
可睡斎
香積寺(風外住)
正眼寺(雪潭住)
瑞龍寺(隠山・棠林住)
大雲寺(天桂住)
龍門寺(盤珪住)
大乗寺(月舟・卍山住)
正受庵(道鏡住)
五合庵(良寛住)
瑞巌寺(雲居住)
祇園寺(心越住)
大中寺
龍穏寺
総寧寺
江戸
鎌倉
龍沢寺(東嶺住)
松蔭寺(白隠・遂翁住)

鎌倉 ─┬─ 建長寺(海門住)
　　　└─ 円覚寺(誠拙住)

第五章　近現代における禅

1　明治維新と禅

開国と近代化

1853年、ペリーが来航して幕府に対して強く開国を求めたため、翌年やむなく日米和親条約を結び、開国した。大老の井伊直弼(1815-1860)は、勅許も受けずに不平等条約である日米修好通商条約を結んだ(1856年)ため、攘夷派によって桜田門外の変で暗殺された(1860年)。その後、朝廷や幕府、薩摩、長州、土佐らの雄藩を中心に、公武合体、尊皇攘夷で国論は揺れたが、1867年、大政奉還となり、続いて王政復古の大号令が発せられ、新政府が樹立された。

1868年には年号を明治と改め、東京遷都を断行、続く版籍奉還(1869年)と廃藩置県(1871年)によって中央集権的な統治機構を定めると、徴兵制度による近代的軍隊の創設(1873年)、銀行の設置(1872年)、郵便制度の制定(1871年)、鉄道の敷設(1872年)、官営工場の設置、近代的な法律の整備などを通して富国強兵策を強力に推進していった。

それと平行して、統一国家を思想的に基礎づけるために、神道を中心とした国民教化を目指して、神仏分離令(1868年)や大教宣布の詔(1870年)を出し、また、神祇省を置いた(1872年に教部省と改称、1875年に廃止)。これによって、天皇の神格化が進むことになった。

明治政府は富国強兵策の一環として国民教育を重視し、1871年に文部省を設置し、1872年には学制を公布、1890年には義務教育制度を設けた。また、学術や高等教育の充実にも努め、欧米の学問を導入するために外国人教師の雇用や政府留学生の派遣を積極的に行なうとともに、1886年、東京に帝国大学(現在の東京帝国大学、東京大学)を設置したのを手始めに、1897年に京都帝

国大学(現在の京都大学)、1907年に東北帝国大学(現在の東北大学)と、各地の主要都市に順次大学を設置していった。

　一方、民間においても、福沢諭吉(1834-1901)の慶応義塾(1868年)や新島襄(1843-1890)の同志社(1875年)、大隈重信(1838-1922)の東京専門学校(現在の早稲田大学、1882年)、井上円了(1858-1919)の哲学館(現在の東洋大学、1887年)などの設立があいつぎ、また、聖パウロ学校(現在の立教大学、1874年)などのキリスト教系のミッションスクールや、津田梅子(1864-1929)の女子英学塾(現在の津田塾大学、1900年)などの女子校も誕生した。

　欧米に関する知見が増えると、列強と肩を並べる強国になるためには憲法の制定と議会の開設が不可欠だという思想が芽生え、1874年に板垣退助(1837-1919)らが民撰議院設立の建白書を提出すると、一気に自由民権運動が活発化した。政府もこれを容れざるを得なくなり、1889年に大日本帝国憲法を発布した。これによって帝国議会が開設され、立憲国家となった。しかし、信教の自由は不完全なものであり、政教分離も確立されなかった。それどころか、1890年に「教育勅語」が発布されると、天皇(国体)への奉仕を教えこむことが教育であるとされ、政教一致が推進された。

　政府の富国強兵策もあって、急速に産業が発展した。繊維などを中心に資本主義が成立し、三井、三菱を初めとする財閥が形成された。しかし、一方で過酷な労働条件に対して労働運動が発生し、その指導原理としての社会主義思想が広まり、幸徳秋水(こうとくしゅうすい)(1871-1911)らの社会主義者が天皇暗殺を企てたとして逮捕される「大逆事件(たいぎゃくじけん)」が起った(1910年)。また、1891年に顕在化した足尾銅山鉱毒事件のような社会問題も発生した。

　近代化による国力の充実は海外進出を促し、遂に帝国主義列強の仲間入りをすることになった。まず、日清戦争(1894-1895)によって台湾を植民地とし、続く日露戦争(1904-1905)によって、ロシアに対して樺太(からふと)の南半分を割譲させるとともに、韓国に対する指導・保護・監督権を承認させ、1910年には韓国を併合した。そして、こうした実績を踏まえて、1911年には長年の懸案であった不平等条約の改正に成功したのである。

廃仏毀釈と禅

　明治政府は、明治初年(1868)、神道による祭政一致を目指して神仏分離令を出したが、これが契機となって「廃仏毀釈」の嵐は全国に吹き荒れ、各地の禅宗寺院も廃寺に追い込まれるなど、大きな影響を受けた。

　これに対して禅宗教団では、他宗とともに「諸宗同徳会盟」(1868年)、「諸宗同徳会」(1868年)を組織して政府に意見書を提出するなどの活動を行うなどした。その後、民部省に寺院寮を置き(1870年)、寺院を一元的に管理するに及んで、廃仏毀釈は収まっていった。

　しかし、1871年、政府は境内以外の寺領を没収したため、寺院には経済的な危機が訪れた。特に幕府や藩主から寄進された朱印地や黒印地に依存することの多かった臨済宗の寺院への打撃は大きく、多くの塔頭が合併などによって消滅した。こうした危機的な状況の中で、従来からの塔頭中心の教団運営が改められ、末寺に本山の護持を課するとともに、宗務行政への参加を認める今日の教団運営の形態が確立された（これによって、塔頭は基本的には一般の末寺と同格のものとされるに至った）。

教導職の設置と禅宗教団の確立

　その後、政府は仏教を統治に利用する政策に転換し、1872年には、教部省のもとに、「敬神愛国」「皇上奉戴」などを基本原則とする「三条教則」を国民に教育する「教導職」を置いて神官や僧侶を任用し、さらに、教導職たる僧侶を管轄するために各宗派に「管長」を置くこととした。禅宗は、当初、一宗として扱われたが、1874年には臨済宗（黄檗宗を含む）と曹洞宗の二宗の分離が認められ、1876年には、まず臨済宗から黄檗宗が独立し、臨済宗自体も九派に分裂した。

　仏教各宗が「教導職」を養成する機関の設置を求めたため、東京に「大教院」が、地方に「中教院」が置かれ、神社や寺院が「小教院」とされることになった。しかし、神道中心で仏教の立場が貫けなかったため、仏教界の批判は強かった。

　教部省は、1875年に廃止されたが、その後も各宗は教導職を養成する義務

を負わされたため、独自に教育機関を設置し、運営した。禅宗教団のものとしては、臨済宗の般若林(はんにゃりん)(1872年、現在の花園大学)、曹洞宗の専門学本校(1875年、現在の駒沢大学)があった。禅宗における新たな僧侶養成機関の設置は、政府の政策に主導されたという側面が強かったが、教団自体においても、近代社会に対応できる僧侶を育てることは急務であった。

禅宗の宗立学校 江戸時代の学林の伝統を受けつぐ形で成立した。その設置が求められた理由は、僧堂における教育のみでは一般社会の要求に応え得る人材の養成が困難であり、このままでは宗門の興隆が難しいと考えられたからである。その背景には、(1)仏教の僧侶に宗教家としての教養に乏しいものが多く存在した、(2)列強への配慮からキリスト教が解禁され(1873年)、それへの対応が不可避となった、(3)社会一般が学校制度の確立に向かいつつあった、等の状況があった。以下、禅宗の宗立学校の代表というべき花園大学と駒沢大学の沿革を示しておく。

花園大学(臨済宗)
 1872年 「般若林」を妙心寺内に設置。
 1875年 臨済宗で東京に「聯合総黌(れんごうそうこう)」を設置したため、「般若林」を閉鎖。
 1877年 「聯合総黌」が京都に移転した際に、妙心寺派は離脱、「大衆寮(だいしゅりょう)」を妙心寺内に設置。
 1894年 「大衆寮」を「普通学林(ふつうがくりん)」と改称し、岐阜県の霊松院(れいしょういん)と京都の龍安寺の二箇所とする。
 1898年 「普通学林」を合併し、京都府中京区に移転。
 1903年 「花園学林」と改称。
 1907年 「花園学院」と改称。
 1911年 「臨済宗大学」と改称。
 1934年 「臨済学院専門学校」となる。
 1949年 新制大学となり、「花園大学」と改称。仏教学部仏教学科のみで出発。
 1966年 文学部に改組し、仏教学、社会福祉学、史学、国文学の四学科を置く。
 1992年 社会福祉学部社会福祉学科を設置(1999年文学部社会福祉学科廃止)。
 1994年 大学院文学研究科(仏教学専攻・日本史学専攻)修士課程を設置。
 1997年 大学院文学研究科修士課程に国文学専攻を設置。
 1998年 大学院社会福祉学研究科(社会福祉学専攻)を設置。
 2000年 大学院文学研究科仏教学専攻博士後期課程を設置。

駒沢大学（曹洞宗）
- 1592年　曹洞宗が江戸駿河台の吉祥寺境内に「学林」（栴檀林）を設立。
- 1875年　永平寺・総持寺の両本山によって芝の青松寺の獅子窟に、曹洞宗の師弟の教育機関「曹洞宗専門学本校」として創設。
- 1876年　吉祥寺の栴檀林に移る。
- 1882年　麻布に移り、「曹洞宗大学林専門本校」と改称。
- 1904年　専門学校令による認可を得、「曹洞宗大学」と改称。
- 1913年　現在地の駒沢に移る。
- 1925年　大学令による大学となり、「駒沢大学」と改称。文学部（仏教学科、東洋文学科、人文学科）のみの単科大学として出発。
- 1949年　新制大学に移行。仏教学部（禅学科、仏教学科）、文学部（哲学科、国文学科、中国文学科、英米文学科、地理歴史学科、社会学科）、商経学部（商経学科）を設置。
- 1952年　大学院人文科学研究科を設置（現在は十二の専攻を擁する）。
- 1964年　法学部を設置。
- 1969年　経営学部を設置。

　臨済宗では、その後も本山の独立があいつぎ、1905年までに「臨済宗十四派」が成立し、曹洞宗・臨済宗諸派・黄檗宗という今日の禅宗教団の枠組みが整った。

　一方、曹洞宗では永平寺と総持寺の間で対立が見られたものの、1872年に両寺を本山とし、永平寺を席次上の上位とすることで決着した。その後も総持寺の独立を求める運動が起こったりもしたが果たさなかった。管長は両寺の貫首が一年交替で勤めることとなり、1882年には両寺貫首の公選制が敷かれた。1895年には、両寺貫首連名で両本山一体不二の協和を約し、宗務庁を東京に置いた。こうして両本山を頂点とする曹洞宗教団が成立した。一方、能登（石川県）の総持寺は、1898年に火災で焼失したため、1911年、神奈川県の鶴見の現在地に移転し、能登には「祖院」が残されることとなった。

　臨済宗十四派の成立　1876年2月に黄檗宗が独立し、9月に臨済宗は天龍寺派・相国寺派・南禅寺派・建仁寺派・東福寺派・建長寺派・円覚寺派・大徳寺派・妙心寺派の九派に分裂した。さらに、1880年に東福寺派から永源寺派が、1903年には南

[禅宗各派の本山の所在地]

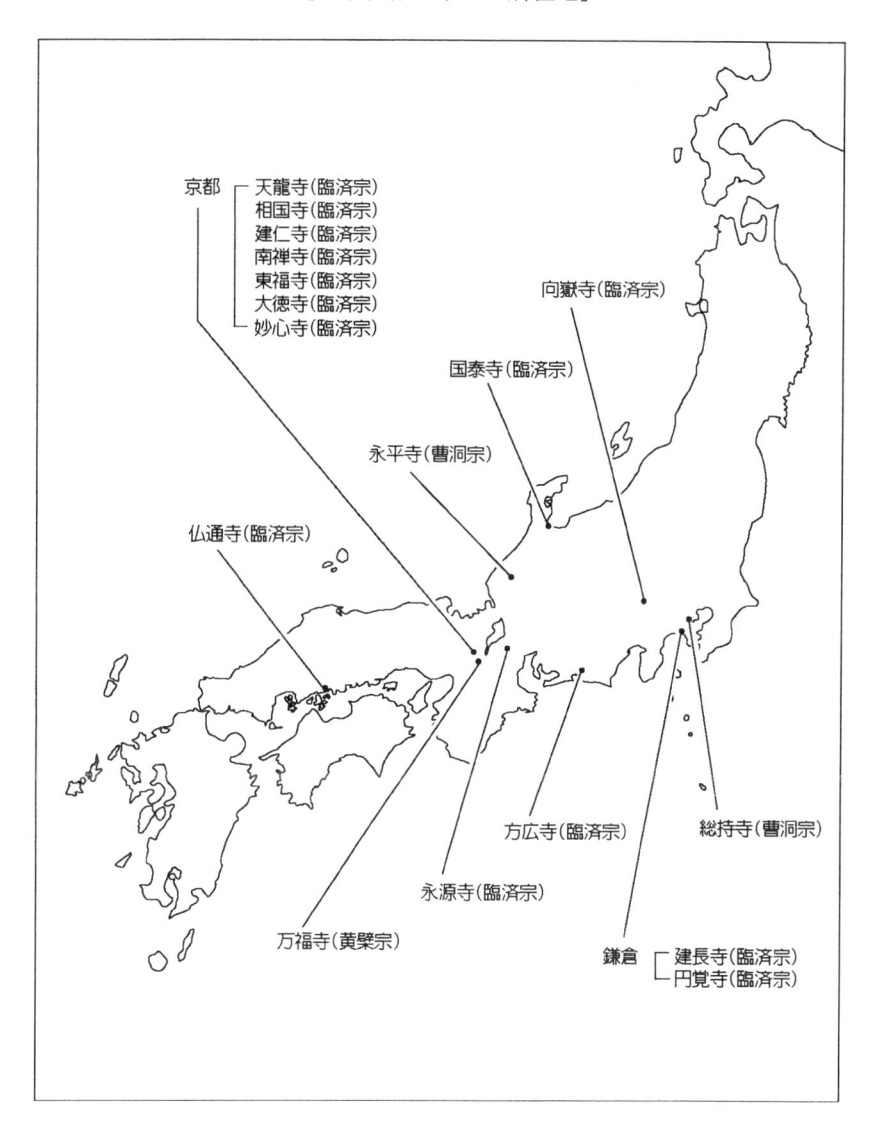

京都 ─ 天龍寺(臨済宗)
    ├ 相国寺(臨済宗)
    ├ 建仁寺(臨済宗)
    ├ 南禅寺(臨済宗)
    ├ 東福寺(臨済宗)
    ├ 大徳寺(臨済宗)
    └ 妙心寺(臨済宗)

向嶽寺(臨済宗)
国泰寺(臨済宗)
永平寺(曹洞宗)
仏通寺(臨済宗)
方広寺(臨済宗)
総持寺(曹洞宗)
永源寺(臨済宗)
万福寺(黄檗宗)
鎌倉 ┬ 建長寺(臨済宗)
     └ 円覚寺(臨済宗)

禅寺派から方広寺派が、1905年には天龍寺派から仏通寺派、相国寺派から国泰寺派が独立し、1908年には、すでに派名独立の公許(1890年)を得ていた向嶽寺派が、南禅寺派から完全に独立して、現在の臨済宗十四派が成立した。

教団の近代化
　禅宗各派では、それぞれに管長を置いたが、1884年に教導職が廃止されるとともに、各管長に対しては、宗制や寺法、僧侶の分限と称号、住職の任免や教師等の進退、寺院の財産の保存などに関する規定の制定と運用を委ねることになり、今日の管長制による教団運営の基礎が定まった。ここにおいて教団の体制や行政機構の整備が進み、現在の組織の大枠が形作られたのである。
　近代的な組織へと脱皮を遂げた各教団は、新しい時代に対応すべく、それまで統一を欠いていた教義と儀礼、修行法などの平準化を推進した。特に屈指の大教団を形成した曹洞宗では大きな問題となり、1889年には出家の修行法や行事を規定した『洞上行事規範』が、そして、翌年には在家化導の標準として『曹洞教会修証義』(修証義)が発行された(この時期、曹洞宗からは、観音信仰に基づく大道長安(1843-1908)の救世教や、釈迦仏を奉ずる高田道見(1858-1923)の法王教のような一種の新興宗教が生まれたが、これは教団の平準化が、なお途上にあったことを示すものと言える)。
　『洞上行事規範』には「奇怪の供物は全て廃止す」などの規定があり、これによって各地で行なわれていた紙銭を焼くなどの土俗信仰的な種々の行事が廃止されることになった。一方、『修証義』は道元の『正法眼蔵』をベースとし、その要文を編集することで新たに作り上げた典籍で、今日も広く用いられているが、在家教化のためのものでありながら、出家主義の道元の説を用いるという大きな矛盾を孕むものとなっている。こうしたものが生まれるに至った根本原因は、瑩山以降の民衆化路線によって大教団を形成するに至ったのに、近代曹洞宗学の基礎となった江戸宗学では、元来、それとは全く立場を異にした、宗祖の道元への回帰に宗派のアイデンティティーを求めたところにあったと言える。

しかし、曹洞宗教団は、必ずしも常に『修証義』によって道元の思想を一般の信者に徹底しようと努めたわけではなかった。出家主義に貫かれたその思想の体得を在家の人々に求めること自体、無理なことだったからである。『修証義』は、（1）懺悔滅罪、（2）授戒入位、（3）発願利生、（4）行持報恩の四項目に纏められているが、実際に布教に用いられたのは、主として懺悔と授戒であった。当時は、レクリエーション的な性格で盛行を見た授戒会の主宰者を勤めることが、管長の重要な職務と見做されたほどだったのである。

出家の消滅

政府の政策は近代的な仏教教団の成立に大きな影響を及ぼしたが、教団を構成する個々の僧侶の在り方にも重大な変化をもたらした。全国一律の戸籍を作るという実務上の必要から、1872年に太政官布告によって僧侶の肉食、妻帯、蓄髪等の自由と苗字が認められたのである。

これによって、制度上、僧侶は俗人と全く区別がなくなり、僧侶の身分の解体が進んだ。これは大きな問題であったはずであるが、さして問題視されることなく急速に浸透してゆき、時とともに寺院の世襲が一般化することになった（ただし、禅僧の場合、師家については、その後も妻帯は原則として認められなかった）。

また、戸籍制度の整備に伴い、寺請制度は廃止され、寺院は統治機構から切り離されることになった。しかし、1898年に施行された民法においても家制度は存続されたから、寺檀関係はほとんど変化することはなかったし、仏教教団や僧侶の意識にも大きな変化は見られなかった。

禅僧と居士の活躍

この時期にも多くの禅僧の活躍が見られたが、時代の影響もあって、これまでには見られなかったような幅広い活動を行なう人物が出現した。臨済宗では古月の系統は衰え、多くの禅匠が輩出した白隠系統一色となった。隠山系では、儀山善来の門下から、妙心寺の僧堂を開単（1878年）した越渓守謙（1810-1884)、円覚寺の僧堂を再興（1877年）した今北洪川（洪川宗温、1816-1892）、兵火を蒙った天龍寺の復興に努めた由利宜牧（滴水宜牧、1822-1898）などが出、

大拙承演の門下には、相国寺に住し、「禅宗」の管長も勤めた荻野独園(独園承珠、1819-1895)があった。越渓守謙の弟子には禾山玄鼓(1837-1917)らが、今北洪川の弟子には初めてアメリカで禅を宣揚した釈宗演(洪嶽宗演、1859-1919)らがある。

卓洲系では、蘇山玄喬の門下には羅山元磨(1815-1867)らがあり、羅山の法嗣の中原全忠(鄧州、1839-1925)は「南天棒」と呼ばれ、各地の僧堂の師家の実力を試すために「道場破り」的な遍参を行なったことで知られる。また、妙喜宗績(1774-1848)の系統から出た豊田毒湛(毒湛匝三、1840-1917)は、虎渓山永保寺を復興し、南禅寺派・妙心寺派の管長を歴任した。

釈宗演　釈宗演

釈宗演　福井県大飯郡高浜村の人。姓は一瀬氏。十二歳で妙心寺の越渓守謙について得度、建仁寺、曹源寺(岡山県)などで修行した後、1878年、円覚寺の今北洪川に嗣法した。慶応義塾卒業後の1887年、福沢諭吉、山岡鉄舟(1836-1888)の勧めでセイロン・インドに留学し、帰国後、神奈川県久良岐郡の宝林寺の住職となる。1892年、三十四歳で円覚寺派の管長となって円覚寺に住した。翌年、福沢諭吉らの出資により、渡米してシカゴで開かれた万国宗教大会に参加し、各国を周遊し、インドを経て帰国した。1902年には円覚寺で初めてアメリカ人に禅の指導を行ない、1903年には建長寺派管長をも兼任した。1905年、管長職を辞して東慶寺(鎌倉)の住職となり、同年、再び渡米して、通訳の鈴木大拙(1870-1966)を伴ってアメリカ人に禅の指導を行なった。1914年には臨済宗大学学長となり、1916年、再び円覚寺派管長となった。その著作は『釈宗演全集』十巻に収められている。徳冨蘇峰(1863-1957)らが始めた碧巌会の講師も勤めたが、この会には夏目漱石(1867-1916)、河野広中(1849-1923)らが参加し、彼らに大きな影響を与えたことは特筆すべきである。

一方、曹洞宗で注目すべき人には、原坦山(1819-1892)や西有穆山(1821-

1910)などがあった。原は初めて帝国大学(現在の東京大学)に招かれて仏教を講じたことで知られるが、仏教を学問として定立させる必要もあって、それを「心性哲学」と規定し、「宗教」ではないと主張するなど、主知主義的な解釈を行なった。今日のいわゆる「仏教学」の基礎を築いた人物である。一方、西有は『正法眼蔵』の学者(眼蔵家)として名高く、『正法眼蔵啓迪』三巻(1930年)などを著わした。その研究は門下の秋野孝道(1858-1934)や丘宗潭(1860-1921)、岸沢惟安(1865-1955)らに承け継がれたが、安谷白雲(1885-1973)が厳しく批判したように、その解釈は極めて浅薄なものにとどまっているように見える。

　この時代には、激動する時代の中で心を平静に保つことが求められ、また、今北洪川や由利宜牧らが在家に対して積極的に指導を行なったこともあって、各界の名士の間で参禅が流行し、居士の活躍も目立った。彼らは居士であることを存分に発揮し、結社や出版、教育などの様々な活動を通じて積極的に社会と関わったのである。

　今北や由利に学んだ居士には、幕府と官軍の仲介を行なったことでも知られる剣豪の山岡鉄舟(1836-1888)、護国協会(後に「明道協会」と改称)を設立して教化活動を展開した鳥尾得庵(1847-1905)などがあり、名人と謳われた落語家の三遊亭円朝(1839-1900)も由利のもとで参禅に励み、「無舌居士」と号した。曹洞宗系の居士では、原坦山らに学んだ大内青巒(1845-1918)が有名で、尊皇奉仏大同団を設立して愛国護法運動を展開するとともに、『修証義』の編集にも深く関わった。

　こうした中、禅思想を基調とする雑誌も出版されるようになった。「禅宗」(1894年創刊)や「禅学」(1895年創刊、後に「禅」と改称)、「和融誌」(1897年創刊、後に「禅学雑誌」「第一義」と改称)、「禅道」(1910年創刊)などはその代表である。

世界への開眼

　仏教者の眼が海外へ開かれたのもこの時代である。その背景には、明治初期の文明開化思想の影響や日本の対外的発展があった。前者は仏教者の欧米への渡航、後者は植民地などへの布教活動となって現われた。

臨済宗でも釈宗演らの海外渡航(1887年、セイロン・インド、1893年・1905年、アメリカ)があったが(鈴木大拙も釈宗演の推薦で、1897-1909年、アメリカに留学している)、曹洞宗では、1901年以降、「曹洞宗海外留学生」として、教団がアメリカ・ヨーロッパ・インドなどに学僧や伝導師の派遣を行なった。これによって海外に渡航した人としては、大森禅戒(おおもりぜんかい)(1871-1947)や忽滑谷快天(ぬかりやかいてん)(1867-1937)、宇井伯寿(ういはくじゅ)(1882-1963)らがある。留学から帰国した人々は欧米流の科学的な方法論を持ちこみ、仏教学、宗教学、歴史学、あるいは哲学といった、より広い視野に立って禅を位置づけるようになった。一方で、西欧文明に深い造詣を持つ人々も、その限界を超えるものとして禅に注目するようになり、夏目漱石(1867-1916)の『門』(1910年)や西田幾多郎(1870-1945)の『善の研究』(1911年)に見るように、禅は仏教の枠を超えて文学や哲学にも影響を与えるようになった。

日本の対外的な発展に伴い、他宗と同様、禅宗でも、臨済宗妙心寺派や曹洞宗といった大教団を中心に海外への布教を積極的に行なった。植民地やアメリカなどに入植した日本人に対する布教活動が主であったが、現地人も布教対象としたから、結果として植民地政策の一端を担うことにもなった。例えば、曹洞宗が中国や朝鮮に設置した教会や説教所の数は、1914年には中國に二十箇所、朝鮮に二十四箇所の計四十四箇所にも達したのである。

欧米人への禅の伝道も、1893年のシカゴ万国宗教大会に釈宗演が出席したのが契機となって始まり、昭和の初期までに、釈宗演門下の鈴木大拙(1870-1966)、釈宗活(しゃくそうかつ)(1872-1961、1906-1909滞米)、古川堯道(ふるかわぎょうどう)(1872-1961、1931-1932滞米)、釈宗活門下の佐々木指月(ささきしげつ)(1882-1944、1905渡米)などによって行なわれた。

政府の政策と禅宗教団

この時期に仏教界で盛り上がりを見せた運動に「仏教公認運動」があった。これは、仏教の国家による保護を求めようとするもので、我が国最初の宗教法案の議会提出(1899年)を契機に起った。この法案が不平等条約の改正を目指し、キリスト教を仏教などの在来の宗教と同等に扱っていたからである。仏教界におけるキリスト教への強い警戒感を示すものと言えるが、ま

た一面では、古代以来続く国家主義仏教としての在り方から教団が脱却することができないでいたことを示すものでもある。

　こうした仏教教団の性格は、日清戦争と日露戦争の際にも、従軍僧（戦意の高揚と戦没者の葬祭を行なう）の派遣や戦争の美化、物資の供給などを通じて戦争に積極的に協力し、国家権力の尖兵の役割を果たしたこと、大逆事件の後、政府が危険思想を防止するために教派神道・仏教・キリスト教を利用せんとした「三教会同」(1912年）にも積極的に参加したことなどにも現われている。こうした活動は、仏教が国益になることを証明するための絶好の機会と捉えられたのである。

　禅宗教団が「三教会同」に積極的に協力したのは、大逆事件に連座したものの中に、臨済宗や曹洞宗の僧侶が含まれていたためでもあった。この事件で極刑に処せられた曹洞宗の僧で社会主義者であった内山愚童（1874-1911）は、僧侶としての自覚のもとに貧民を救うことを目指して行動したのであり、その点では教団の中枢にいた人々より、遥かに宗教的な人間であったとも言えるのである。また、この事件で嫌疑をかけられた人物の中に曹洞宗の井上秀天（1880-1945）がいたが、彼も雑誌『新仏教』において忠君愛国論を批判するなど、平和主義者として知られていた。

2　軍国主義化と禅

第一次世界大戦と世界恐慌

　1914年、サライェボ事件をきっかけに、全ヨーロッパを巻き込んだ第一次世界大戦（1914-1918）が勃発した。日本は日英同盟を根拠に、これに参戦し、ドイツが東アジアに持っていた権益を確保した。さらに、世界中の眼がヨーロッパに集中しているのに乗じて、成立したばかりの中華民国に対して「二十一カ条の要求」を突きつけ、中国における勢力の拡大を図った（1915年）。

　大戦によって日本は中国市場をほとんど独占したため、造船・海運業、電力業、製鉄業、化学工業、紡績業などで史上空前の活況を呈した。特に重化学工業が発展し、工場労働者が増え、都市への人口集中が起った。この好景

気によって債務国から債権国へと転換し、戦後は国際連盟の常任理事国の一つとして国際的な地位を確かなものとした。しかし、列強は次第に日本に警戒の目を向けるようになり、中国も反撥を強めたため、日本も協調外交に転じ、軍備の縮小も行なった。

第一次世界大戦のさなか、好景気に支えられて民主主義が世界的に流行し、日本でも吉野作造(1878-1933)の民本主義、美濃部達吉(1873-1948)の天皇機関説が出現した。ジャーナリズムの発展もあって言論が活発化し、議会中心の政治や普通選挙の実施を求める議論が高まり、1918年には、原敬(1856-1921)によって政党政治も始まった。

労働運動や社会主義運動、農民運動、婦人運動、部落解放運動、国家主義運動など様々な社会運動が展開されたが、ロシア革命(1917年)を受けて、1922年にはマルクス主義に基づく日本共産党が設立されるなど、マルクス主義は学問や政治、文化に大きな影響を与えた。

しかし、1920年代になると、日本経済は一転して不況に沈むことになった。まず、1920年には株式市場が暴落して戦後恐慌が起り、1927年には金融恐慌、1929年には世界恐慌が波及して昭和恐慌が起った。打ち続く不況の中で、企業の独占、集中が進み、四大財閥(三井・三菱・安田・住友)、五大銀行(三井・三菱・住友・安田・第一)が成立した。また、1923年に発生した関東大震災も社会不安を増大させた。

こうした状況の中で、1925年、普通選挙の実施とともに治安維持法が成立し、社会主義や共産主義、無政府主義に対する取り締まりが強化され、「大正デモクラシー」と呼ばれる民主化は挫折した。

1931年、政府の協調外交を批判していた関東軍は、内閣の意向を無視して満州事変を引き起こし、1932年には清朝最後の皇帝、宣統帝溥儀(1906-1967)を迎えて満州国を建国した。その建国を認めない犬養内閣は五・一五事件で倒れ、政党政治は終焉を迎えた。また、翌年には満州国を認めない国際連盟からも脱退し、国際的な孤立を深めた。

二・二六事件が起った1936年には日独防共協定を結んで(翌年、日独伊三国防共協定となる)、枢軸国との連携を強め、翌1937年には盧溝橋事件から日中戦

争に発展し、1938年には国家総動員法が公布され、価格統制令、米の配給制、供出制が敷かれるとともに、各職場ごとに産業報国会が組織された。

1939年、ドイツのポーランド侵攻によってヨーロッパで戦端が開かれ、1941年には日本のアメリカへの宣戦布告によって全世界に拡大した(第二次世界大戦)。初めは枢軸国側が優勢であったが、次第に戦況は逆転し、1943年にイタリアが降伏し、1945年にはドイツと日本も降伏して、連合国側の勝利に終わった。

満州事変以降、天皇を絶対化し、政党政治や資本主義、国際協調の打破を目指す国家主義革新勢力の発言力が増大し、国家主義の高まりの中で、言論・思想・学問に対する取り締まりが強化され、その対象は共産主義者や社会主義者のみでなく、自由主義者にまで拡大された。こうして滝川事件(1933年)、天皇機関説問題(1935年)、矢内原事件(1937年)、人民戦線事件(1938年)、河合栄次郎事件(1937-38)、津田左右吉(1873-1961)の著作の発禁事件(1940年)などが次々に起った。そのため、共産主義者や社会主義者の中にも転向者や国家主義に近づくものが現われた。

大正デモクラシーと禅

大正デモクラシーは様々な学問の発達を促したが、仏教学においても同様であった。まず活発化したのは仏教関係の基礎資料の校訂出版と辞書の編集である。明治の末以降に刊行された代表的な出版物としては、『大日本校訂大蔵経』(卍蔵経、1902-05年)、『大日本校訂続蔵経』(卍続蔵、1905-12年)、『大日本仏教全書』(1912-22年)、『大正新脩大蔵経』(大正蔵、1924-34年)、『望月仏教大辞典』(1906-37年)、『織田仏教大辞典』(1917年)などがあり、小野玄妙(1883-1939)による『仏書解説大辞典』(1933-78年)の刊行開始も、これらに続く時期のものである(なお、これに先立って、『大日本校訂縮刻大蔵経』〈縮刷蔵経〉の刊行〈1880-85年〉があったことは忘れてはならない)。これらの特徴として、各宗各派にとどまらず、通仏教的視野に立って編集が行なわれているということが挙げられるが、そうした性格は、1928年に設立を見た日本仏教学会にも窺うことができる。

また、これと平行して、各宗各派の基本的典籍の刊行もあいついだ。禅宗関係では、国訳禅宗叢書刊行会『国訳禅宗叢書』(1919-21年)、国訳禅学大成編纂会『国訳禅学大成』(1929-30年)、曹洞宗全書刊行会『曹洞宗全書』(1929-38年)、沢庵和尚全集編纂会『沢庵和尚全集』(1928-30年)、駒沢大学図書館『禅籍目録』(1928年)などが代表的なものであるが、これらの刊行は禅思想の一般への解放を目指すものであった。

　この時期の学問的な業績としては、仏教界全体の傾向として歴史的な研究が盛んになったこともあり(村上専精〈むらかみせんしょう〉〈1851-1929〉らによる雑誌、「仏教史林」は、1894年に創刊されている)、孤峰智璨〈こほうちさん〉(1879-1967)の『印度・支那・日本 禅宗史』(1919年)や忽滑谷快天の『禅学思想史』(1923-25年)などが出た。また、文学の分野に属するが、上村観光〈かみむらかんこう〉(1873-1926)の『五山文学小史』(1906年)や『五山文学全集』(1906-15年)も時代を画する重要な著作である。学問の隆盛は専門誌の出現を促し、現在に至るまで刊行を続けている「禅学研究」(1925年創刊)、「駒沢大学研究紀要」(1931年創刊、現在の名称は「駒沢大学仏教学部研究紀要」)などが創刊された(なお、一般向けの雑誌であるが、1924年創刊の「大乗禅」も今日まで続いている)。

　学問の発展に伴って、信仰に基づく旧来の「宗学」の在り方と西洋から取り入れられた学問方法との関係が問題となり、曹洞宗を中心に仏教研究の方法論が注目を集めた。明治の末に忽滑谷快天の『批判解説 禅学新論』(1907年)があったが、この時代には岡田宜法〈おかだぎほう〉(1882-1961)の『禅学研究法と其資料』(1918年)や衛藤即応〈えとうそくおう〉(1888-1958)の「仏教の宗教学的研究に就て」(「日本仏教学会年報」2、1930年)などが書かれた。これらにおいては仏教研究に歴史学や倫理学、心理学、哲学、宗教学などの手法が導入されたが、これは西田幾多郎や鈴木大拙に代表されるような一般の知識人の禅への関心の高まりと呼応するものでもあった。

　しかし、こうした学問的な研究や基礎づけが、修行を通して悟りを体得するという禅本来の在り方を本当の意味で輔翼するものであるかどうかは、大いに疑問とすべきであろう。学者、忽滑谷快天と実践者、原田祖岳〈はらだそがく〉(1871-1961)との間で惹起され、忽滑谷の没後まで曹洞宗を二分して闘わされた「正信論〈しょうしんろん〉

争」(1928-34年)の根柢には、この問題に対する見解の相違があったように思われる。

　岡田や衛藤らは教団人としての立場から異なる二つの立場の調整を目指したのであったが、禅思想への一般の関心を高めたのは、教団とは無縁の所で道元の思想を論じた和辻哲郎(1889-1960)の「沙門道元」(『日本精神史研究』、1926年)であった。この著作によって一宗派の「宗祖」に過ぎなかった道元が日本思想史の上から脚光を浴び、その後の道元研究の活性化を導くことになった。

　この時代に実践を中心に活躍した人としては、臨済宗では山本玄峰(1866-1961)などがあった。山本は、過酷な生い立ちのため、ほとんど文盲に近かったが、その人格によって大きな感化を示し、あらゆる思想傾向、あらゆる階層の人々から慕われ、白隠の旧跡である龍沢寺(静岡県三島市)や松蔭寺(沼津市)を復興させ、1936年には満州の新京(長春)に妙心寺別院を創建した。しかし、社会に対する影響力が強ければ強いほど、その潮流に捲き込まれずにはいられなかった。二・二六事件の伏線となった事件に、前蔵相の井上準之助や、三井合名の理事長、団琢磨が暗殺された血盟団事件(1932年)があったが、主犯の井上日召(1886-1967)が、一時、その下で修行していた関係もあって、山本は裁判の証人として出廷しなくてはならなかった。また、陸軍内の皇道派将校であった相沢三郎が、統制派の永田鉄山少将を執務中に斬殺した相沢事件(1935年)でも、山本は証人台に立ったのである。

　なお、この時代には臨済宗の叢林を揺がす重要な著作が出た。破有法王の『現代相似禅評論』(1916年)である。「破有法王」は仮名で、本当の著者は不明であるが、その内容は白隠下の室内に伝わってきた公案の解答法を公開したもので、大変な反響を呼んだ。

　一方、曹洞宗でも原田祖岳や沢木興道(1880-1965)のような実践者が活躍し

山本玄峰

たが、これはこの時期の曹洞宗の特色と言える。原田は初め丘宗潭や秋野孝道に師事したが満足せず、臨済宗の豊田毒湛らの諸師に参じて見性体験を得た。そのため、公案禅を曹洞宗に導入するとともに、「悟り」の獲得を絶対視する立場から忽滑谷快天らとしばしば論争を行なった。原田は小浜（福井県）の発心寺に専門道場を開いて後進の指導に当たったが、当時は修証に関して曹洞宗内に絶望感が広がっており、総持寺の貫主の渡辺玄宗（1869-1963）ですら弟子を臨済宗の僧堂で学ばせたほどであったから、原田の周囲には飯田欓隠(1863-1937)や今成覚禅(1871-1961)、安谷白雲ら多くの修行者が集まった。原田は自身の「悟り」に絶対の自信を持っていたため、「見性」を重視しなかった宗祖の道元に対しても批判を向け、遂に「道元禅師未完成品」をすら説くに至った。原田は後に宗門の圧力によって、この説を公の場で撤回せざるを得なかったが、その後も、基本的な立場には些かの変更もなかった。そして、それは今成や安谷らの弟子にそのまま承け継がれたから、曹洞宗であっても、彼らが指導する僧堂では看話禅が当然のように行なわれた。

これに対して、曹洞宗の「只管打坐」の伝統を守り抜いたのが沢木興道であった。沢木は「宿無し興道」と呼ばれ、日露戦争で負傷して除隊してからは「移動叢林」と称して全国を行脚して参禅指導を行ない、多くの人々の尊敬を集めた。しかし、自身、過去を振り返って「日露戦争を通じて、わしなども腹いっぱい人殺しをしてきた」と得意気に語るなど、その思想は単なる精神論に堕する恐れを多分に含むものだった。

そのほか、曹洞宗では、台湾やハワイ、アメリカの布教を行なった新井石禅（1864-1927）、曹洞宗の寺院で出家し、漂泊しつつ句作を続けた俳人の種田山頭火(1882-1940)などがあり、黄檗宗からはチベット探検(1897-1903、1904-1915)で有名な河口慧海（1866-1945）が出た（後に還俗）。

戦時下の禅

満州事変以降の禅宗教団のあゆみは、ほとんどそのまま戦争協力の歴史であった。1939年には宗教団体法が成立し、1940年施行された。「一宗一派」を目標とする宗派合同政策によって、臨済宗は再び一派に合同させられた。禅

宗の各教団は、仏教連合会（1941年に大日本仏教会に発展）や仏教護国団に参加し、1944年には、あらゆる宗教を一元化した大日本戦時宗教報国会に参加することになった。

　こうした状況の中で、宗門本来の思想と現実の行動を調整する必要が生じ、禅僧や宗学者を中心に、いわゆる「戦時教学」が展開された。その典型は、山崎益州（1882-1961）、杉本五郎（1900-1937）の師弟によって唱えられた皇道禅（天皇宗）である。杉本の『大義』（1938年）に、「大義に透徹せんと要せば、須らく先づ深く禅教に入って我執を去れ」といい、「諸宗諸学を総合し、人類を救済し給うは、実に天皇御一神におわします」と説くように、これは禅思想を尊皇思想に統合しようとしたものであった。『大義』の影響は大きく、同様の思想は、今成覚禅がこの時期に著わした『古事記と道元・親鸞』（1941年）などにも窺うことができる。

　この時代にあっても、白隠和尚全集編纂会『白隠和尚全集』八巻（1934-35年）、孤峰智璨編『常済大師全集』（1937年）などの出版事業が行なわれたし、歴史的研究を中心に多くの学問的業績が積み重ねられた。主なものとしては、中国関係では宇井伯寿の『第二禅宗史研究』（1941年）や『第三禅宗史研究』（1943年）、松本文三郎（1869-1944）の『達磨の研究』（1942年）などがあり、日本関係では辻善之助（1877-1955）の『日本仏教史』（1944-55年）、桜井景雄（1909-1991）の『南禅寺史』（1936年）、栗山泰音（1860-1937）の『総持寺史』（1938年）、鈴木泰山（1907-1996）の『禅宗の地方発展』（1942年）などがある。また、江戸時代の盤珪永琢を再評価した鈴木大拙の『禅思想史研究　第一』（1943年）もこの時期の著作である。

　この時期の学問研究の一つの特色として、日本の大陸への進出を背景にして、中国の仏跡の踏査がしばしば行なわれ、その成果が公けにされたということがある。常盤大定（1870-1945）の『支那仏教史蹟』（1930年）や『支那仏教史蹟踏査記』（1938年）、鷲尾順敬（1868-1941）の『菩提達磨嵩山史蹟大観』（1932年）などが代表的なものであるが（雑誌、「日華仏教研究会年報」〈1936-43年〉などにもいくつかの報告がある）、これらには禅宗関係の仏跡や碑文等の資料に関する記述が多く含まれており、禅宗研究にも大きな影響を与えた（これ

らに先立って、朝鮮総督府編の『朝鮮金石総覧』(1919-23年)が公刊されており、朝鮮に関して同様の役割を果した)。

　しかし、より大きなインパクトを与えたのは敦煌文書の紹介であった。敦煌文書の大半は仏教関係のものであったが、その中には、後代には失われてしまった初期の禅宗文献が多く含まれていたからである。

　これに先鞭をつけたのは、矢吹慶輝(1879-1939)の『鳴沙余韻』(1930年)、『鳴沙余韻解説』(1933年)と中国の胡適(1891-1962)の『神会和尚遺集』(1930年)で、その後も鈴木大拙の『燉煌出土神会録』(1932年)や『少室逸書』(1935年)、朝鮮の金九経(生没年未詳)の『薑園叢書』四冊(1934年)、大正新脩大蔵経「古逸部」(1932年)、宇井伯寿『禅宗史研究』(1939年)などの出版が続いた。

　敦煌文書　20世紀初頭、敦煌（甘粛省）の莫高窟に住して布教を行なっていた王道士が、第十七窟の密封された石室の中から偶然に発見した、南北朝から宋初にかけて書写された古文書の文献のこと(一部、刊本なども含む)。この発見の情報が伝わると、1907年以降、ヨーロッパの探検隊が訪れ、主要なものを持ち去った。これに気づいた清朝は、1910年、残された文書を急いで確保し、北京に運搬した。しかし、その間にも、王道士が秘匿したものや民間に流出したものがかなりの数存在したらしく、その後も、日本人やロシア人らによって多数の文書が持ち出されている(それらの中には偽物も多いとされる)。こうした経緯のため、世紀の大発見である敦煌文書は世界各地に分散する形で保管されることになった。主なものに、（1）1907年にスタインが搬出したロンドンの大英図書館所蔵本、（2）1908年にペリオが搬出したパリの国立図書館所蔵本、（3）1914年にオルテンブルグが搬出したサンクト・ペテルスブルグのエルミタージュ博物館所蔵本、（4）北京図書館蔵本がある。敦煌文書の大多数は仏教関係のものであるが、道教や漢籍、戸籍などの公文書も含まれている。地中に伝えられたため、後世失われたものや、古い形を伝えるテキストなどが多数含まれており、中国学全般に大きな影響を与えた。中でも禅研究に与えたインパクトは甚大であり、敦煌本『六祖壇経』や『菩提達摩南宗定是非論』『南陽和上頓教解脱禅門直了性壇語』『南陽和尚問答雑徴義』などの荷沢神会(684-758)の著作、『楞伽師資記』や『伝法宝紀』などの北宗の灯史、『絶観論』などの牛頭宗の綱要書などが新たに出現したため、初期の禅宗史は完全に書き換えられることとなった。

これら初期禅宗文献の発見と紹介は、古くに日本や朝鮮に伝わった古写本や古版本への関心を惹起し、鈴木大拙による『興聖寺本法宝壇経』や『大乗寺本法宝壇経』の刊行(1933年、1940年)など、その紹介もあいつぎ、初期の禅宗の研究が大いに進むことになった。これら新資料に基づく研究を主導した鈴木の業績は、戦後、『禅思想史研究　第二』(1951年)、『禅思想史研究　第三』(遺稿、1968年)として纏められた。

　学術研究が盛んであった反面、思想統制の強化もあって、この時期の禅僧の活動には、ほとんど見るべきものがなかった。むしろ、この時代の禅思想は、時代と対決する糧として禅を捉えた一般の知識人の著作の中に見ることができる。

　暗転する時代の中で、禅思想に日本人のアイデンティティーを求めようとする傾向が強まり、久松真一(1889-1980)の『東洋的無』(1939年)、鈴木大拙の『禅と日本文化』(1940年)、『日本的霊性』(1944年)などが著わされ、広く読まれた。この時期に和田利彦(1885-1967)編『禅の講座』(6巻、1937-39年)や長坂金雄(1886-1973)編『禅』(8巻、1941-42年)など、禅に関するかなり大部の講座ものがあいついで出版されたのも、当時のこうした状況に呼応するものであった。また、道元に対する評価と関心はいよいよ高まり、秋山範二(生没年未詳)の『道元の研究』(1935年)、田辺元(1885-1962)の『正法眼蔵の哲学史観』(1939年)などがあいついで出版され、曹洞宗の側からも、衛藤即応(1888-1958)の『宗祖としての道元禅師』(1944年)が出た。

　　鈴木大拙　金沢市(石川県)の出身で本名は貞太郎、「大拙」は釈宗演から与えられた号である。医師の家に生まれ、第四高等中学校を中退して小学校の英語教師となったが、二十二歳で上京し、東京専門学校　(現在の早稲田大学)、東京帝国大学選科などに学ぶ。円覚寺の今北洪川、釈宗演に参禅。1897年にアメリカに渡り、オープン=コート出版社の編集員になった。その間、『大乗起信論』の英訳(1900年)や英文の『大乗仏教概論』の刊行などを行なう。1909年に帰国した後は、禅の研究を続けるとともに、東京帝国大学、学習院、大谷大学などで教鞭を取り、1921年、英文雑誌、「イースタン・ブディスト」を創刊した。同郷の哲学者、西田幾多郎とも親交をもった。戦後の1945年、鎌倉に松ヶ岡文庫を設置し、しばしばアメリカを訪問し、また、英文の著作を通じて禅を海外に広めた。その間、1949年に

ハワイ大学で行なわれた第2回東西哲学者会議では、禅の研究法をめぐって胡適(こせき)(1891-1962)と討論を行ない、1950年から1958年にかけてはアメリカに住んで、ハワイ、イェール、ハーバード、プリンストンなどの各大学で仏教思想の講義を行なった。1949年には日本学士院会員となり、文化勲章も受けた。主な著作に『禅思想史研究』四冊(1943-68年)、『禅と日本文化』、『日本的霊性』などがあり、『鈴木大拙全集』三十巻、別巻二巻(1968-71年)に収められている。

3　戦後の動向

新たなる出発

1945年の敗戦によって、日本は連合国軍最高司令官総司令部(GHQ)の統治下に置かれ、婦人参政権の認可、政治犯の釈放、財閥の解体、農地改革、労働改革、教育改革など様々な改革が断行された。

1946年には、主権在民に基づく象徴天皇制、平和主義による戦争放棄、基本的人権の尊重を骨子とする日本国憲法が公布され、翌年、施行された。これによって、新生日本の歩むべき道が定まった。

その後、アメリカとソ連の対立が激化し、世界は英米を中心とする資本主義世界とソヴィエトを中心とする共産主義世界の二つに分断されることになった(冷戦)。日本を支配したアメリカは、対ソ連政策の一環として日本の経済的復興を望み、次第に占領軍の権限を日本政府に委譲するようになった。

1950年に起った朝鮮戦争によって特需景気が訪れ、早くも鉱工業生産は戦前の水準に回復し、1951年のサンフランシスコ平和条約によって独立を達成し、1956年には国際連合への加盟も実現した。その後、保守政権のもと、神武(じんむ)景気(けいき)(1955-1957)、岩戸(いわと)景気(けいき)(1958-1961)、いざなぎ景気(1965-1970)によって高い経済成長を維持し続け、1964年にはオリンピック、1970年には万国博覧会を開催し、遂には世界第二位の経済大国ともなった。

長く続いた冷戦も、1989年にゴルバチョフとブッシュによって、その終結が宣言され、東欧諸国では民主化革命が次々に起り、1990年にはドイツの統一も達成され、世界は新しい時代に入った。しかし、一方で、核兵器や地球環

境の問題、医学や遺伝子工学の発達に伴う生命倫理の問題など、従来は全く考えられなかったような新たな問題が出現してきている。

　敗戦と禅
　敗戦は仏教界に大きな影響を与えた。都市では寺院や檀信徒が罹災して離散し、農村では農地改革によって農地や山林を失ったため、経済的に困窮する寺院が続出した（逆に由緒寺院などでは、社寺固有境内地処分によって上地された朱印地や黒印地の払い下げを受けた）。
　また、1946年に公布された新憲法によって信教の自由と政教分離が確立され（1951年施行の宗教法人法は、それを具体化するものである）、1947年に民法が改正されて戸主権に基づく家制度が廃止されたことは、仏教教団に大きな転換を迫るものであった。なぜなら、これによって、国家や寺檀関係への依存から脱却し、宗教を真に個人の実存的欲求に根ざすものに改めることを求められたからである。こうした新たな状況に対応すべく、禅宗各派では「宗制」が定められ(1952年)、また、在家教化を推進するために、臨済宗妙心寺派の花園会(1947年)や曹洞宗の梅花講(1951年)などの組織が設立され、「禅文化」(1955年創刊)などの雑誌も出版されるようになった。しかし、教団の認識は一朝一旦に改まるものではない。実際のところ、平和運動に積極的に参加した朝比奈宗源(1891-1979)や戦没者慰霊に尽くした山田無文(1900-1988)の活動はあるものの、教団の戦争責任についての発言は、市川白弦(1902-1986)などの一部の例外を除いて、ほとんど聞くことはできなかったのである。
　宗教法人法によって、宗教活動が自由に行なえるようになり、宗派からの寺院の離脱（単立化）が容易になったこともあって、戦後は新たな教団の設立があいついだ。禅宗関係でも、臨済系に興聖寺派、一畑薬師教団、人間禅教団、洗心教団などが、曹洞系に如来宗（後に「如来教」と改名）、一尊教団、三宝教団などが現われた。中でも釈宗活門下の立田英山(1893-?)が主宰した人間禅教団は、今北洪川の両忘会、釈宗活の宗教両忘禅教会の精神を承け継いで在家主義を標榜し、多くの入門者を集めて注目された。また、安谷白雲が中心となって設立した三宝教団は、臨済系の看話禅を取り入れ、積極的に

海外への布教を行なった。

学問の発達

　戦後の禅の特徴として、禅僧の社会的活動が極めて限られたものになったということが挙げられる。無論、欧米の人々の禅に対する関心はいよいよ高まり、それに伴って臨済宗の柴山全慶(1894-1974)や中川宋淵(1907-1984)、曹洞宗の安谷白雲、弟子丸泰仙(1914-1982)などが積極的に海外布教を行なったことは注目すべきではある。しかし、国内における社会的な認知度は、立田英山や久松真一(1958年にＦＡＳ禅協会を設立)、藤吉慈海(1915-、台湾仏教を参考に、新たに念仏禅を唱える)などの活動にも関わらず、次第に逓減しつつあるように見受けられる。そして、その背景には、欧米流の価値観が強まる中で、禅の伝統に対する崇敬が従来のように無批判には受け入れ難いものとなっているという状況があるように思われる。

> **戦後の欧米布教**　アメリカ布教に努めた人としては、柴山、中川、安谷以外にも、臨済宗の関雄峰(1900-1982)、鈴木宗忠(1921-1990)なども挙げることができる。また、久松真一もハーバード大学などに招かれて禅についての講義を行なうなどしたが、これらの人々が受け入れられたのは、戦前からの鈴木大拙らの活動によって、1950年代を中心に「禅ブーム」と呼ばれるような状況が生じていたからである。当時の禅への関心はヒッピー文化の中で醸成されたもので、ドラッグと関連づけられるなど、必ずしもその本質を理解したものではなかったが、アメリカ人の禅に対する認知度を高める上で大きな役割を果し、より深い禅理解や真摯な実践への道を開くものとなった。それに大いに力があったのが、アメリカに腰を落ち着け、長期にわたって指導を続けた、鈴木俊隆(曹洞宗、?-1971)や嶋野栄道(臨済宗、1932-)らの人々である。1967年に鈴木が中心となってモントレイ(カリフォルニア州)に設立したタハサラ禅センター(禅心寺)は、アメリカ人の師家の養成を目指したもので、アメリカに建立された初の叢林ともいえる(嶋野もニューヨーク郊外のキャッキル山中に国際山大菩薩禅堂を設立している)。その他にも、来日して中川宋淵、原田祖岳、安谷白雲らに学んだフィリップ・カプロー(1912-)が設立したローチェスター禅センターなど、アメリカでは今日も多くの坐禅会や禅センターが活動を続けている。また、アメリカで佐々木指月に

禅を学んだ佐々木ルース女史が、戦後、大徳寺山内に塔頭の龍泉庵を開き、来日した外国人に坐禅の指導を行なったことも、禅の国際化を示すものとして注目される。一方、ヨーロッパでの布教に活躍したのが弟子丸泰仙で、長年の努力の結果、1980年に中部のロワール河の畔のジャンドロニエールの城館に「泰西仏教第一道場」を開いた。

　そうした中でますます隆盛を迎えているのが学術研究の分野である。戦後、1951年に設立された日本印度学仏教学会は、時とともに会員数を増やし続けている。その中でも禅宗関係の研究が占める割合は決して小さくないが、ほかにも戦前からの「禅学研究」等を初め、「宗学研究」(1956年創刊)、「禅文化研究所紀要」(1969年創刊)、「禅研究所紀要」(1971年創刊)など、禅宗研究を主たる目的とした学会誌や紀要が、毎年、定期的に刊行されており、その隆盛には眼を見張るものがある(その多くが、僧籍を持つ「禅僧」によるものである)。

　戦後の最も重要な業績を一瞥しておくと(便宜上、一部を除いて、1970年代までのものに限定する)、基本図書の刊行では、駒沢大学図書館『新纂禅籍目録』(1962年)、曹洞宗全書刊行会『続曹洞宗全書』(1974-77年)、平久保章編『新纂校訂隠元全集』(1979年)、赤尾龍治編『盤珪禅師全集』(1976年)、筑摩書房の『禅の語録』シリーズ(1969-81年)や『日本の禅語録』シリーズ(1977-78年)などがあり、禅宗史の研究では関口真大の『達摩大師の研究』(1957年)や『禅宗思想史』(1964年)、柳田聖山の『初期禅宗史書の研究』(1967年)、芳賀幸四郎の『東山文化の研究』(1945年)や『中世禅林の学問および文学に関する研究』(1956年)、今枝愛真の『中世禅宗史の研究』(1970年)、玉村竹二の『日本禅宗史論集』(1976-81年)や『五山文学新集』(1967-72年)、玉村竹二・井上禅定編『円覚寺史』(1964年)、川瀬一馬の『五山版の研究』(1970年)などがある。

　道元研究も引き続き活発であるが、曹洞宗の学者による文献学的研究と、哲学者を初めとする哲学的な研究との分裂が著しい。前者には永久岳水の『正法眼蔵著述史の研究』(1972年)、及び『正法眼蔵異本と伝播史の研究』(1973年)、大久保道舟の『道元禅師伝の研究』(1953年)や『道元禅師全集』二巻、別冊『道元禅師真筆集成』(1969-70)、中世古祥道の『道元禅師伝研究』(1979年)などがあり、後者には寺田透の『道元の言語宇宙』(1974年)、春日佑芳の『道元の

思想 ―「正法眼蔵」の論理構造』(1976年)などがある。そのほかにも、純粋に思想史的な立場から道元に論及し、大衆性の欠如等を厳しく指摘した家永三郎(1913-)の『中世仏教思想史研究』(1960年)などは注目すべきであるし、田島毓堂(たじま そどう)の『正法眼蔵の国語学的研究』(1977-78年)のような国語学による研究も現われ、多角的な研究が行なわれつつある。

　こうした傾向は道元研究に限ったことではなく、様々な学問分野の隆盛にともない、従来からの思想や文化といった視点にとどまらず、様々な側面から禅を見直そうとする動きが見られるのも戦後の特徴である。竺沙雅章(じくさ がしょう)の『中国仏教社会史研究』(1982年)や道端良秀(みちばたりょうしゅう)の『中国仏教社会経済史の研究』(1983年)のような社会史的、あるいは経済史的研究は、禅宗史研究に新たな光を投ずるものであるし、鈴木大拙やエーリッヒ・フロム(1900-1980)の『禅と精神分析』(邦訳、1960年)に見るような、禅を精神分析学と比較しようとする試みや、秋重義治(あきしげよしはる)や笠松章、平井富雄らによって行なわれた坐禅時の脳波や呼吸の測定といった自然科学的研究も注目される。さらに近年は、中世の方言研究に禅宗の抄物を用いようとする研究や、僧堂における指導法を教育学的な見地から分析しようとする研究なども行なわれるようになってきている。

新たに直面する課題

　このような学問研究への集中は、純粋に学術的であろうとすればするほど信仰との矛盾を生じやすく、また、僧堂における修行を敬遠し、現実社会から遊離する傾向を助長し、宗教としての活力を削ぎかねない状況にもなっている。戦後の禅僧に学術以外の顕著な活動が見られないのも、これと関係するのであろう。戦前には山本玄峰や沢木興道のように、修行によって陶冶された人格によって大きな影響力を持ち得た人々が存在したが、戦後にはそうした人々は皆無といってよいほどなのである。

　こうした戦後の傾向は、結果として禅僧の社会的な地位の低下を推し進めるものでしかなかったように見える。高度成長に伴う進学率の高まりによって、江戸時代や戦前のように、僧侶が知識人であるという時代は終わりを告げた。確かに仏教や禅に関しては、今日も宗派内に優れた学者は多いが、社会

における仏教の役割が低下するのに伴って、社会に対して何らの有効な提言もできないような状況に追い込まれつつある。しかも、教団内で行なわれていた従来の公案解釈も、入矢義高など、漢文学の専門家の厳しい目に曝されるようになっており、禅僧の禅理解に対する信頼性そのものも揺らいできているというのが現実なのである。

　こうした状況への反動と見做すことができるのが、近年、駒沢大学の一部の学者によって展開された「批判宗学」である。彼らは中国仏教、特に禅が中国的な思想の影響を多分に受けていることに着目し、それに対して厳しい批判の目を向ける。しかし、禅に代表される中国仏教がインド的ならざるものであることは、今さら言うまでもない自明のことであって、その主張自体は何ら新しいものではない。そればかりか、その議論を見るに、資料の分析から議論を展開しようとせず、極めて独断的、恣意的なものとなっている。

　従って、彼らの主張の多くは学問的にはほとんど評価すべきものを含んでいないのであるが、こうしたものが現われた背景には、仏教研究が実存の問題から切り離され、学問のための学問となってしまっているという現実に対する不満があるように思われる。実際、彼らの主張には現在の仏教をいかにすべきかという視点をしばしば窺うことができるのである。しかし、彼らには伝統的な禅修行に基づく人格の陶冶も社会的な実践も見られず、その主張もインド仏教を正統とする一種の原理主義に基づいており、現実に存在している仏教との接点を欠いているため、教団内では多少は注目されているものの、社会的影響力は皆無といってよい。

　高度経済成長によって、確かに日本においては貧困などの問題は、ほぼ解決したといってよい。しかし、世界には、まだそうした問題を抱えている国は多く、宗教家がその解決に無関心でいることは許されないはずである。また、日本においても、高齢化社会やターミナルケア、青少年の心の荒廃、カルト宗教の問題行動などが大きくクローズアップされてきている。心の問題は、いかに経済的に豊かになろうとも、それだけでは決して解決しえないものであり、正しく宗教が中心となって取りくむべき課題であるといえよう。にもかかわらず、禅宗を初めとして、どの仏教教団も、こうした問題に対しては、ほとんど

何らの有効な提言も行なえていないように見受けられる。

　もし、各教団が過去の伝統にしがみついて、儀式や決まりきった修行を行なうだけの生活に浸りきり、せいぜいのところ、宗派内でしか通用しないような閉ざされた「学問」に閉じこもり、不毛な議論に終始しているのであれば、やがて、その教団自体の存在意義が問われるのも時間の問題であろう。核兵器や地球環境の問題、世界的な富の偏在、生命倫理の問題などなどといった全く新たな問題に直面している今日、伝統や宗派の意味は、これまでになく軽いものになっているのであるから。

参考文献

石川力山　「近代高僧素描 ― 内山愚童」(「日本仏教史学」20、1985 年)
市川白弦　『仏教の戦争責任』(市川白弦著作集 3、法藏館、1993 年)
市川白弦　『宗教と国家』(市川白弦著作集 4、法藏館、1993 年)
入矢義高　『求道と悦楽 ― 中国の禅と詩』(岩波書店、1983 年)
ブライアン・アンドルー・ヴィクトリア／エィミー・ルィーズ・ツジモト訳
　　　　　『禅と戦争 ― 禅仏教は戦争に協力したか』(光人社、2001 年)
エルンスト・ベンツ／柴田健策ほか訳　『禅 ― 東から西へ』(春秋社、1984年)
上田閑照・堀尾孟編　『禅と現代世界』(禅文化研究所、1997 年)
荻須純道　「明治時代の禅宗」(「禅文化」47、1968 年)
柏原祐泉・吉田久一ほか　『日本仏教史Ⅲ　近世・近代編』(法藏館、1967 年)
柏原祐泉　『日本仏教史　近代』(吉川弘文館、1990 年)
工藤澄子　「全慶老師のアメリカ禅行脚」(「禅文化」75、1974 年)
駒沢大学八十年史編纂委員会　『駒沢大学八十年史』(吉川弘文館、1962 年)
小室裕充　『近代仏教史研究』(同朋舎、1987 年)
酒井得元　「禅界の現状とその問題 (曹洞宗)」(講座禅 8、『現代と禅』筑摩書房、1968年)
酒井得元　『沢木興道聞き書き ― ある禅者の生涯』(講談社学術文庫、講談社、1984年)
篠原寿雄　「明治と禅僧たち」(『講座　近代仏教』2、法藏館、1961 年)
禅文化編集部編　『明治の禅匠』(禅文化研究所、1981 年)
曹洞宗選書刊行会　『正信』(曹洞宗選書 8、同朋社、1981 年)

高木蒼梧　『玄峰老師』（大蔵出版、1963 年）
玉置弁吉　『回想 — 山本玄峰』（春秋社、1980 年）
常光浩然　『近代仏教界の人間像』（世界仏教協会、1962 年）
常光浩然　『日本仏教渡米史』（仏教タイムス社内仏教出版局、1964 年）
弟子丸泰仙　『禅僧ひとりヨーロッパを行く』（春秋社、1971 年）
西谷啓治編　『現代と禅』（講座禅 8、筑摩書房、1968 年）
西村惠信　『鈴木大拙の原風景』（大蔵出版、1993 年）
日本仏教研究会編　『日本の仏教④　近世・近代と仏教』（法藏館、1995 年）
原田祖岳　『大雲祖岳自伝』（大雲会、1960 年）
春見文勝　『禅にいきる傑僧 — 南天棒』（春秋社、1963 年）
古田紹欽　『鈴木大拙その人とその思想』（春秋社、1993 年）
堀岡智明　「アメリカの中の禅」（「禅文化研究所紀要」10、1978 年）
ミシェル・モール　「南天棒とその思想展開」（「近代仏教」7、2000 年）
峰岸孝哉　「曹洞宗学の一視点 — 教学・宗門の展開と差別事象」（「駒沢大学仏教学部紀要」43、1985年）
村上　護　『種田山頭火』（新潮社、1993 年）
山内舜雄　「宗学研究における方法論の再考察」（「駒沢大学仏教学部研究紀要」24、1966年）
山岡鉄舟　『剣禅話』（高野澄編訳、徳間書店、1971 年）
臨済会編　『昭和・平成　禅僧伝 — 臨済・黄檗篇』（春秋社、2000年）
吉田久一　『日本近代仏教史研究』（吉川弘文館、1959 年）
吉田久一　『日本近代仏教社会史研究』（吉川弘文館、1964 年）
吉田久一　『近現代仏教の歴史』（筑摩書房、1998 年）

第Ⅲ篇　禅の現在

第一章　禅宗教団の現状

　第Ⅰ篇と第Ⅱ篇では、中国と日本の禅の歴史を概観してきたが、こうした千数百年に及ぶ歴史の末端に、今日の日本の禅は位置するのである。従って、それは禅の歴史の結果であるとともに、それに制約されたものでもある。そして、今日、我々が禅に関心を持ち、その思想に触れ得るのも、禅が教団によって守り続けられているからにほかならない。従って、現に存在する禅宗教団の状況や、そこで行なわれている修行法などは、教団に属さないものにとっても大きな関心事であるに違いない。ここでは、そうした諸点について概観しておくことにしたい。

1　禅宗教団とその教勢

禅宗教団の三派

　中国から日本に伝えられた禅の系統には、「二十四流四十六伝」があったとされるが、そのうちの二十一流四十二伝が臨済宗、三流四伝が曹洞宗に属する。

　二十四流四十六伝　江戸初期の釈半人子（生没年未詳）が『二十四流宗源図記』で中国から日本へ伝わった禅の門派を二十四流と数え、その後、大冥団（生没年未詳）は『本朝伝来宗門略列祖伝』（1808年）において、隠元の黄檗宗などを加えて四十六伝と数えたという。今、「二十四流」について、その名称と派祖を列挙すれば以下のごとくである（このうち、道元派、東明派、東陵派のみが曹洞宗で、他は全て臨済宗に属する）。（1）千光派：明庵栄西、1192年帰朝、（2）道元派：永平道元、1227年帰朝、（3）聖一派：東福円爾、1241年帰朝、（4）大覚派：蘭渓道隆、1246年来朝、（5）法灯派：心地覚心、1254年帰朝、（6）兀庵派（宗覚派）：兀庵普寧、1260年来朝、（7）法海派：無象静照、1265年帰朝、（8）

大応派：南浦紹明、1267年帰朝、（9）大休派（仏源派）：大休正念、1269年来朝、（10）西磵派（大通派）：西磵子曇、1271年来朝、（11）鏡堂派（大円派）：鏡堂覚円、1279年来朝、（12）無学派（仏光派）：無学祖元、1279年来朝、（13）一山派：一山一寧、1299年来朝、（14）東明派：東明慧日、1309年来朝、（15）仏慧派：霊山道隠、1319年来朝、（16）清拙派（大鑑派）：清拙正澄、1326年来朝、（17）古先派：古先印元、1326年帰朝、（18）明極派（啖慧派）：明極楚俊、1330年来朝、（19）竺仙派：竺仙梵僊、1330年来朝、（20）中巌派：中巌円月、1332年帰朝、（21）別伝派：別伝妙胤、1344年来朝、（22）愚中派（仏通寺派）：愚中周及、1351年帰朝、（23）東陵派：東陵永璵、1351年来朝、（24）大拙派：大拙祖能、1358年帰朝。

　今日活動している宗門も基本的には、この二宗に属するが、曹洞宗が単一の教団を形成しているのに対して、臨済宗は妙心寺派、大徳寺派、円覚寺派などの多くの小教団（「臨済宗十四派」と呼ばれる）に分れている。これは道元の系統以外の曹洞宗が全く振るわなかったのに対して、臨済宗にあっては多くの著名な禅僧の活躍があり、権力者との関係も密接で、京都や鎌倉の五山に代表されるような巨刹が数多く建立されたという歴史的な事情が反映している。

　臨済宗十四派　臨済宗十四派について、その派名と本山（創建年）、開山、開基、所在地を列挙すれば以下の通りである。

派名	本山（創建年）	開山	開基	所在地
天龍寺派	霊亀山天龍寺（1345年）	夢窓疎石	足利尊氏	京都市右京区
相国寺派	万年山相国寺（1384年）	春屋妙葩	足利義満	京都市上京区
建仁寺派	東山建仁寺（1203年）	明庵栄西	源頼家	京都市東山区
南禅寺派	瑞龍山南禅寺（1291年）	無関普門	亀山上皇	京都市左京区
妙心寺派	正法山妙心寺（1337年）	関山慧玄	花園上皇	京都市右京区
建長寺派	巨福山建長寺（1249年）	蘭渓道隆	北条時頼	神奈川県鎌倉市
東福寺派	慧日山東福寺（1255年）	東福円爾	九条道家	京都市東山区
大徳寺派	龍宝山大徳寺（1319年）	宗峰妙超	後醍醐天皇	京都市北区
円覚寺派	瑞鹿山円覚寺（1282年）	無学祖元	北条時宗	神奈川県鎌倉市
永源寺派	瑞石山永源寺（1361年）	寂室元光	佐々木氏頼	滋賀県神崎郡
方広寺派	深奥山方広寺（1384年）	無文元選	奥山朝藤	静岡県引佐郡
国泰寺派	摩頂山国泰寺（1328年）	慈雲妙意	後醍醐天皇	富山県高岡市
仏通寺派	御許山仏通寺（1397年）	愚中周及	小早川春平	広島県三原市
向嶽寺派	塩山向嶽寺（1380年）	抜隊得勝	武田信成	山梨県塩山市

しかし、臨済宗の分立は、「伽藍法」、即ち、教団組織としてそうだというのみで、「伝灯相承」、即ち、専門道場における印可証明の系譜(印証系)は、江戸期の白隠慧鶴(1685-1768)の活動によって、全て、

　　大応国師（南浦紹明）— 大灯国師（宗峰妙超）— 関山慧玄

という、いわゆる「応灯関の一流」で占められており、思想や修行法などの相違はほとんど見られない。

　なお、このほかに、臨済系に属しながら、宗風などの相違から他の臨済宗の諸派とは一線を画する教団に黄檗宗がある。ただ、江戸末期の良忠如隆(1793-1868)以降、白隠の流れが流入したこともあって、「臨黄合議所」なる組織を作り、相互の交流に努めている（併せて「臨黄十五派」と呼ぶ）。

　以上見たように、今日、日本で行なわれている「禅」は、法系と宗風の相違によって、臨済宗、曹洞宗、黄檗宗の三派に分かれているが、これら三派は、それぞれ看話禅、黙照禅、念仏禅という中国以来の特徴ある禅風を伝えるものと言え、思想的見地から見ても非常に興味深い問題を含んでいるが、ここでは教団としての「禅宗」の概要のみを見ておくことにしよう。

各派の教勢

　まず禅宗系諸派の教勢について見てみると、[図表１]に見るように、浄土宗系、日蓮宗系、真言宗系には及ばないものの、それに次ぐ信者を獲得していることが知られる。さらに禅宗教団内部に目を移してみると、寺院数、信者数とも単独で宗派を形成している曹洞宗が圧倒的多数を占めていることが注目される。臨済宗諸派で最も寺院や信者数が多いのは妙心寺派であるが、曹洞宗の教勢はその約五倍であり、臨済宗諸派や黄檗宗を全て合わせても曹洞宗一宗に遠く及ばない。これは江戸時代以前にあっては、臨済宗諸派が支配階級を主な布教対象としたのに対して、曹洞宗が民間信仰なども取り入れつつ、農民などの一般大衆にも積極的に布教を展開したことによるのであり、各宗の思想的立場等から直接に帰結するものではない。

　禅宗の各宗各派は、いずれも1946年施行の宗教法人法に基づく包括宗教

［図表１］

分類	教団名	寺院数	教師数	信者数	分類	教団名	寺院数	教師数	信者数
禅系教団／臨済系	臨済宗妙心寺派	3,400	3,422	331,460	南都系	律宗	39	23	29,500
	臨済宗建長寺派	406	368	263,300		法相宗	169	288	561,125
	臨済宗円覚寺派	211	177	108,498		華厳宗	455	1,484	760,044
	臨済宗南禅寺派	427	424	41,237	天台系	天台宗	3,342	4,228	1,531,528
	臨済宗方広寺派	171	167	20,631		天台寺門宗	234	1,163	376,620
	臨済宗永源寺派	129	109	15,171		天台真盛宗	415	…	…
	臨済宗仏通寺派	50	45	37,900		本山修験宗	217	1,195	4,330
	臨済宗東福寺派	365	322	43,271		修験道	193	537	106,237
	臨済宗相国寺派	93	86	6,712	真言系	高野山真言宗	3,620	6,291	5,486,000
	臨済宗建仁寺派	70	72	26,550		真言宗醍醐派	1,084	4,298	562,530
	臨済宗天龍寺派	105	100	89,701		真言宗智山派	2,894	4,181	1,512,488
	臨済宗向嶽寺派	69	28	26,250		真言宗豊山派	2,648	3,044	1,207,302
	臨済宗大徳寺派	201	209	97,952		信貴山真言宗	196	191	522,300
	臨済宗国泰寺派	34	…	…	浄土系	浄土宗	7,074	10,229	6,021,900
	臨済宗興聖寺派	8	7	874		浄土宗西山禅林寺派	367	514	217,700
	一畑薬師教団	53	106	263,131		浄土真宗本願寺派	10,479	30,544	6,940,852
	洗心教団	2	293	51,185		浄土真宗大谷派	8,846	17,046	5,533,146
	人間禅教団	…	…	…		真宗高田派	637	1,420	221,862
曹洞系	曹洞宗	14,685	16,578	1,556,773	日蓮系	日蓮宗	5,205	8,079	3,845,986
	如来教	58	42	21,580		日蓮正宗	712	747	338,000
	一尊教団	3	…	…		本門仏立宗	337	808	414,642
	三宝教団	14	24	2,622		霊友会	2,972	2,901	1,754,535
	黄檗宗	463	471	350,000		立正佼成会	625	77,193	5,856,939

（文化庁編『宗教年鑑（平成12年度版）』による）

法人となっており、それぞれに宗派の憲法ともいうべき規則（例えば、曹洞宗では「宗憲」、臨済宗妙心寺派では「宗綱」と呼ばれている）を持ち、これに基づいて、さらに個別の規定（曹洞宗では「曹洞宗規則」「曹洞宗規程」、臨済宗妙心寺派では「臨済宗妙心寺派規則」「臨済宗妙心寺派規程」）が定められている。これらは一括して「宗制」と呼ばれるが、これによって、各宗派の宗旨や儀式（法要）、大本山・門跡寺院・一般寺院等の寺院の位置づけと役割、管長・貫首等の役職、僧侶の地位と序列、僧侶の義務と檀信徒との関係、宗派内における諸機関の役割、規則違反に対する懲戒等が詳しく規定されているのである。

2　禅宗教団の組織

　次に各宗各派の宗門組織を概観しておこう。[図表2]に掲げたのは、曹洞宗と臨済宗妙心寺派の機構図であるが、一見して知られるごとく、両者は、その基本構造において非常によく似ている。即ち、いずれもが管長を戴く三権分立体制となっているのであるが、これが日本の国家組織を模したものであることは明らかであろう。以下、曹洞宗と臨済宗妙心寺派を中心に、その主要な機構の概要を述べておく。

　　管長 ： 各宗各派の象徴であって、本山の住職を兼ねる。宗制の制定や改廃、宗議会の招集や解散、住職や役職者の任免等を行なうが、その責任は宗務庁（妙心寺派では「宗務本所」）が負う。妙心寺派では宗務総長が招集する管長推戴委員会（宗務総長や宗議会議長、宗務所長会会長などで組織）の表決によって推戴され、任期は4年（再任可）となっている（ただし、他の臨済宗の多くの派では終身制である）。曹洞宗の場合、二つの本山があるため、管長は両本山の住持（貫首）が2年交代で努めることになっている（貫首は各門派寺院の公選）。
　　宗議会：全国の選挙区から選ばれた議員によって構成され、宗制の制定や改廃、予算や決算などの議決を行なう。定員は曹洞宗が72名、妙心寺派が31名となっている（いずれも任期は4年）。なお、曹洞宗では、

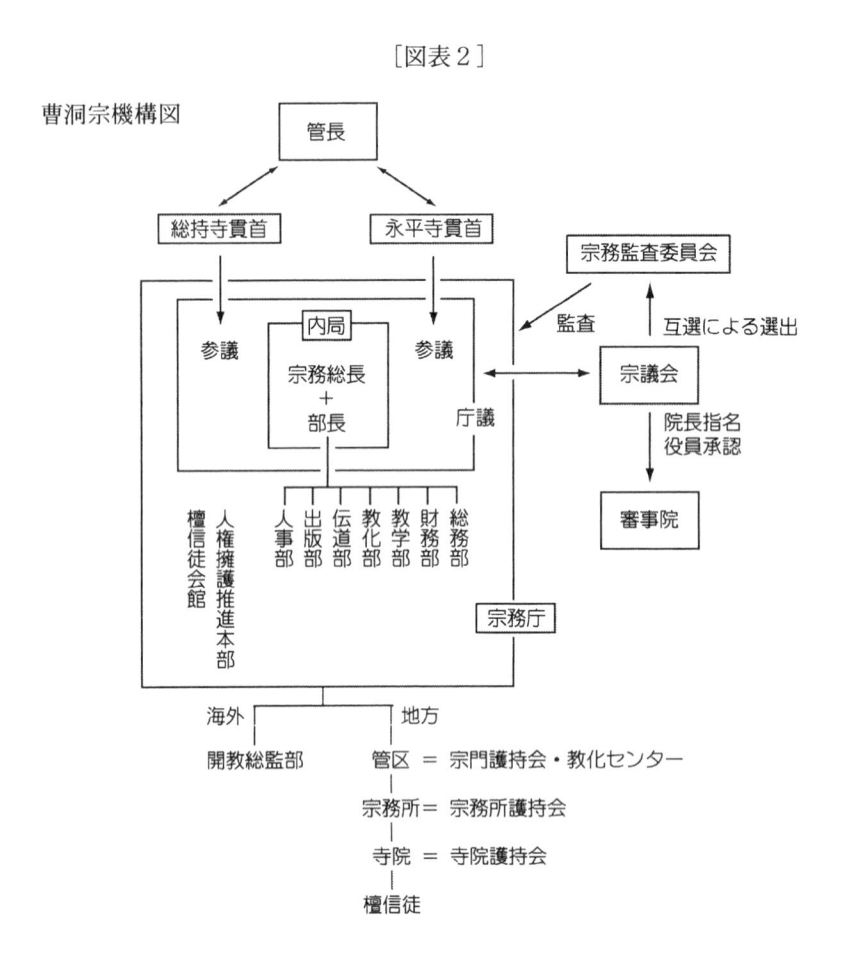

[図表２]

曹洞宗機構図

```
                    ┌──────┐
                    │ 管長 │
                    └──────┘
                     ↕    ↕
           ┌──────────┐  ┌──────────┐
           │総持寺貫首│  │永平寺貫首│          ┌────────────┐
           └──────────┘  └──────────┘          │宗務監査委員会│
                                                └────────────┘
                   ┌──内局──┐                    ↓監査  ↑互選による選出
              参議 │宗務総長│ 参議             ┌──────┐
                   │   ＋   │ ←──────────────→│宗議会│
                   │  部長  │ 庁議             └──────┘
                   └────────┘                    ↓院長指名
                        │                         役員承認
   人  檀   ┌──┬──┬──┬──┬──┬──┐          ┌──────┐
   権  信   人 出 伝 教 教 財 総          │審事院│
   擁  徒   事 版 道 化 学 務 務          └──────┘
   護  会   部 部 部 部 部 部 部
   推  館
   進            宗務庁
   本
   部
        │
    ┌───┴───┐
   海外     地方
   開教総監部  管区 ＝ 宗門護持会・教化センター
               │
              宗務所 ＝ 宗務所護持会
               │
              寺院 ＝ 寺院護持会
               │
              檀信徒
```

各選挙区ごとに永平寺系、総持寺系各１名ずつの議員が選出される。

宗務庁(曹洞宗。妙心寺派では「宗務本所」)：宗務総長(曹洞宗の場合、宗議会によって指名され、任期は２年。妙心寺派では３名の候補者の中から一派の僧侶によって公選され、任期は４年)を中心に部長等から成る「内局(ないきょく)」が組織され、会議(曹洞宗では「庁議(ちょうぎ)」、妙心寺派では「内局会議」)による合議によって、総務、教学、財政(財務)などの各部を統轄して宗務を行なう。また、各地におかれた宗務管区(妙心寺派では「教区」)ごとの宗務所

臨済宗妙心寺派機構図

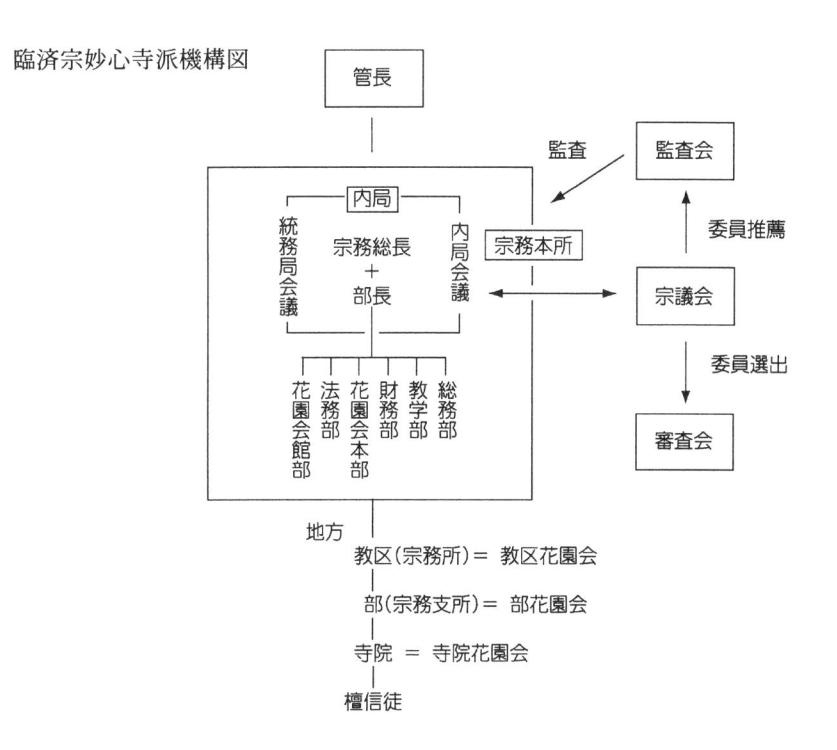

```
                    ┌──────┐
                    │ 管長  │
                    └──┬───┘
                       │                    監査
    ┌──────────────────┼──────────┐      ┌──────┐
    │      ┌─内局─┐               │ ──→  │ 監査会│
    │  統  │宗務  │内             │      └──┬───┘
    │  務  │総長  │局  ┌─────┐    │         ↑
    │  局  │ ＋   │会  │宗務本所│◄───→    │ 委員推薦
    │  会  │部長  │議  └─────┘    │      ┌──┴───┐
    │  議  └───┘                  │      │ 宗議会│
    │    ┌──┬──┬──┬──┬──┐        │      └──┬───┘
    │    │花│花│財│教│総│        │         │ 委員選出
    │    │園│園│務│学│務│        │      ┌──┴───┐
    │    │会│会│部│部│部│        │      │ 審査会│
    │    │館│本│ │ │ │        │      └──────┘
    │    │部│部│ │ │ │        │
    │    └──┴──┴──┴──┴──┘        │
    └──────────────┬───────────┘
                地方│
        教区(宗務所)＝ 教区花園会
        部(宗務支所)＝ 部花園会
        寺院 ＝ 寺院花園会
        檀信徒
```

を統轄する。各宗務管区(妙心寺派では「教区」)はさらに教区(妙心寺派では「部」)に細分され、各教区(妙心寺派では「部」)には教区事務所(妙心寺派では「宗務支所」)が置かれ、教区(妙心寺派では「部」)内の寺院を統轄している。宗務所長、教区長(妙心寺派では「宗務支所長」も)は、その管内の住職による互選で選ばれる(曹洞宗では、宗務管区は主に都道府県単位であり、その上に全国を九つに区分した「管区」があり、各管区内の宗務所長の互選により管区長が置かれる)。

　檀信徒は寺院の修営繕、宗費の負担、寺族の福祉保護、大本山への団体参詣の実施などを目的として組織された護持会(妙心寺派では「花園会」)に所属することになる。護持会(妙心寺派では「花園会」)は各寺院を基礎とするものであるが、教区(妙心寺派では「部」)、宗務管区(妙心寺派では「教区」)、宗門(妙心寺派では「本部」)の各レヴェルで存在し、檀

信徒の代表が選出されてその運営に当たっている。ただし、檀信徒は、一般には禅宗の宗旨に対してほとんど関心を持っておらず、寺院の側でも寺院経営が関心の中心であって、多くの場合、両者は祖霊の祭祀を通じて経済的に結びついているに過ぎない。一般寺院においては、通常、住職が坐禅を行なうこともほとんどないようである。

審事院(曹洞宗。妙心寺派では「審査会」)：教団内における非行、紛争の調停と審判、不正・不当行為に対する調査と制裁を行なう(曹洞宗の「審事院」では、「宗制」の解釈なども行なう)。妙心寺派では、初審は内局の統務院会議で行ない、再審のみを審査会で行なう。定員は曹洞宗が10名、妙心寺派が5名で、任期はいずれも2年である。

宗務監査委員会(曹洞宗。妙心寺派では「監査会」)：予算の執行に関して会計監査を行なう。定員は曹洞宗が6名、妙心寺派が3名、任期は曹洞宗が1年、妙心寺派が2年となっている。

各宗各派は、それぞれ宗議会において議決された予算に基づいて宗務を行なうわけであるが、その予算は一般に「宗費」や「義財」(曹洞宗。妙心寺派では「冥加金」)等によって賄われている。

宗費とは寺院と教師に対して賦課されるもので、寺院には檀信徒数、不動産等によって、教師にはその資格に対して一定の金額が課せられている。また、義財(冥加金)とは、寺格や教師資格などの昇級、住職の任命などに関わる特別納付金であり、その他、書類の発行などの際に納付される手数料収入なども予算に繰り入れられている。

参考文献

現代仏教を知る大事典編集委員会 『現代仏教を知る大事典』(金花舎、1980年)
曹洞宗宗務庁 『曹洞宗宗制』(曹洞宗宗務庁、1999年)
曹洞宗宗務庁 『昭和新訂 曹洞宗行持規範』(曹洞宗宗務庁、1999年)
奈良康明・西村恵信編 『禅宗』(日本仏教基礎講座6、雄山閣、1979年)
文化庁編 『宗教年鑑(平成12年度版)』(ぎょうせい、2001年)
妙心寺派宗務本所 『臨済宗妙心寺派宗制』(妙心寺派宗務本所、1997年)

第二章　禅宗寺院の運営

1　寺院の構成と役職

寺院の構成

　禅宗寺院の伽藍構成は、宗派によっても規模によっても実に様々であるが、曹洞宗の本山、永平寺の例を挙げれば[図表３]のごとくである。本山のような巨刹の場合、一般に非常に多くの建造物からなるが、主要なものとしては、以下のようなものがある。

> 仏殿：方三間の裳階付きのものが多い(鎌倉時代はもっと規模が大きく、方五間で裳階付きであった)。石畳、あるいは瓦敷き。須弥壇が築かれ、本尊が置かれる。本尊は通常、釈迦仏で、文殊・普賢、あるいは阿難・迦葉を脇侍とする三尊形式。そのほか、達磨や土地神などが脇に祭られている(土地神を祭る土地堂を別に設ける場合もある)。種々の儀礼を行なう場所であり、灯明や生花、香炉などで飾られ、木魚や太鼓などが置かれている。なお、黄檗宗では明代以降の名称を用いて、「大雄宝殿」と呼ばれている。
>
> 法堂：住持が説法(これを「上堂」という)を行なう場所で、一層裳階付きである(かつては二層のものもあった)。禅寺では最も重要な建物で、古くは仏殿がなくとも法堂は必要であるとされていた。臨済宗では瓦敷きの土間が多く、須弥壇は置くが、住持が上がるためのもので、仏像は安置されない。一方、曹洞宗では多く畳敷きで、臨済宗の方丈に類す。内陣に観音などを本尊とする須弥壇を置き、祈祷や嗣法などの法儀も行なわれる。
>
> 三門(山門)：寺域を結界するもの。五間の二層に造り、下層には持国、多

324　第Ⅲ篇　禅の現在

［図表3］

永平寺航空写真
（法堂・光明蔵・庫院）

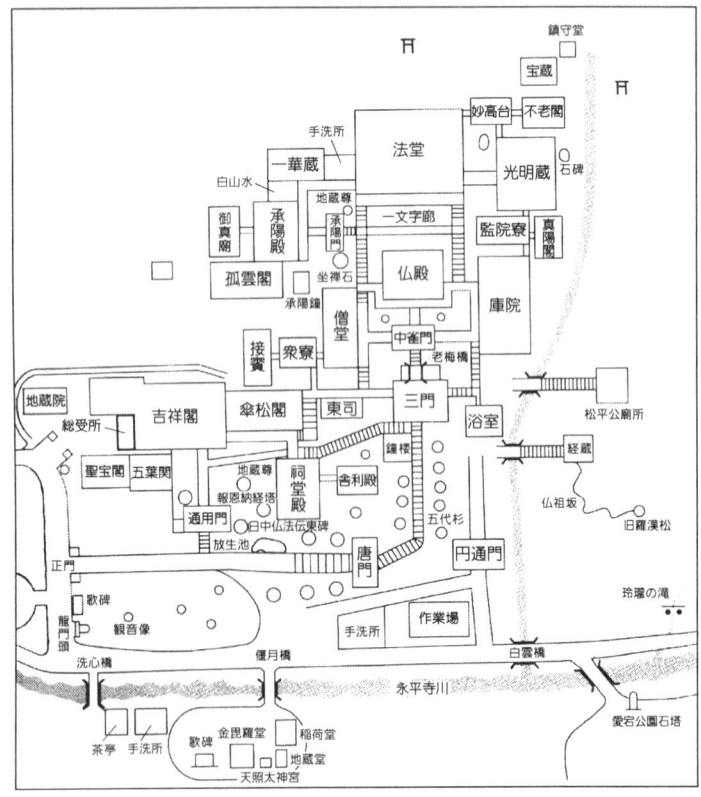

聞の二天を安置し、楼上には十六羅漢(または五百羅漢)と釈迦仏(または観音菩薩)が祭られる。「三門」とは、空、無相、無作の三解脱門を指すという。三門の前には、通常、放生池が設けられている。なお、黄檗宗では、この位置に四天王や布袋(弥勒菩薩)、韋駄天を安置する「天王殿」が設けられ、別に三門を置く。

僧堂：修行僧の生活と修行の場。臨済宗の本山などでは僧堂が残されていない場合が多く、別に「専門道場」と称する施設を設けて、そこで修行を行なっている。また、「禅堂」と呼ばれる場合もあるが、これは黄檗宗の影響である。即ち、黄檗宗では食事や睡眠は外で行ない、坐禅のみをする場であったから、このように呼ばれたのが、江戸時代に他宗でも用いられるようになったのである。僧堂は、一般の僧侶が修行を行なう「堂内」(坐禅堂)と、役付きの僧(半年毎に交代)が居住する「常住」(役寮、寮舎)に分かれ、堂内は床は瓦敷き、または敲土の土間で、堂の中央に聖僧(文殊菩薩)を祭る。その周囲は、各個人に割り当てられた「単」と呼ばれる区画からなる。「単」は幅百センチ、奥行き二百センチ、高さ五十センチほどの畳敷きで、その奥に函櫃と呼ばれる箱が設けられており、ここに寝具や応量器(持鉢)を収める(ただし、臨済宗では「単箱」と言い、日用品などを入れるのみで、頭上に蒲団棚が設けられ、その下に持鉢などを入れる棚がある〈カーテン付き〉)。各単には、その単の僧侶の名前が書かれた「単票」が掛けられている。そのほか、警策を載せる台や、修行の合図用の鐘、太鼓、板(「版」とも。「生死事大。無常迅速。光陰可惜。時不待人」と書かれている)などが設置されており、坐禅、経行、文殊の礼拝などが行なわれる。その構造については、[図表４]を参照。

庫院(斎堂、厨庫)：炊事場と食堂から成る。正面に韋駄天が祭られる。炊事場は通常、敲土の土間で、食堂は板張りが多い。食事の合図に用いる雲版がある。なお、修行僧が食堂で食事を摂るのは、黄檗宗とその影響を受けた臨済宗のみで、曹洞宗では古式に則って僧堂で行なう。

東司(西浄)：便所のこと。烏枢沙摩(烏芻沙摩とも)明王を祭る。脱衣した袈裟と直綴(ころも)をかける竹の棒が設置されている。

[図表４]

僧堂の構造（曹洞宗）

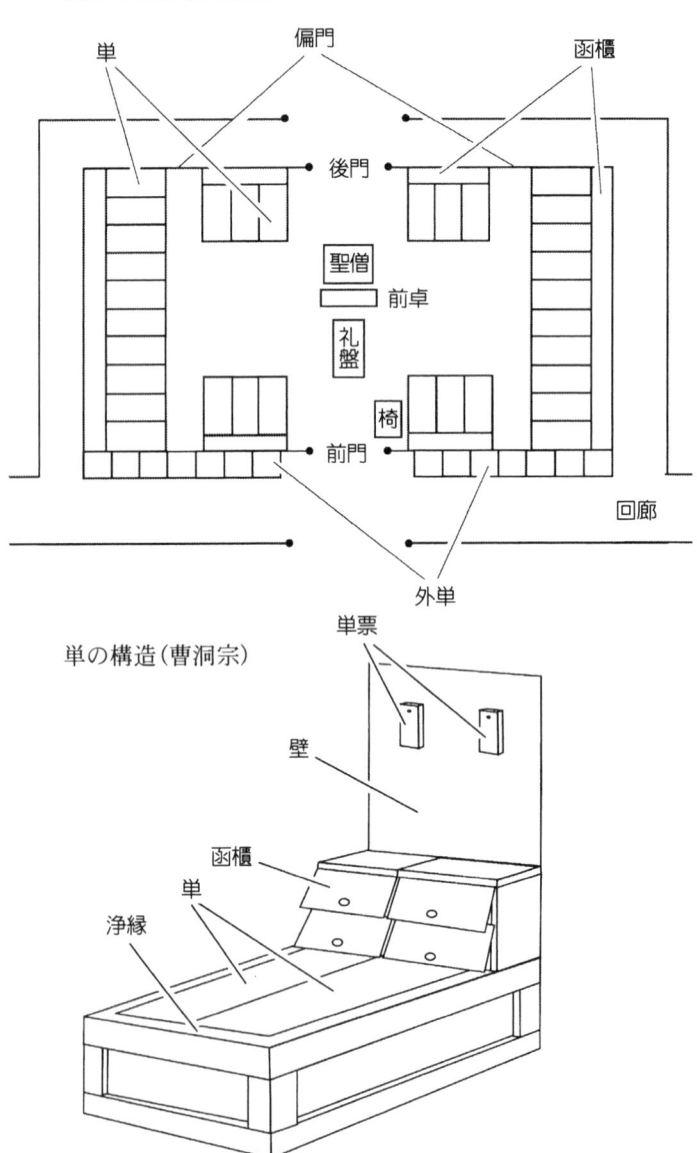

単　　偏門　　函櫃

後門

聖僧
前卓
礼盤

椅

前門

回廊

外単

単の構造（曹洞宗）

単票

壁

函櫃

単

浄縁

浴司(浴室)：浴室のこと(江戸時代までは、蒸し風呂〈今で言うサウナ〉が主流であったようである)。跋陀婆羅尊者を祭る。入浴前に五体投地を行なう拝敷が設置されている。食堂(曹洞宗では僧堂)や東司とともに、いわゆる「三黙堂」の一つで、修行者は無言でなくてはならないため、浴湯の冷暖の加減をするには、場内に掛けられている版を打つ。それには「一声添湯、二声添水、三声則止、以此為節」と書かれている。

惣門：三門の外に築かれた門で、南都六宗で言えば、南大門に当たり、古くは二金剛が安置された。中小の寺院では三門が惣門を兼ねる。

方丈：住持の居室で、通常、法堂の斜め後方に位置する。もともと宋に倣って、公的儀礼を行なう「前方丈」と、住持の私的な生活の場である「内方丈」に分かれたが、現在は前方丈は残っていない(大徳寺や妙心寺に残る「寝堂」は、その名残である)。方丈の前庭は築地で囲まれ、中門が置かれている。中門は住持の新任式である晋山式などの時だけ開門される(通常は、方丈の一端から突き出た土間の廊下と、その前に設けられた「玄関」から出入りする)。なお、中小の寺院では、単に本堂をいう。

衆寮：もともと中国では、修行者が食事後などに読書や喫茶などを行なう場所をいった。曹洞宗の古規復興運動の結果、永平寺や総持寺に設けられたものはこれであり、僧堂とほぼ同じ構造であるが、単がやや狭く作られ、机が設置されている。観音菩薩や虚空蔵菩薩が安置されている。臨済宗では、こうした意味での衆寮は廃れ、役付きの僧などが起臥する寮舎を「衆寮」と呼ぶようになった。

隠寮：師家や長老の居室をいう。

延寿堂：病気を療養するための施設。

開山堂：その寺の開山を祭るための堂である。多く仏殿の形式であるが、須弥壇ではなく、段が設けられており、木像や画像の頂相が設置される。中国では一般に達磨が中央、百丈が右、各寺の開山が左に配置されるが、日本の臨済宗では中央に栄西や達磨が置かれる場合があり、曹洞宗では、道元が中央、瑩山や寺の開山が左右に配置される場合が多い。また、黄檗宗の万福寺では、達磨を祭る祖師堂のほかに隠元を祭

る開山堂がある。

鐘楼(しょうろう)：鐘を釣り下げるための施設。

経蔵(きょうぞう)：経典や禅籍を収める施設。

回廊：伽藍をつなぐ通路をいう。奈良朝の寺院のそれと異なるのは、中庭に植栽を行なう点である。かつてはどの大寺院にも存在したが、臨済宗の寺院の多くは、今日、これを失っている。ただ、曹洞宗や黄檗宗の寺院では残している例が多く。永平寺や万福寺はその代表と言える。

勅使門：勅使参向の時に勅使が通行するために設けられた門で、南禅寺や建仁寺、相国寺、大徳寺、妙心寺、永平寺などにある。

塔：寺によっては三重塔、五重塔などがある。かつては建仁寺(三重塔)や東福寺(五重塔)、南禅寺(多宝塔(たほうとう))、円覚寺(三重塔)、建長寺(五重塔)などにも存在した（旧仏教の影響が大きいとされるが、元末以降の中国の造塔の風に倣ったものとも言われる）。

鎮守社(ちんじゅしゃ)：三門鎮護の神として、総門や三門の付近に祭られる。一般に神社建築が用いられている。寺院によって様々な神が祭られているが、相国寺の例で言えば、伊勢神宮、八幡(はちまん)大神、春日(かすが)明神、天神などである。また、曹洞宗では白山権現(はくさんごんげん)や稲荷(いなり)が多い。

このうち仏殿、法堂、三門、僧堂、庫院、東司、浴司の七つが最も重要なもので、禅宗ではこれを「七堂伽藍(しちどうがらん)」と称している（ただし、この用例は、一条兼良〈1402-1482〉に始まるとされるから、中世の日本禅林で言われるようになったもので、中国にはなかったようである。なお、黄檗宗では、本堂〈大雄宝殿〉・禅堂・斎堂・祖師堂・伽藍堂(がらんどう)〈護伽藍神(ごがらんしん)を祭る堂〉・鼓楼(ころう)〈太鼓を設置した楼閣で、黄檗宗では、鐘楼と対を成す位置に置かれる〉・鐘楼の七つを「七堂伽藍」と呼ぶ）。東司や浴司は南都六宗では七堂伽藍に数えないが、禅宗では清規に基づいて行道を行なうべき道場であるため、これらも含めている。その配置は人体に擬えて、［図表５］のようなものが理想と考えられていたようである（江戸時代の大工の秘伝書「匠明(しょうみょう)」〈1608年〉や曹洞宗の切紙「禅林七堂」などに見える）。

ただし、七堂伽藍を備えているのは、本山などの一部の大寺院のみであり、

[図表5]

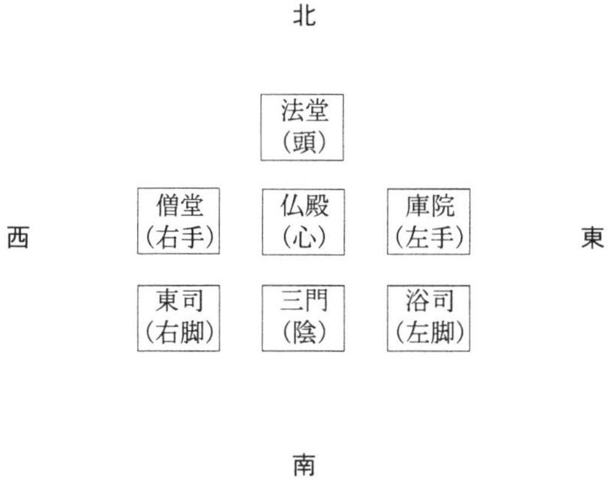

北

		法堂 (頭)		
西	僧堂 (右手)	仏殿 (心)	庫院 (左手)	東
	東司 (右脚)	三門 (陰)	浴司 (左脚)	

南

　中小の寺院の場合、機能的に集約して建造物を少なくしてあるのが普通である。即ち、衆寮や浴司、東司が庫院に吸収され(庫裡)、仏殿と法堂が一つになっている(本堂)。従って、本堂と庫裡、開山堂(檀信徒の位牌を祭る「位牌堂」を兼ねる場合が多い)、鐘楼、三門といった構成が一般的である。
　なお、臨済宗の大寺院では「塔頭」と呼ばれる小寺院をその境内に含んでいる場合がしばしば見られる(以前は曹洞宗の総持寺などにも存在した)。かつては、南禅寺百一、天龍寺九十五、相国寺七十六、建仁寺六十六、東福寺百二十、大徳寺百四、妙心寺百六十五というように膨大な数の塔頭寺院が存在したが、今日では最も多い妙心寺で四十五箇寺となっている([図表6]を参照。ただし、妙心寺の境内にある塔頭は三十九箇寺で、六箇寺は境内の外にある)。
　塔頭はそれぞれ開山塔、それを祭るための昭堂、方丈(客殿)、庫裡、書院などを持ち、末寺として独立している(大徳寺大仙院の例を[図表7]に掲げる。ただし大徳寺の塔頭では、開山塔を客殿内に内設するため、図には描かれていない)。特に妙心寺の場合、全国の末寺は、龍泉庵、東海庵、聖沢院、霊雲院という四つの塔頭(これを「四派本庵」という)のいずれかの系統に属することになっている(四派本庵の住職は、各派内寺院住職五人の推薦によって管長が任命する)。

330　第Ⅲ篇　禅の現在

［図表6］

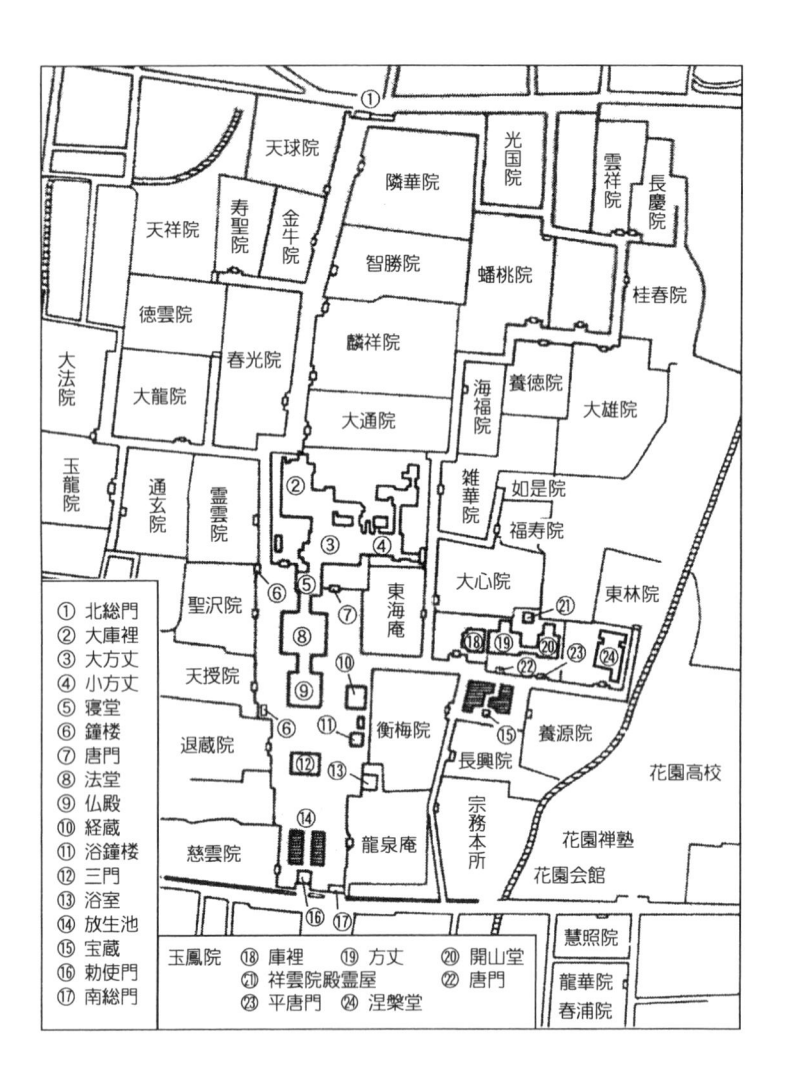

① 北総門
② 大庫裡
③ 大方丈
④ 小方丈
⑤ 寝堂
⑥ 鐘楼
⑦ 唐門
⑧ 法堂
⑨ 仏殿
⑩ 経蔵
⑪ 浴鐘楼
⑫ 三門
⑬ 浴室
⑭ 放生池
⑮ 宝蔵
⑯ 勅使門
⑰ 南総門
⑱ 庫裡　⑲ 方丈　⑳ 開山堂
㉑ 祥雲院殿霊屋　㉒ 唐門
㉓ 平唐門　㉔ 涅槃堂

[図表7]

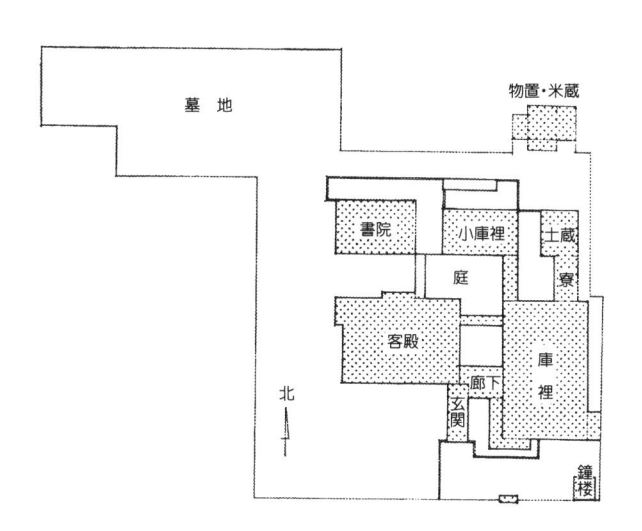

(川上貢『禅院の建築』による)

寺院の役職

　専門道場を併設しているような代表的な禅宗寺院では、修行者(禅宗では「雲水」と呼ばれる)の役割分担によって共同生活が営まれている。その根本に、悟りを日常生活の中に見出すべしとする禅宗の基本思想があることは明らかである。重要な役職は久参の雲水によって担当される。これを「常住」、あるいは「役位」という(これに対して役付きでないものを「堂内」と呼ぶ)。常住には以下のごときものがある(これらの多くは、その起原を宋代に確立された叢林の運営組織である「両班」に求めることができる)。

　師家：伝灯相承の印可を受け、参禅者の指導を行なう人。「老師」とも呼
　　　ばれる。
　侍者：住持や師家に随侍する役職。
　隠侍：住持や師家の日常のすべての世話をする侍者をいう。「三応」とも。
　知客：もと来客の応対をする役であったが、今日では一堂の綱紀を司る

役職をいう。「紀綱寮(きこうりょう)」とも呼ぶ。
直日(じきじつ)：もと作務(さむ)等、その日、一日の幹事に当たる役をいったが、今日では僧堂における坐禅の指導監督の役をいう。その補佐役を「助警(じょけい)」という。
聖侍(しょうじ)：聖僧(文殊)に事える侍者。転じて茶礼に際して茶汲みなどを行なう僧堂の世話役をいう。
浴司(よくす)(浴主、知浴(ちょく))：浴室に関係する全てを司る役職。
典座(てんぞ)：食料の調達と炊事を司る役職。これを長年にわたって勤めた雪峰義存(せっぽうぎぞん)(822-908)に因んで「雪峰寮(せっぽうりょう)」とも呼ばれる。
園頭(えんじゅう)：菜園を管理する役職。
殿司(でんす)：仏殿に関係する一切を司る役職。「知殿(ちでん)」とも呼ぶ。
副司(ふうす)：会計を司る役職。その補佐役の庶務係を「副随(ふずい)」という。

　常住は輪番制で、原則として半年(一夏)で交代することになっているが、その間は、僧堂とは別に部屋(「寮舎(りょうしゃ)」と呼ばれる)をもらい、そこで生活を送る(寮舎は、その役職に応じて、「侍者寮」「知客寮」「副司寮」などと呼ばれる)。
　なお、これらのほかに、堂内が交代で努めるものとして以下のようなものがある。

振鈴(しんれい)：起床を告げる役。
供給(くきゅう)：食事の給仕役。「飯台看(はんだいかん)」とも。
髪頭(はつじゅう)：剃髪をする日に、水、たらい等を用意する役。
浴頭(よくじゅう)：風呂場係。入浴者の背中を流す。
守夜(しゅや)：開枕(かいちん)の時の夜回り。火の用心と戸締まりを点検する。
不寝番(ふしんばん)：寝ずに山内の火燭(かしょく)に注意する役。

2　寺院の行事

　「禅宗寺院」といえば、私たちはすぐに厳しい坐禅修行を思い浮かべるであろう。確かに、そうした側面は禅宗に固有のものであり、最も注目すべきものであることは間違いないが、実際には、それは特定の「僧堂」や「専門道場」でしか行なわれておらず、一般の僧侶は、多くの場合、人生の一時期をそうした僧堂で送るに過ぎないのである。

　禅宗は、確かに極めて特異な思想と修行法を有するが、依然として一つの「宗教」にほかならず、独自の理念に基づく多くの宗教儀礼を伴っている。禅宗寺院においては、むしろ、そうした日常の宗教儀礼の方が生活の多くを規定しているといってよいのである。そこで、次にそうした儀礼の代表的なものについて、簡単に説明しておこう。

日課

　禅宗寺院における日課としての勤行には、朝課(ちょうか)（午前四時頃）、午課(ごか)（曹洞宗では「日中(にっちゅう)」と呼ぶ。午前十一時過ぎ）、晩課(ばんか)（午後四時過ぎ）の、いわゆる「三時諷経(さんじふぎん)」がある。朝課は開山や祖師、歴代住持、大檀越などに回向を行なうために、『観音経(かんのんぎょう)』（『法華経』の「普門品(ふもんぼん)」）や「大悲呪(だいひしゅう)」、「消災呪(しょうさいしゅう)」などを読誦する（曹洞宗では『参同契(さんどうかい)』や『宝鏡三昧(ほうきょうざんまい)』なども用いられる）。午課は『金剛経』や「大悲呪」を読誦する（曹洞宗では「尊勝陀羅尼(そんしょうだらに)」も読誦。ただし、夏中は「楞厳呪(りょうごんしゅう)」等を読誦）。晩課は『金剛経』や『般若心経』、「尊勝陀羅尼」、『潙山警策(いさんきょうさく)』、「大悲呪」などを読誦する（曹洞宗では、『法華経』や面山瑞方(めんざんずいほう)〈1683-1769〉が『瑩山清規(けいざんしんぎ)』〈1324年〉に基づいて編集した『甘露門(かんろもん)』なども用いられる）。

　こうした「諷経(ふぎん)」は、毎月、特定の日にも行なわれる。例えば、祝聖(しゅくしん)（一日、十五日の早朝に天皇の長寿を祈る。曹洞宗では「祝祷(しゅくとう)」と呼ぶ）の際や、臨済宗では土地堂諷経(二日、十六日)、祖師堂諷経(三日、十七日)など、曹洞宗では達磨大師月忌(げっき)(五日)、両祖大師月忌(二十九日)などである(なお、祝聖の後には「小参(しょうさん)」が行なわれる。これは雲水が日ごろの疑問を住持に質すための問答をいう)。

また、特定の月のみ行なわれる行事もある。例えば臨済宗では、一月、五月、九月は「善月(ぜんげつ)」と呼ばれ、その月の十六日には『大般若経』の転読などを行なう「善月祈禱般若」が、十八日には「観音懺法(かんのんせんぽう)」が行なわれる。そのほか、修行に励むためにしばしば読誦されるものに、「懺悔文(さんげもん)」や「大慧禅師発願文(ほつがんもん)」「中峰国師座右銘」などがある（後の二つは臨済宗で用いられる）。

年中行事

禅宗寺院における主な年中行事には、以下のようなものがあり、それぞれに定められた儀礼が執行される。こうした行事は、通常、仏殿や法堂、本堂で行なわれる。

一月一日	歳旦(さいたん)
一月一日〜三日	修正会(しゅしょうえ)（『大般若経』の転読を行なう）
二月十五日	仏涅槃会(ぶつねはんえ)
四月八日	仏降誕会(ぶつこうたんえ)
七月十五日	盂蘭盆会(うらぼんえ)（施餓鬼(せがき)を行なう）
十月五日	達磨忌
十二月八日	仏成道会(ぶつじょうどうえ)
十二月二十二日	冬至
十二月三十一日	除夜
各宗各派の開山の忌日	開山忌
天皇誕生日	祝聖

最も重要な年中行事は「二祖三仏忌(にそさんぶつき)」と呼ばれる。三仏忌とは仏降誕会、仏成道会、仏涅槃会の三つを指すことは各宗に共通であるが、二祖忌は、臨済宗では達磨忌と百丈忌(一月十七日)を指すのに対して、曹洞宗では達磨忌と両祖忌(九月二十九日、永平寺道元、総持寺紹瑾(じょうきん)の忌日)を指す。

開山忌には、その当日(半斎(はんさい))のみでなく、前夜にも「宿忌(しゅくき)」が行なわれ、また、開基の宿忌や半斎にも諷経によって回向を行なう場合がある。多くの場合、「大悲呪」、「楞厳呪」、「消災呪」などが誦される。また、このほか、臨

済宗では臨済忌(一月十日)などが、また、曹洞宗では高祖(道元)降誕会(一月二十六日)、太祖(瑩山紹瑾)降誕会(十一月二十一日)などが行なわれる。

　各宗各派の開山忌　二月二十日(向嶽寺派)、三月二十二日(方広寺派)、六月三日(国泰寺派)、七月五日(建仁寺派)、七月二十四日(建長寺派)、八月二十五日(仏通寺派)、九月一日(永源寺派)、九月三日(円覚寺派)、九月二十九日(曹洞宗両祖忌)、十月十六日(東福寺派)、十月三十日(天龍寺派)、十二月十二日(南禅寺派、妙心寺派)、十二月二十二日(大徳寺派)

　以上のような行事は、専門道場で修行する雲水たちも一般の寺院と同様、当然、行なうべきものである。また、これらのほかにも、檀越の葬式や種々の法会などが時に応じて営まれ、あらかじめ定められた行儀に従って執行される。殊に七月十三日から十五日にかけては、檀家の家々を供養して回る「棚経」が行なわれる。

　　参考文献
　　佐藤義英画・文　『雲水日記 ― 絵で見る禅の修行生活（第二版）』（禅文化研究所、1997年）
　　曹洞宗宗務庁教学部編　『昭和修訂　曹洞宗行持規範』（曹洞宗宗務庁、1988年）
　　奈良康明・西村惠信編　『禅宗』（日本仏教基礎講座6、雄山閣、1979年）
　　西村惠信　『禅僧の生活』（生活史叢書32、雄山閣、1983年）

第三章　禅修行

1　禅宗僧侶の一生

修行過程

　今日、禅宗においても妻帯が広く認められており、多くの場合、寺院は世襲によって承け継がれ、維持されているから、禅宗の僧侶となろうとするものの大多数は禅宗寺院関係者(「宗門」と呼ばれる)の子弟で占められている。その場合、寺院で成育するうちに自然と禅宗の宗旨や宗派組織、特有の儀礼等に関する基礎的知識を得ることになる。そして、ある時期になると、正式の僧侶となるために師匠を決め、その師匠(受業師(じゅごうし))のもとで「得度(とくど)」という儀式を行なう。これによって教団の一員となるのである。

　禅宗において教師になるためには、各地に設けられた専門道場(「僧堂」「禅堂」と呼ばれる場合もある)において、一定期間、参禅弁道をしなくてはならないが、その期間は学歴が高いほど短縮されるので、宗門の子弟の場合であっても、通常の義務教育を終えた後に高校や大学、場合によっては大学院に進学し、その卒業資格を得た後に僧堂生活を送る場合が多い。特に宗立大学に学んだ場合、より多くの特例が認められるので、そうした大学、大学院に進むのが一般的である。

> **専門道場**　「専門道場」は、主に臨済宗で用いる用語。曹洞宗では「本山僧堂」「地方僧堂」などと呼ぶ。曹洞宗の僧堂は古規復興運動の結果、構造・規式などの点で多く古式を残すが、臨済宗の専門道場は幕末から明治にかけて白隠系統の人々によって再興されたものであるため、黄檗宗の影響を受けて変化した点がある。禅宗各派の本山と各地の主要な寺院に併設されており、本山以外のものとしては、祥福寺(しょうふくじ)(妙心寺派、兵庫県神戸市)、徳源寺(とくげんじ)(妙心寺派、愛知県名古屋市)、正眼寺(しょうげんじ)(妙心寺派、岐阜県美濃加茂市)、永保寺(えいほじ)(南禅寺派、岐阜県多治見市)、梅林(ばいりん)

寺(妙心寺派、福岡県久留米市)、聖福寺(妙心寺派、福岡県博多市)、発心寺(曹洞宗、福井県小浜市)などのものがある。一般には得度した僧侶のみが入門でき、特別の坐禅期間である「摂心」の時以外は、居士は「通参」(僧堂へ通う)しなくてはならない。しかも、在家は外単などで坐禅を行なうのが普通である。

僧堂における参禅弁道によって悟りを開き、師家によって認められれば、その「印可」を受けることになる。僧堂生活を送っても、必ずしも悟りが開かれるとは限らず、印可の有無は、特別の場合を除いて、位階の獲得とも直接には関係しない。そのため、一般には定められた年限を過ぎると僧堂を辞去することになる。ただ、僧堂の師家となるためには、印可の受領は絶対に不可欠とされるから、人によっては、非常に長い期間、僧堂で修行生活を送る場合もある。師家は弟子に印可を授ける資格を持つのであるから、これは当然といえよう。

位階の獲得
一般に禅宗では、各寺院はそれぞれに「寺格」を持っており、そこの住職になるためには、その寺格に相当する資格(位階)が必要となる。従って、寺院の子弟が寺を世襲する場合であっても、その寺格に見合った位階を得るべく、学業や僧堂における修行に励まなければならないのである。

僧侶の位階についての規程は各宗各派で異なるが、曹洞宗の場合、「法階」と「僧階」の二つによって規定されている。「法階」は、教団における僧侶としての経歴による階層で、上座(尼上座)、座元(尼座元)、和尚(尼和尚)、大和尚(尼大和尚)の四つの階層からなっており(括弧内は、尼僧の場合)、それぞれに定められた要件を満たせば、所定の儀式を経て、その法階に任じられる。

一方、「僧階」は、学識や修行歴、年齢による階層で、三等教師、二等教師、一等教師、正教師、権大教師、大教師、権大教正、大教正の八つからなっている(三等教師から正教師までは本人の申請により認定されるが、権大教師から権大教正までは宗務庁内の「経歴審査会」により選考される。大教正は貫首、前貫首のみである)。なお、曹洞宗の場合、このほかに布教団体として「梅花講」があり、そ

の構成員の位階として「教階」がある。

　臨済宗妙心寺派の場合、僧侶の資格として「教師」と「教師補」の二つがあり、前者はさらに「大教師」と「一等教師」から「八等教師」までの九等に分かれているから、全部で十の階層があることになる。そして、専門道場における修行の年数や学歴、僧侶となってからの年数（法臘）によって、それぞれ資格に応じた「法階」が与えられる。大教師に与えられるのは、「特住職」「歴住職」「再住職」の三種であり（歴住職以上になるには、専門道場師家、もしくは師家分上のものでなくてはならない）、以下、一等教師から八等教師には、それぞれ「前住職」「住持職」「準住職」「東堂職」「西堂職」「塔主職」「前堂職」「首座職」が与えられ、教師補に与えられるのは「蔵主」「知客」「沙弥」となっている。

2　僧堂生活

　日本の主要な禅宗寺院には、修行のための「専門道場」（僧堂、禅堂）が併設されており、数年間に及ぶ、ここでの厳しい修行を経なくては、宗門内では一人前の僧侶とは認められない。それどころか、寺院の師弟にとっては、一定期間をここで過ごさなくては、自分が生まれ育った寺を継ぐことすらできないのである。そのため、禅宗で得度したものは、一生に一度は必ず僧堂において修行を行なうことになる。

　恐らく、「禅」に関心を持つ一般の人々にとって最も興味をそそられるのは、専門道場における修行の実態であるに違いない。僧堂生活を送ろうとする理由がいかなるものにせよ、そこにおける生活は、まさしく「禅」に固有のものであり、その存在理由そのものだからである。以下に示すのは、その素描である。

僧堂への旅（行脚）

　得度の後、僧堂での修行を決意すると、師匠から僧堂へ願書を出してもらい、「掛搭」（僧堂生活を送ること。「掛錫」とも呼ぶ）の許可を得た後、僧堂へ

と旅立つ（僧堂の選択は各自の自由であるが、一般には自身の属する派が設置している僧堂の中から選ばれる場合が多い）。その際、得度証明書、掛搭願書(本人と受業師の署名が必要)、誓約書、履歴書等を持参する。この旅を「行脚」というが、各地を行脚しつつ修行を重ねる修行者のことを、古来、「行雲流水」になぞらえて「雲水」と称している。

行脚はいつでもよいわけではない。僧堂は二度の「安居」（雨安居〈夏安居、四月十五日～七月十五日〉・雪安居〈冬安居、十月十五日～一月十五日〉。ただし、実際には、僧堂によって時期に多少相違が見られる）を中心とする、半年を単位とするスケジュールによって営まれているが、安居の期間は僧堂の出入りは、一切禁じられている。そのため、行脚の時期はおのずと限定されることとなる。

雲水は、紺木綿の衣に頭陀袋、網代笠、草鞋、白脚絆の出で立ちで、袈裟文庫（「袈裟行李」とも呼ぶ。袈裟、剃刀、小銭、禅籍など僧堂生活において必要最少限のものを入れる。持鉢はこの中に入れず、袋に入れてその上に結わえつける）を前に、風呂敷包み（雨合羽、白衣が入っている）を後にして道場の玄関に向かう。

僧堂入門（入衆）

僧堂に至り、玄関で掛搭願書、誓約書、履歴書を提出するが、知客によって受け入れる余地がないとして拒絶される。実際に受け入れられないのではなく、昔からそのように拒絶する習わしとなっているのである。「新到」（新たに僧堂に来た雲水）は、しかるべき作法を経なければ、その僧堂への掛搭を許されない。その作法には次のようなものがある。

坐禅（臨済宗）

1．庭詰：知客寮によって入門が拒絶されるので、玄関先へ腰かけ、袈裟文庫を前にして、その上に両手を揃え頭を載せて低頭しつづける。食事と用便以外は、この姿勢を続ける。午後になると玄関から追い出し、無理に帰らせようとするので、外で坐禅をし続ける。夕方になると、知客は一晩だけ泊めてやるから明朝帰るように言うので、その日は旦過寮で投宿の僧として泊る。ただし、その夜は眠ることなく、坐禅をして夜を明かす。同様のことをもう一、二日繰り返す（昔は一週間に及ぶこともあったという。また、最初の日は投宿を認められず、近くの小庵などで一夜を明かし、翌朝再び来るという形で、二日目から投宿する場合もある。また、曹洞宗では、この庭詰を行なわないので、旦過詰から始まる）。

2．旦過詰：旦過寮という小部屋で三日から一週間、毎日、壁に向かって坐禅三昧の日を送る。その後、知客寮から入門許可の通知を受け、僧堂の規矩の説明や忠告を受け、翌朝、僧堂に移される。

3．新到参堂：入門の儀式を行なう。僧堂の入り口近くの聖僧の像（通常は文殊菩薩）を三拝した後、新たに与えられた自分の単に導かれ、その入堂許可が「新到参堂」と告げられ、引き続き「茶礼」（一緒にお茶を飲む儀礼）が行なわれる。

4．老師相見：新到参堂の後、数日して老師（師家）に面会を認められる。三拝して部屋に入り、「茶礼」を行なうが、その際、師弟関係の証しとして香が焚かれる。これを「相見香」と呼ぶ。

僧堂における生活

　僧堂の日課は道場によって多少の相違はあるが、基本的には同じと見てよい（ただし、臨済宗で、暁天坐禅、黄昏坐禅の際に「喚鐘」〈入室参禅〉を行なうのは、曹洞宗と大いに異なる）。次に掲げるものは永平寺の例である。

　　午前三時半　　開静（起床のこと。「開板」「振鈴」ともいう）と洗面
　　午前四時　　　暁天坐禅（「暁天打坐」ともいう）
　　午前五時　　　朝課諷経（朝の勤行。法堂で行なわれる）

午前七時	粥座(朝食。「行粥」ともいう)
午前八時	掃除などの作務、朝坐(坐禅)または法益(講義のこと。「提唱」「講座」とも)(四と九のつく日は、九時以降、浄髪〈剃髪〉)
午前十一時	日中諷経(昼の勤行。法堂で行なわれる)
午前十一時半	斎座(昼食)
午後一時半	作務、看読(読書)または法益(四と九のつく日は、開浴〈入浴〉)
午後五時	晩課諷経(夜の勤行、法堂で行なわれる)
午後五時半	薬石(夕食)
午後七時	黄昏坐禅(「夜坐」ともいう)
午後九時	開枕(「解定」ともいう。就寝)

　道場によっては暁天坐禅を粥座の後に行なったり、午後の作務に替えて坐禅(昼坐)が行なわれる場合もあり、また、臨済宗では、開枕の後に各自で坐禅を行なう場合が多い(これも「夜坐」と呼ばれる)。

　このほか、毎月、一日、十五日の祝聖の後に行なわれる「小参」や、あらかじめ日時を決めて行なわれる「法益」(提唱)や「托鉢」(「分衛」「集米」ともいう)がある(例えば妙心寺僧堂では、原則として、一、六、三、八のつく日には、午前の作務に替えて托鉢が行なわれ、二、七、五、十のつく日は提唱が行なわれる)。また、一般の禅宗寺院で行なわれる年中行事は、もちろん僧堂でも行なわれる。

　これらのうちの重要なものについて、簡単に説明を加えておこう(なお、僧堂生活において最も重要な参禅弁道については次項において述べる)。

　まず、「粥座」「斎座」などと呼ばれる食事であるが、曹洞宗では僧堂内で結跏したまま行なわれるのに対して、臨済宗では、「五観堂」と呼ばれる食堂で正坐して行なう。食事の前、『般若心経』、「十仏名」、「施粥偈」(または「施斎偈」)、「五観」、「三匙偈」を唱える。食事中は一切言葉を交わさない。食事後は偈文を唱えつつ持鉢を洗い、拭いて布に包む。普通、粥座は粥と漬物で、斎座(御斎)は麦を混ぜた米飯と味噌汁、沢庵漬けである。斎座の前には、施餓鬼の儀式が行なわれる。仏制では一日二食であるから、夕食は正式な

食事ではないとして「薬石」と呼ばれ、通常、斎座の残り物が出される（正式な食事ではないため、偈文等は唱えない）。このように食事一つについても事細かな作法が決められているわけであるが、同様なことは洗面や用便、入浴などについても言える。いずれの時も私語は許されず（浴室、東司は食堂〈曹洞宗では僧堂〉とともに「三黙堂」と呼ばれる）、「洗面偈」「澡浴偈」などの偈文を唱えつつ、作法に従って事を行なわなくてはならないのである。

「作務」（労働）は、「一日作さざれば、一日食らわず」（唐の百丈懐海の言葉）の精神に基づくもので、日常の中に悟りを見出す修行でもある。掃除、農作業、薪取り、雪かきなどが主なものであり、特に雲水総出で行なう作務は「普請」と呼ばれる。

「開枕」の際には、雲水は『般若心経』（あるいは「尊勝陀羅尼」）を誦し、聖僧を三拝した後、座布団を枕にして横になる。直日は、それを確認した後、聖僧に焼香し、警策をしまい込んで横になる。

「小参」とは、雲水が日ごろの疑問を晴らすための問答のことをいい、この日には僧堂のものが一堂に会してお茶を飲み、老師（師家）が激励を与える「茶礼」が行なわれる。

「提唱」とは、老師による禅籍の講義のことであり、雲水は全員参加する。老師は侍者とともに現われ、本尊、開山、諸祖らに香を捧げ、三拝を行ない、大衆は「大悲呪」、開山の「遺誡」などを唱える。老師は椅子に坐り、講義を始める。通常、一時間あまり続く。その後、大衆は「四弘誓願」を唱えて僧堂に帰る。場合によっては僧堂内で行なわれることもあり、また、三門などに提唱を告げる木版が掲げられ、在家に解放される場合もある。

「托鉢」（行乞）の日には、早朝から全員総出か、あるいは数人のグループごとに分かれて出かける。網代笠をかぶり、「ホー」と叫びながら町中を静かに歩き、施された金銭や米を首にかけた袋に入れる。施しを受ける場合は、誦経で報いる。僧堂維持のために、月々決まった額を寄進する施主がいるので、そこを廻るのである。

僧堂では、四と九のつく日（四九日）が休日で、堂内の掃除や衣の洗濯・修繕（把針）、お灸による治療（灸治）などを行なう。また、頭を相互に剃り合

い(浄髪)、風呂に入る(開浴。現在では、七月から九月にかけての三箇月間は、二と七のつく日に「淋汗」と称して、やはり入浴を行なう)。そのほか、国の定めた祝日や二祖三仏忌、大摂心の前後の日(この日を特に「把針灸治」と呼ぶ)も休日(「除策」という)となる。また、冬至(十二月二十二日頃)の前夜は、唯一、諸規則から解放され、無礼講が許される日で、「冬夜除策」と呼ばれる(この日だけは、飲酒や喫煙も許される)。

托鉢

参禅弁道

特に臨済宗の場合、新到は相見の後、夜坐の時刻になると、老師の所にくるよう告げられ、最初の「公案」(悟るための問題で、通常は「趙州無字」か「隻手音声」のいずれか)を与えられる(臨済宗では、修行のために公案を用いることは極く一般的であるが、曹洞宗においてはこれを忌避する傾向が強い)。公案は修行者の常識的な分別を粉砕して開悟に導くためのものであるから、一般に意味不明なものが多く、特に初心者の場合、公案に対する自分なりの理解(これを「見解」と呼ぶ)を得るためにはかなりの時間を必要とするのが普通である。そのため、公案を与えられた修行者は、その後は坐禅中であれ、作務中であれ、常にその公案について思念を凝らし、それに対する自分なりの「見解」を見出すよう求められる。

一般に、公案の理解には常識を絶した開悟の体験(これを「見性」という)が前提となると考えられている。つまり、修行者は坐禅中やその他において、公案を考え続けることによって、ある日、突然、見性体験を得、それによって、

その公案の完全な理解が達成されるというわけである。

　しかし、それが単なる修行者の独りよがりな思いこみでないとは限らない。そこで、修行者は公案に対する見解を老師に呈示することで、その境地の承認を求めるのである。そして、それが認められると、また別の公案が与えられ、再び見解を呈示するよう求められる。こうした過程を繰り返すことによって、修行者は、自らの見性体験を徐々に高めてゆくのである。見解の呈示は、原則的にはいつでもよいわけであるが、通常は日に二回、そのための機会が設けられているので、その時に老師の部屋を訪れて行なう(これを特に「喚鐘」「入室参禅」などと呼ぶ)。

　また、僧堂では二度の安居の期間、一月に一度、一週間を限度として「大摂心」(「大接心」とも書く)という特別の期間を設けている。この間は作務や托鉢を一切やめ、食事と日一度の提唱以外は、朝三時半から晩の九時半、十時まで坐禅に集中し、見性を目指す。特に仏成道会に合わせて、十二月一日から八日朝まで行なわれる「臘八大摂心」では、朝夕の鳴らし物も止め、横臥することをやめて坐禅し続ける。

　大摂心中の日課についても道場によって多少の相違があるようであるが、円覚寺僧堂の例を掲げれば以下の通りである。雲水は、これら時間の定められた行事に参加する以外は、ひたすら坐禅に打ち込むのである(なお、曹洞宗と臨済宗では、坐禅の方法に違いがあり、曹洞宗では壁に向かうのに対して、臨済宗では壁を背にして坐る)。

午前三時	開静(起床)・粥座(朝食)・朝課諷経(朝の勤行)
夜明け	喚鐘(入室参禅)
午前八時	講座(提唱)・仏餉(仏飯を供え読経)・喚鐘(入室参禅)
午前十時	斎座(昼食)
午後二時	晩課諷経(夜の勤行)・喚鐘(入室参禅)
午後三時半	薬石(夕食)
午後七時	喚鐘(入室参禅)
午後九時	茶礼(休憩)

午後十時 　　解定(かいちん)(就寝)

　入室参禅には、「独参(どくさん)」と「総参(そうざん)」とがある。「独参」は自発的に老師の室内を訪れて自らの見解を呈するものであるから、進境がなければ必ずしも入室参禅する必要はない。ただ、大摂心中に三度は実施される「総参」では、必ずこれを行なわなければならない(なお、曹洞宗などでは公案を用いない摂心が行なわれるが、そうした場合には、入室参禅は行なわれない)。

　入室参禅の方法を簡単に記せば、以下の通りである。隠寮で鐘がなると僧が一人ずつ待機場所から出かける。師家の部屋に入る前に鐘(喚鐘)を打ち、来たことを知らせる。室内に入るときには入り口

喚鐘

で礼拝し、さらに室内で三拝した後、自らの見解を呈す。見解を示す方法は、必ずしも言葉に限られるわけではない。場合によっては、とっぴな行動や無意味な叫びなどで行なわれることもある。しかし、言葉で表現する場合には、一般に、禅の伝統に従って漢文学の素養が要求されるので、雲水たちは必要上、『禅林句集』(句双紙(くぞうし))などの代表的詩句のアンソロジーを読んで記憶しておかなくてはならないのである。ただ、大摂心の期間は書物の閲覧は禁じられているから、東司などで窃かに読むことになる。

　このように入室参禅を繰りかえすことによって、師家によって完全な悟りに至ったと認められると、「飽参者(ほうざんしゃ)」と呼ばれ、「印可状」(悟りの証明書のことで、「嗣書(ししょ)」ともいう)が与えられることとなる。

僧堂の辞去

　二度の安居の終わりに、修行者たちは安居中(「制中(せいちゅう)」と呼ぶ)の行動の報告

を行ない、今後の進路についての希望を述べる。その僧堂にとどまるのも、他の僧堂に移るのも自由である(ただし、安居中の行動により、場合によっては引き続き止まることを拒絶されることもある)。

　安居の期間の終了(これを「解制」と呼ぶ)とともに、常住の交代が行なわれ、これまで常住であったものには慰労休暇が与えられる(二泊三日程度)。次の安居までは「制間」と呼ばれ、僧堂にとどまる場合であっても、この間は知客寮から「暫暇」の許可をもらえば、帰省や旅行などをすることができる(もともと雲水は、この期間、一所不住の生活を送っていた)。僧堂を辞去することを決意した場合には、門のところで僧堂の全員が揃って見送ることになる。僧堂にとどまる者であっても、いつかは僧堂を去る日がくるのである。

3　坐禅の具体的方法

　僧堂生活の中心をなすのは「坐禅」である。これは心を落ちつかせ、(特に臨済宗の場合には)公案に集中するための修行法である。この修行法はインド以来の仏教の伝統に基づくものであるが、現在の中国や日本においては、禅宗以外ではほとんど行なわれない特徴的なものとなっている。ここでは、坐禅の具体的な方法とその功用について見ておくことにしたい。

坐禅儀

　坐禅の際の心構えや意義、方法などについて理解しようとする場合、今日も叢林で広く読まれている宗賾(生没年未詳、11～12世紀)の「坐禅儀」(『禅苑清規』所収)を一瞥しておくのが最も簡便な方法であろう。これは現存するものとしては最も古く、蘭渓道隆(1213-1278)や道元(1200-1253)が「坐禅儀」を書く際に手本としたとされるものでもある。以下、その全文を翻訳によって掲げる。

　　そもそも、般若の智慧を学ぼうという菩薩であれば、まずは何としても大慈悲心を起こし、弘誓願を立てて、真摯に禅修行に励み、衆生を救おう

と誓うべきであって、自分のためにだけ解脱を求めてはならない。

　一切の世俗的な繋がりを断ち、すべてを捨て、身と心が一つとなり、動くこと止まることが一つになり、飲食に心を配って、食べ過ぎたり少な過ぎたりしないようにし、睡眠時間にも注意し、眠り過ぎたり睡眠不足になったりしないようにしなさい。

　坐禅をしようとするときは、静かな場所に厚く坐布団を敷き、着物や帯をゆるめ、姿勢を整えてから結跏趺坐を行ないなさい。まず、右の足を左の腿(もも)の上に置き、左の足を右の腿の上に置く(場合によっては、半跏趺坐(はんかふざ)でもよい。その場合は、左の足を右の腿の上に置くだけでよい)。左の掌(てのひら)を右の掌の上に置いて、両手の拇指(おやゆび)を互いに支えるように合せ、ゆっくりと身体を起こして前に伸ばす。そして、左右に揺すってから身体をまっすぐにして端坐するのである。

　左右に傾けたり、かがまったり、のけ反ったりしてはいけない。腰と背筋と頭と頸(くび)の骨が互いに支えあい、すくっと立った仏塔のような感じにしなさい。かといって、身体をあまりに突き上げるようにして、呼吸が荒くなったり、落ちつかなくなるようでもいけない。必ず耳が肩と向き合い、鼻が臍(へそ)と向き合うようにし、舌は上の顎(あご)を支えるようにし、唇を閉じ、歯を噛み合わせ、目は半眼に開いて眠らないようにしなさい。こうしてもし禅定に入ることができれば、その効果は絶大である。

　昔、禅定にたけた高僧がおられたが、その方は常に目を見開いて坐禅しておられた。また、最近でも開封法雲寺(かいほうほううんじ)の円通禅師(えんつうぜんじ)(法秀(ほうしゅう)、1027-1090)は、目を閉じて坐禅していた人を「黒山にいる悪鬼」だと言って叱られたということである。これは必ずやその道の達人のみが知り得る深い理由のあることであろう。身体が安定し、呼吸が整ったら、下腹の緊張を解き、善悪のごとき一切の思念を全て捨ててしまいなさい。もし何らかの思念が起こったら、すぐにこれに気づくようにすれば、すぐにその思念はなくなってしまうだろう。このような思念のない状態がしばらく続くようになると、自然に一つのかたまりのようになる。これが坐禅の最も肝要なところである。坐禅こそは安楽の法門であるというのに、これによって病気

になる者が多いのは、やり方が間違っているからである。

　もし、ここのところがよくわかれば、自然に身心が軽やかとなり、心は爽やかであり、意識はしっかりし、それによって心がいよいよ充実し、静かで心地よくなる。そして、もし悟りを開くようなことにでもなれば、あたかも龍が水をわがものとし、虎が山を駆け回るように思うがままである。悟りが開けない場合であっても、風上から火を煽るようなもので、そんなに無理をしなくても、やがて悟りは開けるであろう。ただ自分で納得しさえすればよい。これは決して嘘ではない。

　しかし、高い境地を求めれば求めるほど、様々な魔境が現われてくるのも当然である。しかし、精神を正しく保ち続けることができれば、何ものも妨げることはできない。魔境については『楞厳経』や天台大師（智顗、538-597）の『摩訶止観』、圭峰禅師（宗密、780-841）の『円覚経道場修証儀』などに詳しく書かれている。あらかじめ不測の事態に備えておこうとするなら、是非ともそれについて知っておかなくてはならない。

　禅定から出ようとするときは、少しずつ身体を動かし、注意ぶかく立ちあがりなさい。決してなおざりであってはいけない。禅定を出てからも、ちょうど赤ん坊を育てる時のように、どんな時も常に気をつかい、禅定力を保ち続けなさい。そうすれば、禅定力を成就することは難しいことではない。

　もともと禅定というものは最も重大な問題である。もしも心が落ちつかないのであれば、悟りの境地などは何が何だか全く分からないであろう。だからこそ言うのである、「水中の珠を探すには、波を静めねばならぬ。波立っていたのでは、それを手に入れることは難しい」と。禅定という水が澄みきるなら、心という珠はおのづから姿を現わすであろう。だから、『円覚経』にも「妨げられることのない清浄な智慧は、全て禅定によって生まれる」と言い、また『法華経』にも「静かなところで自分の心を修養し、須弥山のように安定したものにしなさい」と教えている。

　してみると、迷いや悟りを超越するには、どうしても禅定が必要なのだし、坐ったまま、あるいは立ったまま死んだりできるのも、禅定の力によ

るものなのである。一生、努力しても、まだ間に合わないかもしれない。まして、尻込みしていたのでは、どうして過去の業に勝てるものか。だから古人も言うのだ、「もしも禅定力をつけなければ、死に打ち勝つことはできない。目を閉じて意味のない人生を終え、また、生死に流浪するだけである」と。

　禅に励もうとする人たちよ。この文章を反復し、自分だけでなく人にも利益を与え、一緒に悟りを開いてくれ。

現在行なわれている方法
　坐禅の基本的理念は、上に掲げた「坐禅儀」に尽きているが、さらに、今日の禅僧の著作などに基づいて、現在、僧堂で行なわれている具体的な方法を敍述してみよう。諸家の説明によれば、坐禅は一般に、「調身」(ちょうしん)（身体を調えること）、「調息」(ちょうそく)（呼吸を調えること）、「調心」(ちょうしん)（心を調えること）の三つの段階から成るという。そのそれぞれの概要は、以下の通りである。

調身
1．結跏趺坐（半跏趺坐）をする：坐蒲団（坐蒲(ざふ)）に腰を下ろしてあぐらをかき、右足を左の腿の上に置き、次に左足をその上から右の腿のつけねにもってくる(結跏趺坐)。場合によっては、右の足を左の腿の上にのせる（降魔坐(ごうまざ)）、あるいは、左の足を右の腿の上にのせる（吉祥坐(きっしょうざ)）だけでもよい(半跏趺坐)。
2．法界定印(ほっかいじょういん)を結ぶ：右手を下に左手を上にして掌を上に向けて重ねて下腹の前に置き、両親指の腹と腹を合わせる。
3．姿勢を整える：肩の力を抜き、上半身を真っすぐにして下腹を押し出し、顎(あご)を引き、身体を前後左右に揺り動かして重心を安定させる。舌先は上顎につけ、目は自然に開けて(半眼(はんがん))、1メートルほど前方の床を見る。

調息
1．口を開けてゆっくりと息を吐き出し、その後、自然に息を吸う。これを

二、三回、繰りかえす。
2. 口を閉じて、静かに細く、長く息を吸い、下腹の辺りからゆっくりと息を吐くようにする（鼻の先に鳥の毛を置いて、それが微動だにしないようになるのが理想的であるという）。

調心
1. 数息観：心の中で呼吸を数え、一から十に至り、十に至ったら、また一に戻って繰りかえす（吐くとき、「ヒトー」と唱え、吸う息で「ツー」と唱える）。
2. 随息観：吐く息、吸う息の二つのみに集中し、数えることはやめて、ひたすら呼吸そのものになりきる。
3. 公案の工夫：「趙州無字」「隻手音声」などの「公案」の工夫によって、悟りを目指す。

　僧堂における坐禅では、直日や助警が道場を巡回しており、居眠りや怠惰を防ぐために、警策で修行者の左右の肩を打つということがしばしば行なわれる（修行者の側から警策を要求する場合もある）。坐禅をし続ける（止静）のは、通常、線香が一本燃え尽きる時間（一炷、30〜40分）で、それが済むとトイレを使う（二便往来）ための十五分くらいの休憩（抽解）がある。足が痛い場合には、この時に足を組み替えてもよい。また、坐禅の合間には一定の時間を区切って一列になって堂内を歩く「経行」が行なわれる。これは睡魔を避け、脚の痛みを除き、坐禅の気分転換を図るためのもので、直日の指示に従い、息を調えたまま、「叉手当胸」して（中国の礼法が叢林に流入したもので、胸の前で左を上にして左右の掌を重ねる。ただし曹洞宗では左右が逆）、道場の内外を歩く（曹洞宗ではゆっくりと歩くが、臨済宗ではかなりスピードが速い）。

　坐禅から立つ時は、両手の掌を上にして両膝の上におき、坐る時と逆に、身体を左右に小より大に七、八回振る。次に口を開いて息を吐き、両手で地を押さえて物静かに立ちあがる。

坐禅に対する科学的所見

「坐禅」は、インド以来の伝統を持ち、中国において禅宗が成立した後も、「叢林」(禅宗社会)において連綿として受けつがれてきた修行法である。そして、今日の日本の禅宗においても、「只管打坐(しかんたざ)」を標榜する曹洞宗はもちろん、伝統的に開悟の体験や実社会における行動性を重視してきた臨済宗においても、その修行の中核を成すものとなっている。この修行法には、いったいいかなる効能が隠されているのであろうか。

科学的測定によれば、坐禅時の脳波は、ある程度低下するものの、どこまでも低下し、睡眠に至るわけではなく、ある一定のレヴェルを維持しているという。坐禅中の筋肉の活動は、立っているときと横臥しているときの中間にあり、この筋肉からの刺激が脳の活動状況と密接に関係していると考えられている。

また、坐禅中は、通常、一分間に十数回行なわれる呼吸が二〜五回となり、一回の吸息は五秒、呼息は十秒ほどで、呼息が吸息に較べて長くなる傾向があることが知られている。このような呼吸数の減少は、エネルギー代謝の低下を示すものであり、坐禅中の脳波にα波やθ波が現われることとともに、脳の活動水準の低下が原因と見られている。因みに、坐禅の前後に行なわれる深呼吸や、坐禅の合間に行なわれる経行は、坐禅中に生じた酸素不足を解消するのに効果的であるという。

坐禅中に現われる、こうした脳活動の低下現象は、恐らく、開悟の妨げとなる自我意識や分別意識を取り除く上で、非常に効果的に働くであろうと考えられる。そして、特に臨済宗の場合、老師から与えられた公案の持つ本質的無意味性が、それをいっそう促進するであろうことは容易に想像される。

4 禅宗寺院で読誦される偈文

最後に、現在、禅宗寺院でしばしば読誦されている偈文などを掲載しておく(なお、宗派によって用いる偈文やその名称、字句、読み方等が異なる場合が多々見られる。ここでは主として臨済宗で行なわれているものを掲げる)。

懺悔文

我昔所造諸悪業	ガシャクショゾウショアクゴウ
皆由無始貪瞋癡	カイユウムシトンジンチ
従身口意之所生	ジュウシンクイシショショウ
一切我今皆懺悔	イッサイガコンカイサンゲ

（『華厳経』普賢行願品による）

大慧禅師発願文

　ただ願わくは道心堅固にして長遠不退、四体軽安にして身心勇猛、衆病悉く除き、昏散速やかに消し、無難、無災、無魔、無障にして、邪路に向かわず、直ちに正道に入って、煩悩消滅し、智慧増長し、頓に大事を悟って、仏の慧明を続ぎ、諸の衆生を度して、仏祖の恩を報ぜんことを。

　次に冀くは、命終わらんとする時に臨みて、少病、少悩、七日已前に豫め死の至らんことを知って正念に安住し、末後自在にこの身を捨て了って、速やかに仏土に生じ、面のあたり諸仏に見え、正覚の記を受け、法界に分身して、遍く衆生を度せんことを。

　[南無]十方三世一切の諸仏、諸尊、菩薩摩訶薩、摩訶般若波羅蜜

（『大覚禅師坐禅論』所収）

中峰国師座右銘

末世の比丘

形は沙門に似て、心に慚愧無く

身に法衣を着けて、思い俗塵に染む

口に経典を誦して、意に貪欲を憶い

昼は名利に耽り、夜は愛著に酔う

外に持戒を表わし、内に密犯をなす

常に世路を営み、永く出離を忘ず

妄想を執し、すでに正智を擲つ

一には、道心堅固にして、すべからく見性を要とすべし。
二には、話頭を疑著し、生鉄を咬むがごとくせよ。
三には、蒲団に長坐して、脇を席に着くることなかれ。
四には、仏祖の語を看て、常に自ら慚愧せよ。
五には、戒体清浄にして、身心を穢すことなかれ。
六には、威儀寂静にして、暴乱を恣にすることなかれ。
七には、小語低声、戯笑を好むことなかれ。
八には、人の信ずる無しといえども、人の謗りを受くることなかれ。
九には、常に苕箒を携えて、堂舎の塵を掃え。
十には、道を行じて倦むこと無く、飽くまで飲食することなかれ。
　生死事大、光陰惜しむべし。無常迅速、時、人を待たず。人身受け難し、今すでに受く。仏法聞き難し、今すでに聞く。この身、今生に向かって度せずんば、更にいずれの生に向かってかこの身を度せん。

菩薩願行文

　弟子某、謹んで諸法の実相を観ずるに、皆是れ如来真実の妙相にして、塵々刹々、一々不思議の光明にあらずということなし。これに因って古え先徳は、鳥類畜類にいたるまで合掌礼拝の心を以て愛護し給えり。かるが故に、十二時中、吾等が身命養護の飲食衣服は、素より高祖の暖皮肉にして権現慈悲の分身なれば、誰か敢て恭敬感謝せざらんや。無情の器物猶然り、況んや人にして愚かなる者には、ひとしお憐愍眷念し、たとい悪讐怨敵となってわれを罵り、われを苦しむることあるも、これは是れ菩薩権化の大慈悲にして、無量劫来、我見偏執によって造りなせるわが身の罪業を消滅解脱せしめ給う方便なりと一心帰命、言辞を謙譲にして深く浄信をおこさば、一念頭上に蓮華を開き、一華一仏を現じ、随処に浄土を荘厳し、如来の光明脚下に見徹せん。願わくはこの心を以て普く一切に及ぼし、われらと衆生と同じく種智を円かにせんことを。

（釈宗演の法嗣、間宮英宗〈1871-1945〉作）

甘露門

【奉請三宝】

南無十方仏　　　　　　ナムジッポウブツ

南無十方法　　　　　　ナムジッポウホウ

南無十方僧　　　　　　ナムジッポウソウ

南無本師釈迦牟尼仏　　ナムホンシシャカムニブツ

南無大慈大悲救苦観世音菩薩

　　　　　　　　　　　ナムダイズダイヒキュウクカンゼオンボサツ

南無啓教阿難尊者　　　ナムケイキョウアナンソンジャ

【招請発願】

是諸衆等、発心して一器の浄食を奉持して、普く十方、窮尽虚空、周遍法界、微塵刹中、所有国土の一切の餓鬼に施す。先亡久遠、山川地主、乃至曠野の諸鬼神等、請う来って此に集まれ。我今悲愍して、普く汝に食を施す。願くは汝各各、我此食を受けて、転じ持って尽虚空界の諸仏及聖、一切の有情に供養して、汝と有情と、普く皆飽満せんことを。亦願くは汝が身、此の呪食に乗じて、苦を離れて解脱し、天に生じて楽を受け、十方の浄土も、意に随って遊住し、菩提心を発し、菩提道を行じ、当来に作仏して、永く退転なく、前に道を得る者は、誓て相度脱せんことを。又願くは汝等、昼夜恒常に、我を擁護して、我所願を満ぜんことを。願くは此食を施す、所生の功徳、普く以て法界の有情に廻施して、諸の有情と、平等共有ならん。諸の有情と、同じく此福を以て、悉く将て真如法界、無上菩提、一切智智に回向して、願くは速に成仏して、余果を招くこと勿らん。（法界の含識）願くは此法に乗じて、疾く成仏することを得ん。

（以下、「雲集鬼神招請陀羅尼」「破地獄門開咽喉陀羅尼」「無量威徳自在光明加持飲食陀羅尼」「蒙甘露法味陀羅尼」をそれぞれ七回、「毘盧舎那一字心水輪観陀羅尼」を二十一回、「五如来宝号招請陀羅尼」を一回、「発菩提心陀羅尼」を七回、「授菩薩三摩耶戒陀羅尼」を七回、「大宝楼閣善住秘密根本陀羅

尼」を三回、「諸仏光明真言灌頂陀羅尼」を七回、「撥遣解脱陀羅尼」を十回唱える）

【回向偈】
以此修行衆善根　　　イースーシュウアンシュウセンゲン
報答父母劬労徳　　　ホウトウブーモーキロウテー
存者福楽寿無窮　　　ソンシャーフーラージュムーキュー
亡者離苦生安養　　　モウシャリークーサンナンヨウ
四恩三有諸含識　　　スーインサンユウシーアンシー
三途八難苦衆生　　　サンズーハーナンクーシュウサン
倶蒙悔過洗瑕疵　　　キューモウクイコーセンナンスー
尽出輪回生浄土　　　ジンシューリンヌイサンジンズー

四弘誓願
衆生無辺誓願度　　　シュジョウムヘンセイガンド
煩悩無尽誓願断　　　ボンノウムジンセイガンダン
法門無量誓願学　　　ホウモンムリョウセイガンガク
仏道無上誓願成　　　ブツドウムジョウセイガンジョウ

楊枝偈（洗面の際、楊枝をとるとき）
手持楊枝　　　シュジヨウジ
当願衆生　　　トウガンシュジョウ
皆得妙法　　　カイトクミョウホウ
究竟清浄　　　クキョウショウジョウ
　　　　　　　　　　　　　　　（『華厳経』浄行品による）

洗面偈（顔を洗うとき）
以水洗面　　　イスイセンメン
当願衆生　　　トウガンシュジョウ

得浄法門　　　　　　　トクジョウホウモン
　　　永無垢染　　　　　　　ヨウムクゼン
　　　　　　　　　　　　　　　　　（『華厳経』浄行品による）

十仏名（食事の前）
　　　清浄法身毘盧遮那仏　　シンジンパシンビルシャノフ
　　　円満報身盧遮那仏　　　エンモンホウシンルシャノフ
　　　一千百億化身釈迦牟尼仏　センパイカシンシキャムニフ
　　　当来下生弥勒尊仏　　　トウライアサンミルソンブ
　　　十方三世一切諸仏　　　ジホウサンシイシイシブ
　　　大聖文殊師利菩薩　　　ダイシンモンジュスリブサ
　　　大行普賢菩薩　　　　　ダイアンフゲンブサ
　　　大悲観世音菩薩　　　　ダイヒカンシインブサ
　　　諸尊菩薩摩訶薩　　　　シソンブサモコサ
　　　摩訶般若波羅蜜　　　　モコホジャホロミ

施粥偈（食事の前－朝食）
　　　粥有十利　　　　　　　シュウユウジリ
　　　饒益行人　　　　　　　ニョウイアンジン
　　　果報無辺　　　　　　　コホウブヘン
　　　究竟常楽　　　　　　　キュウキンジョウラ

施斎偈（食事の前－昼食）
　　　三徳六味　　　　　　　サンテルミ
　　　施仏及僧　　　　　　　シブギュウズン
　　　法界有情　　　　　　　ハカイユウジン
　　　普同供養　　　　　　　フズンキュンニョウ

生飯偈(さば)（食事の前）

　　汝等鬼神衆　　　　　　　ジテンキジンシュ
　　我今施汝供　　　　　　　ゴキンスジキュウ
　　此食遍十方　　　　　　　スジヘンジホウ
　　一切鬼神共　　　　　　　イシキジンキュウ

　　　　　　　　　　　　　　　　（『涅槃経』巻十六による）

五観（食事の前）

　　一計功多少量彼来処　　　一つには功の多少を計り彼の来処を量(はか)る
　　二忖己徳行全欠応供　　　二つには己れが徳行の全欠を忖って供に応ず
　　三防心離過貪等為宗　　　三つには心を防ぎ過貪等を離るるを宗とす
　　四正事良薬為療形枯　　　四つには正に良薬を事とするは形枯(ぎょうこ)を療ぜんが為めなり
　　五為成道業応受此食　　　五つには道業(どうぎょう)を成ぜんが為めに応(まさ)に此の食を受くべし

三匙偈(さんぴ)（食事の前）

　　一口為断一切悪　　　　　イックイダンイッサイアク
　　二口為修一切善　　　　　ニクイシュイッサイゼン
　　三口為度諸衆生　　　　　サンクイドショシュジョウ
　　皆共成仏道　　　　　　　カイグジョウブツドウ

折水偈(せっすい)（食事の後、鉢を洗うとき）

　　我此洗鉢水　　　　　　　ガシセンパツスイ
　　如天甘露味　　　　　　　ニョテンカンロミ
　　施与鬼神衆　　　　　　　セヨキジンシュ
　　悉令得飽満　　　　　　　シツリョウトクボウマン

粥畢偈（食事の後－朝食）

若喫粥已　　　　　ニャクキシュクイ
当願衆生　　　　　トウガンシュジョウ
所作皆弁　　　　　ショサカイベン
具諸仏法　　　　　グショブッポウ

食畢偈（食事の後－昼食）

飯食訖已色力充　　ボンジキコツチシキリキジュウ
威振十方三世雄　　イシンジッポウサンゼユウ
回因転果不在念　　ヨインテンカフザイネン
一切衆生獲神通　　イッサイシュジョウギャクジンズウ

登厠偈呪（東司に入るとき）

大小便時　　　　　ダイショウベンジ
当願衆生　　　　　トウガンシュジョウ
棄貪瞋癡　　　　　キトンシンチ
蠲除罪垢　　　　　ケンジョザイク
呪曰
唵根嚕陀耶莎訶　　オンコロダヤソワカ

（『華厳経』浄行品による）

清手偈呪（東司で手を洗うとき）

以水洗手　　　　　イスイセンシュ
当願衆生　　　　　トウガンシュジョウ
得清浄手　　　　　トクショウジョウシュ
受持仏法　　　　　ジュジブッポウ
呪曰
唵主伽羅哉莎訶　　オンシュキャラヤソコ

（『華厳経』浄行品による）

剃髪偈（浄髪のとき）

　　剃除鬚髪　　　　　　　テイジョシュハツ
　　当願衆生　　　　　　　トウガンシュジョウ
　　永離煩悩　　　　　　　ヨウリボンノウ
　　究竟寂滅　　　　　　　クギョウジャクメツ

　　　　　　　　　　　　　（『華厳経』浄行品による）

澡浴偈（開浴の前）

　　沐浴身体　　　　　　　モクヨクシンタイ
　　当願衆生　　　　　　　トウガンシュジョウ
　　身心無垢　　　　　　　シンジンムク
　　内外清浄　　　　　　　ナイゲショウジョウ

　　　　　　　　　　　　　（『華厳経』浄行品による）

参考文献

大森曹玄　『参禅入門』（講談社学術文庫、講談社、1986年）
佐藤義英画・文　『雲水日記 ― 絵で見る禅の修行生活（第二版）』（禅文化研究所、1997年）
島田春浦　『禅堂生活』（平河出版社、1983年）
鈴木大拙監修／篠原寿雄・佐藤達玄　『図説 禅のすべて ― 生きている禅』（大耳社、1989年再版）
鈴木大拙　『禅堂の修行と生活／禅の世界』（新版鈴木大拙禅選集 6、春秋社、1991年）
奈良康明・西村恵信編　『禅宗』（日本仏教基礎講座 6、雄山閣、1979年）
西谷啓治編　『禅の実践』（講座禅 2、筑摩書房、1967年）
西谷啓治編　『現代と禅』（講座禅 8、筑摩書房、1974年）
西村恵信　『禅僧の生活』（生活史叢書 32、雄山閣、1983年）
平井富雄　『座禅の科学 ― 脳波からみたそのメカニズム』（ブルーバックス、講談社、1982年）
秋重義治　『禅の心理学 ― 悟りの構造』（法政大学出版局、1986年）

参考文献一覧

　ここでは、その扱う対象が広範であるなどのために、各章の末尾に「参考文献」として示すことのできなかった書籍を一括して掲げておく。

a．禅宗史全般に関わるもの
　　今枝愛真編　『禅宗の諸問題』（雄山閣、1979 年）
　　荻須純道　『禅宗史入門』（サーラ叢書 22、平楽寺書店、1977 年）
　　鎌田茂雄　『禅とはなにか』（講談社学術文庫、講談社、1979 年）
　　駒沢大学図書館編　『新纂禅籍目録』（駒沢大学図書館、1962 年）
　　駒沢大学内禅学大辞典編纂所編　『新版　禅学大辞典』（大修館書店、1985 年）
　　曹洞宗青年会　『禅へのいざない』4 巻（大東出版社、1991 年）
　　田上太秀　『禅の思想 — インド源流から道元まで』（東書選書、東京書籍、1980 年）
　　田中良昭編　『禅学研究入門』（大東出版社、1994 年）
　　西谷啓治編　『禅と文化』（講座禅 5、筑摩書房、1968 年）
　　芳賀幸四郎　『禅入門』（タチバナ教養文庫、たちばな出版、1995 年）
　　藤吉慈海　『禅浄双修の展開』（春秋社、1974 年）
　　古田紹欽　『禅とは何か』（NHKライブラリー、NHK出版、1996 年）

b．中国の禅宗史に関わるもの
　　阿部肇一　『増訂　中国禅宗史の研究』（研文出版、1986 年）
　　石井修道　「禅系の仏教」（シリーズ東アジア仏教 3、『新仏教の興隆 — 東アジアの仏教思想Ⅱ』春秋社、1997年）
　　鎌田茂雄　『中国の禅』（講談社学術文庫、講談社、1980 年）
　　沢田瑞穂　『仏教と中国文学』（国書刊行会、1975 年）
　　鈴木哲雄　『中国禅宗史論考』（山喜房仏書林、1999 年）
　　高峰了州　『華厳と禅との通路』（南都仏教研究会、1956 年）

土田健次郎 「三教図への道 ― 中国近世における心の思想」(シリーズ東アジア仏教 5、『東アジア社会と仏教文化』春秋社、1996年)
西谷啓治編 『禅の歴史 ― 中国』(講座禅 3、筑摩書房、1967年)
西谷啓治編 『禅の古典 ― 中国』(講座禅 6、筑摩書房、1968年)
平野顕照 『唐代文学と文学の研究』(朋友書店、1978年)
柳田聖山 『無の探求〈中国禅〉』(仏教の思想 7、角川文庫、1997年)
柳田聖山 『禅思想 ― その原型をあらう』(中公新書、中央公論社、1975年)

c．日本の禅宗史に関わるもの

東隆真 『日本曹洞宗史』(禅ブックス、平河出版社、1983年)
今枝愛真 『禅宗の歴史』(至文堂、1962年)
今枝愛真編 『曹洞宗』(日本の仏教 7、小学館、1985年)
鏡島元隆・玉城康四郎編 『道元禅の歴史』(講座道元 2、春秋社、1980年)
川上孤山・荻須純道増補 『増補　妙心寺史』(思文閣、1975年)
川上貢 『禅院の建築』(河原書店、1968年)
河村孝道・石川力山編 『道元禅師と曹洞宗』(日本仏教史論集 8、吉川弘文館、1985年)
桜井景雄 『南禅寺史』(南禅寺、1936年)
桜井景雄 『続南禅寺史』(南禅寺、1953年)
鈴木大拙 『禅と日本文化』(岩波新書、岩波書店、1964年)
関口貞通 『向嶽寺史』(大本山向嶽寺、1972年)
高木宗監 『建長寺史　開山大覚禅師伝』(大本山建長寺、1989年)
竹内道雄 『日本の禅』(春秋社、1976年)
竹貫元勝 『日本禅宗史』(大蔵出版、1989年)
竹貫元勝 『日本禅宗史研究』(雄山閣、1993年)
竹貫元勝 『新日本禅宗史』(禅文化研究所、1999年)
玉村竹二 『日本禅宗史論集』全 3 巻 (思文閣出版、1976-81年)
玉村竹二 『臨済宗史』(春秋社、1991年)
玉村竹二・井上禅定 『円覚寺史』(春秋社、1964年)
玉村竹二・葉貫磨哉 『平林寺史』(新座市金鳳山平林寺、1987年)
圭室諦成 『日本仏教史概説』(現代仏教名著全集 8、日本の仏教(3)、隆文館、1960年)
辻善之助 『日本仏教史』全10巻(岩波書店、1944-55年)

中尾良信　「日本の禅の特質」（シリーズ東アジア仏教4、『日本仏教論 ― 東アジアの仏教思想Ⅲ』春秋社、1995年）
西谷啓治編　『禅の歴史 ― 日本』（講座禅4、筑摩書房、1967年）
西谷啓治編　『禅の古典 ― 日本』（講座禅7、筑摩書房、1968年）
西村恵信編　『臨済宗』（日本の仏教6、小学館、1985年）
平野宗浄・加藤正俊編　『栄西禅師と臨済宗』（日本仏教史論集7、吉川弘文館、1985年）
古田紹欽　『日本禅宗史の諸問題』（大東出版社、1988年）
柳田聖山　『禅と日本文化』（講談社学術文庫、講談社、1985年）
横山秀哉　『禅の建築』（彰国社、1967年）

掲載写真一覧

9頁 「少林寺」　著者撮影
15頁 「雪舟筆:慧可断臂図(斉年寺所蔵)」　渡邊明義『水墨画 ― 雪舟とその流派』(「日本の美術」335、至文堂、1994年)
21頁 「双峰山・毘盧塔」　岡島秀隆「湖北省の古塔」(「愛知学院大学禅研究所紀要」24、1995年)
33頁 「大智禅師(義福)碑陰記(741年、陽伯成撰・史惟則隷書)拓本(北京図書館所蔵)」　北京図書館金石組編『隋唐五代16』(北京図書館蔵中国歴代石刻拓本匯編24、中州古籍出版社、1989年)
41頁 「南陽和上頓教解脱禅門直了性壇語(フランス国立図書館所蔵敦煌本)」　黄永武主編『敦煌宝蔵　113巻』(新文豊出版公司、1985年)
61頁 「南嶽懐譲塔」　古田紹欽『禅とは何か』(NHK出版、1996年)
71頁 「薬山李翺問答図(南禅寺所蔵)」　鈴木大拙監修／篠原寿雄・佐藤達玄『図説　禅のすべて ― 生きている禅』(大耳社、1989年)
84頁 「宋の太祖」　陳舜臣監修／岡春夫編『宋・元』(中国歴史紀行4、学習研究社、1998年)
99頁 「蘇軾の像(四川省・三蘇祠)」　同上
104頁 「五山版『碧巌録』扉(大東急記念文庫所蔵)」　川瀬一馬『五山版の研究　下巻』(日本古籍商協会、1970年)
114頁 「大慧宗杲墨跡(東京国立博物館所蔵)」　東京国立博物館編『東洋美術150選』(東京国立博物館運営協力会、1998年)
116頁 「無準師範頂相(東福寺所蔵)」　梶谷亮治『僧侶の肖像』(「日本の美術」388、至文堂、1998年)
123頁 「『十牛図』見跡・得牛(京都大学人文科学研究所所蔵)」　松下隆章監修『水墨画』(「別冊太陽」23、平凡社、1978年)
129頁 「太白山天童寺」　『中国仏教の旅　第4集』(美乃美、1980年)
134頁 「中峰明本頂相(選仏寺所蔵)」　前掲『僧侶の肖像』
138頁 「黙庵筆:布袋図(MOA美術館所蔵)」　海老根聰郎『水墨画 ― 黙庵から明兆へ』(「日本の美術」333、至文堂、1994年)
151頁 「雲棲袾宏(『仏祖道影』)」　藤吉慈海『禅関策進』(禅の語録19、筑摩書房、1970年)

掲載写真一覧　365

160頁　「雍正帝」　アン・パールダン／稲畑耕一郎監修／月森左知訳『中国皇帝歴代誌』(創元社、2000年)
164頁　「胡適と鈴木大拙」　岡村美穂子・上田閑照『大拙の風景 — 鈴木大拙とは誰か』(燈影社、1999年)
175頁　「正倉院」　大山邦興編『東大寺』(小学館ウィークリーブック「週刊古寺をゆく」、小学館、2001年)
181頁　「比叡山延暦寺根本中堂」　延暦寺執行局編『比叡山 — その歴史と文化を訪ねて』(比叡山延暦寺、1993年)
189頁　「徳光が能忍に与えた達磨像(個人蔵)」　徳永弘道「南宋初期の禅宗祖師像について(上) — 拙菴徳光賛達磨像を中心に」(「国華」929、1971年)
193頁　「道元頂相(永平寺所蔵)」　大本山永平寺編『永平寺』(大本山永平寺、1998年)
195頁　「建長寺・三門」　阿部理恵『禅の寺 — 臨済宗・黄檗宗十五本山と開山禅師』(禅文化研究所、1996年)
201頁　「無学祖元頂相(円覚寺所蔵)」　同上
203頁　「宗峰妙超頂相(大徳寺所蔵)」　古田紹欽・入矢義高監修『禅』(「別冊太陽」31、平凡社、1980年)
204頁　「瑩山紹瑾頂相(永光寺所蔵)」　石川県立歴史博物館編『永光寺の名宝』(五老峰永光寺復興奉讃会、1999年)
217頁　「夢窓疎石頂相(妙智院所蔵)」　前掲『僧侶の肖像』
226頁　「一休宗純頂相(東京国立博物館所蔵)」　同上
228頁　「国泰寺・総門」　著者撮影
231頁　「五山版『夢中問答集』(国立国会図書館所蔵)」　前掲『五山版の研究　下巻』
233頁　「梵芳筆:蘭蕙同芳図(東京国立博物館所蔵)」　海老根聰郎『水墨画 — 黙庵から明兆へ』(「日本の美術」333、至文堂、1994年)
234頁　「妙超書:看読真詮榜(大徳寺真珠庵所蔵)」　前掲『禅』
235頁　「龍安寺石庭」　著者撮影
241頁　「総持寺祖院」　著者撮影
259頁　「沢庵の塔」　前掲『禅』
263頁　「隠元隆琦頂相(万福寺所蔵)」　前掲『禅』
271頁　「無著道忠頂相(妙心寺龍華院所蔵)」　柳田聖山主編『無著校写　古尊宿語要』(中文出版社、1973年)
276頁　「白隠慧鶴頂相(松蔭寺所蔵)」　前掲『禅』

292頁 「釈宗演」　西村惠信『鈴木大拙の原風景』(大蔵出版、1993年)
299頁 「山本玄峰」　臨済会編『昭和・平成　禅僧伝 ― 臨済・黄檗篇』(春秋社、2000年)
324頁 「永平寺航空写真(法堂・光明蔵・庫院)」　前掲『永平寺』
339頁 「坐禅(臨済宗)」　杉全泰・臨済会『フォト・マンダラ　坐禅入門』(佼成出版社、1988年)
343頁 「托鉢」　前掲『昭和・平成　禅僧伝 ― 臨済・黄檗篇』
345頁 「喚鐘」　同上

索　引

ア

阿育王山　114, 128, 129, 154, 155, 199
相沢事件　299
赤尾龍治　307
赤松満祐　216
秋野孝道　293, 300
秋山範二　303
朝倉義景　253
朝比奈宗源　305
足利学校　237
足利尊氏　196, 197, 216, 217, 218, 316
足利直義　216, 217, 218, 223
足利義昭　253
足利義詮　220
足利義植　237
足利義輝　237, 257
足利義教　216
足利義政　217, 236
足利義満　216, 218, 219, 220, 221, 228, 229, 235, 316
足利義持　216, 219, 225
秋重義治　308
網代笠　339, 342
安達高景　198
尼五山　221
阿弥陀経　158
　阿弥陀経疏鈔　151
アユルバルワダ　134
新井石禅　300
行脚　140, 339
安居　339, 344, 345
安国寺　217, 218
安国寺(京都)　220
安国寺(伊勢)　240
安史の乱　40, 41, 61, 84
安世高　5
安然(天台宗)　183

安般守意経　5
安棄　12
安養寺　191, 199

イ

イースタン・ブディスト　303
飯田欓隠　300
惟一　199, 200
家制度　291, 305
家永三郎　308
惟琰　277
葦応物　70
惟寛　59, 61, 69, 70
葦璩　46
潙仰宗　66, 74, 78, 85
育王山　→　阿育王山
惟勤　62
惟儼　61, 67, 69, 72
　　　　→　薬山
異国日記　257
惟肖 → 得巌
以心 → 崇伝
以心伝心　10
イスン・テムル　131
惟清　97
偉仙 → 方裔
惟則(天如)　133, 136, 157
惟則(仏窟)　47, 62, 180
葦駄天　325
一庵　→　一如
一円房 → 道暁
市川白弦　305
一行　31
一行三昧　25
一条兼良　237, 328
一日作さざれば、一日食らわず　342
一如　116

一寧　115, 138, 197, 198, 199, 217, 229, 232, 233, 316　→ 一山
一畑薬師教団　305
一仏乗　181
位中 → 浄符
一流相承利　155, 191, 201, 218, 223, 225, 228
一顆明珠　209
弌咸　136
一休 → 宗純
　一休(和尚)仮名法語　208, 226
　一休頓智咄　226
一華 → 碩由
　一華五葉　135
一慶　231
一向一揆　253
一箇半箇の接得　193
一山(国師) → 一寧
　一山国師語録　199
　一山派　197, 221, 257, 316
一絲 → 文守
一師印証　98, 267
一心戒　181
一線 → 道播
一尊教団　305
一翁 → 院豪
逸品画家　70
逸然 → 性融
稲荷　328
居成公文　222
維那　100
井上秀天　295
井上禅定　307
井上日召　299
位牌堂　329
惟白　92, 97
惟勉　136
今井宗久　239
今枝愛真　307
今川義元　237, 243, 253

今北洪川　291, 292, 293, 303, 305
今成覚禅　300
為霖　273　→ 道霈
入矢義高　309
イリンジバル　131
イルマン・ハビアン　260
印可　25, 68, 77, 102, 236, 238, 337
　印可状　77, 102, 226, 233, 345
因果物語　261
印簡　132
印経院　85, 116
印元　135, 316
隠元　158, 161, 263, 265, 266, 271, 327
　→ 隆琦
院豪　200
隠山 → 惟琰
隠侍　331
印順　165
隠静 → 致柔
印証系　317
　印証系の嗣　244, 273, 275
　印証による嗣法　243
因陀羅　138
印度・支那・日本 禅宗史　298
隠寮　327, 345
蔭涼軒 → 相国寺蔭涼軒
　蔭涼軒日録　221
　蔭涼職(蔭涼軒主)　221, 254

ウ

雨安居　339
宇井伯寿　294, 301, 302
上島鬼貫　261
上杉憲実　237
うしかひぐさ　124
烏枢沙摩明王　325

内山愚童　295
盂蘭盆会　334
盂蘭盆経疏　64
雲黄山　128
雲外　→　雲岫・自慶
雲臥紀談　121
雲巖寺　128
薀謙　→　戒琬
雲居　→　希膺・道膺・普智・道斉
雲谷　→　方会
雲岫　134
雲章　→　一慶
雲水　101, 331, 335, 339
雲棲　→　袾宏
　雲棲法彙　152
　雲棲山　151
薀聡　86, 87, 94, 118
雲桃抄　231
雲版　325
雲甫　→　全祥
雲峰　→　文偃・妙高
　雲峰悦禅師語録　118
雲門　77, 102　→　文偃
　雲門(匡真禅師)広録　74, 75, 117, 118
　雲門三句　93
　雲門三病　93
　雲門山　74
雲門庵主　→　宗杲
雲門宗　4, 78, 93, 94, 97, 106, 113, 154, 184
　雲門宗の中興　86
運良　203
雲林　→　倪瓚

永清　→　古源
英宗　→　シディバラ
睿宗　30
永祚寺　128
叡尊　188
永代供養田　239
栄朝　188, 190, 191, 201
英朝　231, 232, 239
永寧寺　12, 13
痤髪塔記　45
永平　→　道元
　永平開山道元禅師行状　241
　永平元禅師語録　194, 230
　永平広録　194
　永平正法眼蔵拈鎚　272
　永平清規　194, 268
　永平寺　193, 194, 203, 209, 240, 256, 288, 323, 328, 340
　永平寺法度　254
　永平小清規　265
英甫　→　永雄
永保寺　218, 292, 336
　永保寺庭園　235
永雄　236
永瑆　134, 223, 316
永楽帝　147, 148, 149
懐印　268, 273
依院易師　267
恵運　63, 182, 183
慧雲　53
慧応　240
慧苑　53

エ

エーリッヒ・フロム　308
慧安　24, 30, 37, 51
永安　→　道原
永安精舎　87
英巌寺　276
慧育　17　→　道育
永源寺　228, 260, 316
　永源寺派　288, 335
栄西　→　ようさい
英種　258, 260, 266
慧遠(浄影寺)　19
慧遠(廬山)　6
慧遠(瞎堂)　185
慧哥　17
慧可　8, 9, 10, 11, 13, 14, 15, 16, 18, 19, 23, 46, 174, 181　→　僧可
　慧可断臂　15
慧霞　74, 94
懐海　9, 22, 59, 61, 65, 66, 118, 136, 182, 342
慧海　22, 60, 67

慧開　115, 123, 190, 191
恵覚(荊州)　46
慧鶴　158, 275, 317
　→　白隠
慧萼　184
懐鑑　190, 193
懐暉　59, 61, 66
慧暉　122, 236
易学　242
易経　131
慧経　153, 154
慧頤　73, 94, 118
慧暁　115, 191, 204
慧玄　202, 228, 259, 316, 317
慧光(光統律師)　12
慧光(禅門経序)　22
慧光(頓悟真宗論)　51
慧広　137, 197
慧洪　93, 95, 97, 102, 105, 107, 117, 154
　→　徳洪
慧巌　→　宗永
慧憨　97, 120
　→　仏鑑禅師
慧済　232
慧思　23, 177
慧思七代記　177
慧寂　65, 66, 75
懐奘　190, 208
懐敞　188, 189
慧渉　62
慧性　195
慧清　75
懐譲　32, 37, 59, 60, 75, 118
懐奘　190, 193, 194, 204
慧浄　39
　慧浄疏(般若心経疏)　39
慧照禅師　69
　→　義玄・臨済
懐浄土詩百篇　135
懐深　97, 106
慧真　31, 32
慧湛　274, 275
慧端　275, 276
慧中　261

慧忠(牛頭)　47, 53, 62, 63
慧忠(南陽)　59, 182
越州録　180
慧徹　66
慧等　258
衛藤即応　298, 303
江戸三箇寺(曹洞宗)　256
江戸四箇寺(妙心寺派)　255
慧曇　118, 148
慧南　86, 97, 99, 102, 121
　→　黄龍
慧日(慈愍三蔵)　32, 33, 34, 38, 97
慧日(東明)　134, 197, 198, 224, 316
　→　東明
慧日永明寺智覚禅師自行録　75
慧日山東福禅寺宗派図　256
慧然(三聖)　68, 73
慧然(宋)　122
慧能　20, 24, 30, 31, 32, 36, 37, 40, 41, 45, 53, 59, 61, 69, 182, 183
　→　曹溪・六祖
恵彬　121
慧敏　77
慧布　23
慧弁　36
慧満　16, 17, 174
恵明(三論宗)　23
慧明(了庵)　240, 242, 244
慧稜　67, 74
慧林　→　宗本
恵林寺　240
燕雲十六州　83
馣慧派　316
円応派　228
円覚　→　宗演
円覚経　7, 22, 64, 158, 348
　→大方広円覚修多羅了義経
　円覚経大疏鈔　24, 38, 48, 49, 64
　円覚経道場修証儀　348

索引

円覚寺　199, 200, 202, 217, 219, 225, 274, 275, 291, 292, 303, 316, 328
円覚寺史　307
円覚寺僧堂　344
円覚寺続灯庵　230
円覚寺派　288, 335
塩官 → 斉安
円行　182, 183
遠渓 → 祖雄（そおう）
　遠渓派　228
偃渓 → 広聞
円月　197, 202, 224, 227, 229, 230, 231, 316
　→ 中巌
円悟　121, 153, 154, 155, 159, 160
圜悟　104 → 克勤
　圜悟心要　230
　圜悟仏果禅師語録　117
袁宏道　157
塩山仮名法語　208
円旨　134, 137, 197, 229
円慈　93, 277
闍若鞠　162
延寿　64, 74, 75, 76, 86, 106, 192
円修　153, 160
園頭　332
袁州楊岐会和尚語録　86, 118
延寿堂　327
　延寿堂主　101
延沼　73, 85, 118
円信　93, 153, 155
袁宗道　152
円澄　152, 153, 154, 155
円珍　62, 182, 183
円通（天台宗）　270
円通禅師 → 法秀
円通大応国師語録　149
円頓戒　32
円爾　115, 127, 188, 190, 191, 192, 193, 195, 197, 199, 201, 207, 208, 219, 274, 315, 316
　→ 聖一国師

円仁　62, 182, 183, 184
延宝伝灯録　92, 268
縁密　74, 86, 110
円・密・禅・戒　32
円明居士 → 雍正帝
延暦僧録　177
宛陵録　118

オ

王安石　95, 99
王維　41, 70
応永の乱　216, 228
王学右派　150
王畿　150
王漁洋 → 王士禎
王艮　150
王子五位　94
王士禎　161
王錫　52
王重陽　139, 140
王守仁　150, 198
往生　25, 33, 35
王常侍　65
王絅　33
王心斎 → 王艮
王審知　73
王随　87, 92
横川 → 景三・如琰
応灯関　317
応仁の乱　217, 225, 226, 228, 230, 231, 237, 238
黄檗 → 隠元・希運
黄檗和上扶桑語録　264
黄檗外記　263, 272
黄檗建築　266
黄檗山（宇治）　264
黄檗山（江西）　66
黄檗山（福建）　154, 264
黄檗山誌　264
黄檗山断際禅師伝心法要　66, 67
黄檗三筆　265
黄檗宗　161, 256, 263, 275, 277, 286, 288, 315, 317, 327, 336
黄檗清規　264, 265
黄檗版大蔵経　263

黄檗文化　265
応夫　97
王墨　70
淡海三船　176
王蒙　138
欧陽脩　87, 90, 94, 135
王陽明 → 王守仁
奥龍　273
王龍渓 → 王畿
黄龍 → 慧南
　黄龍四家録　86, 102
　黄龍南禅師語録　86
　黄龍派　97, 114, 189
応量器　325
大内氏　198
　大内版　237
　大内義隆　237
　大内義弘　216, 228
大内青巒　293
大久保道舟　307
大摂心（大接心）　343, 344, 345
大友貞宗　198
大森禅戒　294
丘宗潭　293, 300
岡田宜法　298
荻野独園　292
奥山朝藤　316
小栗宗湛　233
オゴデイ　130, 132
和尚　337
織田信長　240, 253
おたふく女郎粉引歌　276
織田仏教大辞典　297
越渓 → 守謙
御成　222
小野玄妙　34, 297
小畠文鼎　269
遠羅天釜　276
オルテンブルグ　302
飲光　271
厭此娑婆願生浄土讃　34
恩真寺　260
遠門 → 浄柱

カ

快庵 → 妙慶

槐安国語　276
海雲 → 印簡
海会塔　102
戒琬　262
海外布教　294
戒顕　154, 155, 159
開元寺版大蔵経　117
外交文書　198, 221, 229, 257
骸骨　208
開山　327
　開山忌　334, 335
　開山塔　329
　開山堂　327, 329
厓山　113
契此　75
華夷思想　125
開静　340, 344
会昌の破仏　65
契嵩　86, 88, 89, 90, 91, 92, 117
解制　346
快川 → 紹喜
開善 → 道謙
海禅寺　256
懐素　70
外単　337
契稠　87
解定（開枕）　341, 342, 345
カイドウ　131
開板　340
開封　96, 130
街坊　101
海門 → 元東
開浴　341, 343, 359
戒律復興運動　265
回廊　223, 227, 328
画院　127
臥雲日件録　221
可翁 → 宗然
瓦屋 → 能光
可観　116
科挙　85, 88, 91, 125, 126, 147, 153, 156, 159
　科挙官僚　65, 84, 126
家曲　77
覚阿　184, 185
廓庵 → 師遠

覚晏　190
覚運　→ 智運
覚円　316
覚海　262
覚岸　135　→ 宝洲
学規　88
郭凝之　93, 155
覚賢　→ 仏陀跋陀羅
覚原　→ 慧曇
郭祥正　98
覚心　123, 188, 190, 191, 192, 204, 208, 315
　→ 法灯国師
学道用心集　193, 194, 230
覚範　→ 慧洪
岳飛　112
覚明　134, 137, 191, 197, 203, 227
学寮　273
鶴林　→ 玄素
学林　287, 288
覚浪　→ 道盛
嘉興蔵　→ 万暦版大蔵経
画語録　162
笠松章　308
禾山　→ 玄鼓
峨山　203, 226
　→ 慈棹・韶碩
　峨山和尚法語　209
　峨山派　240
花山院長親　236
加持祈祷　179
貫似道　112
掛錫　338
膳臣大丘　176
何真公　156
可睡斎　256
春日明神　328
春日佑芳　307
画禅室随筆　152
画僧　71, 233, 235
嘉泰普灯録　92, 103, 113
片岡山伝説　177
荷沢　→ 神会
　荷沢寺　40, 41
　荷沢宗　42, 45, 46, 47, 48, 49, 50, 52, 58, 62, 64, 182

荷沢和上禅要　182
迦葉山門　66
花島画　161
甲利　128
葛藤語箋　272
滑台の宗論　40, 50
瞎堂　→ 慧遠
景定咸淳の浮華　127
華亭派　152
掛搭　338
掛搭願書　339
仮名法語　199, 208
狩野正信・元信　233
カプロー　306
貨幣経済　96, 188, 196, 269
鎌倉五山　128
鎌倉新仏教　206
カマラシーラ　52
上村観光　298
神谷宗湛　238
亀山上皇　191, 200, 201, 207, 218, 316
唐物　119, 223
唐様（書道）　266
伽藍堂　328
伽藍法　317
　伽藍法系の嗣法　243, 244, 273
　伽藍法による嗣法　256, 275
枯山水　235
歌論　236
河口慧海　300
川瀬一馬　307
監院　100
甘雨　為霖
厳羽　100
幹縁疏　126
寒巌　→ 義尹
　寒巌派　225, 240
函櫃　325
貫休　69, 70, 74　→ 禅月
頑極　→ 行弥
閑居編　90
漢魏両晋南北朝仏教史　164
管区　321

韓駒　100, 107, 114
環渓　→ 惟一
咸傑　112, 114, 125, 197
漢月　→ 法蔵
鑑源　→ 興寿
峴公山　20
勘合貿易　198, 216
漢光類聚　192
観虚空蔵菩薩経　6
監査会　322
観察使　61
憨山　→ 徳清
　憨山大師夢遊全集　151
関山　→ 慧玄
関山派　228, 239, 242, 259, 275
　関山派の五山への流入　275
寒山詩集　105
関三刹　256, 258
官寺　126, 128, 222, 225
管志道　152, 156
貫首　288, 319, 337
監収　101
咸淳清規　136
喚鐘　340, 344
観心　34, 35, 36
観心釈　22, 35, 36, 140
観心破相論　36, 206
観心論　34, 181, 206
鑑真　31, 174, 177
監寺　100
観宗　62
観世音経讃　36, 176, 177
官銭　222
漢蔵教理院　165
韓侘冑　112
管長　286, 288, 292, 319, 329
厳激　152
巌挺之　33
巌頭　→ 全豁
関東僧録　256
厳道徹　→ 厳激
管東溟　→ 管志道
看読　341
厳訥　152
看話禅　121, 203, 300, 317

看話決疑論　124
観音経　333
観音懺法　334
観音菩薩　325, 327
厳敏卿　→ 厳訥
観普賢菩薩行法経　6
観仏経典　6, 8
観仏三昧海経　6
関府六箇寺　256
顔丙　124
憨璞　→ 性聡
観弥勒菩薩上生兜率天経　6
桓武天皇　178
観無量寿経　6
韓愈　71, 72
官僚制　85, 205
　官僚制による君主独裁体制　85, 89
翰林胡蘆集　230
甘露門　333, 354

キ

規庵　→ 祖円
義尹　190, 204
希運　65, 66, 67, 69, 118　→ 黄檗
義雲　194
　義雲和尚語録　230
義演　190, 194
義介　190, 194, 203, 204
義懐　86, 97, 98, 106
聞書集　178
偽経　7, 21, 22
其玉　→ 至温
義空　66, 183, 185
義玄　65, 66, 68, 73, 94, 118　→ 臨済
魏源　163
帰元直指集　157
希杲　230
義亨　201, 202　→ 徹翁
紀綱寮　332
義財　322
儀山　→ 善来
岸沢惟安　293
蘄州　19, 20

索引　371

義柔　87
義浄　34
起信論 → 大乗起信論
　　起信論註疏　64
帰宗 → 智常・義柔
季世 → 霊彦
帰省　98, 118
義青　98, 104, 105, 120, 135
希遷　53, 59, 61, 62, 63, 94
　　→ 石頭
寄禅 → 敬安
季善　158
希叟 → 紹曇
徽宗　95, 97
義存　62, 65, 66, 67, 68, 74, 75, 332　→ 雪峯
祇陀 → 大智
義諦　271
北山文化　236
季潭 → 宗泐
疑団　121
吉祥寺　267, 273, 288
吉蔵　19, 22, 23
喫茶　236
　　喫茶養生記　189
吉祥坐　349
契丹版大蔵経　117
契了　134
義天　34 → 玄詔
祈祷　192, 222, 241
虚堂 → 智愚
　　虚堂録　119
　　虚堂録犂耕　272
虚堂集　105, 135
義統　271
義堂 → 周信
義曇　240
義福　30, 33
宜牧　291
義梵　269
客殿　223
丘玄素　94
灸治　342
丘長春　139
岐陽 → 方秀
希薝　258, 259, 260
狂雲子 → 宗純

狂雲集　226
暁瑩　121 → 仲温
教苑清規　116
薑園叢書　302
恭翁 → 運良
教階　338
行基　174
教区　320
　　教区事務所　321
教外別伝　158, 210
香厳 → 智閑
警玄　94, 98
経豪　194, 272
行乞　342
警策　325, 342, 350
仰山 → 慧寂
共産主義　296, 297, 304
　　共産党　165
教師　337
　　教師補　338
行思　59, 61, 75
教時諍　183
教時諍論　183
龔自珍　163
行秀　98, 105, 132, 135
共住規約　152
行粥　341
郷紳　149, 155
匡真禅師(大師)　74
　　→ 文偃
教禅一致　22, 51, 64, 75, 135, 136, 157, 158, 163, 191, 192, 222
経蔵　328
暁聡　87, 98
暁天坐禅　340
鏡堂 → 覚円
　　鏡堂派　316
教導職　286
京都五山　128
行入　11
匡仁　66, 67, 74
行表　175, 176, 180
行弥　199
行勇　188, 190, 191
教輪　177
香林 → 澄遠
虚雲　164, 166

居簡　195, 200
居官功過格　156
居業録　156
玉琬　232
玉室 → 宗珀
玉泉 → 承皓・神秀
玉泉寺　30, 31, 40, 175
　　玉泉天台　31, 175
玉林 → 通琇
許式　98, 99
切紙　244
キリスト教　159, 162, 254, 255, 257, 260, 261, 270, 287, 294
金和尚　38
金九経　302
金刻大蔵経　62, 117
金山　94
　　金山寺　164
径山　63, 114, 128, 134, 151, 154, 192
　　→ 法欽
　　径山志　155
筠州黄檗断際禅師語　118
筠州大愚芝和尚語録　118
近世禅林僧宝伝　269
金聖嘆　161
欽宗　96, 112
禁中並公家諸法度　257, 258, 254
経行　325, 350, 351
欽明天皇　173

ク

愚庵 → 智及
庫院　325, 328, 329
空海　178
空観　48
空華集　149, 230
空華日用工夫集　221
空谷 → 景隆
空谷集　105, 135
空名度牒　91, 160
藕益 → 智旭
弘戒法儀　158, 265
供給　332
虎丘 → 紹隆

虎丘山　128
虎丘派　115
虎丘隆和尚語録　230
公家衆法度　258
瞿元立 → 瞿汝稷
鼓山　117, 118, 155
　　→ 神晏
鼓山先興聖国師和尚法堂玄要広集　75, 118
九山派(九山門)　66
庫頭　100
瞿汝稷　152, 154
九条道家　191, 316
口唇皮禅　67
弘誓願　346
救世教　290
句双紙　232, 345
愚中 → 周及
　　愚中派　316
口伝法門　243
愚堂 → 東寔
功徳成　222
求那跋陀羅　26
弘忍 → こうにん
クビライ　113, 131, 132
公方塔頭　221
熊沢蕃山　263
鳩摩羅什　6
グユク　131
公羊学　163
庫裡　223, 329
栗山泰音　301
古林 → 清茂
　　古林茂禅師語録　137
鼓楼　328
軍国主義　295
君臣五位　94

ケ

夏安居　339
敬安　163
桂庵 → 玄樹
慶円　208
顕鑑　77
敬賢　32
桂悟　198
啓箚　126

景三　229,230
瑩山　203,207,327
　→紹瑾
　瑩山清規　203,333
倪瓚　138
桂洲　→道倫
慶諸　65,69
景徐　→周麟
慶昭　88
桂琛　74
景川　→宗隆
景宗　83
荊叢毒蘂　276
圭堂居士　124
継灯録　154
景徳伝灯録　11,15,26,
　48,60,61,62,68,70,
　72,87,91,117,230
　→伝灯録
景徳霊隠寺　128
　→霊隠寺（りんにんじ）
荊南張　→南印
慶派　188
慶甫　66
圭峰　→宗密
景隆　148,158
撃節録　135
ケケ＝リンポチュ（宝真）
　52
花光　→仲仁
華厳経行願品疏鈔　22,64
華厳経疏　53
華厳宗　21,23,39,53,63,
　64,72,88
袈裟　14,41,134
　袈裟行李（袈裟文庫）
　339
化主　101
偈頌　137
　偈頌主義　137,139
華叟　→宗曇
華蔵　→義曇
血脈　238
　血脈論　15,206
月海　→元昭
結跏趺坐　347,349
月感　260
月江　→正文

月舟　→寿桂・宗胡
月心　→慶円
月船　→禅慧
月湛　268
月翁　→智鏡
月坡　→道印
傑堂　→能勝
血盟団事件　299
結夏遍参　259
月林　→道岐
玄昱　66
幻有　→正伝
献蘂　74
謙翁　→宗為
元晦　135
玄覚　59
賢巌　→禅悦
玄関　327
元照　118,126,133,137
元鏡　153
原教　91
玄喬　277,292
玄鼓　292
見解　343
顕訣耕雲註種月攪搋糞
　227
元賢　153,154,155,158,
　268
還源集　62
玄虎　232
元光　197,203,227,228,
　229,234,316
玄寇　196,206
玄興　240
玄光　262
元亨釈書　173,178,185,
　199,230
玄磧　24,26
玄沙　→師備
　玄沙広録　68
玄樹　232,237
幻住　→明本
　幻住庵　134
　幻住庵清規　135
　幻住家訓　135
　幻住道人　134
　幻住派　135,240,243,
　256

兼修禅　192,203
源誚　184
見性　72,139,140,209,
　343
　見性序　62
　見性成仏　106,150
　見性大師　66　→宣鑑
元昭　266
元照　34,97,106
玄昌　232
玄詔　228
玄奘　21,173
現成公案　209
源信　176,177,179
原人論　64
遣隋使　173
建撕　241
　建撕記　241
源清　88
元選　229,316
剣禅一味　258
玄素　47,63
憲宗（元）→モンケ
憲宗（明）　149
謙宗　227
玄宗　30,34
玄爽　23
眼蔵家　293
現代相似禅評論　299
建中靖国続灯録　92,97,
　103
元長　133,149
建長寺　195,197,199,
　200,202,217,219,
　220,223,230,235,
　257,274,275,292,
　316,328
　建長寺派　288,335
　建長寺船　196,197
元東　275
玄透　→即中
遣唐使　176,179
原道闢邪説　159
権徳輿　69,71
顕日　199,200,202,208,
　217,227
　→仏国国師
建仁寺　188,189,190,

　192,193,194,195,
　208,217,219,292,
　316,328
　建仁寺派　288,335
源翁　→心昭
元版　119,230
建文帝　147
乾峰　74
玄昉　174
元磨　292
元末四大家　138
揀魔弁異録　160
原妙　93,133,134,135
　→高峰
元明天皇　174
元来　153,154,155,159
厳柳　194
彦龍　→周興
源流頌　154
乾隆帝　159
元㳔　86,87,98
元蘆　277
玄朗　53,59
玄楼　→奥龍

コ

虚庵　→懐敞
五位　94,154,203,227,
　268,272
　→正偏五位頌・洞山五
　位
　五位顕訣　94
　五位顕訣元字脚　268
　五位旨訣聞書　268
五院（総持寺）　227
香　38,134,340,342
　→線香
公案　35,67,86,93,103,
　121,157,236,239,
　243,244,272,276,
　299,309,343,346,
　350,351
　→古則・話頭
　公案集　105,122,161
　公案集成　120
　公案禅　101,114,121,
　122,123,124,197,

索引

205, 209, 227, 276, 300
公案禅の大成者 121, 277
公案批評 103, 120
洪諲 87, 118
耕雲口伝 236
広慧 → 元漣
功過格 156
洪嶽 → 釈宗演
向嶽寺 228, 316
　向嶽寺派 290, 335
康熙帝 159
紅巾軍 132, 147
功勲五位 94
興化 → 存奨
　興化禅師語録 118
弘景 31, 32
高源寺 228, 240, 243
孝謙上皇 174
香光居士 138
光孝寺 128
黄公望 138, 161
江湖会 238
興国寺 190, 191, 240
向居士 14, 16, 17
江湖疏 126
江湖風月集 127, 137
　江湖風月集註 231
黄昏坐禅 340, 341
講座 341, 344
黄山谷 → 黄庭堅
洪自誠 156
興寿 264
洪州宗 42, 45, 47, 51, 59, 60, 61, 63, 64, 182, 184
洪秀全 162
弘儲 153
光紹 → 智堂
光定 178
公帖 219, 222
考証学 162
興聖寺 190, 193, 194, 260
　興聖寺派 305
興聖寺本法宝壇経 303
興聖万寿寺 128
江心山 128
香水銭 41

宏正(弘正) 51, 53
江西 → 龍派
江西詩派 99, 100
江西馬祖道一禅師語録 60
高泉 → 性㯆
興善 → 惟寛
興禅護国論 189
興禅寺 268
光祚 87, 118
高祖(曹洞宗) → 道元
　高祖降誕会 335
光宗 75
孝宗 112
高宗(清) → 乾隆帝
高宗(宋) 112
康僧会 5
黄宗羲 162
後宇多上皇 199, 201, 202
広智全禅師 118
興儔 161, 262, 266
光統律師 12
黄庭堅 95, 98, 99, 100, 105, 234
校定清規 136
江天寺 164
皇道禅 301
幸徳秋水 285
江南 → 義諦
弘仁 161
弘忍(五祖) 9, 19, 20, 23, 30, 31, 36, 39, 47
　弘忍の十大弟子 23, 30
弘忍(潭吉) 153, 160
皎然 70
侯莫陳琰 37, 51, 68
　侯莫陳大師寿塔銘 37
興福寺(長崎) 262, 264
興福寺(奈良) 190
洪武帝 132, 147, 148
高弁 188, 192
高峰 → 原妙・顕日・東晙
　高峰原妙禅師語録 135
光穆 75
降魔坐 349
降魔蔵 51
光明三昧 208
光明天皇 216
広聞 113, 122, 133

高野山 191
光涌 75
康有為 163
高遊外 → 元昭
光瑶 46
高麗 66, 88
　高麗版大蔵経 117
広利寺 128
光林寺 267
黄老思想 5
行路難 62
孝論 91
五洩 → 霊黙
五会念仏 38
顧炎武 162
後円融天皇 240
午課 333
枯崖 → 円悟
　枯崖漫録 122
五戒 91
虎関 → 師錬
虎巌 → 浄伏
五観 341, 357
　五観堂 341
古規復興運動 265, 268, 336
呼吸 351
五教教判 23
胡居仁 156
国一大師 63 → 法欽
谷隠 → 蘊聡
黒印地 286, 305
虚空蔵菩薩 327
国恩 136
谷響集 218
克勤 87, 97, 98, 104, 113, 114, 115, 120, 121, 185, 197
　→ 仏果禅師・圜悟
国際山大菩薩禅堂 306
国清敬忠寺 128
克酔 268
国泰寺 228, 316
　国泰寺派 290, 335
刻楮 231
克文 86, 97, 99, 107, 118
国分寺 174
国民党 165

国訳禅学大成 298
国訳禅宗叢書 298
五家 78, 85, 92, 93, 97, 113, 210
　五家語録 93, 155
　五家参詳要路門 94
　五家七宗 97, 140
　五家宗派 92, 93
　五家正宗賛 93, 115
　五家弁 95
悟渓 → 宗頓
胡敬斎 → 胡居仁
虎渓山 218, 292
古月 291 → 禅材・道融
　古月派 275
古剣 → 智訥
古源 125
護国協会 293
後小松天皇 226
後嵯峨天皇(上皇) 191
孤山 → 智円
五山 128, 134, 137, 199, 202, 219, 220, 222, 225, 229, 230, 235, 243, 255, 257, 274, 316
　五山十利 126, 218, 219
　五山十利諸山法度 254
　五山之上 128, 220
　五山派 201, 217, 218, 219, 221, 238, 240, 244, 254, 275
　五山版 119, 218, 229, 230
　五山版の研究 307
　五山文学 127, 229, 231, 236
　五山文学小史 298
　五山文学新集 307
　五山文学全集 298
　五山様(書道) 234
後三条天皇 179
五参上堂 101
居士 155
　居士伝 163
　居士分灯録 155
護持会 321
五宗救 153
五宗原 153

五常　91
護聖万寿寺　128
悟性論　15, 206
　→達磨和上悟性論
後白河上皇(法皇)　180
悟新　97, 106
悟真　118
胡適　164, 165, 302, 304
古先　→印元
胡僖　277
御選語録　160
古先派　316
五祖　・弘忍・師戒・法演
五祖山　20
　→東山・憑茂山
五祖(全真教)　140
　五祖七真(全真教)　140
古則　103, 209
　→公案・話頭
古尊宿語要　86, 115, 117, 272
古尊宿語録　118, 119
五大院安然　183
後醍醐天皇　191, 196, 201, 202, 216, 217, 218, 219, 220, 225, 316
五台山　151
五代史記　→新五代史
古塔主　102
呉鎮　138
業海　→子清
国家主義　124, 136, 148, 295, 297, 296
国家仏教　89
兀庵　→普寧
　兀庵派　195, 315
牛頭山　39, 47
牛頭宗　30, 31, 32, 39, 47, 48, 51, 52, 58, 61, 62, 63, 70, 180, 302
　牛頭宗の系譜　48
顧亭林　→顧炎武
五哲　226, 227
五灯会元　92, 135, 230
　五灯会元統略　154
　五灯厳統　102, 153, 154
　五灯厳統解惑編　154
　五灯全書　161

五灯録　92
後鳥羽上皇　187, 189
後奈良天皇　240
小早川春平　316
語風　→円信
孤峰　→智璨・覚明
護法神　174
護法録　149
護法論　117, 124
枯木集　199, 208
悟本大師　67
　→洞山・良价
駒沢大学　287, 288, 309
　駒沢大学仏教学部研究紀要　298
後水尾天皇(上皇)　257, 264
五味禅　124
悟明　92, 104
古林　→くりん
語録　45, 60, 67, 69, 119, 207　→禅語録
　語録の王　69
金剛(般若波羅蜜)経　17, 37, 45, 46, 158, 333
　金剛経解義　46, 182
　金剛般若経註　36, 176, 177
　金剛般若波羅蜜経註解　148
金剛三昧院　191
金剛三昧経　11
　金剛三昧経注解　153
金剛藏菩薩　36, 176
金剛幢　→清茂
　金剛幢下　137
髠残　161
金地院　→南禅寺金地院
　金地院僧録　254, 257
困知記　156
金春禅竹・禅鳳・宗筠　226, 236

サ

斉安　60, 61, 66, 67, 184
西京興善寺伝法堂碑銘并序　70

西吟　260
崔群　69
蔡京　95, 96
西国仏祖代代相承伝法記　181, 182, 183
西国付法記　183
西国付法蔵伝　183
菜根譚　156
斎座　341, 344
摧邪論　263
再住職　338
際祥　155
最乗寺　241
最上乗仏性歌　182
最上乗論　25
　→修心要論
妻帯　291, 336
歳旦　334
最澄　32, 59, 62, 175, 176, 177, 178, 180, 181, 185
斉哲　135
西天の系譜　40
　西天八祖説　14, 41
　西天二十三祖説　89
　西天二十八祖説　14, 45, 89
　西天二十九祖説　14, 42, 45
斎堂　325, 328
西方合論　157
西方讃　34
西方寺　190, 191
西芳寺　218
　西芳寺庭園　235
済北集　199
西来教　155
齊蒼　→超永
嵯峨天皇　179, 184
錯庵　→志明
策彦　→周良
賾藏主　→守賾
作庭　235
坐公文　222
桜井景雄　301
左渓大師碑　53
座元　337
佐々木氏頼　316
佐々木指月　294, 306

佐々木ルース　307
ささめごと　236
坐禅　43, 259, 325, 346, 351
　坐禅儀　202, 346
　坐禅三昧経　6
　坐禅堂　325
　坐禅用心記　204
　坐禅和讃　276
左善世　148
雑学事件　258
薩南学派　232
生飯偈　357
坐蒲　349
坐亡　6
作務　25, 341, 342, 344
サムィェーの宗論　51
茶礼　340, 342, 344
沢木興道　299, 300, 308
三阿弥　233
暫暇　346
三階教　19, 24
山外派　88
三学　38
三学林　273
讃北野神君詩　231
三教一致　64, 70, 87, 90, 124, 125, 136, 139, 147, 149, 150, 152, 156, 162, 163, 191, 202, 209, 222, 231, 273, 277
　三教一致の弁　277
　三教一致(神・儒・仏)　263, 273
三教会宗　156
三教会編　156
三教会同　295
三教源流捜神大全　156
三教先生　→林兆恩
三教鼎足談　273
三教平心論　124
三教論　147
三句語　38, 50
懺悔　291
　懺悔文　334, 352
三解脱門　325
山家派　88
三光国済国師　→覚明

索引

三時諷経　333
三洲　→　白龍
三聖　→　慧然
三聖円融観　53
三条教則　286
三聖寺　230
傘松祖師道詠　194
山水画　138, 161, 162, 233
参禅　243, 274
　　参禅弁道　336, 337
三代相論　194
三帝の国師　30
参同契　333
三応　331
三拝　340
三牌　90
三匙偈　341, 357
三福寺　262
三仏　97
三仏忌　101, 334
三宝教団　305
三宝寺　189, 190
三峰派　155, 159, 160
三黙堂　327, 342
三門(山門)　323, 328, 329
山門疏　126
三遊亭円朝　293
山鄰派　225
三論宗　19, 21, 22, 48, 184

シ

士印　258
寺院経済　129
寺院諸法度　254, 257
寺院の私物化　130
寺の世襲　291
寺院寮　286
慈雲　→　飲光・遵式・妙意
　　慈雲派　228
紫衣　240, 257
　　紫衣事件　257, 258
　　紫衣勅許之法度　257
至翁　→　善芳
子温　138, 232
至温　132
師遠　123
止訛　89

知客　100, 331, 338
師戒　86, 100
詩会　224
尸解　177
自戒集　226
持戒禅　260
　　持戒念仏禅　260
寺格　222, 337
自覚　98
始覚門　210
詩画軸　232
四画僧　161
知客寮　332, 340, 346
四家録　120
師寛　74, 86
止観　53
只管打坐　122, 209, 300, 351
四巻楞伽　14　→　楞伽経
直翁　→　徳挙
直日　332, 342, 350
史記抄　231, 232
識心見性　140
食堂　265, 325, 341
食畢偈　358
四牛図　123
試経　160
　　試経度僧　148
子凝　87, 88, 89
竺印　→　祖門
志空　51
竺沙雅章　308
竺信　214, 267, 268, 272
四弘誓願　342, 355
竺仙　→　梵僊
　　竺仙派　197, 316
師家　274, 275, 291, 327, 331, 337, 338, 340, 342
士珪　118
自慶　116
思渓版大蔵経　117
指月　→　慧印
指月録　154
師虔　65, 74, 77
孜元　277
至元清規　136
至元弁偽録　139
子湖　→　利蹤

子湖山第一代神力禅師語録　118
四庫全書　159
自在(太原)　37, 49
自在(伏牛)　59, 63
此山　→　妙在
詩軸　127
獅子窟　273, 288
師資血脈伝　41, 26
師資相授法伝　183
資治通鑑　135
四時の坐禅　129
指事問義　35
侍者　101, 331, 342
　　侍者局　100
　　侍者寮　332
寺社奉行　254
慈受　→　懐深
四宗兼学の道場　192
四十六伝　315
四種相承　32, 175, 181, 183
子淳　98, 104, 105, 115, 120, 135
嗣書　77, 102, 194, 345
子清　95
止静　350
慈照禅師　→　蘊聡
四書集註　232
子晋　→　明魏
死心　→　悟新
資聖寺　128
四節　101
子璿　88
之善　133
詩禅一味　137, 161, 231
詩僧　71, 163
四祖山　20
至大清規　136
士大夫階級　84, 88, 89, 90, 96, 105, 106, 124, 126, 127, 152, 259
　　士大夫の教養　137
思託　177
四知事　100
七祖　40, 41, 70
七朝帝師　218
七堂伽藍　223, 227, 264,

328
自澄　268
自知録　152, 156
即休　→　契了(きつりょう)
石渓　→　心月
十景　235
直歳　100
十利　128, 219, 225
十方住持　101, 116, 129, 201, 202, 218, 223
実伝　→　宗真
室内　345
実峰　→　良秀
子庭　→　祖柏
シディバラ　134
至道　→　無難
慈棹　277
祠堂銭　243
持統天皇　173
自得　→　慧暉
支那俗語　272
支那仏教史蹟　301
支那仏教史蹟踏査記　301
志念　19
紫柏　→　真可
　　紫柏尊者全集　151
　　紫柏尊者別集　151
司馬光　135
持鉢　339
四派本庵　240, 329
師範　115, 127, 191, 195, 197, 200, 230, 231
　　→　仏鑑禅師
師蠻　92, 178, 268
志磐　152
師備　65, 67, 68, 74
史弥遠　112, 126
四部録　124
詩文　137, 231, 232
　　詩文集　127, 230
嗣法　102, 243
子昉　88, 89
島津家　232
　　島津斉彬　275
嶋野栄道　306
島原の乱　254, 260
師明　119
志明　135

慈明禅師 → 楚円
　慈明四家録　102
　慈明禅師語録　118
慈愍三蔵　34　→ 慧日
四明 → 曇秀・知礼
四門人六兄弟　203
緇門崇行録　151
思益経　36
柴山全慶　306
者庵 → 恵彬
写意　99
社会主義　285, 295, 296, 297
釈迦仏　323, 325
寂円　194, 204, 240
　寂円派　241
著語　103, 120
寂而　274
釈氏稽古略　133, 135
寂室 → 元光
借銭　222
釈宗演　292, 294, 303
　釈宗演全集　292
釈宗活　294, 305
釈半人子　315
釈摩訶衍論　176
寂霊　226, 227, 240
　→ 通幻
叉手当胸　350
沙石集　199
釈教宗主　137
沙弥　101, 338
沙門道元　299
舎利塔　258
朱印地　286, 305
周安士　162
拾遺偈頌集　230
集雲堂 → 性音
周易　231
従悦　97, 98
周海門 → 周汝登
宗学　209, 298
宗学研究（雑誌）　307
宗鑑法林　161
従義　89
宗議会　319
周及　229, 316　→ 愚中
十牛図　123, 124, 199

十牛訣　199
集堯　257
宗派合同政策　300
宗教団体法　300
宗教法人法　305, 317
宗教両忘禅教会　305
従瑾　120
集九　229, 237
従軍僧　295
周継　233
宗憲　319
重顕　86, 95, 104, 119, 120
　→ 雪竇
重元　97, 98
周興　229, 230
宗綱　319
十地経論　12
住持職　338
　住持職の売買　129
重俊院　260
秀恕　268
周汝登　150, 152
周信　149, 218, 221, 229, 230, 234
従諗　65, 68, 73, 118, 123, 167　→ 趙州
宗制　305, 319
宗祖としての道元禅師　303
周沢　229
周知冊　148
従展　67, 74
宗統復古　98, 267
　宗統復古志　267
周敦頤　96, 99, 125
終南山　24
十二牛図　123
宗派図　256
宗派列祖伝　315
宗範　163
宗費　322
宗風　77
十仏名　341, 356
十不二門指要鈔　89
周文　232, 233
周富　221, 229, 231
宗峰 → 妙超
集米　341

宗密 → すみつ
宗務管区　320
宗務監査委員会　322
宗務支所　321
宗務所　320
宗務総長　320
宗務庁　288, 320
宗務本所　320
宗門　336
宗門十規論　74, 77, 93
宗門十勝論　199
宗門組織　319
宗門第一の書　105
宗門統要　97, 104, 120, 135
宗門統要続集　104, 120, 135, 137
宗門拈古彙集　120, 161
宗門無尽灯論　277
宗門聯灯会要　92, 104, 120
宗立学校　287
宗立大学　336
周良　229, 237
周麟　229, 230
従倫　105, 132, 135
周濂渓 → 周敦頤
十六羅漢　325
　十六羅漢図　232
入院　101
　入院公文　222
授翁 → 宗弼
授戒　158, 291
　授戒会　238, 265, 291
修学院離宮　258
朱熹　96, 112, 114, 125, 232
儒教　64, 88, 126, 139, 231, 232, 242, 254
宿忌　334
粥座　341, 344
祝聖　77, 90, 101, 128, 136, 333, 334, 341
粛宗　41, 59
祝祷　128, 333
儵然　62, 180
粥罷偈　358
祝釐　136

寿桂　229, 231, 237
守謙　291, 292
朱元璋　132, 147
　→ 洪武帝
守護　216, 237
頌古　103, 104, 119, 120
　頌古百則　87, 103, 104, 120, 133
頌古聯珠通集
　→ 禅宗頌古聯珠通集
袾宏　150, 151, 152, 156, 157, 158, 159, 160, 276
　→ 雲棲
珠光　239
受業師　336, 339
守賾　115, 118
首山 → 省念
守芝　118
朱子 → 朱熹
　朱子学　99, 125, 138, 139, 140, 147, 149, 150, 159, 162, 196, 202, 223, 231, 254, 257　→ 宋学
朱時恩　155
処寂　32
朱若極 → 石涛
朱舜水　261
守初　74, 86, 118, 184
修正会　334
修証義　290, 293
寿昌寺　155
守心　25, 34
守真　31
修心要論　20, 22, 25, 39, 44
殊禅　242
儒禅一致　90, 124, 125, 156
修善寺　199
朱全忠　72
首座　100, 102
首座職　338
守端　86, 97, 98, 104, 118
守澄　74
出世道場　240
出版　116, 117, 119, 139, 230, 237, 257, 267, 269, 273, 297, 301

出版業　117, 261	定慧寺　155	蔣山　128, 147　→　法泉	浄柱　154
十方住持　155, 163, 201	定慧等　53, 60	定山　→　寂而	正澄　138, 197, 198, 202, 316
十方選賢叢林　155	承演　277, 292	聖侍　332	→　清拙・大鑑禅師
出定後語　270	紹凹　262	浄斯　154	性徹　276
朱棣　147　→　永楽帝	荘園　101, 128, 179	尚直編　148	正徹　236
朱耷　→　八大山人	笑翁　→　妙堪	少室逸書　302	承天　→　智嵩
宗派図　102	性音　161	成実学　7	鍾伝　65
衆評　238	承遠　32, 34, 38	少室六門　230	正伝　153
寿福寺　188, 189, 191, 201, 220, 274	浄戒　119, 148	承珠　269, 292	性瑢　263
授菩薩戒儀　32	正覚　105, 115, 120, 122, 133, 135	→　荻野独園	性統　161
須弥山説　270	→　宏智・宗顕	正受(宋)　92, 113	昭堂　223
須弥壇　323	浄覚　26, 36, 176	正受老人　→　慧端	上堂　101, 207, 323
守夜　332	笑巌　→　徳宝	趙州　67, 69　→　従諗	証道歌　59
衆寮　327, 329	定巌　→　浄戒	趙州勘婆　86, 121	正灯世譜　256, 271
首楞厳経	紹琦　158	趙州(真際禅師語)録　67, 68, 118	浄土教　21, 33, 39, 70, 76, 105, 106, 151, 157, 179, 218, 236, 261
→　大仏頂如来密因修証了義諸菩薩万行首楞厳経・仏頂経・楞厳経	紹喜　240	趙州無字　121, 123, 276, 343, 350	
	小教院　286	常住　325, 331, 346	浄土思想
首楞厳三昧経　22	正斫禅　337	浄衆寺　38, 49	浄土慈悲集　33, 34, 97
衆寮箴規　268	紹瑾　191, 192, 199, 203, 208, 226, 227, 241, 334　→　瑩山	浄衆宗　38, 39, 50, 52, 58, 64	浄土宗　206
春屋宗園　249			浄土真宗　206
順之　66	祥啓　233	承襲図　→　裴休拾遺問	聖徳太子　173, 177
遵式　88, 106	章敬　→　懐暉	襄州洞山第二代初禅師語録　118	聖徳太子伝暦　178
準住職　338	貞慶　188		性潡　265, 268
準十利　220	招月庵　→　正徹	清手偈呪　358	紹曇　93, 115
俊芿　192	松源　→　崇岳	楢樹林清規　265, 268	商人　96, 119, 238
純禅　192	松源派　115	承舜　257	省念　85, 87, 118, 184
順治帝　159, 160	蕉堅稿　148, 230	証定　192	正念　196, 316
順帝　→　トゴン・テムル	相見香　340	静照　315　→　法海禅師	→　大休・仏源禅師
春屋　→　妙葩	松源寺　256	浄心　25, 33	松坡　→　宗憇
春甫　→　宗熙	正眼寺　277, 336	成尋　179	紹巴　238
疏　100, 126	承古　102, 154	正信論争　298	性派　265
書院　88, 223	省悟　116	韶碩　203, 209, 226	浄髪　341, 343, 359
書院造　223, 236	承皓　99	情説　152	聶豹　150
定庵　→　殊禅	相国寺(中国)　90	性潜　258, 263	浄符　120, 154, 161
聖一国師　→　円爾	相国寺(日本)　218, 219, 221, 223, 232, 235, 256, 257, 274, 292, 316, 328	→　龍渓・宗潜	浄伏　134
聖一国師語録　192, 207		浄善　121	祥福寺　336
聖一国師法語　192, 208		章宗　132, 133	聖福寺　220, 337
聖一派　191, 315	相国寺蔭凉軒　221	聖僧　325, 332, 340	正文　242
攘夷論　125	相国寺派　288	常聡　86, 97, 98, 99	章炳麟　163
笑隠　→　大訢	相国寺鹿苑院　221	浄蔵　37	正偏五位頌　94
笑隠大訢禅師語録　137	上座　337	正倉院文書　176, 177	→　五位・洞山五位
正隠　→　宗知	消災呪　333, 334	聶双江　→　聶豹	称法行　11
松蔭寺　276, 277, 299	常済大師全集　301	小叢林略清規　272	正法眼蔵(宗杲)　114, 120
浄慧　167	小参　101, 333, 341, 342	承兌　229, 256, 257	正法眼蔵(道元)　194, 209, 227, 267, 268, 272, 293
性瑩　265	焦山　155	摂大乗論　13	
性易　165		浄智寺　220, 274	正法眼蔵異本と伝播史

の研究　307
正法眼蔵御聞書抄　194,272
正法眼蔵啓迪　293
正法眼蔵随聞記　194,272
正法眼蔵著述史の研究　307
正法眼蔵の国語学的研究　308
正法眼蔵の哲学史観　303
正法山宗派図　256
紹璞　277
祥邁　139
城満寺　204
匠明　328
静明　192
浄妙寺　220,274
紹明　115,149,197,202,207,208,316,317
　→ 円通大応国師・大応国師
浄明道　156
聖武天皇　174
鐘銘事件　254,257
抄物　231,244
性融　262
従容庵　133
　従容録　105,133,135
将来目録　180,182
常楽寺　195
紹隆　114
正隆　275
清涼　→ 泰欽
清涼院　74
少林寺　14,132
少林三論
　→ 達摩大師三論
鐘楼　328,329
摂論宗　21
昭和恐慌　296
諸回向清規　222
書記　100,102,126
初期禅宗史書の研究　307
略諸経論念仏法門往生浄
　土集　→ 浄土慈悲集
職分仏行説　261

助警　332,350
除策　343
諸山　128,219,220,222
諸山疏　126
処寂　37,38,39,60
汝州首山念和尚語要　118
諸宗等同　277
諸宗同徳会　286
諸宗同徳会盟　286
舒州白雲山海会演和尚語録　118
舒州法華山挙和尚語要　118
汝州葉県広教省禅師語録　118
舒州龍門仏眼和尚語録　118
滁州瑯瑘山覚和尚語録　118
如拙　232
初祖三論
　→ 達摩大師三論
除夜　334
白河上皇　180
寺領　242,286
支婁迦讖　5
師錬　95,173,178,199,229,234
四六(駢儷)文　126,137,229,231
詩論　100
　詩話　105
地論宗　7,12,18,21
　地論宗南道派　7,18
神晏　67,74,75,118
新安派　161
神韻説　161
深有　156
請益録　105,133,135
真円　262
心越 → 興儔
真可　149,150,151,152,153　→ 紫柏
秦檜　112
辛亥革命　163
真覚　182
真覚禅師　67

→ 義存・雪峯
真歇 → 清了
心観釈　35
清規　65,116,139
信行　19
神行　51
心経注　97
信教の自由　285,305
真空　192
心空居士 → 朱時恩
心敬　236
真歇 → 清了
心月　120,200
真玄　229
新興地主階級　72
新五代史　135
真言宗　178,182,183
真際大師(禅師)　67
　→ 従諗・趙州
審査会　322
新纂校訂隠元全集　307
晋山式　327
新纂禅籍目録　307
審事院　322
沈士栄　91,148
神秀　20,24,25,26,30,31,32,36,37,40,91,175,181
真宗大師　41
　→ 神会(荷沢)
真宗論
　→ 大乗開心見性頓悟真宗論
神儒仏三法孝経口解　277
心昭　242
真性　140
神照　38,50,64,70
神照禅師 → 法真
真浄禅師(大師) → 克文
清初僧諍記　164
真心　25
神人化度説話　241
信心銘　9
　信心銘拈提　204
真心要決　192
浄慈 → 曇密
浄慈(報恩光孝)寺　128,134,155,199,200

浄慈寺志　155
神清　38,49,50
神栖安養賦　76
真宗　90
神宗　91,95
仁宗(ヴェトナム)　124
仁宗(元)
　→ アユルバルワダ
仁宗(宋)　85,87,91,95
心即理　150
心泰　148
真諦　13,17
真大道教　139
心地 → 覚心
神鼎 → 洪諲
神道　173,236,284,286
寝堂　327
新道教　139,156
新到参堂　339,340
真如寺　220
神会(荷沢)　14,17,26,31,32,37,40,41,42,43,46,47,48,49,50,51,58,60,67,68,88,120,182,302
　→ 荷沢和上・南陽和尚
神会和尚遺集　164,165,302
神会語録　45
　→ 南陽和尚問答雑徴義
神会(浄衆寺)　38
心王経
　→ 仏為心王菩薩説頭陀経
心王経註　36
神秘壺中天　264
新仏教　188,295
神仏習合　174
神仏分離令　284,286
晋平　46
神力禅師 → 利蹤
真梁　227
振鈴　332,340

ス

随縁行　11
遂翁 → 元盧
翠巌 → 令参

索 引　379

瑞巌寺　260
瑞渓 → 周鳳
隋故鏡智禅師碑銘并序　51
垂示　104
瑞聖寺　265
随疏演義鈔　53
瑞仙　231
瑞泉寺　228
随息観　6,350
瑞白 → 明雪
瑞方　98,178,265,268,272,333
水陸会　152
崇慧　63
崇岳　115,195　→ 松源
嵩山　14
崇寿 → 契稠
崇聖寺　128
崇信　66,94
崇伝　254,257
　　→ 本光国師
崇寧清規　136
崇福寺(長崎)　262,264
崇福寺(筑前)　238
菅原道真　179,231
杉原宗伊　226
杉本五郎　301
宗鏡録　75,191,230
鈴木俊隆　306
鈴木正三　260
鈴木宗忠　306
鈴木泰山　301
鈴木大拙　165,166,292,294,298,301,302,303,306,308
　鈴木大拙全集　304
数息観　5,350
スタイン　302
子曇　199　→ 西礀
宗密　22,24,38,39,48,49,50,51,53,61,62,64,69,88,89,192,348
住吉明神　242
童行　101

セ

世阿弥元清　236
清遠　97,118
制間　346
西礀 → 子曇(すどん)
　西礀派　316
西巌 → 了恵
聖鑑派　229
青原 → 行思
清見寺　220,240
斉己　70
靖康の変　96,112,148
西山　20
清修 → 法久
靖叔 → 徳林
西序　100
西笑 → 承兌
青松寺　256,258,273,288
盛正 → 印順
清拙 → 正澄
　清拙派　197,316
誠拙 → 同樗
世祖(元) → クビライ
世祖(清) → 順治帝
成祖 → 永楽帝
聖祖 → 康熙帝
世宗(後周)　83
世宗(金)　139
世宗(明)　149
世宗(清) → 雍正帝
成宗 → テムル
聖宗　84
性即理　150
聖沢院 → 妙心寺聖沢院
　聖沢派　240
制中　345
聖冑集　62
正中の宗論　202
西浄　325
西堂　102,221,224
　→ 智蔵
　西堂職　338
靖難の変　147,149
西班　100
青布明 → 恵明
清茂　104,120,134,135,137,138,197,203,229,230　→ 古林
聖明王　173
清欲　134,137
清了　106,115,122,158
青林 → 師虔
性霊説　152
施餓鬼　202,334,341
石屋 → 真梁
関口真大　307
石虎　7
礦砂版大蔵経　117
石室 → 善玖
隻手音声　277,343,350
石霜 → 慶諸・楚円
　石霜五位　227
石涛　161
石頭　61,63　→ 希遷
　石頭宗　42,59,63,64
石門 → 献蘊・蘊聡
　石門山慈照禅師鳳巌集　118
石門文字禅　105
碩由　243
雄雄峰　306
隻履帰天説話　178
施斎偈　341,356
世事見聞録　274
施粥偈　341,356
絶海 → 中津
絶観論　48,180,302
雪江 → 宗深
雪舟　233　→ 等楊
殺生石　242
摂心　337
折水偈　357
雪窓 → 宗崔・普明
雪村 → 友梅・周継
拙庵 → 徳光
雪庵 → 従瑾
雪潭 → 紹璞
雪竇　104　→ 重顕
　雪竇山　75,87,94,128,192
雪竇明覚禅師語録　87
雪峰　75,78　→ 義存
　雪峰山　67,128
雪峰真覚禅師語録　67,68
雪峰寮　332
雪安居　339
浙翁 → 如琰
雪巌 → 満・祖欽
雪庭 → 福裕
雪堂 → 徳諫
節度使　61,65,84
世法即仏法　261
禅慧　275
禅悦　262,274
仙匡 → 義梵
禅戒　265
　禅戒一致　158
禅海十珍　161
禅学(雑誌)　293
禅学研究(雑誌)　298,307
禅学研究法と其資料　298
泉岳寺　256,273
禅学思想史　298
禅宗思想史　307
先覚宗乗　155
全豁　67
千巌 → 元長
宣鑑　65,66,67　→ 徳山
禅関策進　152,157,276
禅機画　127
禅儀外文集　199
善玖　137
全挙　118
善卿　97
禅経　7
禅傑　239
善月　334
　善月祈禱般若　334
禅月(大師)　69　→ 貫休
　禅月様　71
禅源諸詮集都序　48,64,230
漸悟　45
線香　350　→ 香
千光国師 → 栄西(ようさい)
　千光派　188,315
禅興寺　220
禅叢寺　238
銭弘俶　73,74
禅語録　118　→ 語録

禅材　267, 274, 275, 277
　　→古月
戦時教学　301
禅思想史研究　第一　301
禅思想史研究　第二　303
禅思想史研究　第三　303
宣什　24, 37, 38
禅宗（雑誌）　293
前住　102, 222, 224
　　前住職　338
禅宗漁樵集　154
禅宗結社　155
禅宗綱目　192
禅宗史研究　302
禅宗頌古聯珠通集　120
禅宗宣揚停止の宣旨　189
禅宗の地方発展　301
禅宗脈伝　183
禅宗様（建築）　195, 236
禅宗様（書道）　233
善俊　120
善書　156
善昭　86, 87, 94, 104, 118, 119
全祥　266
禅定　5, 6, 7, 19, 44
　　禅定寺　268
禅浄双修　135, 75, 106, 135, 136, 157, 163, 203
銭緒山　150　→銭徳洪
禅心　192
全真教　132, 139, 140
　　全真清規　139, 140
洗心教団　305
禅心寺　306
善世院　147
禅籍志　271
禅籍目録　298
川僧　→慧済
戦争協力　300
銭大㫋　162
先代旧事本紀大成経　264
禅体験　120
全体作用　150
栴檀林　267, 273, 288
煎茶　266
禅通寺　238
善道　33

善導　21, 33
禅堂　265, 325, 328, 336, 338
禅道（雑誌）　293
前堂職　338
禅灯世譜　154
宣統帝　296
銭徳洪　150
禅と精神分析　308
禅と日本文化　166, 303, 304
千七百則の公案　92
禅入門　166
千人結制　274
詮慧　194
禅会図　105
禅苑清規　97, 100, 101, 129, 136, 195, 202, 346
禅苑蒙求　135
善の研究　294
禅の語録　307
千利休　239
前版　274
禅秘要法経　6
全苗　→月湛
禅病　22
銭蚊　163
禅ブーム　166, 306
薦本　→承古
善伏　23
禅文化　127, 139
　　禅文化研究所紀要　307
懺法　222
善芳　236
善宝寺　241
前方丈　327
善無畏　32
　　善無畏三蔵禅要　32
洗面偈　342, 355
専門学本校　287
禅門経　→仏説禅門経
禅門師資承襲図
　　→裴休拾遺問
禅門七祖行状碑銘　183
禅問答　6, 103　→問答
専門道場　317, 325, 331, 333, 335, 336, 338
　　→禅堂・僧堂

禅門仏祖綱目　157
禅門宝訓　230
泉涌寺　192, 195
善来　277, 291
禅律方　221
泉龍寺　229
禅林絵画　232
禅林句集　232, 345
禅林七堂　328
禅林象器箋　272
禅林僧宝伝　107
禅林文学　137
禅林宝訓　121
禅林方語　272
禅林類聚　120

ソ

祖院（総持寺）　288
宗為　226
宗頤　219, 225, 226, 238, 239
宗印　116
宗因　228
宗永　97, 104, 120
宗演　→釈宗演
宗演（円覚）　68, 97, 117
宗温　291
僧可　13　→慧可
僧階　337
象海　→慧湛
送戒明和尚状　176
宋学　71　→朱子学
宗覚派　315
宗沅　236
宗玩　249
宗己　228
宗照　235, 238
宗祇　237, 238
葬儀　222
宗暁　106
宋旭　152
宗訢　239
宗懇　127, 136
曹渓　40, 151
曹渓源流頌　154
曹渓山第六祖慧能大師
　　説見性頓教直了成仏

決定無疑法宝記壇経　182
曹渓宗　124
曹渓禅師証道歌　182
曹渓大師伝　22, 59, 181
宗顕　120
曹源寺　292
宗己　135
宗胡　262, 265, 266, 268, 272
宗亘　235, 238
宗杲　94, 105, 112, 113, 116, 118, 120, 121, 125, 151, 197, 209
　　→大慧（禅師）
宋高僧伝　48
宗崔　260
葬祭　238, 256, 295
宗賾　97, 106, 136, 346
僧璨　8, 9, 15, 48, 51, 173
匝三　292
曹山　→本寂
曹山解釈洞山五位顕訣鈔　268
総参　345
荘子　6
荘子鬳斎口義　125
荘子鬳斎口義鈔　231
荘子内篇註　156
総持寺　203, 204, 226, 240, 288
総持寺五院　227
総持寺史　301
総持寺伝法庵　227
総持寺洞泉庵　227
総持寺如意庵　227
総持寺の移転　288
総持寺法度　254
総持寺普蔵院　227
荘主　101
宗寿　277
宗舜　228
僧濬　271
宗純　208, 226, 233, 236, 239　→一休
宗深　228, 239
宗真　226, 238, 240
　　→太源

索引　381

蔵主　100, 101, 338
宗績　292
宗潜　260, 262
　　→ 性潜・龍渓
双泉 → 師寛・仁郁
総泉寺　256
葬送儀礼　101
宗知　249, 257
宗築　259, 260, 266, 271
宗長　238
宋朝禅　184, 187, 192, 205, 208
宋鼎　40
蔵殿　100
宗套　239
僧堂　100, 193, 223, 227, 265, 273, 274, 287, 325, 327, 328, 332, 333, 336, 338
　　→ 禅堂・円覚寺僧堂・東福寺僧堂・妙心寺僧堂・専門道場
　　僧堂清規行法鈔　265
曹洞教会修証義　290
曹洞五位抄　268
草堂寺　64
曹洞宗　67, 74, 78, 93, 97, 98, 113, 115, 122, 132, 153, 190, 191, 193, 225, 226, 242, 256, 286, 288, 294, 317
　　曹洞宗海外留学生　294
　　曹洞宗学　255, 272
　　曹洞宗規則　319
　　曹洞宗規程　319
　　曹洞宗五位鈔或問　268
　　曹洞宗五位弁的　268
　　曹洞宗全書　298
　　曹洞宗専門学本校　288
　　曹洞宗大学　288
　　曹洞宗大学林専門本校　288
　　曹洞宗中興の祖　268
　　曹洞宗の密教化　191
　　曹洞宗法度　254
　　曹洞宗両祖忌　335
曹洞正宗　132
宗頓　239

宗曼　226
宗忍　275
総寧寺　256
宗然　137, 197, 232
宗珀　249, 258
宋版　119, 230
宗殍　228
宋文森　162
宗彭　258 → 沢庵
草茅危言　270
双峰山　20
宗牧　238
宗本（慧林）　90, 97, 98, 106
宗本（天衣）　157
惣門　327
澡浴偈　342, 359
宗隆　239
叢林校定清規総要　202
叢林公論　121
叢林盛事　121
双林大士集　181
宗令　226
宋濂　147, 149
滄浪詩話　100
宗勐　148, 149, 198
僧録　221, 254
　　僧録司　147, 148
楚円　86, 94, 118, 119, 121, 227
祖円　201, 227
祖雄　135, 197, 228, 243
祖价　268
蘇我氏　173
　　蘇我馬子　173
曾我蛇足　233
祖環　226
祖牛　267
祖欽　115, 133
続開古尊宿語要　118, 119
即休 → しっきゅう
続近世禅林僧宝伝　269
続原教論　91, 148
続高僧伝　8, 9, 11, 13, 15, 17, 19, 20, 23, 31, 46, 48
息耕録開筵普説　276
即心即仏　60, 150
続蔵　39

続曹洞宗全書　307
即中　265
則天武后　20, 30, 37
息道　276
続灯正統　161
続日域洞上諸祖伝　268
即非　265 → 如一
続宝林伝　62
祖慶　120
祖元　115, 196, 197, 198, 199, 200, 201, 207, 208, 230, 316
　　→ 仏光国師・無学
楚山 → 紹琦
疎山 → 匡仁
蘇山 → 玄喬
祖師堂　327, 328
　　祖師堂諷経　333
楚俊　138, 197, 198, 203, 316 → 明極
蘇洵　99
蘇軾　95, 98, 99, 105
祖心　86, 97, 98, 99, 100
楚石 → 梵琦
疎石　199, 208, 218, 234, 235, 316 → 夢窓
祖説　89
祖先　115 → 破庵
祖智　115
祖庭鉗鎚録　154
祖庭事苑　97
素哲　203, 208, 226
蘇轍　95, 98, 99
祖伝　276
祖統（説）　10, 14, 91, 140
　　祖統大統　161
祖堂集　62, 75, 77, 117
蘇東坡 → 蘇軾
祖能　227, 316 → 大拙
祖柏　138, 232
祖門　263, 271
存奨　73, 118
尊勝陀羅尼　333, 342
尊皇思想　301
尊皇奉仏大同団　293

タ

大安寺禅院　175
大雲寺　40
大慧（宗杲）　122, 191, 199
　　→ 宗杲
　　大慧禅師語録　117
　　大慧禅師発願文　334, 352
　　大慧武庫　121
　　大慧派　113, 137, 148
　　大慧普説　114
　　大慧法語　114
　　大慧語録　114, 124
　　大慧書　114, 122
大慧（癡兀）　191, 208
大慧禅師 → 懐譲・宗杲
大円広慧国師 → 性激
大円禅師　66
　　→ 覚円・霊祐
大円派　316
大応国師 → 紹明
大応国師仮名法語　208
大応国師語録　207
大応派　197, 219, 316
大雄宝殿　323
大和尚　337
大学　164, 284
大学章句　230, 232
大覚禅師　63 → 道隆
　　大覚禅師語録　116, 207
　　大覚派　195, 315
大観　113, 118, 127, 133, 200 → 物初
大鑑禅師 → 正澄
　　大鑑清規　202
　　大鑑派　197, 316
大義（杉本五郎）　301
大喜 → 法忻
大機大用（禅）　60, 69, 114, 259
大義名分論　125
大逆事件　285, 295
大休 → 正念
　　大休派　316
太虚　163, 165
大教院　286

大教師　337, 338
大教正　337
大教宣布の詔　284
大行　33
泰欽　87
大訴　118, 128, 133, 136, 137, 148, 229
　→ 笑隠
大愚　→ 守芝・宗築・良寛
大空　→ 玄虎
太元　→ 孜元
太原　→ 自在
太源　→ 宗真
　太源派　240
代語　76
退耕　→ 行勇・ついかん
大洪　→ 報恩
大光寺　275
大光普照国師　264
　→ 隠元
代語講録事件　258
第三禅宗史研究　301
大慈寺　204
大寂禅師　60
　→ 道一・馬祖
大珠　→ 慧海
大照
　→ 慧光（頓悟真宗論）
　大照禅師　30　→ 普寂
大乗和尚
　→ 摩訶衍禅師
大乗戒　175
　大乗戒壇　181
大乗開心見性頓悟真宗論　51
大乗起信論　7, 36, 303
　→ 起信論
大乗五方便　36
　大乗五方便北宗　34, 36
　大乗無生方便門　32, 34, 35, 36, 42
大聖寺　276
大乗寺　194, 203, 204, 226, 265, 268
　大乗寺本法宝壇経　303
大正新脩大蔵経　297
大乗禅（雑誌）　298
大正デモクラシー　296

大乗楞伽正宗決　183
戴震　162
大心　→ 義統
大隋　→ 法真
大隋神照禅師語要　118
岱宗　→ 心泰
大拙
　→ 承演・祖能・鈴木大拙
　大拙派　316
大川　→ 普済
大仙院　→ 大徳寺大仙院
大禅定寺　19
大山明神　242
太毓　59, 63, 69
太祖（宋）　83, 85
太祖（遼）　83
太祖（西夏）　83
太祖（金）　96
太祖（元）
　→ チンギス＝ハン
太祖（明）　→ 洪武帝
太祖（清）　→ ヌルハチ
太祖（曹洞宗）　→ 紹瑾
　太祖降誕会　335
太宗（宋）　83, 85
太宗（遼）　83
太宗（金）　96
太宗（元）　→ オゴデイ
太宗（清）　→ ホンタイジ
代宗　63
大蔵経　100, 116, 117, 148, 160, 263
　→ 黄檗版・開元寺版・金刻・契丹版・高麗版・思渓版・磧砂版・大正新脩・勅版・東禅寺版・万暦版・龍蔵も参照
対大己五夏闍梨法　268
大智　134, 197
大癡　→ 黄公望
大智禅師　30　→ 義福
大中　243, 256
大通禅師　30
　→ 子曇・神秀
　大通派　316
泰定帝（元）

→ イスン・テムル
大徹　→ 宗令
大顛　71
大同　65, 68, 117, 118
大洞院可睡斎　→ 可睡斎
大灯国師　239　→ 妙超
大灯国師仮名法語　202, 208
大灯国師語録　202, 207
大灯派　201, 219
大唐韶州双峰山曹侯渓宝林伝　61　→ 宝林伝
大唐双峰山禅門付法　183
大道長安　290
大徳寺　201, 202, 219, 222, 225, 226, 235, 238, 240, 242, 258, 274, 277, 307, 316, 328
大徳寺教団　242
大徳寺高桐院　242
大徳寺三玄院　242
大徳寺総見院　242
大徳寺大仙院　238, 242, 329
大徳寺大仙院書院庭園　235
大徳寺天瑞寺　242
大徳寺　255, 288, 335
大徳寺法度　254
大徳寺芳春院　242
大徳寺夜話　239
大徳寺龍源院　238, 242
第二禅宗史研究　301
大日（房）　→ 能忍
大日経見聞　191
大日本戦時宗教報国会　301
大日本続蔵経　297
大日本帝国憲法　285
大日本仏教全書　297
大日本仏教会　301
大梅　→ 法英・法常
太白　→ 真玄・観宗
太白山　128
大般若経　334
大悲呪　333, 334, 342
大微仙君功過格　156
代付　98

大福　51
大福寺　191
大仏頂如来密因修証了義諸菩薩万行首楞厳経　21, 22
　→ 首楞厳経・仏頂経・楞厳経
太武帝　12
太平興国寺　128, 147
太平天国の乱　162
大法眼禅師　74
　→ 文益・法眼
大方広円覚修多羅了義経　21, 22　→ 円覚経
大梵寺　46
台密禅兼修道場　189
大明国師　→ 普門
大冥団　315
大明法師　23
大夢　→ 宗忍
大陽　→ 警玄
平清盛　180, 197
大龍翔集慶寺　128, 137, 220
高倉天皇　185
高田道見　290
沢庵　258　→ 宗彭
　沢庵和尚全集　298
沢山　→ 弌咸
卓洲　→ 胡僊
托鉢　341, 342, 344
武田勝頼　253
武田信玄　237, 243
武田信成　316
武野紹鷗　239
太宰春台　270
田島毓堂　308
橘嘉智子　184
達観　152　→ 真可・曇顯
塔主　238
　塔主職　338
塔頭　221, 223, 224, 227, 238, 242, 243, 255, 264, 286, 329
立田英山　305, 306
伊達政宗　260
棚経　335
田辺元　303

索 引   383

種田山頭火　300
タハサラ禅センター　306
玉村竹二　307
達摩　8, 9, 10, 11, 13, 15,
　　16, 17, 18, 19, 45, 46,
　　49, 176, 177, 181
　→ 菩提達摩
　達摩歌　190
　達摩大師三論　206,
　　230, 272
　達摩大師の研究　307
　達摩の研究　301
　達摩論　10, 15
達磨　183, 323, 327
　達磨忌　334
　達磨宗　189, 206
　達磨(宗)系図　181,
　　182
　達磨図　232
　達磨大師月忌　333
　達磨和上悟性論　183
　→ 悟性論
達摩多羅　42
　達摩多羅禅経　6, 42
達摩菩提　18
単　325
　単箱　325
　単票　325
丹霞　→ 子淳・天然
　旦過寮　340
　旦過詰　340
潭吉　→ 弘忍
壇経　→ 六祖壇経
断橋　→ どんきょう
湛月　→ 紹円
湛元　→ 自澄
壇語　→ 南陽和上頓悟解
脱禅門直了性壇語
断際禅師　66
　→ 黄檗・希運
譚嗣同　163
潭州神鼎山第一代諲禅師
　語録　118
潭州道吾真禅師語要　118
湛照　191, 199, 204, 230
鐔津文集　87, 91
譚長真　139
単伝　→ 士印

湛堂　→ 文準
檀那寺　262
湛然　→ 円澄
湛然(天台宗)　53
湛然居士　→ 耶律楚材
旦望　101
単立化　305
檀林皇后　184
檀林寺　184
単嶺　→ 祖伝

チ

知(の思想)　45, 60
知威　47
智円　88, 90
智演　218
智覚禅師　→ 延寿・明本
智覚普明国師　→ 妙葩
　智覚普明国師語録　148
智閑　65, 73
智巌　47
智顗　6, 19, 348
智及　133, 148
智炬　61
智敦　17
智境　120
智鏡　195
智旭　150, 157, 159
智愚　115, 116, 119, 120,
　　127, 197, 200
　→ 虚堂
竹庵　→ 可観・士珪
竹窓　→ 智巌・徳介
　竹窓随筆　152
竹林派　124
知行合一　150
痴兀　→ 大慧
智儼(華厳宗)　21, 23, 24
智厳(竹窓)　236
智璨　298, 301
知事　100, 136
　知事清規　268
智柔　→ 万庵
池州南泉普願和尚語要
　118
智首座に与ふる法語　208
智昭　93, 113

智常　60, 61, 67
致柔　125
智嵩　118
癡絶　→ 道冲
智詵　24, 37, 38
　智詵疏(般若心経疏)
　　39
智蔵　59, 63, 66
ティソンデツェン王　52
智達　37
智徹　157
知殿　100, 332
　→ 殿司(殿主)
智堂　268
地動説　270
智訥(朝鮮)　124
智訥(古剣)　227
智如　46, 50　→ 法如
チベット　38
　チベットの宗派　51, 52
　チベット仏教　133
智明　227
智門　→ 光祚
　智門祚禅師語録　118
茶　189
　茶室　239
　茶人　226
　茶禅一味　239
　茶祖　189
　茶道　226, 239
　茶道具　239
　茶寄合　236
忠懿王　73
仲温　113　→ 暁瑩
中華　→ 承舜
抽解　350
中華伝心地禅門師資承襲
　図　→ 裴休拾遺問
中巌派　316
中教院　286
厨庫　325
注華厳法界観門　64
忠孝　157
中国禅宗史　165
中国の仏蹟の踏査　301
中国仏教社会経済史の研
　究　308
中国仏教社会史研究　308

昼坐　341
中正　223, 234
中津　148, 218, 223, 229,
　　230, 234
仲仁　105
中世禅宗史の研究　307
中世禅林の学問および文
　学に関する研究　307
中世仏教思想史研究　308
中宗　30
中天竺山　128
中天竺寺　137
中洞山　77
注般若波羅蜜多心経　36
中峰　→ 明本
　中峰(和尚)広録　117,
　　134, 135
　中峰広録不二鈔　231
　中峰国師座右銘　334,
　　352
仲方　→ 天倫
　仲方和尚語録　118
仲芳　→ 中正
中門　327
中庸直指　156
知浴　100, 332
　→ 浴司(浴主)
超永　161
張説　30, 33
張横渠　→ 張載
澄遠　74, 86, 184
潮音　→ 道海
朝課　333
　朝課諷経　340, 344
澄觀　53, 63, 64, 72
庁議　320
張九成　114
趙匡胤　→ 太祖(宋)
長慶　→ 慧稜
超元　262, 266, 267, 274
趙構　112
朝坐　341
張載　96, 125
張士誠　132
頭首　100, 136
張商英　98, 107, 114, 124
張志和　69
調心　349

調身　349
長水　→　子璿
趙子昂　→　趙孟頫
張拙　69, 151
調息　349
張即之　127, 234
斉然　179, 184
超然　262
長髪・長爪　129
趙抃　98
趙孟頫　134, 137, 138, 234
長楽寺　191, 201, 220
趙令衿　98, 99
長蘆　→　宗賾
勅額　240
勅願道場　201
勅使門　328
勅修百丈清規　133, 136, 222
勅版大蔵経　85
勅規　136
勅許紫衣之法度　254, 258
致良知　150
知礼　87, 88, 106, 116
智連　116
陳慧　5
陳垣　164
チンギス=ハン　130, 139
陳献章　150
鎮護国家　174
鎮州臨済慧照禅師語録　68, 117, 118
　→　臨済録
鎮守社　328
鎮守堂　241
頂相　102, 232, 327
陳楚章　37, 49
陳白沙　→　陳献章
陳友諒　132

ツ

退耕　→　徳寧(てにん)
追善法要　222
通幻　→　寂霊
　通幻派　240
通参　337
通琇　154, 160

都寺　100
通容　95, 102, 153, 154, 159, 161, 264　→　費隠
頭陀　22
頭陀経
　→　仏為心王菩薩説頭陀経
頭陀袋　339
津田宗及　238, 239
徒弟院　130, 191, 201, 218, 219, 221

テ

程頤　96, 125
程伊川　→　程頤
貞閑禅尼　267
程顥　96, 99, 125
帝師　133
鼎需　113
提唱　341, 342, 344
鄭成功　262, 264
定是非論　→　菩提達摩南宗定是非論
定宗　→　グユク
剃髪偈　359
程明道　→　程顥
滴水　→　由利宜牧
弟子丸泰仙　306
手数料　322
鉄脚　→　応夫
鉄舟　→　徳済
鉄心　→　道印
鉄船　→　宗煕
徹通　→　義介
鉄笛倒吹　273
　鉄笛倒吹鈔　273
徹翁　239　→　義亨
　徹翁派　201, 225, 242
鉄牛　→　道機
鉄眼　→　道光
　鉄眼版大蔵経
　→　黄檗版大蔵経
徳寧　115
徳輝　133, 135, 136, 224
テムジン　130
テムル　131, 199
寺請制度　254, 255, 256,

262, 273, 291
寺田透　307
天隠　→　龍沢・円修
伝衣説　14, 40, 41, 50
天海　257
天界(善世禅)寺　128, 147, 148
天岸　→　慧広
天閬　240, 242　→　如仲
天桂　→　伝尊
　天桂地獄　272
伝光録　203
篆刻　265, 266
天智天皇　173
伝述一心戒文　178
天聖広灯録　87, 92
天神　231, 328
伝心法要　66, 117
　→　黄檗山断際禅師伝心法要
殿司(殿主)　232, 332
　→　知殿
典座　100, 332
典座教訓　193, 268
伝尊　262, 267, 268, 272
天台　→　徳韶・智顗
　天台教学　53, 72
　天台山　75, 128, 180
　天台止観統例　72
　天台宗　19, 21, 31, 32, 35, 53, 62, 74, 85, 87, 88, 89, 106, 116, 150, 175, 178, 179, 181, 182, 183, 190, 257
　天台本覚思想　180, 192, 210
天童　→　正覚・如浄・子凝
　天童山　153, 155, 163, 194, 199　→　太白山
　天童(景徳)寺　128, 129
　天童寺志　155
伝灯玉英集　87, 92, 117
伝灯録　→　景徳伝灯録
天如　→　惟則
天衣　→　宗本・義懐
天寧万寿永祚寺　128
天然　61, 63

天皇　→　道悟
天皇宗　301
天王殿　325
天王道悟　94, 154
　天王寺　95
天王道悟禅師碑　94
伝法庵　→　総持寺伝法庵
伝法偈　62
伝法正宗記　15, 62, 87, 89, 91, 92, 117
伝法正宗論　87
伝法叢林　155
伝法堂碑　182
伝法宝紀　9, 14, 20, 22, 25, 26, 34, 48, 91, 178, 302
天武天皇　173
天龍寺　217, 218, 219, 220, 230, 235, 274, 291, 316
　天龍寺庭園　235
　天龍寺派　288, 335
　天龍寺船　197, 217
天倫　118　→　楓隠
天暦の内乱　131

ト

塔(墓塔)　225
冬安居　129, 339
同安　→　道丕
道安　5
道育　11, 16, 17　→　慧育
道一　39, 51, 53, 58, 59, 62, 63, 69, 93, 94, 118, 184, 259
　→　馬祖・大寂禅師
塔院　102, 223
道允　66
道印　262, 263
道隠　316
道円　38, 50, 64
道延　77
道衍　148, 149
道海　263, 264
道楷　98
東海庵　→　妙心寺東海庵
　東海派　240

索引　385

東海瓊華集　230
東海寺　255, 258
東海大僧録　256
道廓　270
道機　262, 263
道義　66
董其昌　152, 161
道教　64, 139, 151, 160, 177
道鏡　→　慧端
道鏡(浄土教)　33
道暁　199
道行般若経　5
道欽　→　法欽
東渓　→　宗牧
東慶寺　292
桐華寺　34
東源　→　慧等
桃源　→　瑞仙
道謙　113, 121, 125
道元　22, 94, 115, 122, 188, 191, 209, 227, 272, 299, 303, 315, 327, 334, 346
　　→　永平・高祖
　道元禅師真筆集成　307
　道元禅師全集　307
　道元禅師伝研究　307
　道元禅師伝の研究　307
　道元の研究　303
　道元の言語宇宙　307
　道元の思想―「正法眼蔵」の論理構造　307
　道元派　315
道原　91
湯顕祖　152
東呉　→　浄善
道吾　→　悟真
道悟　61, 63, 94, 154
　　→　天皇・天王道悟
東岡　→　希杲
同光　51
道光　263
道岐　137, 197
洞谷　→　紹瑾・瑩山
　洞谷開山法語　208
　洞谷記　204
　洞谷清規　203
東国高僧伝　268

東語西話　135
登園偈呪　358
道済　275
東西哲学者会議　304
東山　20
　→　覚晏・湛照・五祖山・憑茂山
　東山法門　19, 20, 23, 25, 30, 33, 34, 44, 48
洞山　67, 77
　→　守初・道微・良价・暁聡
　洞山五位　93
　→　五位・正偏五位頌
道燦　127
灯史　9, 48, 75, 77, 87, 88, 91, 92, 135, 302
冬至　334
東寺　→　如会
道慈　174
等持寺　220
道者　266　→　超元
道綽　21
道釈人物画　105, 138
鄧州　→　中原全忠
洞宗流弁謬　161
洞宗三祈祷寺　241
東唆　271
東序　100
道昭　173
道躍　65, 68, 74, 118
　→　睦州
洞上雲月録　227
洞上行事規範　290
洞上古轍　154, 268
　洞上古轍口弁　268
道場山　128
東勝寺　220
洞上伝戒弁　265
東寔　258, 259, 260, 263, 266, 276
童心　150
道信　9, 19, 20, 23, 47, 181
投子　→　義青・大同
　投子山　98
　投子和尚語録　68, 118
東司　325, 328, 329, 342, 345, 358

道盛　153, 154, 155, 161
道斉　87
道璨　32, 51, 174, 175, 176, 185
道宣　9, 17, 21, 23
道潜　74, 76
道全　77
洞泉院　→　総持寺洞泉庵
東禅寺　256
東禅寺版大蔵経　117
洞曹五位　227
道泰　120
東大寺　174, 188
　東大寺三論宗　192
　東大寺大勧請職　189
道坦　265, 273
闘茶　236
道忠　263, 271
道冲　116
同桴　275
洞水　→　月湛
刀梯歌　180
東堂　102, 221, 224
　東堂職　338
唐東都奉国寺禅徳大師照公塔銘并序　70
道統論　140
道徳経解　156
堂内　325, 331
多武峰　190
党派　85
道播　267
道霈　153, 161, 262
道白　178, 262, 265, 266, 267, 272
東坡禅喜集　99
東班　100
道丕　74
道微　114
道憑　12
道忞　153, 154, 160, 161
東福寺　191, 201, 219, 222, 232, 236, 274, 316, 328
　東福寺版　288, 335
導凡趣聖悟解脱宗修心要論　25
導凡趣聖心決　22, 25
東明　→　慧日

東明派　315, 316, 197
冬夜除策　343
道融　121
東陽　→　英朝・徳輝
等楊　198, 233, 235, 237
　→　雪舟
道鷹　66, 67, 74, 102
東洋的無　303
湯用彤　164
道余録　148
桐裏山門　66
道隆　115, 116, 195, 198, 200, 202, 207, 233, 315, 316, 346
東陵　223
　東陵派　315, 316
道了尊　241
東林　→　常聡
棠林　→　宗寿
道倫　271
東林和尚　→　士珪
　東林和尚雲門庵主頌古　118
東嶺　→　円慈
常盤大定　301
独庵　→　玄光・道衍
得翁　→　融永
徳翁　→　良高
禿翁　→　妙周
独園　→　荻野独園
徳介　155
徳川家継　261
徳川家綱　261, 263, 264
徳川家光　254, 258
徳川家康　253, 256, 257, 258
徳川秀忠　254, 258
徳川光圀　266
徳川吉宗　269
徳謙　135
得厳　229, 230, 231
徳輝　→　てひ
徳挙　134
徳見　223
徳源寺　336
徳光　113, 118, 133, 189, 206
徳洪　97　→　慧洪

徳済　137, 223, 232
徳山　66, 78
　→ 縁密・宣鑑
　徳山縁密　110
　徳山四家録　102
独参　345
徳始　198
特住職　338
得勝　208, 228, 316
徳韶　74, 75, 76, 86
徳清　91, 150, 151, 152, 156, 157, 158
独湛 → 性瑩
トク・テムル　128, 131, 134
得度　336
　得度証明書　339
徳富蘇峰　292
徳寧 → てにん
徳宝　151
特芳 → 禅傑
毒峰 → 季善
徳門　271
独立 → 性易
徳林　257
トゴン・テムル　131, 134, 136
杜順　64
土俗信仰　203, 207, 241, 242
兜卒 → 従悦
土地神　323
土地堂　323
　土地堂諷経　333
度牒・紫衣・師号の販売　91, 126, 129
度牒の廃止　160
独孤及　51, 69
渡唐天神　231
鳥羽上皇　180
杜朏　26
杜文煥　156
杜甫　69, 70
富永仲基　270
伴善男　179
度門寺　30
豊川稲荷　241
豊田毒湛　292, 300

豊臣秀次　257
豊臣秀吉　242, 253, 257
豊臣秀頼　257
鳥尾得庵　293
屠隆　156
曇顗　86, 92, 93, 94
曇英 → 慧応
曇曜　133, 148
頓教　23
断橋 → 妙倫
頓悟　22, 34, 37, 41, 44, 45, 50, 58, 60
　頓悟真宗金剛般若修行達彼岸法門要決　37, 44, 51, 68
　頓悟漸修論　158
　頓悟大乗正理決　52
　頓悟入道要門論　22, 67
　頓悟無生般若頌　41
敦煌文書　21, 165, 302
　燉煌出土神会録　302
　敦煌本六祖壇経　302
曇秀　121
曇遵　12
曇晟　67
曇遷　19
曇密　116
曇琳　11, 13, 14, 16, 17, 176

ナ

内局　320
内証仏法相承血脈譜并序　178, 180, 181
内方丈　327
中井竹山　270
中川宋淵　306
長崎高資　196
中世古祥道　307
中原全忠　292
永久岳水　307
那禅師　14, 16, 17
夏目漱石　292, 294
南印　38, 39, 50, 64
南院 → 慧顒
南院国師 → 祖円
南英 → 謙宗

南画　262, 266, 269
南懐瑾　166
南嶽 → 慧思・懐譲・承遠・惟勁
　南嶽慧思後身説　177
　南嶽大慧禅師語　118
南京　147, 159
南化 → 玄興
南源 → 性派
南江 → 宗沅
南山念仏禅宗　38
南山律宗　21, 158
南宗　30, 31, 41, 46, 47, 52, 58, 140
　南宗画・北宗画　152
　南宗五更転　41
　南宗禅　53
南泉 → 普願
南禅寺　128, 191, 199, 200, 201, 202, 218, 219, 220, 223, 235, 257, 274, 316, 328
　南禅寺金地院　257
　南禅寺史　301
　南禅寺正眼院　228
　南禅寺派　288, 335
南蔵　118, 148
南天一乗宗　31
南天竺国菩提達摩禅師観門　32
南天棒 → 中原全忠
南都六宗　174
南頓北漸　41, 45
南派　238
南浦 → 紹明
南北二宗の調和　158
南陽　40
　→ 荷沢・慧忠・神会
　南陽和尚問答雑徴義　41, 45, 48, 67, 68, 165, 182, 302
　南陽忠和尚言教　182
　南陽和上頓教解脱禅門直了性壇語　32, 41, 42, 44, 302

ニ

仁王禅　260
肉食・妻帯・蓄髪の自由　291
西有穆山　292
西田幾多郎　294, 298, 303
西天目山　134
二十四流　315
　二十四流宗源図記　315
二祖三仏忌　334, 343
日域曹洞初祖道元禅師清規　268
日域洞上諸祖伝　268
日明貿易　198
日蓮　188
日蓮宗　206
日観 → 子温
入室　25
　入室参請　101
　入室参禅　344, 345
入衆　339
入宋僧　198
日中　333
　日中諷経　341
入唐僧　179
　入唐八家　182
日峰 → 宗舜
二入四行論　10, 11, 13, 14, 15, 16, 17, 18, 26, 176, 177
　二入四行論序　13
　二入四行論長巻子　11, 19
二人比丘尼　261
二便往来　350
日本印度学仏教学会　307
日本精神史研究　299
日本禅宗史論集　307
日本曹洞第一道場　240
日本的霊性　303, 304
日本洞上宗派図　256
日本洞上聯灯録　268
日本の禅語録　307
日本仏教学会　297
日本仏教史　301
日本仏法中興願文　189

索引

入元僧　135, 137, 139, 229
入寺疏　126
入蔵　88, 92, 117
入道安心要方便法門　20
如意庵 → 総持寺如意庵
如一　265
如会　59, 63
如琰　113
如磬　158
如珙　137
如芝　115
如浄　115, 193, 194
如定　262
如仲 → 天誾
　如仲下六派　240
　如仲派　256
如如居士　124
　如如居士三教大全語録　124
如宝　75
如法寺　267
如満　70
如来宗　305
如来蔵思想　8, 11, 18, 48, 180, 181
如隆　277, 317
庭詰　340
仁郁　74
人間禅教団　305
仁如 → 集堯
人天眼目　93, 113
　人天眼目抄　232
　人天眼目不二鈔　231
人天宝鑑　121
仁明天皇　179
仁勇　86

ヌ

忽滑谷快天　294, 298
ヌルハチ　159

ネ

寧宗（宋）　126
寧宗（元）
　→イリンジバル
涅槃学　7

涅槃経　18
涅槃論　17, 18
年忌　238
拈古　103, 120
　拈古百則　105
念常　133, 135
年中行事　334, 341
拈八方珠玉集　120
念仏　25, 33, 35, 38, 106, 261, 277
念仏鏡　33
念仏公案　157
念仏禅　259, 260, 264, 317
念仏草紙　261

ノ

能楽　226
　能楽師　238
　能楽論　236
能光　66, 183, 184, 185
能勝　227
能大師金剛般若経訣　182
農地改革　304, 305
能忍　188, 189, 190, 193, 206, 207, 230
能仁寺　155
脳波　351
野守鏡　198

ハ

破庵 → 祖先
　破庵派　115, 138, 153
梅屋 → 念常
梅花講　305, 337
梅花道人　138
裴休　64, 66, 69
　裴休拾遺問　64, 89
売茶翁　266
売牒　149, 160
拝塔嗣法　201, 257
廃仏毀釈　270, 286
排仏論　87, 149, 156, 270
佩文韻府　159
梅峰 → 竺信
梅林寺　336

破有法王　299
馬遠　127
芳賀幸四郎　307
破吉利支丹　260, 261
白隠　158, 244, 291, 299, 317 → 慧鶴
　白隠和尚全集　301
　白隠禅の黄檗宗への流入　277
白雲 → 守端・慧暁
　白雲端禅師語　118
白巌 → 浄符
白居易　69, 70, 182
博山　155
白山系天台　190, 203
白山権現　242, 328
博山参禅警語　155
幕藩体制仏教　277
白幽子　276
白楽天 → 白居易
白龍　267
柏林寺　167
馬公顕　72, 127
波著寺　190
芭蕉 → 慧清
把針　342
　把針灸治　343
パスパ　133
馬祖　60, 61, 63, 65, 66, 70, 120　→ 道一
　馬祖四家録　102
　馬祖禅　58, 60, 64, 66, 68, 71
　馬祖大achtive禅師語　118
破相論　36, 206
馬大師　60
畠山義隆　242
八牛図　123
八大山人　161
八幡大神　328
八指頭陀 → 敬安
抜隊 → 得勝
　抜隊派　228
法堂　76, 202, 223, 241, 323, 328, 329
髪頭　332
跋陀婆羅尊者　327
破提宇子　260

バテレン追放令　253
花園会　305, 321
花園大学　287
花園天皇（上皇）　196, 201, 202, 218, 219, 228, 258, 316
破仏　12, 13, 14, 65, 83, 88
林羅山　178, 257, 263
バヤン（伯顔）　113
原田祖岳　298, 299, 306
原坦山　292, 293
巴陵 → 顥鑑
万安 → 英種
晩課　333
　晩課諷経　341, 344
半跏趺坐　347, 349
半眼　347, 349
盤珪 → 永琢
　盤珪禅師説法　267
　盤珪禅師全集　307
　盤珪禅師法語　267
万国宗教大会　292, 294
半斎　334
晩参　101
般舟三昧経　5
　般舟讃　34
　般舟三昧讃　34
万松 → 行秀
万松軒　133
万仞 → 道坦
飯台看　332
藩鎮　65
半陶藁　230
般若心経　333, 341, 342
　般若心経疏　38
　　→ 慧浄疏・智詵疏
　般若波羅蜜多心経註解　148
般若林　287
万物斉同説　49
万民徳用　261
万里 → 集九
万暦の三高僧　150, 153
万暦版大蔵経　119, 151, 158, 263

ヒ

費隠 → 通容
　費隠禅師語録　154
比叡山　180, 185, 188, 189, 193, 253
東山天皇　267
東山文化　236
　東山文化の研究　307
氷川明神　242
久松真一　303, 306
比蘇山寺　175
批判解説 禅学新論　298
批判宗学　309
白崖 → 宝生
　白崖派　229
百愚 → 浄斯
百丈　327　→ 懐海
　百丈懐海禅師語　118
　百丈忌　334
　百丈広録　22
　百丈山和尚要決　182
　百丈清規　136
　百丈清規抄　231
百衲襖　231
闢謬　154
闢謬説　154
闢妄救略説　153
白蓮教　132
備用清規　136
馮開之 → 馮夢禎
廟産興学　163
評唱　103, 104, 120
平常心是道　60, 150
馮夢禎　152
憑茂山　20　→ 五祖山
平久保章　307
平田篤胤　270
廬山常忠　169
閩南仏学院　165
乗払　128

フ

フィリップ・カプロー　306
楓隠　222
風外 → 本高
風狂　226
副司　100, 332
　副司寮　332
普会　120
普応国師　135
　→ 中峰・明本
普願　59, 61, 66, 67, 69, 117, 118
普勧坐禅儀　193, 194
補巌寺　236
傅翁　181
輔教編　87, 90, 230
諷経　333
復庵 → 宗己
　復庵派　228
伏牛 → 自在
福済寺　262
福聚寺　275
復性書　71, 72
福裕　132
普化宗　191
風穴 → 延沼
　風穴禅師語録　118
富国強兵　284
普済　92, 113, 135
浮山 → 法遠
武士　205, 206, 259
普寂　30, 31, 32, 33, 36, 40, 44, 51, 175
　→ 徳門
赴粥飯法　268
無準 → 師範
不生禅　266, 267
武昌仏学院　165
藤原惺窩　257
藤原有房　198
藤原俊成　187, 189
藤原定家　188, 189
藤原冬嗣　179
藤原道長　179
藤原基房　193
藤原頼通　179
普請　342
不寝番　332
副随　332
普説　101
不遷　270
夫泉宗丈 → 曾我蛇足

武宗　65
普蔵院 → 総持寺普蔵院
扶桑護仏神論　263
扶桑三道権興録　263
扶桑僧宝伝　268
傅大師還源詩十二首　181
普陀山　264
普智　63
普茶料理　266
仏果禅師 → 克勤
　仏果圜悟撃節録　105
仏鑑禅師　115
　→ 慧懃・師範
　仏鑑禅師語録　230
仏教学　293, 297
仏教公認運動　294
仏教護国団　301
仏教の宗教学的研究に就て　298
仏教復興運動　259, 266, 276
仏教連合会　301
仏窟 → 惟則
　仏窟学　62
仏光国師 → 祖元
　仏光国師語録　200, 207, 230
仏光派　196, 316
仏国国師 → 顕日
　仏国国師語録　199
仏国禅師 → 惟白
復古老人　268
仏性　22, 181, 209
仏餉　344
仏照禅師　113　→ 徳光
　仏照禅師径山育王語　118
　仏照禅師奏対録　118
仏書解説大辞典　297
仏心禅師 → 普聞
仏説禅門経　21, 22
仏説法王経　21, 22
仏説法句経　21, 22
仏祖綱目　155
仏祖歴代通載　133, 135
仏陀跋陀羅　6
仏智弘済禅師　267
　→ 永琢

仏頂経　22
　→ 首楞厳経・楞厳経・大仏頂如来密因修証了義諸菩薩万行首楞厳経
仏通寺　229, 316
　仏通寺派　290, 316, 335
仏通禅師 → 大慧（癡兀）
仏徳派　229
仏図澄　7
仏法金湯篇　148
仏法金湯録　156
仏法大明録　124, 191
仏為心王菩薩説頭陀経　7, 21, 22
仏慧派　316
仏眼 → 清遠
仏源禅師 → 正念
　仏源派　196, 316
仏降誕会　101, 334
仏語心論　199
仏慈円照広慧禅師　134
　→ 中峰・明本
仏事法要　156, 238, 241, 242
仏成道会　101, 334, 344
仏殿　76, 90, 100, 202, 223, 323, 328, 329
仏日 → 契嵩
　仏日山　87
仏涅槃会　101, 334
武帝（北周）　12
武帝（梁）　13, 14
不動智神妙録　258
ブトン仏教史　52
無難　276
不二道人 → 方秀
普寧　115, 195, 197, 315
　→ 兀庵
不能語偏正五位説　268
富弼　98
付法　25, 243
　付法箭子　181
付法蔵因縁伝　42, 89
普明（十牛図）　124
普明（雪窓）　133, 138, 232
普門　115, 191, 197, 200, 207, 316

索 引　389

→ 円通(天台宗)
普門寺　264
父幼 → 老卵
芙蓉 → 道楷・太毓・霊訓
武陽隠士　274
不立文字　158
武林山　87
　→ 霊隠山(りんにんざん)
古川堯道　294
触頭　243, 255
文慧 → 重元
分衛　341
文悦　86, 118　→ 雲峰
文偃　67, 74, 75, 102, 118
　→ 雲門
文化大革命　166
文之 → 玄昌
　文之点　232
文春　268
文準　114
文勝　87
文人画　138, 232
　文人画家　99, 105
文人趣味　223, 265, 266
文宗 → トク・テムル
文帝　19
文同　99
汾陽 → 善昭
　汾陽昭禅師語　118
文与可 → 文同

へ

并州承天嵩禅師語　118
平城天皇　179
壁観　11
碧巌録　87, 104, 123, 135
　碧巌会　292
　碧巌大空抄　232
　碧巌録耳林鈔　273
　碧巌録不二鈔　231
別庵 → 性統
別源 → 円旨
別山 → 祖智
別伝 → 妙胤
　別伝派　316
ペリオ　302
辯義　8

遍参　140, 243, 259
偏正五位　94
弁禅見解邪正論　183
弁天説　159
弁道書　270
弁道法　268
弁惑篇　154

木

補庵京華集　230
榜　100, 126
龐蘊　60, 68
法雲寺　228
方会　86, 97, 118
　→ 楊岐
法会　151
方裔　230
法英　34, 97
法演　97, 114, 118, 121
法応　120
法王教　290
法王経　7
　→ 仏説法王経
法王仏学院　165
報恩　98
　報恩編　268
　報恩光孝寺　128
法遠　98
報怨行　11
法階　337, 338
宝覚円明禅師　107
　→ 慧洪
法鑑 → 法鏡
宝巌 → 浄戒
法玩　51
法久　116
法鏡　63
宝慶記　194
宝慶寺　194
宝鏡三昧　67, 333
法欽　47, 53, 63
法忻　230
宝月　48
法眼　74, 78
　→ 大法眼・文益
　法眼四機　93
法眼宗　74, 76, 77, 86,

94, 154
方広寺　229, 254, 316
　方広寺派　290, 335
龐居士語録　68
彭際靖　163
飽参者　345
法持　31, 39, 47
宝洲　133
方秀　231, 232, 236
法秀　97, 124, 347
芳春院 → 大徳寺芳春院
宝生　229
方丈　323, 327, 329
法上　12
法常 → 牧谿
法常(大梅)　59, 68
放生池　325
北条貞時　196, 198, 219
北条早雲　237
北条高時　196, 198, 217
北条時政　187
北条時宗　196, 198, 200, 316
北条時頼　187, 191, 194, 195, 316
北条政子　187, 188
北条泰時　187
北条義時　187
法真　118
法蔵(華厳宗)　21, 53
法蔵(漢月)　153, 154, 155, 158, 160
法尊法師　165
宝鐸醒迷論　161
鳳潭 → 僧濬
法沖　8, 16, 19, 23
法忠　116
宝通　71
宝徹　60, 66
法如　20, 23, 24, 25, 26, 30
法如(智如)　46　→ 智如
法然　188
宝峰雲庵真浄禅師語録　118
鄧峰広利寺　128
抱朴子　6
法門勦宄　154, 161
法益　341

法融　23, 47, 49, 62, 180
宝林寺　59, 128
宝林伝　14, 26, 45, 61, 71, 75, 92, 117, 182, 183
法朗　23
法臘　338
牧庵 → 法忠
睦庵 → 善卿
牧翁 → 祖牛
墨戯　232
牧牛図　123
墨谿　233
北山　128
北山録　38, 49
北宗　30, 31, 32, 47, 52, 58, 62, 140, 302
　北宗禅　24, 25, 26, 31, 32, 34, 35, 36, 40, 41, 42, 43, 44, 51, 52, 53, 58, 60, 120, 175, 177, 180
睦州 → 道蹤
　睦州和尚語録　68, 118
墨蹟　127, 138, 139, 233, 239
北禅 → 道済
北藏　148
北峰 → 宗印
法華経　158, 181, 333, 348
　法華経名相　180
反故集　261
菩薩戒　32, 46
菩薩願行文　353
蒲室集　133, 137, 230
　蒲室集抄　231
　蒲室集註釈　231
細川勝元　217, 228
細川忠興　242
細川政元　237
菩提供養　242
菩提心義要文　176
菩提達摩　7, 8, 10, 11, 14, 42　→ 達摩
菩提達摩南宗定是非論　30, 31, 40, 42, 43, 182, 302
菩提達磨 → 達磨
菩提達磨嵩山史蹟大観　301

菩提流支　12
法海　63,182
法界観玄鏡　53
法界観門　64
法界定印　349
法界聖凡水陸勝会修斎儀軌　152
法海禅師 → 静照
　法海派　315
北磵 → 居簡
　北磵詩集　127
　北磵簡禅師　118
　北磵文集　127
法句経　7
　→ 仏説法句経
法句経疏　36
法華 → 全挙
法顕　23
法興寺禅院　174
法照　38,116
発心寺　300,337
法洗　53
法泉　98
法相宗　21,173
法灯国師(禅師) → 覚心
　法灯国師法語　208
　法灯派　191,192,203,240,315
北派　238
布袋　75,325
保唐宗　22,38,49,50,52,58
保寧 → 仁勇
　保寧寺　137
保福 → 従展
本願寺　253
梵琦　133
本光　268,273
本高　173
本光国師 → 崇伝
　本光国師日記　257
本山　255,286
　本山版正法眼蔵　209,272
本寺　225
本寂　66,67,74,77,94
　→ 曹山
本証妙修　209

本善 → 季善
梵僊　137,138,197,198,203,229,230,316
　→ 竺仙
本則　104
本俗法　133
ホンタイジ　159
本朝高僧伝　268
本堂　327,328,329
煩悩即菩提　44,50
梵唄　139,266
本部　321
梵芳　232
本末制度　244,254,256,275
梵網経　158,181
　梵網経疏　175

マ

晦翁 → 悟明
晦巌 → 智昭・道廓
晦岩 → 法照
晦機 → 元熙
　晦機禅師語録　118
晦山 → 戒顕
晦室 → 師明
晦台 → 元鏡
晦堂 → 祖心
摩訶衍禅師　51,52
摩訶止観　348
魔境　322
末法思想　179
松ヶ岡文庫　303
末寺　243,255,286
　末寺帳　255
松永久秀　237
松本文三郎　301
間宮英宗　353
麻谷 → 宝徹
マルクス主義　166,296
満(雪巌)　133
卍元 → 師蛮
卍山 → 道白
　卍山和尚広録　268
卍室 → 祖价
万寿山　128
万寿寺(鎌倉)　202,217,

220
万寿寺(京都)　220
万寿寺(大分)　220
万善同帰集　75
万寿寺(福建)　264
万寿寺(宇治)　258,262,263,264,266,277,327,328
　万福寺の中興　277

ミ

御教書　219,222
道端良秀　308
密教　32,179,189,191,203,207,236,241,243,244
密参　239
　密参禅　223,243,244,259,262,264,274
　密参録　243,244
密庵 → 道謙・咸傑
密雲 → 円悟
源実朝　187
源高明　179
源頼家　187,188,316
源頼朝　187
明庵 → 栄西
妙意　228,316
妙胤　316　→ 別伝
明恵(上人) → 高弁
冥加金　322
妙喜 → 宗績
明魏　236
明教大師　87,91
　→ 契嵩
妙慶　243
妙高　133
妙高庵　227
妙厳寺　241
妙在　227
妙慈弘済大師 → 一寧
妙周　263
妙心寺　202,228,239,242,258,259,267,274,277,291,292,316,328,329
　妙心寺教団　242

妙心寺聖沢院　240,329
妙心寺僧堂　341
妙心寺東海庵　240,329
妙心寺派　255,288,294,317,335
妙心寺法度　254
妙心寺別院(満州)　299
妙心寺龍華院　271
妙心寺龍泉庵　240,307,329
妙心寺霊雲院　240,329
明雪　154
明全　188,194
明叟 → 斉哲
妙堪　121
妙超　199,201,207,208,218,219,228,234,316,317
明道協会　293
妙葩　148,218,221,229,230,316
妙峰 → 之善
明峰 → 素哲
妙倫　115
明覚大師　87
　→ 重顕・寶覺
岷峨集　230
民間信仰　317
明極 → 楚俊
　明極派　197,316
明史　159
明州阿育王山志　155
明州大梅山常禅師語録　68
泯絶無寄宗　61
明兆　232
明朝禅　161,262,264
明本　91,130,133,135,136,137,197,203,234,243
明末四大師　150,157

ム

無異 → 元来
無為教　155
無因 → 宗因
無隠 → 元晦
無憶・無念・莫妄　38

索引　391

霧海南針　264
無学 → 祖元
　無学派　316
無関 → 普門
夢閨 → 宗純
無際 → 了派
無師独悟　266
無著 → 道忠
無住　32, 37, 49, 50
　→ 道暁
無初 → 徳始
無象 → 静照
無情有仏性説　48, 49
無生義　62, 180, 181
無所求行　11
無心　140
　無心論　49
無尽居士 → 張商英
無舌居士　293
無染　66
夢窓(国師)　197, 217, 218
　→ 疎石
　夢窓国師語録　218
　夢窓派　218, 219, 221, 257
無相　32, 38, 49
無相大師 → 慧玄
無端 → 祖環
夢中松風論　218
夢中問答集　208, 218, 230
夢堂 → 曇噩
無念　38, 50, 140
　→ 深有
無本 → 覚心
無本寺院　255
無名　46, 53
無明 → 慧性・慧経
無文
　→ 元選・道燦・山田無文
　無文印　127
無門 → 慧開
　無門関　115, 122, 191
村田珠光　226

メ

鳴沙余韻　302
　鳴沙余韻解説　302

鳴道集説　132
面山 → 瑞方
面授　98, 102, 267, 272, 273
免丁銭　112

モ

盲安杖　261
蒙山 → 智明
毛詩鄭箋　230
毛沢東　165
毛利輝元　253
毛利元就　237
木庵　263, 265　→ 性瑫
黙庵　138, 139
黙印　271
黙隠 → 祖价
黙照禅　114, 122, 210, 317
　黙照邪禅・黙照邪禅　122
　黙照銘　122
黙子 → 如定
木陳 → 道忞
望月仏教大辞典　297
牧谿　115, 127, 138
物初 → 大観
　物初観禅師　118
　物初賸語　127
物外 → 不遷
文益　74, 77, 87, 92
　→ 大法眼・法眼
モンケ　131, 139
門参　244
文守　258, 260
文殊 → 応真
文殊説般若経　25
文殊菩薩　325, 340
問答　67, 68, 69, 70, 72, 76, 77, 103, 199, 207, 208, 342　→ 禅問答

ヤ

柳生宗矩　258
役位　331
薬山 → 惟儼
　薬山李翺問答図　72
薬石　129, 341, 342, 344
夜坐　341

安谷白雲　293, 300, 306
夜船閑話　276
訳経院　85
柳田聖山　307
矢吹慶輝　302
藪柑子　276
山岡宗無　238
山岡鉄舟　292, 293
山片蟠桃　270
山口版　237
山崎益州　301
山城州黄檗山万福禅寺派
　下寺院本末帳　264
山田無文　305
山名氏清　216
山名持豊　217
山本玄峰　299, 308
耶律阿保機　83
耶律楚材　130, 132
耶律徳光　83

ユ

遺誡　342
唯識思想　7, 163
唯心観　183
唯心訣　75
唯心浄土　106
唯忠　38
維摩経　36
游帷観　156
湧泉寺　155
友梅　197, 199, 229, 230, 234
融永　225
由利宜牧　291, 293

ヨ

楊億　87, 92
永嘉覚大師集　182
永覚 → 元賢
楊岐 → 方会
　楊岐山　86
　楊岐派　86, 97, 113, 114
楊起元　152
楊亀山　98
楊傑　98, 99

葉県 → 帰省
楊衒之　13
姚広孝 → 道衍
永興寺　194
永光寺　203, 204, 226, 227
栄西　188, 193, 206, 315, 316, 327
楊枝偈　355
葉上流　189
雍正帝　152, 159, 160
養叟 → 宗頤
煬帝　19
永琢　260, 262, 266, 275, 301　→ 盤珪
楊復所 → 楊起元
永明 → 延寿
陽明学　150, 153, 156, 162
永明寺　75
浴室　100, 327, 342
浴頭　332
浴司(浴主)　100, 327, 328, 329, 332
　→ 知浴
四大書院　88

ラ

雷庵 → 正受
来果　164
羅漢 → 桂琛
羅漢画　71
羅欽順　156
楽邦文類　106
洛陽伽藍記　13
羅洪先　150
羅湖野録　121
羅山 → 元磨
羅整庵 → 羅欽順
羅念庵 → 羅洪先
羅浮山　20
懶庵 → 鼎需
蘭渓 → 道隆
蘭山 → 正隆

リ

李華　53, 69
李吉甫　63

陸亘　69
陸光祖　152
陸五台 → 陸光祖
李璟　73
李継遷　83
李元昊　83, 84
李翱　71
李覯　87, 90
利厳　66
李贄　150, 153, 157
李志常　132, 139
李自成　159
李之藻　159
李遵勗　87, 92
利蹤　118
利生塔　217, 218
理宗　115
李卓吾 → 李贄
立花　239
律宗　32
　律宗灯譜　159
律苑清規　116
理入　11
李邴　114
李屏山　132
李昇　73
略諸経論念仏法門往生浄
　土集　34
　→ 浄土慈悲集
劉鑾　73, 74
劉禹錫　69
龍穏寺　256
劉基　147
隆琦　154, 161, 261, 262,
　276
龍渓 → 宗潜・性潜
龍華院 → 妙心寺龍華院
龍源院 → 大徳寺龍源院
龍興寺　40
龍山　87, 223
龍湫 → 周沢
龍翔(集慶)寺　128, 147
龍泉院 → 妙心寺龍泉庵
　龍泉派　240
龍蔵　160
柳宗元　69, 70
龍沢寺　277, 299
劉澄　182

劉長生　139
劉徳仁　139
劉謐　124
龍門(寺)　12, 51, 70
龍門寺(日本)　267
李邕　33, 234
了庵 → 慧明・桂悟・清欲
　了庵十六派　240
　了庵派　244
龍安寺　228, 235
　龍安寺石庭　235
了恵　115
了改　169
梁楷　127
良价　65, 66, 67, 74, 77,
　77, 94, 184 → 洞山
楞伽経　16, 17, 18, 46, 199
　→ 四巻楞伽
楞伽経開題文
　→ 楞伽経科文
楞伽経科文　176, 177,
　185
楞伽経疏　18, 176, 177,
　185
楞伽師資記　9, 14, 20, 24,
　25, 26, 34, 35, 36, 91,
　176, 302
楞伽宗　17, 19, 23
楞伽人法志　26
良寛　269
了元　97, 98, 99
良高　264, 268
楞厳経　7, 22, 158, 348
　→ 首楞厳経・大仏頂如
　　来密因修証了義諸
　　菩薩万行首楞厳経・
　　仏頂経
　楞厳経臆説　153
楞厳呪　22, 333, 334
寮舎　265, 332
良秀　226
梁粛　72
了心院　260
霊山 → 道隠
両祖 → 道元・紹瑾
　両祖忌　334
　両祖大師月忌　333
両大教主　153

龍沢　229
龍潭 → 崇信
良知　150
良忠 → 如隆
龍派　229
了派　194
両班　100, 116, 195, 238,
　331
良遍　192
両忘会　305
両本山一体不二の協和
　288
呂本中　100, 114
林下　225, 228, 238, 242,
　243
淋汗　343
淋汗疏　126
林間録　93, 102, 107
林希逸　125
臨剣の頌　200
臨済 → 義玄
　臨済院　69
　臨済忌　335
　臨済三句　93
　臨済四料揀　93
　臨済の再興　114
　臨済(慧照禅師語)録
　　68, 94, 119
　→ 鎮州臨済慧照禅師語
　　録
　臨済慧照禅師語録疏瀹
　　272
　臨済学院専門学校　287
　臨済宗　66, 69, 73, 77, 85,
　　93, 98, 106, 113, 122,
　　184, 286, 300, 317
　臨済宗十四派　288, 316
　臨済宗大学　287, 292
　臨済宗妙心寺派規則
　　319
　臨済宗妙心寺派規程
　　319
　臨済正宗　132
霊石 → 如芝
輪住制(輪番)　227, 239
麟祥院　256
林泉 → 従倫
臨川寺　218, 220, 230

林兆恩　150, 156
霊隠 → 文勝
　霊隠山　87
　霊隠寺　75, 128, 134,
　　155
　霊隠寺志　155
臨黄合議所　317
臨黄十五派　317
林霊素　95

レ

霊雲院 → 妙心寺霊雲院
　霊雲派　240
霊訓　67
霊源 → 惟清
霊彦　231
冷斎夜話　105
令参　75
冷戦　304
霊澈　70, 71, 182
嶺南 → 秀恕
霊黙　59, 61, 67
霊祐　65, 66, 67, 75
歴住職　338
歴代法宝記　22, 24, 38,
　49, 50
列子鬳斎口義　125
連歌論　238
連歌論　236
連環結制　274
蓮華勝会　106
蓮宗九祖伝略　151
蓮宗第六祖　76
蓮宗第八祖　151
蓮宗の祖　6
蓮宗六祖　106
蓮池 → 袾宏
聯灯会要
　→ 宗門聯灯会要

ロ

ローチェスター禅セン
　ター　306
魯庵 → 普会
驢鞍橋　261
老安　24, 30 → 慧安

索 引　393

浪雲庵主 → 性融
老子　5
　老子解　156
　老子化胡経　139
　老子鬳斎口義　125
　老子八十一化図　139
老師　331, 340, 342
　老師相見　340
老荘　63, 156, 231, 234
　老荘思想　49, 125
臘八大摂心　344
瑯琊 → 慧覚
老卵　272
盧奕　40
鹿苑院 → 相国寺鹿苑院

鹿苑僧録　221, 254, 257
鹿苑日録　221
六牛図　122, 123, 236
録所　256
六祖　36, 40, 47, 59
　→ 慧能・曹渓
　六祖和尚観心偈　183
　六祖壇経　24, 32, 45, 46, 47, 62, 87, 117, 119, 151, 209
　→興聖寺本法宝壇経・大乗寺本法宝壇経・敦煌本
六知事　100
六頭首　100

勒那摩提　12
鹿門 → 自覚
六輪一露之記　236
廬山　20
露地　239
六角政頼　242
論語　230
　論語集解　230

ワ

鷲尾順敬　301
渡辺玄宗　300
和辻哲郎　299
和泥合水集　208

話頭　157　→ 古則・公案
佗び茶　239
和融誌（雑誌）　293
和様（建築）　223
和様（書道）　234
宏智　122　→ 正覚
　宏智派　122, 197, 223
完顔阿骨打　95
完顔呉乞買　96

F

FAS禅協会　306

事項解説索引

一休宗純　226
一山一寧　199
隠元隆琦　264
印順　165
雲棲祩宏　151
雲門文偃　74
永明延寿とその著作　75
慧可と涅槃論　17
王学左派　150
黄檗希運　66
各宗各派の開山忌　335
覚範慧洪　107
片岡山伝説　177
荷沢神会の伝記　40
仮名法語　208
鎌倉・室町時代の交易と禅僧の往来　197
玉泉神秀　30
古林清茂と笑隠大訢　137
瑩山紹瑾　204
景徳伝灯録　92
圭峰宗密　64
弘忍の十大弟子　24
侯莫陳琰　37
五家と家風　93
五山十刹　128
五山版　230
胡適　164
古尊宿語要と古尊宿語録　118
牛頭宗と洪州宗・石頭宗の人的交流　63
牛頭宗の系譜の虚構性　48
後水尾天皇　258
坐公文　222
三論宗と禅宗　22
自知録　156
紫柏真可と憨山徳清　151
慈愍三蔵慧日と浄土慈悲集　33
釈宗演　292
十牛図　123
宗峰妙超　202

修心要論　25
趙州従諗　67
正法眼蔵　209
清涼澄観とその禅宗観　53
初期の禅宗で用いられた偽経　22
神秀＝普寂系の北宗文献の種々相　36
神人化度説話　241
心地覚心と東福円爾　191
神会の新説　41
鈴木正三　260
鈴木大拙　303
世阿弥・禅竹と禅僧との交渉　236
西笑承兌と以心崇伝　257
石頭希遷と石頭宗　61
絶観論　49
雪竇重顕と仏日契嵩　87
雪峯義存　67
禅関策進と念仏公案　157
戦後の欧米布教　306
禅宗教団の触頭と曹洞宗の関三刹　255
禅宗の宗立学校　287
全真教に見る禅思想の影響　140
禅と天台の論争　88
禅苑清規と勅修百丈清規　136
専門道場　336
蘇軾と黄庭堅　99
大慧宗杲　114
達観曇頴と天王道悟　94
塔頭　224
達磨宗　190
達摩伝・慧可伝の成長　14
チベットの宗論　51
中国僧の渡来と三福寺　262
中峰明本　134
道元　193
道元の思想　209

東山法門　20
洞山良价　67
道信と弘忍　20
投子義青　98
独庵道衍　148
徳山宣鑑　66
杜甫の詩に見る禅　70
渡来僧と日本人僧　262
敦煌文書　302
南宗と北宗　31
二十四流四十六伝　315
二入四行論　11
日本における五山十刹制度　219
日本における十方住持と徒弟院　218
白隠慧鶴　276
白居易と禅僧との交流　70
馬祖道一　60
八大山人と石涛　161
盤珪永琢　266
万松行秀　133
般若心経疏　39
費隠通容とその影響　154
輔教編　91
不動智神妙録　259
碧巌録　104
法眼文益　74
宝林伝　62
北宗と他宗の人的交流　32
卍山道白　267
密参録　244
明庵栄西　189
無学祖元　200
無関普門　201
無著道忠　271
夢窓疎石　217
無門関　123
黙照禅　122
楊岐方会と黄龍慧南　86
李翺と復性書　72
楞伽師資記と伝法宝紀　26
楞伽宗　17

臨済宗十四派　316
臨済宗十四派の成立　288
臨済四料揀と洞山五位　94
臨済録　68
六祖壇経　46

伊吹　敦（いぶき　あつし）

1959年、愛知県に生まれる。
1983年、早稲田大学第一文学部卒業。
1992年、早稲田大学大学院文学研究科博士課程修了。
現在、東洋大学文学部教授。
著書『新・八宗綱要―日本仏教諸宗の思想と歴史―』（共著、法藏館、2001年）、訳書『中国禅宗史』（印順著、山喜房佛書林、1997年）、論文「『続高僧伝』の増広に関する研究」（「東洋の思想と宗教」7、1990年）、「『心王経』について―ソグド語訳された禅宗系偽経」（「駒沢大学禅研究所年報」4、1993年）、「最澄が伝えた初期禅宗文献について」（「禅文化研究所紀要」1997年）、「慧可と『涅槃論』」（「東洋学研究」37-38、2000-01年）など。

禅の歴史

2001年11月10日　初版第1刷発行
2021年 7月20日　初版第8刷発行

著　者　　伊　吹　　敦
発行者　　西　村　明　高
発行所　　株式会社　法藏館

京都市下京区正面烏丸東入
　電話　　075(343)5656
　振替　　01070-3-2743

©2001 Atsushi Ibuki　　　印刷・製本　㈱シナノ
ISBN978-4-8318-5632-6　C1015　　　Printed in Japan

道元禅師のことば『修証義』入門	有福孝岳著	2000円
隠元と黄檗宗の歴史	竹貫元勝著	3500円
無門関提唱	西片擔雪著	2900円
文庫版 正法眼蔵を読む	寺田　透著	1800円
文庫版 禅仏教とは何か	秋月龍珉著	1100円
新装版 白隠入門	西村惠信著	1800円
禅宗相伝資料の研究 上・下	石川力山著	各18000円
明治前期曹洞宗の研究	川口高風著	16000円
私の十牛図	西村惠信著	1800円
禅宗小事典	石川力山編著	2400円

法藏館　　価格税別